贝页

ENRICH YOUR LIFE

重新认识经济学
真实世界的经济学基础

〔德〕约翰·科姆洛什 著　　郭荣星、郭昌雷、杨书 等译

Foundations of Real-World Economics

What Every Economics Student Needs to Know

文汇出版社

图书在版编目（CIP）数据

重新认识经济学：真实世界的经济学基础／（德）约翰·
科姆洛什（John Komlos）著；郭荣星等译 . —— 上海：文汇出版
社，2022.1

ISBN 978-7-5496-3429-3

Ⅰ.①重… Ⅱ.①约… ②郭… Ⅲ.①经济学 Ⅳ.①F0

中国版本图书馆 CIP 数据核字（2021）第 248965 号

Foundations of Real-World Economics：What Every Economics Student Needs to Know
ISBN：978-1-138-29654-1
Copyright © 2019 by John Komlos
All rights reserved.

本书中文简体版专有翻译出版权由本书作者 John Komlos 授予上海阅薇图书有限公司。未经许可，不得以任何手段和形式复制或抄袭本书内容。

上海市版权局著作权合同登记号：图字 09-2021-0987 号

重新认识经济学：真实世界的经济学基础

作　　者／	［德］约翰·科姆洛什
译　　者／	郭荣星、郭昌雷、杨书 等
责任编辑／	戴　铮
封面设计／	瑞　芮™LIKA
版式设计／	汤惟惟
出版发行／	文匯出版社
	上海市威海路 755 号
	（邮政编码：200041）
印刷装订／	上海普顺印刷包装有限公司
版　　次／	2022 年 1 月第 1 版
印　　次／	2022 年 1 月第 1 次印刷
开　　本／	700 毫米×1000 毫米　1/16
字　　数／	345 千字
印　　张／	21.5
书　　号／	ISBN 978-7-5496-3429-3
定　　价／	68.00 元

目 录

翻译说明   1
中文版序   3

第一章 欢迎来到真实世界的经济学

   我的信条   4
   人文经济学   6
   黑板经济学入门   7
   经济学的范式转换   10
   真实世界的经济学是可行的   13
   简单就是幼稚   14
   "这只是一个模型!"   16

第二章 市场既非无所不知,也非无所不能

   市场并非由神力所造   20
   自由市场的缺陷   21
   政府是经济的重要组成部分   29
   市场有局限性   31
   市场的"阿喀琉斯之踵"   34
   道德应优先于市场   34
   经济学是社会科学而非自然科学   35
   意识形态不可避免   36

第三章　需求的本质

什么是稀缺？　　　　　　　　　　　　　　　38
消费者主权和内生喜好　　　　　　　　　　39
需求和基本需求　　　　　　　　　　　　　44
"看不见的手"的比喻　　　　　　　　　　　49
竞争的魔力　　　　　　　　　　　　　　　51
消费主义　　　　　　　　　　　　　　　　52

第四章　经济人已经灭绝：行为经济学基础

效用最大化　　　　　　　　　　　　　　　55
有限智慧不可能实现最优化　　　　　　　　57
我们的大脑是不完美的　　　　　　　　　　57
神经经济学　　　　　　　　　　　　　　　59
有限理性　　　　　　　　　　　　　　　　60
追求满意而不是最优　　　　　　　　　　　62
偏见与直觉　　　　　　　　　　　　　　　64
启发式推断　　　　　　　　　　　　　　　65
框架化、可获得性和锚定　　　　　　　　　65
前景理论　　　　　　　　　　　　　　　　68
行为经济学　　　　　　　　　　　　　　　75
认知禀赋　　　　　　　　　　　　　　　　77
遗传禀赋　　　　　　　　　　　　　　　　78

第五章　喜好制定者与消费

企业的影响力　　　　　　　　　　　　　　79
相互依赖的效用函数　　　　　　　　　　　82
社会　　　　　　　　　　　　　　　　　　84
文化　　　　　　　　　　　　　　　　　　86
公正性　　　　　　　　　　　　　　　　　87

效率与公平　　　　　　　　　　　　　　　　　88
　　自私自利与利他主义　　　　　　　　　　　　91
　　实证经济学与规范经济学　　　　　　　　　　92
　　预期效用与实际效用　　　　　　　　　　　　93
　　不完全信息　　　　　　　　　　　　　　　　94
　　信号传递　　　　　　　　　　　　　　　　　96

第六章　企业与不完全竞争
　　企业　　　　　　　　　　　　　　　　　　　98
　　完全竞争的幻觉　　　　　　　　　　　　　　99
　　不完全竞争：寡头垄断与完全垄断　　　　　100
　　价格问题　　　　　　　　　　　　　　　　104
　　均衡与不均衡　　　　　　　　　　　　　　106
　　逆向选择　　　　　　　　　　　　　　　　107

第七章　生产要素的回报
　　边际理论　　　　　　　　　　　　　　　　109
　　工资　　　　　　　　　　　　　　　　　　110
　　资本回报率　　　　　　　　　　　　　　　120
　　利润　　　　　　　　　　　　　　　　　　121
　　制度资本　　　　　　　　　　　　　　　　122
　　无形资本　　　　　　　　　　　　　　　　122
　　自然资源　　　　　　　　　　　　　　　　123
　　收入分配　　　　　　　　　　　　　　　　124
　　第二个镀金时代　　　　　　　　　　　　　128
　　福利增长　　　　　　　　　　　　　　　　133
　　伦理与扭曲的收入分配　　　　　　　　　　135

第八章　市场的监督和管控

委托人—代理人问题　　141

道德风险　　144

交易成本　　144

机会主义行为　　145

公共利益监管　　147

监管俘获　　148

道德约束　　150

市场失灵　　151

剥削　　151

时间和空间　　152

路径依赖　　152

限量和标准　　156

第九章　微观经济学在课堂内外的应用

最低工资是个好东西　　157

价格管制会是好事　　159

工会与反补贴权　　161

美国医学会是卡特尔　　165

歧视是有害的　　166

收入再分配会有所帮助　　168

第十章　宏观经济学（第一部分）

"救世主"凯恩斯　　170

凯恩斯主义财政政策　　173

货币政策　　174

流动性陷阱　　176

新古典综合派　　178

货币主义者的反革命　　179

宏观经济政策的空白	181
GNP 是对生产而不是对福利的估计	183
生产可能性边界	185

第十一章　宏观经济学（第二部分）

失业和不充分就业	188
自然失业率	192
经济增长	194
经济增长不会提高生活满意度	194
技术变革是一把双刃剑	196
市场缺失	200
环境	201

第十二章　宏观经济学（第三部分）

政府是解决方案的一部分	202
凯恩斯主义财政政策的挑战	202
挤出效应	204
国家债务激增的威胁	204
税收对我们有好处	205
储蓄及其不足	211
通货膨胀和通货紧缩	213
名义工资与实际工资	214
奥巴马的刺激计划	215

第十三章　国际贸易：开放经济的宏观经济学

比较优势理论	216
关税对福利的影响因不充分就业而加剧	217
自由贸易不是增长的引擎	221
保护幼稚产业	221

贸易不平衡造成不充分就业	222
消除贸易逆差的唯一安全途径	224
新贸易理论	225

第十四章　2008年金融危机

前情提要	229
金融创新	231
格林斯潘的泡沫：双重问题	234
聋子的耳朵不听劝	236
明斯基时刻：2008年大崩溃	239
导致危机的31个因素	242
救市：奥巴马错失良机	254
国有化：美国需要一位新总统	257

第十五章　结论：真实世界的经济学基础

虚拟市场与真实市场	260
美国当前经济状况的真相	261
美国经济挑战重重	265

注　释　　　　　　　　　　　　　　　　　　269

翻译说明

美国2008年的金融危机、特朗普主义的兴起以及随之而来的民粹主义运动，这一切都源于过去主流经济学家所倡导的经济政策所造成的失败。然而，我国许多高校当前的经济学教学好像依旧十分崇拜西方（特别是美国）的主流教科书。作为北京市高校高层次人才引进与支持计划的一部分，特别是在首都经济贸易大学各级领导的支持下，我于2018年开始探索如何为高校经济学等专业教学引入新的前沿材料。而展现在读者面前的《重新认识经济学》便是我们在此方面的成果之一。它既可以作为高校经济学专业学生的重要辅助材料，也可作为非经济学专业的经济学课程教科书。

本书原作的第1版和第2版由学术出版商泰勒和弗朗西斯集团（Taylor & Francis）旗下的劳特利奇出版公司（Routledge）分别于2015年与2019年出版，并已出版了德文、俄文和罗马尼亚文等多个版本。它与现有的经济学教科书有许多不同之处。本书作者没有专注于只造福1%社会精英的意识形态，而是勾画出一个人们过着有尊严的生活而不是只关注GNP的经济学轮廓。具体来讲，本书向大家展示了将过度简化模型应用于真实世界会得出容易令人误解的结论。数学是个好东西，但对于普通民众来说却不太适用。本书还探讨了真实世界中的寡头垄断、最低工资的真正影响、自由贸易以及强权机构导致主流模式扭曲的其他途径等。书中汇集了卡尼曼、明斯基和熊彼特等主流学者们的研究成果，并阐述了我们应该重视因信息不对称、认知偏见、财富和权力分配不均以及由需求操纵等导致的低效率问题。本书为学生提供了许多有价值的、并在目前主流教科书中找不到的内容，它对现实市场运作方式有真知灼见，而不只是停留在教学所虚构的场景中。

本书作者约翰·科姆洛什（John Komlos）是德国慕尼黑大学经济学和经济史荣誉退休教授，他还在哈佛大学、杜克大学、北卡罗来纳大学教堂山分校、维也纳大学和维也纳经济与商业学院等大学任教。2003年，科姆洛什教授开创了经济学与人类生物学（Economics & Human Biology）研究领域并作为创始主编推出了同名期刊，由荷兰爱思唯尔出版集团（Elsevier）出版。该期刊于 2019 年出版了以科姆洛什名字命名的专辑，以纪念他对经济学与人类生物学领域的学术贡献。尽管我与科姆洛什教授未曾谋面，但却神交已久。他曾多次为我的论文、著作撰写评语或推荐，其中包括由英国帕尔格雷夫·麦克米兰（Palgrave Macmillan）出版的《国家非线性行为的经济学探讨》（An Economic Inguiry into the NonLinear Behaviors of Nations，2017 年）与由德国斯普林格（Springer）出版的《人—地系统动力学》（Human-Earth system Dynamics：Implications to Civilizations，2019 年）。

这本著作中文版的翻译与出版事宜由科姆洛什教授委托我全权负责，他还特别为我们准备了最新的补充内容，因此需要说明的是，该中文版内容与英文原版书内容并非完全一致。经原作者同意，我们在翻译过程中对原稿的部分内容做了删改，以确保该著作所有内容能被我国大学生与普通读者理解。特别需要进一步说明的是，我们并不完全同意原作者的部分观点（尽管科姆洛什教授已授权我们对认为必需的地方进行修改，我们还是尽量保持该书的原貌）。比如，作者在本书第十三章提到的关于中美贸易的分析和建议是为美国政府服务的，希望读者在阅读或应用时有所鉴别。

本书共分十五章，具体翻译分工如下：郭立卿（第一、二和四章），王菊（第六章），周林霄、赵公正（第十章），郭昌杰（第十三章），以及郭荣星、郭昌雷和杨书（剩余各章）。校对、修改由多人完成的译稿是不太容易的事情。但是，我很高兴能完成这项工作，因为帮助国内年轻学者提高英文著作的读写能力也是我的工作之一。

最后，我们还得到了高顿教育图书事业部主编李菁老师、版权经理黄莹儿老师及编辑彭璐、蔡加荣、旷书文、顾秋香等老师的热情帮助，其他相关专家更是付出了辛苦劳动。没有他们的付出，该书是不会顺利出版的，向他们表示敬意。

郭荣星

于北京怀柔

2021 年春

中文版序

学习经济学是世界上最有趣的事情之一，至少此刻，在阅读科姆洛什的这本书时，我是这么认为的。

用不同的分析方法来观察你周围的世界，看看世界上各种现象背后的故事，或者研究他人对类似问题的理解，看看他人眼里的世界是什么样子，是很有趣甚至是激动人心的。这些看似很简单的事，背后往往蕴含着丰富的逻辑。它们非常逼真，有时候甚至咄咄逼人，以至于人们不敢用已有的逻辑来解释一些并不美好的特殊时刻，比如次贷危机、房价上涨、垄断、商业欺诈等。还好，有一部分很自信的人，比如本书的作者，不这么认为。本书的作者及其翻译团队相信一切事物都可以是美好的，只是外表展示的方式不同。他们带给大家的这本经济学著作，语言极为真挚，内容与结论绝非凭空捏造。读者从中可以发现，许多经济现象背后有着不为人所知的故事。

非凡的、动人的、出乎意料的、引人入胜的、难忘的……这些形容词不适合这本书；平凡的、直观的、简单的、通俗的，解读当今世界经济的指南，茶余饭后的消遣——在我看来，这些是更适合的评价。我喜欢这本书的写作风格，因为我从中读到的是作者对世界的最真实观察。当读着它的时候，我忘记了一切，只是单纯地沉浸在作者严谨的推理当中。阅读这本书的过程一定会是有趣而令人兴奋的，因为它能让你看到你关心的事情背后的原因，另外，作者分析所有这些故事最根本的出发点都是基于真实的人文关怀。这也许是本书最大的特色。

"执其两端，用其中于民"，《中庸》是东方的智慧，却对我们学习西方经济学也有所帮助。西方主流经济学现在正面临着危机，本书正是在这种背景下完成的。本书作者对西方主流经济学家的大胆批判不仅非常及时，而且对我们完善现有的经济学体系也有所帮助。本书的理论体系与当今主流经济学就像一个二元对立体，两者处在两种极端，秉承东方智慧的读者可以从这两者的对比中得到自己对当今世界经济问题的独到判断。

如果你没有时间同时阅读不同版本的经济学入门著作，读这本书是不错的选择。

赖德胜

中央党校（国家行政学院）社会和生态文明教研部副主任、经济学教授

第一章

欢迎来到真实世界的经济学

> 我们必须把属于市场的东西交给市场，并为人们留下属于他们的东西。
>
> ——本书作者

2008年的金融危机形象地解释了为何市场经常变得混乱不堪，但教科书却一成不变，无视自由市场体系的根本缺陷和体制性弱点。唐纳德·特朗普的选举成功得益于经济体系中不断累积的挫折，这种挫折缘于经济体系倾向于极少数人的利益，而让太多的普通民众在一片混乱中勉强维持生计。然而，学者和政客们却依然对市场大唱赞歌。但事实上，没有政府的关照，无数巨型企业都将化作历史的尘埃。[1]当企业效益下滑时，只有美联储可以印上数万亿美元的钞票来支撑市场并使企业免于倒闭。

那句经常被提起而又相当傲慢的论断——"我们知道市场是有效的"——很好地印证了经济学教学中的教条主义。经济学教师首先应该承认，虽然市场在某些情况下确实运作良好，但这些情况是以适当的制度框架为前提的。在其他情况下，市场不仅运作效率低下，而且常常只向少数内部人士输送利益。因此，我们的工作是清楚地探索和描述那些妨碍真实市场正常运转的环境因素及其对应的理论，并对提出补救建议。对"市场原教旨主义"① 意识形态的承诺导致决策者在制定公共政策时过度依赖市场，这使我们陷入了当前风雨飘摇的局面。我希望，通过呈现真实世界的视角而不是主流教科书的幻想世界，本书可以帮助修正这种误解并改善经济学的教学工作。

---

① 市场原教旨主义是指信仰市场这只"看不见的手"在市场机制中的调节、修复作用，而反对政府对市场的调控和干预。——译者注（如无特殊说明，本书页底注释均为译者注）

前美联储主席艾伦·格林斯潘（Alan Greenspan）在后来的反思中承认，他在相信并且积极宣讲放松市场管制这件事上犯了一个可怕的错误。这是基于原教旨主义经济学方法的错误判断的很好例证。面对国会议员亨利·威克斯曼（Henry Waxman）的质疑"你一直是'让市场自我调节'的坚定倡导者……你错了吗？"格林斯潘回应道：

> 我犯了一个错误，认为组织基于自身利益，特别是银行这类组织最有能力保护自己的股东和公司的权益……问题是，它们看起来是非常坚实的大厦，也的确是市场竞争和自由市场的关键支柱，可它们确实也崩溃了，这令我震惊，我至今仍不能完全理解到底为什么会这样。

当然，历史上总有很多打着意识形态旗号的人。在这一简短陈述中，格林斯潘暴露了一些严重错误：银行无法评估其政策对其他金融体系的影响，因为这是监管机构的职责，也就是所谓的系统效应。银行只看到了自己而非竞争对手的资产负债表，可按理说美联储应该有全局观。诺贝尔经济学奖得主、行为经济学创始人丹尼尔·卡尼曼（Daniel Kahneman）指出了格林斯潘这一陈述中的其他问题，他将上述声明称为"格林斯潘的忏悔录"，并对此感到非常不解：

> （格林斯潘）假设代理人是完全理性的，可是有很多证据证明他们并非如此。还有就是关于企业是行动者的说法，他称企业是理性的代理人，可企业不是行动者，是企业高管在做决策，但这些管理人员的利益与被称之为企业的抽象组织概念的利益显然是不一致的。如果我们想了解有的企业为什么会自取灭亡，部分原因在于其代理人……常常不会去自杀，企业与其行动执行者之间是错位的[2]。

威克斯曼继续质疑格林斯潘，他说道："你曾说'我确实有一种意识形态，我认为，自由竞争市场是迄今为止用来组织经济的无与伦比的方式'。"格林斯潘像讲哲学课一样回答了国会议员的这个问题："记住……意识形态……是人们认知真实世界中各种事物的概念框架，每个人都有一个框架……没错，在我所感知的……关于世界运作的模式中……我发现了一个缺陷。"威克斯曼又说:"也就是说,你发现你的世界观和意识形态都是错的。"格林斯潘回应:"确切地说,这正是我感到震惊的原因。"³格林斯潘说得没错,意识形态在经济学中是不可回避的,因为人们总是带着一些价值观和一种思想体系,也就是用一些事先形成的世界观来研究经济学,⁴这是不可回避的。

其实,格林斯潘不应该感到震惊,因为还有更多反对者的声音存在,其中包括布鲁克斯利·波恩(Brooksley Born)、爱德华·格拉姆利克(Edward Gramlich)、保罗·克鲁格曼(Paul Krugman)、拉古拉迈·拉詹(Raghuram Rajan)、努里埃尔·鲁比尼(Nouriel Roubini)、彼得·希夫(Peter Schiff)、罗伯特·席勒(Robert Shiller)、约瑟夫·斯蒂格利茨(Joseph Stiglitz)、纳西姆·塔勒布(Nassim Taleb)和约翰·泰勒(John Taylor)。我仅列举了一部分持反对观点的杰出学者,对格林斯潘以及美联储来说,这些人并不陌生,他们不是局外人,大多是在重点大学任教的教授或在其他方面表现出色的学者。格林斯潘本应该认真地倾听他们善意的警告,可相反,他对他们的看法不屑一顾,并且在崩溃发生10年前冷血地挫败了布鲁克斯利·波恩对金融衍生品监管所做出的积极努力。⁵

一个人不需要获得博士学位也能认识到房价飞涨,然而,格林斯潘和他2006年后的继任者本·伯南克(Ben Bernanke)却都忽略了事实,因为他们被自己那市场绝对可靠的意识形态蒙蔽了,成为自己意识形态的囚徒。如果不将意识形态置于实证研究之上,那么意识形态就会成为教条。

关于意识形态在社会科学中起主要作用的观念由来已久,人类社会的观察家也无法摆脱先入为主的观念,"因为对'社会经验'本身的理解总是由研究人员自己的想法形成的"。⁶主流经济学家的众多局限之一是,他们不愿彻底解决意识形态问题,也不愿承认理解意识形态在经济政策中的作用的必要性,教科书更是完全将其忽略。然而,如格林斯潘所讲,我们不得不在没有做出一些基本假设的情况下组织自己的思想,而这些假设是我们的思维方式、世界观、智力和情感因素的综合表现,因此在很大程度上影响了经济学学科发展的其他思想。

因此,经济学中不可能没有意识形态问题,我们对政治、道德和哲学的好恶有意无意地反映在我们的假设当中,从而反映在如何构建经济思想和对周围世界的理解中。

意识形态中的大部分内容被政治哲学所粉饰，换句话说，与拥有的智慧相反，经济学尽管广泛使用数学模型，但如果没有基于可验证的实证研究，就不能称得上是严谨的学科。我们的长期目标是为该学科提供这样的实证基础，而当前的目标是提供证据来证明主流观点具有误导性。我们希望向学生们介绍更多可参考的观点，从而为经济学学科的标准教材提供补充材料，拓宽学生的思路。

我的信条

或许我应该首先阐明自己的信条，即看待经济问题的世界观或基本假设。我认为我的观点是进步的、民主的和人道的。[7]这意味着我坚信，我们可以通过专注于提高生活满意度而不是收入来调节经济，从而改善人们的生活。我也相信我们应该用实证研究方法而不是象牙塔理论来进行经济分析。实证研究（而不是假设）应该是该学科的重点所在。用美国经济学教授迪尔德丽·麦克洛斯基（Deirdre McCloskey）的话来说，"经济学应该是对真实世界的探究，而不是单纯的想象"。[8]

换句话说，我认为经济学应该减少对演绎逻辑和数学的依赖，可以更多地成为归纳学科。[9]人类不是无生命的物体，人生轨迹也不能通过几个变量的数学函数来准确描述。与行星不同，人类能够改变并确实改变过自身的行为方向。经济学不应该试图成为像几何学那样的数学学科。牛顿曾说："我可以计算出恒星的运动轨迹，但不能计算出人类的疯狂。"[10]

为了理解周围的世界，我们需要一种基于实证研究的经济理论，即使从课堂[11]转移到大城市的贫民窟，我们的经济理论也可以针对性地与之适配。比如，纽约州邮政编码为10454、家庭收入中位数为20,210美元的布朗克斯区域，或弗吉尼亚州邮政编码为20129、家庭收入中位数为25万美元（相当于全国家庭收入平均值的4倍）的劳登县[12]，它们各自的经济难题并不都一样。此外，我们需要的不是一种与其他社会科学无关的经济学理论，而是整合了来自社会学、心理学、政治学和哲学见解的综合理论。以牺牲这些学科为代价而专注于数学的经济学家们，总会忽视那些在数学上不易处理的问题，并最终以机械的视角来看待世界。

此外，我的经济学原则具有人文主义特征，因为它强调增强人文体验并通向大众繁荣的价值观。痛苦在我的思维中也是重要的一环，我主张最小化的痛苦。相比之下，主流思想并没有太多地关注痛苦，当前的经济体制对待一些群体冷漠得近乎残忍。这些群体包括在功能失调的社区学校接受教育的孩子、无法从信息革命和全球化所创造的新型经济中受益的民众、贫穷的劳动者或文化贫瘠地区的人们，他们不应该被视为没有感情的机器。

对美好生活的追求的历史和哲学本身一样古老。亚里士多德是在公元前350年左右系统地思考这个问题的先行者之一，他认为美好的生活就是理解我们周围的世界。[13] 本书的大部分内容都是关于这一点：基于真实世界而不是学术课堂来理解当今经济的本质。改变必须从理解开始。我重点关注的是真实的人以及他们实际生活和感受的方式，而不是诸如金钱或产出及国民生产总值（GNP）等抽象概念，经济学家经常用这些事物代替人。我不相信收入水平会自动转化为生活满意度。统计平均值尤其如此，因为它掩盖了收入分配中尾部人群的情况。然而，这种分配越来越重要，因为它变得更加扭曲，以至于其强大的政治力量被特朗普主义的兴起所操纵。

我们常听许多经济学家说"某经济体状况良好"。[14] 说得似乎没错，那么其中相关的人群情况如何呢？是否大多数人的生活都很好或者说有哪些人被排除在美好生活之外呢？所以在我看来，消费、收入或国内生产总值（GDP）的平均增长不应成为经济学唯一的焦点。当前的美国经济体系面临着如此多的挑战和断层线①，它无法为44%的人口提供满意的生活。[15] 这意味着只有56%的人感觉尚可，但是这对于一个拥有20万亿美元的经济体，并且据说是世界上最富有的经济体来说，已经足够好了吗？

此外，我认为我们的出发点不应该是亚当·斯密的《国富论》，而应该是他的《道德情操论》（1759年），书中断言我们对人类同胞具有天生的同情心。[16] 有关道德和公平的伦理原则是人类本性的一部分，我们不应该从经济学中剔除这些观念。因此，我首先认为经济学应该渴望创造一个公正的社会，并且同情心应该与效率一样重要，甚至更重要。诚然，公正的含义是有争议的，但这并不是我们忽视它的理由。我认为，

---

① 断层线，源于印度经济学家拉古拉迈·拉詹（Raghuram Rajan）的著作《断层线》（*Fault Lines*）。他借用此地质学术语，阐述有三条断层线导致了美国金融危机的爆发：第一条断层线来自美国收入差距不断扩大和美国国内政治之间的冲撞；第二条断层线是国际收支失衡；第三条断层线是不同金融体系之间的碰撞。

经济应尽量减少痛苦,这一点很重要,同时应该增强人的尊严和自我价值。我寻求被公认的亚里士多德式的"黄金中道",它介于两种极端之间,既不故步自封,也不过度变革。

人文经济学

人文经济学不一定是矛盾的,它意味着一种更友善、更公正的经济体系的愿景是可能的,这种体系能够融入真正民主的社会,它不仅赋予人们权力,而且能让人们在日常生活中承受更少的不确定性,更少地被操纵,并且更少地被算计,人们不用担心生活会像纸牌屋一样瞬间崩塌。这种具有人性化特征的经济学设想的是一个零失业、零通货膨胀、零贸易逆差和零政府赤字的经济。

人文经济学方法对有意义的生活的强调远远超出消费和生产。由于人类不单是主流论调所宣传的价值观中的"经济主体",因此对金钱的强调往往与人类价值观相冲突。"以人为本的经济学"不是不惜一切地倡导增长,而是努力让更多人过上充实、少些烦忧并最终更加满意的生活。约翰·梅纳德·凯恩斯也说过:

> 我认为,如果管理得当,资本主义在实现经济目标方面可能比目前任何可替代制度都更有效,但就其本身而言,资本主义在许多方面都极其令人反感。我们的问题是要建立一个尽可能高效的社会组织,同时又不违背我们关于满意生活方式的观念。[17]

因此,在我看来,与主流思想相反,任何经济体系的目的都不应该是"增长"本身,而应是资源的有效配置。最重要的是,经济应该提供一种体面的生活,其中,产出分配公平,人们不必艰苦奋斗就能满足自身的基本需求,可以不"内卷"也能"躺平",并能认识到自己的潜能。这意味着人们有足够的闲暇参与如社交、文化和政治之类的活动。

人们错误地将经济增长与生活水平提高等同起来,他们与政治家和经济学家的支持增长的论调一致。然而,调查结果却完全不是这样。尽管我们一生中都在成长,但满足感很大程度上与自己无缘。不惜一切代价增长的观点没有考虑分配的关键问题：经济增长不会帮助贫困人口、未受过教育的下层阶级或大多数未充分就业的群体。尽管自近300年前工业革命以来经济一直在增长，但人们对经济和政治制度仍有很多不满。就拿2017年7月美国的民调来看，40%的受调查者认为自己的生活是在"挣扎"，另有3%~4%的认为自己在"受苦"。[18]这背后是至少1.4亿人，连带受抚养的4,000万家属。看起来我们应该能以20万亿美元的成绩获得更多的满足感，可经济似乎在创造幸福感方面效率很低。这是因为，大多数不满的人还没有明白那些"自由市场论者"，也就是不惜一切代价倡导自由市场的激进分子，是如何将我们引入歧途的。

只有法律上的平等机会而没有事实上的平等机会，不足以实现公正的经济。财富是一种特权，因为它提供了机会。出生于贫困家庭的孩子与出生于富裕家庭的相比，过上充实生活的机会更少。他们未来的发展将因最初的禀赋差异而不同。生命开端的这种随机分配不应该成为一个良好社会的基础。我们的目标应该是创造一个让孩子拥有更多平等机会的环境，使那些生来处于劣势的人可以得到社会对他们最初运气不好的补偿。[19]

我写本书的目的是提供一个基本框架，帮助学生了解真实的经济，也就是实际存在的经济，以及了解传统理论的错误如何使我们陷入当前充斥着巨大分歧和不满的困境。本书还应该成为我们所追求的经济类型的指南，并作为对传统教科书的一种制衡。传统教科书声称超越了道德，但却随意地忽视了因经济造成的不平等。

自工业革命以来，我们已经见证了数百次经济危机（2008年的那次尤为生动），而人类发明的自由市场，经常变得功能失调，不值得我们盲目地崇拜。而且，有比金钱更好的方法来衡量成长，一个人即便不是一个天真的乌托邦主义者，他有时也会对一个陷入严重不平等状态的社会感到震惊。如果一种经济学促使一种制度形成后，让很多人陷入困境，致使他们将选票投给了唐纳德·特朗普这样的人，那么这种经济学一定有什么问题。本着这种精神，本书致力于研究一种以人性化的方式促进经济发展的新型经济学。

黑板经济学入门

乔治·阿克洛夫（George Akerlof）、肯尼斯·阿罗（Kenneth Arrow）、丹尼尔·卡

尼曼、保罗·克鲁格曼（Paul Krugman）、托马斯·谢林（Thomas Schelling）、赫伯特·西蒙（Herbert Simon）、罗伯特·席勒、约瑟夫·斯蒂格利茨、理查德·塞勒（Richard Thaler）和奥利弗·威廉森（Oliver Williamson），这些人有什么共同之处？实际上，他们都提出了一个很好的经济学问题。这些诺贝尔经济学奖获得者对经济学的贡献通常被排除在主流经济学入门教科书之外，或者仅仅被放在晦涩难懂的脚注中做一些简要介绍。入门教科书没有加入他们的批判性思想，而是大肆宣扬自由市场的乌托邦，这种乌托邦并没有超出课堂的范围。因此，大多数教科书并不能帮助学生理解21世纪超级全球化世界中真实市场经济的本质。相反，它们在抽象层面上描绘了经济，创造了一个幻想世界，扭曲了学生的视野，这效率多么低下！这些教科书延续了市场是有效的、能自动给人们带来幸福生活这一刻板印象，并且继续歌颂自由市场体系的巨大成就，而压制所有异议人士的声音。

超级理性在这个乌托邦王国中盛行，该王国的消费者拥有足够的脑力，了解经济的每一个细节，因此可以把任何事情做到最好。因为在这个王国中，信息免费、即时可用、易于理解，消费者们完全理解所有细微差别，对从生命的开始到结束都有着完美的远见，并且不受信息过载挑战的限制。他们既没有被操纵也没有受到诱惑，所以他们能完全控制自己的欲望，他们不会受到非理性繁荣的影响。实际上，这是对人性的一种错误的看法。情感和潜意识常常影响着我们做出决策。在弗洛伊德看来，潜意识不仅是我们许多欲望的根本来源，而且经常与我们的理性思想发生冲突，[20]忽视这一点会导致经济决策者误入歧途。毕竟，如果人们是理性的，就没有必要担心银行会提供掠夺性风险抵押贷款，因为每个人都知道自己在做什么。

此外，在主流思想的幻想世界中，没有品牌，商品也无需质量评价，因此产品选择很容易：来两盒麦片，或三盒？合同中没有附属细则，没有陷阱，没有虚假承诺，因此人们无须保持警惕。在这个完美无瑕的经济体中，没有遗憾，不需要人类的判断或直觉，没有情感，没有真正的不确定性（因此没有错误），也不需要担心律师费或其他执法或交易成本。事实上，这样也就没有了社会，没有孩子，没有性别，没有"玻璃天花板"，没有阶级（也就没有下层阶级），没有权力（也就没有权力不平衡），没有空间，更没有种族，几乎没有任何时间维度。在这个虚构的世界中，消费者不会受到广告或他人消费的影响。

　　生产者也居住在这个想象的经济体中，他们也知道消费者的需求和自己公司的所有信息，因此他们可以非常轻松地实现利润最大化。实际上，从现代企业的意义上讲，在这种经济体里根本就不会存在公司，只有像夫妻店那样简单的实体，没有股东或董事会，也没有首席执行官可以最大化自己的收入而不是股东的收入。这种伪公司不需要做广告来说服消费者购买其产品，更不用与他人勾结，欺骗或戏弄市场。[21]游说者在这里是一个灭绝的物种，所以不存在任何政治决策过程可使竞争环境向富人和有影响力的人倾斜。[22]入门教科书中的问题常常是根据一个没有先例、没有不确定性并且在后期也不会有进一步影响的单一决策提出的。事实上，时间在这个静态世界中几乎不起任何作用：过去已经过去，未来显而易见。所以，只有现在，不需要考虑后续的决定。

　　在这个世界，我们不需要讨论法律是如何形成的，或者它们如何偏向于有权势者，以及它们有多无视被剥夺者。不用讨论法律，那是因为没有人会违反，也就是说，人们没有因为信息缺乏或信息不对称而互相利用，因此也就没有执法成本。因此，监督就是浪费精力和脑力。一切都运行顺利——没有机会耍花招，没有冲突，更不用说战争了。基本需求已经让位于良性需求。自由市场是有效的，因此高于道德，所以质疑市场自由放任的前提就是道德顾虑的浪费。（然而，这种质疑也是一种价值判断，意味着效率是有价值的，而不是充分地、可持续地、公平地或最大限度地减少风险、贫困或痛苦。）因此，据此断言，自由放任不需要道德基础，伦理和美学是多余的。然而，这本身也是一种价值判断。幸福是用金钱上的收入来衡量的，但没有富人或穷人，所以既没有权力也没有饥饿，因此制度是民主的：一美元，投一票。有些人比其他人持有更多美元，这是他们与生俱来的权利，因此没有必要浪费时间讨论这些既定的事实，他们确实有更多的选票。以上这些都是所谓的"实证经济学"的基本要素，至少在课堂上是这样讲的，也就是说，这是本科生学的经济学，尤其是入门级经济学的教学方式。

　　此外，传统智慧总是强调完全竞争模式，尽管在一个充斥着"大而不能倒"的银行和具有全球视野且不受政治监督的跨国公司的经济体中，仍有小部分经济可以被这样概念化。超理性消费者的心理世界本质上是前弗洛伊德式和前巴甫洛夫式的，也就是说，它缺乏健全的心理基础。它植根于18世纪亚当·斯密的简单世界，那是个没有道德的世界，这就像试图用牛顿定律而不是量子力学来理解分子运动。因此，经济学学科的现状基本上不足以应对21世纪的后危机世界。

现在，越来越多的经济学家认为上述"象牙塔"型的经济体根植于简单化的假设，仅仅是我们想象的产物。[23]这种经济体都是由难以置信的超理性个体（男人和女人）组成的，他们没有情感，独自生活，没有任何社区意识，他们唯一的身份要么是消费者，要么是与他人几乎没有互动的生产者。[24]

经济学的范式转换

然而，经济学太重要了，所以我们不能只把它局限在课堂上的虚幻世界。为了使经济学有用，它必须与真实世界有相似之处，也必须为大街上的每个人的利益服务，而不仅仅是为少数人服务。因为经济学在很大程度上影响了我们所有人的生活，它可以说是最重要的学科，没有哪一个学科能在就业、收入、消费和投资方面对我们的日常生活产生如此直接和快速的影响。这就是为什么媒体充斥着大量经济数据、信息和报告。这也是政府为何将经济学在有效治理中的作用制度化。白宫有经济顾问委员会和国家经济委员会；立法部门的国会预算办公室有235名员工；商务部有经济分析局，其员工有500名；劳工统计局雇用了2,500名员工；人口普查局也收集和分析经济数据，雇用了5,600名员工。由此可以看出，政府为了获取正确数据付出了大量努力，我们也应当正确理解这一理论，而不是用抽象概念来欺骗自己。经济学应该是研究活生生的血肉之躯，而不是经济代理人。本书将致力于论证这一观点。

主流经济学误导我们陷入了70多年来最大的经济危机，政治危机也紧随其后。主流经济学也无法创造一个让大多数人感觉良好的包容性经济。因此，现在是经济理论范式转变的时候了。我们与其在竞争激烈的经济体中与少数赢家和众多输家追逐难以捉摸的"美国梦"，[25]不如专注于创造一个更和谐的经济体，一种体面的、可持续的、有尊严的、有创造力的、安全的、和平的、令人满意的愉快生活，一种不是基于过度消费和即时满足的生活——简而言之，一种不那么物质的生活。[26]现在是人类历史上第一次有可能实现前所未有的生活质量的时候。但是，为了生活舒适，我们不需要持续增加的商品，物质追求是无止境的，永远无法令人满意，因为它总是让我们想要更多。相反，我们需要控制自己的胃口和贪婪，并且应该有一种更少用金钱衡量成功、更多关心精神和社会生活的心态。[27]我们不能只发展经济，还要在心理、精神和道德上获得进步和成长。为此，我们还需要重新思考经济原则，这也是本书旨在探讨的重点内容。加拿大福利协会（The Canadian Institute of Wellbeing）是这样定义幸福的：

高质量的生活表现在各个方面，重点包括但不仅限于：良好的生活水平，健康的身体，可持续的环境，有活力的社区，受过良好教育的人群，平衡的时间安排，高水平的市民互动，以及接触并参与有活力的艺术、文化和娱乐活动。[28]

简而言之，幸福绝不能由 GDP、产出或收入来代表。[29]在一个人性化的资本主义经济中，令人满意的生活应该包括减少贫困、痛苦、不平等、失业、压力、焦虑和不安全感，以及改善健康、休闲时间、社会关系、爱、尊重、道德、教育机会和精神生活。关于这些，吉米·卡特（Jimmy Carter）总统在 1979 年是这样说的：

我们现在有太多人倾向于崇拜自我放纵和消费，人的身份不再是由一个人做什么来定义，而是通过一个人所拥有的东西来彰显。但是，我们发现拥有和消费并不能满足我们某种意义上的渴望……这是事实，也是对我们的一个警告。[30]

然而，他的警告并没有像艾森豪威尔（Dwight David Eisenhower）对军事工业综合体"严重影响"的警告那样被人重视。[31]

读者不应该误解，我并非支持废除市场，我是坚决支持《世界人权宣言》中所阐述的自由。但是，我对自由概念的理解，比米尔顿·弗里德曼（Milton Friedman）或罗纳德·里根（Ronald Reagan）更宽泛，我的观点更接近阿马蒂亚·森（Amartya Sen）的可行能力理论，其中包括远离让养老金消失的无节制经济形式的焦虑；远离与今天的生活相关的焦虑（比如犯罪威胁、失业、疾病、无力承担大学学费），以及看不到底层阶级、失业者和流浪汉的痛苦，这与埃德蒙·伯克（Edmund Burke）所反映的古典自由概念一致。³²我的观点还包括人应当有免于被强制性广告推销的自由，从而随心购物；或者看不到富人和名人挥霍无度的生活方式，从而不会对自己的匮乏生活心生不满的自由。人们也应该自由地培养个性，而不受媒体的影响。同时，不受大企业逐利动机干扰，自主发展自己的品格，是真正自由的一个重要方面，这样我们就不会被灌输消费主义的基本要素。

此外，我还认为多数市场在某些情况下运作良好，而少数市场在大多数情况下运作良好，但我们应该验证的是，某些特定市场是否如同我们期望的那样良性运作。我们需要考虑改善它们的功能，以便自己能够更好地在其中发挥作用。有些市场能让人们在没有被操纵的情况下发挥创造力、自主性和个性，并且不受潮流引导者和掠夺性放贷者的干扰，我是这类市场的热心支持者，但我支持与否取决于实证研究的结果。我拒绝回避与正统经典相悖的证据。³³如果市场显然会使我们中的一些人受到伤害，那么我们必须保留做出其他安排并采取集体行动来减轻这种不适的最终权利。这是经济学的人文主义方法——我们应该尽量减少精神和肉体的痛苦，重要的是，我们应该仍然是市场的主人，而不是奉其为主人。此外，市场的福利不应该只属于社会中的少数成员，因为这是不公平的，并且会带来相对的匮乏，这也是"占领华尔街"运动的根源。这不是一个不切实际的观点，北欧国家就是这样做的，在生活质量榜单上，这些国家通常位居前列。

实际上，社会经济体系是一个从市场原教旨主义到纯计划经济的连续统一体。我主张在这两极之间找到一个可以为我们大多数人和子孙后代提供满意生活的恰到好处的制度安排。我认为我们不需要通过"发展经济"来实现这一目标，相反，我们需要创造一个更加公平的经济体系，这种经济体系能够持续存在，并且比现有经济体系更能让人感到满意和安全。

正如世界知名经济学者和企业家 E. F. 舒马赫（E. F. Schumacher）所说："现代工业最引人注目的事情是它需要得如此之多，但实现得如此之少。其效率看起来低得超乎想象。"³⁴ "实现得如此之少"的意思是，尽管平均收入很高，但经济所提供的生活满意度却很低。换句话说，我们不应该将尽可能多地生产设定为自己的目标，而是要提升我们的感觉，以便能够用更少的钱获得更多的满足："目标应该是以最少的消费获得最大的幸福。"舒马赫还坚持认为，如果企业的规模较小，工人就可以保留更多的自主权，那么工作本身就会产生更大的满足感。因此，政治家和经济学家关于"经济发展"的箴言不会让我们获益更多，也不会走得更远。

真实世界的经济学是可行的

人们越来越认识到，主流经济学需要范式变革，并且正在积极开展各种行动以改变这一学科，其中包括"经济学反思"，这是一项致力于"在社会和课堂上建立更好的经济学"的国际运动。[35]在马丁·路德发表《九十五条论纲》（*The 95 Theses*）500周年纪念日当天，伦敦政治经济学院入口处张贴了《经济学改革的33条论纲》，开头写道"在经济学中，一种不健康的知识垄断已经形成"。[36]这33条论纲涉及了本书中讨论的所有要点。新经济思想研究所和由38个独立组织构成的国际经济学多元化协会联合会也有类似的目标[37]。总之，大家正做出许多努力以改革这个学科。

然而，虽然许多经济学家和学生排斥简单的主流模式，但他们的观点在主流教科书中并未得到充分体现。例如，复杂性理论研究领域的权威人物布莱恩·阿瑟（W. Brian Arthur）解释说：

> 复杂经济学假设经济不是一个完美平衡的机器，而是一个不断进化的复杂系统。经济中的行动者在决策时不必面对意义明确的问题或使用超人的理性。他们探索，试图寻找真正的意义所在，并对他们共同创造的结果做出反应和再反应。从这个角度看，经济不是停滞不前的，而是始终在形成，在进化……经济泡沫和经济崩溃的情况也时有发生。市场可以被玩弄或利用，历史和公共机构在其中发挥了重要作用。以此种方式发展的经济虽精细复杂，却十分真实。[38]

此外，《资本主义和社会》（*Capitalism and Society*）期刊的编辑也明确批评了以下主流观点：

> 今天在课堂上，以及在银行和政府中占主导地位的经济学误解了现代经济，

这种脱节会对我们如何理解历史、如何制定政策以及如何看待经济产生影响，进而在现代历史的重要时刻出现失灵并误导大众。在基于现代经济基本特征的经济学建立之前，无知、不确定性以及投机和创新的新思想限制和扭曲了我们的思维。[39]

简而言之，无论定理有多么精彩，数学算法看起来多么精致，我们都需要重新审视周围的真实世界，而不是接受在"象牙塔"中构思出来的虚幻概念。

"新自由主义是一个教条，市场原教旨主义已经死亡。"[40]这是诺贝尔经济学奖获得者约瑟夫·斯蒂格利茨的看法。其他权威人士也有类似（有时看起来有点不成熟的）观点。然而，通过阅读该领域的主流教科书你不会了解到这一点。推崇"市场原教旨主义"的教科书每年正影响着数百万的大学生。这不能简单用疏忽来概括，因为这类教科书会影响媒体、政治话语权和投票公众的心态，因而会产生巨大的影响力。难怪许多人会问："为什么经济学会步入歧途？"[41,42]

简单就是幼稚

有人认为，因为教师必须在学生学习更复杂的内容前为其提供基础条件，因而经济学入门教材中只需简单概述该学科就足够了。这一观点是完全错误的，[43]它会造成学生目光短浅。基础不应该是那种扭曲现实而无法辨认的幻想世界。我敢说，如果直言不讳的诺贝尔物理学奖获奖者理查德·费曼（Richard Feynman）还活着的话，他会同意我的观点的。在费曼1974年于加州理工学院毕业典礼上发表的著名演讲中，他恳求毕业生们践行"科研诚信""完全诚实""尽心竭力"，不去"欺骗自己"（当然还有其他人）。[44]我认为这些原则也适用于经济学教师。经济学家应该像其他专业人士一样坚守职业道德。[45]从一开始，学生就必须敏锐地意识到真实市场的局限性，其中至少有四个重要原因：

1. 学术界在任何时候都不应该半真半假，研究工作应始终如一。如果忽略研究的重要领域和新的发展成果，比如赫伯特·西蒙的满意理论或丹尼尔·卡尼曼和阿莫斯·特沃斯基（Amos Tversky）的前景理论，就很难说你是"完全诚实的"。[46]

2. 一开始就正确学习一门学科要比忘掉以前学过的并随后纠正它更有效率。一旦人们被社会化，只接受一个学科的主要原则而不了解其在真实世界中的局限性，就很难忘掉这些内容。人类的思维没有那么灵活，一旦神经网络运行到位，重新调整将极具挑战性。[47]

3. 有关不完美市场更"复杂"的想法并不那么难懂，完全可以在入门课程中轻松解释。忽略不完美市场而只专注于完全竞争市场，会扭曲经济理论，以至于学生学完课程时会对真实世界的经济产生根本性的误解。

4. 大多数学过经济学入门课程的学生都没有继续学习经济学，所以他们甚至从未接触过更为细致的学科内容，因此市场运作良好的观点将影响他们一生。这种状况在过去半个世纪的政治进程中发挥了重要作用，形成了一种严重倾向于自由市场世界观的学术氛围。因此，在课堂上发表的每一次陈述都应该是真实的，教师应对理论市场和实际市场之间的区别加以澄清和强调。情况就是这样，尽管教师应该在入门课程中传授更多内容，但除非以平衡的方式呈现经济学的各种观点，否则学生只能对市场过程的可靠性产生偏见。我们在教学过程中不应该单纯追求数量而放弃质量。

许多论调都认为必须简化原则，这样才能让人们理解经济学这一复杂的系统。但是，在简化和真实世界之间找到适当的平衡是至关重要的，过度简化会导致扭曲，也会对经济原则在真实世界中的应用产生根本性的误导。

经济原则误用的一个例子是经济学家无条件支持自由贸易，而不考虑那些受国际竞争影响的人群。（更多内容详见第十三章）对失业工人的忽视，特别是在"铁锈地带"①，使工人产生了强烈的挫折感，致使他们选出了一位承诺将工作还给他们的候选人，然而这种承诺是诱饵和权宜之计，并不会从根本上改善他们的生活。因此，哈佛大学肯尼迪学院的经济学家达尼·罗德里克（Dani Rodrik）提出了这样一个问题："经济学家是否应该对唐纳德·特朗普在美国总统选举中的意外胜利负部分责任？"[48]答案是肯定的。希拉里·克林顿失去了三个"铁锈地带"所在州的选票，全球化带来的烦恼让唐纳德·特朗普的选举得利。（见表1.1）特朗普在宾夕法尼亚州、密歇根州和威

---

① "铁锈地带"指的是美国东北部五大湖附近传统工业衰退的地区。

斯康星州相对多出的选票只有 77,744 张。因此，如果这些州只要有 39,000 名选民改变了选票（占唐纳德·特朗普投票总票数的 0.6%），希拉里都将在选举团中占上风。

表 1.1 希拉里·克林顿赢得 2016 年总统选举逆转所需的选票数量

	特朗普相对多出的票数	希拉里逆转所需票数
宾夕法尼亚州	44,292	20
密歇根州	10,704	16
威斯康星州	22,748	10
总计	77,744	46

来源：美国选举委员会，《58 届任期（2017—2021）历史选举结果》（www.archives.gov/federal-register/electoral-college/votes/2000_2005.html#2016.）

一些经济学家认为，只要自己的预测是正确的，模型就可以是不现实的，主流经济学在这一点上表现得尤为突出。按主流模型的描述，人们可以预测自第二次世界大战以来的生活满意度或幸福感会大幅增加，毕竟此后美国的人均 GNP 增长了 3.5 倍。但是，该预测被这样一个事实攻破，即报告自己快乐或非常快乐的人的比例在这半个世纪以来根本没有变化。[49]如果有，那也是下降了。因此很显然，经济学家高估了货币的重要性。

另一个预测完全错误的例子是，没有哪位主流经济学家预测到了 2008 年的经济危机。当年，美联储前主席本·伯南克预计次级抵押贷款不会破坏金融体系的稳定。[50]然而，地质学家预测地震都要比伯南克预测 2008 年的崩溃表现靠谱得多，换句话说，在涉及当今时代的主要挑战时，经济理论误导了我们。因此，经济学家那种即使用不切实际的模型也可以准确预测的论点被证实是虚假的。

"这只是一个模型！"

经济学家借由方程式或几何图形表示的理论模型来思考。黑板经济学也是建立在假设和模型变量相互作用的概念化基础上的。尽管这些看起来很严谨，但考虑到人类思维的明显局限性，为了使数学便于处理，变量的数量必须限制在少数。虽然这有些简单的逻辑结构是有用的，但它们有时会产生误导，且误导得十分严重。有大量证据表明，简单模型不可能通过数千个变量和数百万个相互作用的组件来捕捉复杂经济的真实本质，因为这些组成部分本身也是全球框架中的一员。因此，正如我们在2008年金融危机和2016年总统大选期间所看到的那样，简化会使模型具有破坏性。不幸的是，模型世界和真实世界之间的区别往往没有得到足够的重视，以至于学生和经济相关从业者常常会将两者混淆。如果教师允许学生不弄清楚这两个世界的差异就完成学业，将会给学生带来不小的误导。

由于过于简单的学术模型常常被误用于真实世界的不同场景，它们不但没有增强我们的理解，还会混淆视听并引导我们误入歧途，最终成为巨大的破坏力。格林斯潘和伯南克忽视了强大的系统性影响，也就是溢出效应，大崩溃之前的金融领域是模型不恰当地被应用于普通民众的实际情况而造成损害的形象案例。[51]

同样，经济模型和决策者完全忽视了全球化所带来的政治风暴。政治不是模型的一部分，黑极经济学认为政治应该独善其身，至于如何独善其身，这也不是经济学家研究的范围。

还有一个例子是对工会的完全竞争模型的长期误用，以及将最低工资应用于远非完全竞争市场，（更多内容详见第九章）毕竟，今天在完全竞争的环境中进行的经济活动所占的份额微不足道。因此，我们的文化中出现了巨大的知识性问题，理论模型每天都在被滥用，特别是在政治话语中。

这不是一个小问题，恰恰相反，它是当前经济、社会和政治弊病的根源，是美国历史上的一道分水岭。因此，公众、媒体和政治家对实际的经济学不了解，经济学界应对此负有责任。这些经济学家没有遵循费曼的箴言的精神，也没有竭尽全力、足够清晰地充分强调学术模型的条件。只在学期开始时提及这些假设，并假设学生将在所有课程中记住它们是不够的，我们必须更加谨慎地描述模型适用于真实世界的情况。如果不做这样的澄清，大多数教科书都无法对鲜活真实的经济过程提供细致的理解。

不了解真实世界的经济学，会对国家和公众社会产生巨大的影响，也会对我们的大学生产生不良后果。数百万学生会继续他们的生活，多年后，他们会考虑候选人的经济政策从而进行投票选举，他们也可能成为报纸编辑、广播评论员、小镇镇长、国会助理或政治活动家——换句话说，这些职业会将他们带到社会中负有重要责任的位置。他们会错误地认为自己已经理解了经济理论的基础知识，那就是如果不干涉市场，市场就是有效的。因此，经济学入门课程的缺陷变成了强大的破坏力，学生在当前的政治氛围中，要么变成了喊着特别尖刻的简单口号的施暴者，要么成为接受"竞争将导致增长""自由市场是有效的""降低税收将创造就业机会""政府提供不了问题的解决方案，政府本身就是问题"[52]"不需要消费者保护，因为我们都知道自己在做什么"等论调的弱者。为了避开这种陈词滥调的陷阱，我们学术界有责任在经济学的第一门课程中竭尽全力，在学生步入社会之前不惜一切代价避免这种半真半假的思想，不再让他们认为竞争市场有一个神奇的公式，可以解决我们所有或大多数实际的经济问题。

大多数经济模型的应用都不恰当，实例比比皆是。例如，某本权威教科书中有这样一篇官僚作派的文章：《医疗保健和鞋子、汽油一样都是经济商品》，[53]这种粗暴的论述忽视了标题所述几类市场之间的本质区别。至少自 1963 年关于这一主题的开创性文章发表以来，人们就知道完全竞争的标准经济模型不适用于医疗市场，这是因为医生和患者之间存在信息不对称这一关键因素，也因为由于各方的利益冲突，需要在大量不确定性的情况下做出非常复杂的决策，还因为这个市场不存在价格竞争。[54]这些因素使医疗市场与鞋类市场完全不同，比如一个人不会为一双鞋买保险。此外，医生比我们了解更多的生物学，我们没有切实可行的方法来确定最谨慎的治疗方案，我没有听说过谁想要在不必要的情况下做核磁共振检查，但有经验的医生可以为了增加雇主利润而为你开处方。另一个区别是健康是必需品，而有些鞋子通常被认为是奢侈品。"如果一个设计师设计的鞋从 800 美元涨到 860 美元，谁会注意到呢？"[55]而且，鞋子的质量比确定健康保险合同的质量更容易。再说说汽油，汽油也与这两种产品完全不同，它是由可耗竭的资源产生的，可能会产生污染，从而带来严重的环境影响。总之，这三类市场的本质大相径庭，将它们混为一谈是故意违背常识，只能使学生感到迷惑。

有关政治话语的另一个例子是那句经常被引用的话："对富人征税不利于经济增长。"这一论调忽视了 20 世纪 50 年代和 60 年代经济强劲增长的证据，那时高收入者的税率明显高于今天。该观点的支持者还忽视了明摆着的实证证据：在其他国家如德国、瑞士和日本（这里仅列举一小部分），富人与穷人之间没有美国式鸿沟，投资状况也也不错。降低富人的税率应该会增加投资的说法再次忽略了一个显而易见的事实，那就是富人收入的很大一部分要被用于炫耀性消费或海外投资，却并没有帮助美国创造就业机会。[56]当年里根的减税行动对低于1%的高收入人群来说如同浮云。[57]约瑟夫·斯蒂格利茨写道："低税率对增长没有任何作用。"[58]降低税率有利于增长的说法仍然在误导媒体与公众意识，据斯蒂格利茨说，这样做就是在加剧不平等。

到此，大家肯定会有这样的疑问：好莱坞影星约翰·特拉沃尔塔（John Travolta）是否真的需要在后院停放两架喷气式飞机，才能让我们的经济不断增长？参议员米特·罗姆尼（Mitt Romney）又是否真的需要在他的拉霍亚海滨别墅为汽车安装电梯，才能为人们增加工作岗位？[59]如果富人不得不支付更高的税金，他们就无力承担这些无聊的开支，也许就会有更多的资金用于精神卫生机构，枪击事件的数量也会大规模减少。[60]

第二章

市场既非无所不知，也非无所不能

任何一个地方的不公平都是对其他地方的公平的威胁。

——马丁·路德·金

市场并非由神力所造

从传统观点来看，自由市场被罩上了神圣的光环，它几乎是完美无瑕的。然而，我们应该质疑这种将超自然力量赋予市场的企图，因为市场是由人而不是神创造的。市场不是自然之物，不会自发地摆脱混乱。[1]相反，它是一个人为设立的机构，它能否良性运作，受制于市场管理者行为是否符合道德与法律规则，也受制于管理者能否对规则执行者进行监督，若无监督，市场将崩溃。因此，我们可以组织和改革市场以满足人们所需，从而改善生活。市场不是万无一失的，也不应该被崇拜。[2]它是达到目的的手段而不是目的本身。无论好坏，市场体系就在我们身边，没有它的世界是不可想象的，但我们应该保持警惕，不要成为市场的附庸。

可以肯定的是，在工业革命之后，市场越来越多地被用于释放巨大的经济能量，增加收入，制造超级丰富的物质产品，提高人们的预期寿命，并在科学、工程、医学、通信和信息技术等领域不断创造奇迹。这些成就显然是惊人的，然而我们不应该因此而变得自负，因为我们在很多重要方面进展寥寥，这些方面包括生活上的抗压能力、进取精神、自控力、良好习惯等素质，还包括衣食无忧、道德高尚等个人状态。因此，对物质进步的强调绝不是全部。除此以外，还有一些难以忽视的事实需要人们去考虑，比如严重的贫困问题，无论是相对的还是绝对的，都仍然并将继续困扰着美国和其他国家。[3]

自由市场的缺陷

大家普遍认为市场经济已"取得了巨大的成功"[4]。然而，这是因为人们有意忽略了来自当前经济体的巨大挑战，忽略了财富分配方式以及部分人在财富分配中的天生劣势。[5]市场无法改善这种扭曲及其造成的社会问题。[6]可以肯定的是，市场拥护者认为我们应该将社会、政治和经济问题分开。然而，这种观点本身只是一种价值判断，没有什么意义，因为社会、政治和经济问题总是错综复杂地交织在一起，经济过程会带来社会和政治的后果，正如我们见证了特朗普当选总统那样。[7]

因此，不平等问题的增加并不是能轻易被忽视的偶发现象，它是市场经济的核心问题，经济学家的非恶意忽视带来了灾难性后果。[8]就业、收入和财富的不公平分配导致我们要面对社会、政治、经济上泛滥到难以摆脱的问题的挑战。事实上，与其他发达国家相比，美国并没有在哪项生活质量指标的国际比较中排名靠前，这些指标包括预期寿命、生活满意度、教育程度、儿童福利、大规模谋杀率、吗啡类药物的过量使用等。只有在使用人均收入作为比较项的排名中，美国才接近榜首。然而如果收入分布存在偏差，只取平均值意味着会产生严重的误导。情况就是如此，因为超高收入对平均水平产生了非同寻常的影响。[9]

那些焦虑不安的底层阶级无法摆脱无望的困境，他们往往会因为经历过多挫折而绝望，或自暴自弃。这就是美国的凶杀率比西欧和北欧高出3到8倍的原因之一，在那些国家中，由国家提供的安全保障系统会把焦虑降低到可以忍受的水平。（见表2.1）[10]高凶杀率不仅表明了人们在社会中的受挫败程度，还表明了精神健康领域服务的不足。美国2016年发生了384起大规模枪击事件。另外，暗杀警察事件同样也表明了人们对社会日益加深的怨恨。[11]

表 2.1 美国人均凶杀率是部分欧洲国家的倍数

挪威	8.8	德国	5.8
荷兰	8.0	英国	5.3
爱尔兰	7.7	丹麦	4.9
西班牙	7.4	瑞典	4.3
瑞士	7.1	法国	3.1
意大利	6.3	芬兰	3.1

注：本表数据的统计日期有所不同，大多数是来自2014年的调查结果
来源：https://data.unodc.org/

另一个普遍存在的困境指标是吗啡类药物的泛滥程度，美国的人均吸毒率是西欧的3倍多[12]，毒品相关的死亡率是西欧的8倍。（见表2.2）很显然，这里存在反馈效应，犯罪水平增加了社会的焦虑程度，从而极大地降低了生活质量。

表 2.2 每一百万15~64岁人群中的毒品相关死亡人数

美国	234
瑞典	96
英国	91
瑞士	23
德国	19
意大利	8
法国	4
欧洲平均	29
全球平均	44

注：该表数据的统计日期有所不同，大多数是来自2014年的调查结果，其中欧洲指西欧和中欧
来源：https://data.unodc.org/

高监禁率也是人们无法在合法劳动力市场中找到自己位置的标志。2015年，美国"被监管"人数不少于670万（占成年人口的2.7%），其中包括假释、缓刑和220万被监禁的人。[13]美国人口占世界人口的5%，却拥有世界囚犯总数的23%，是世界上监禁率最高的国家。[14]这么高的监禁率，表明经济体对那些因失业及无业而陷入困境的底层阶级的冷酷无情，这是一个很少有经济学家愿意承认的问题。

破产的数量表明人们履行义务的困难程度,其中,大部分破产是因为医疗费用问题。[15]破产申请在 2005 年达到峰值 200 万次,虽在随后的 2014 年下降至 90 万次。但如果按人均计算,破产数量在 1980 年至 2014 年间翻了一番,[16]这是对 20 世纪经济空前发展这一说法挑战。另外,2006 年至 2014 年期间,930 万人失去房产也是一个例证。[17]

持续而普遍的贫困表明市场经济使许多人陷入困境,其中,美国的儿童贫困率为 19.6%,大约是发达国家平均水平的 2 倍,是丹麦的 7 倍。(见图表 2.1)[18]这一高比率出现的主要原因是自 1950 年以来离婚率翻了一倍,[19]且由女性主导的有子女家庭的比例

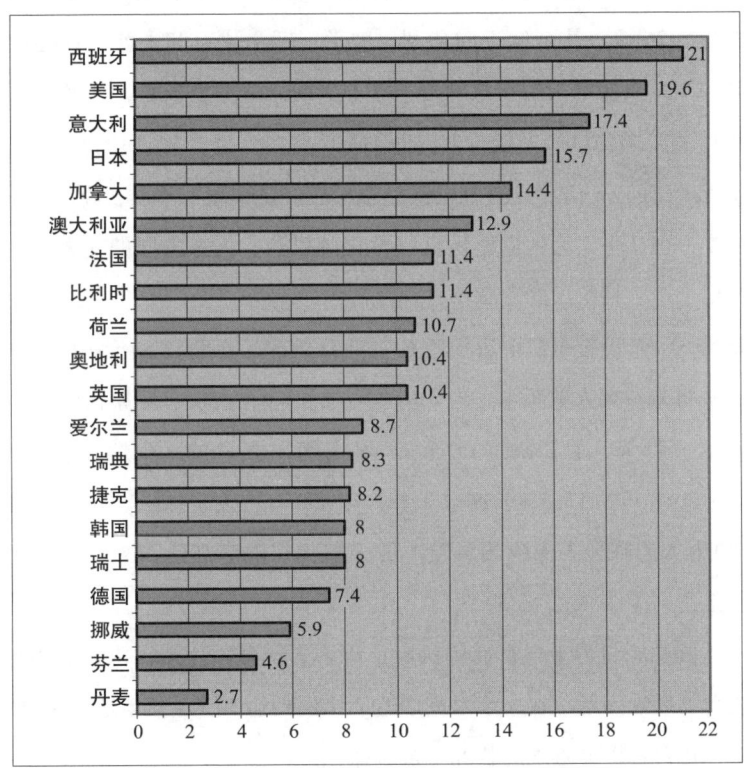

图表 2.1 18 岁以下儿童的贫困率

来源:经合组织统计的《社会保障和福利、收入分配和贫困》中的第一章,表 1. A. 1. 关于 2013 年家庭可支配收入和贫困分布的关键指标(http://www.keepeek.com/Digital-Asset-Management/oecd/employment/in-it-together-why-less-inequality-benefits-all/key-indicators-on-the-distribution-of-household-disposable-income-and-poverty-2007-2011-and-2013-or-most-recent-year_9789264235120-table12-en#. WWkPR_nysyU.)

翻了两番。[20] 2016 年，三分之一的美国孩子生活在单亲家庭中，这也意味着这 1,900 万名儿童（占美国儿童总数的 29%）更难以获得通往中产阶级的合理教育[21]。一般来说，在国际对比下，美国儿童的情况比成年人更糟糕，这对未来的人力资本形成很不利。

太多的贫困儿童生活在贫民窟，这些地方没有为他们提供充分的生活保障，在对他们未来成长非常重要的教育和社会化方面更是如此。[22]换句话说，自由市场并没有为功能失调的社区和教育系统以及贫困文化氛围中的儿童提供公平的竞争环境。[23]没有哪一个发达国家会如此忽视后代的未来。与欧洲国家相比，联合国儿童基金会将美国儿童的福利排在第 26 位，甚至低于匈牙利、波兰、斯洛伐克和爱沙尼亚等中等收入国家。[24]据报道，美国有关部门每年收到近 600 万次的儿童受虐投诉，[25]平均每天有 5 名儿童因受虐死亡。[26]美国的早产率接近非洲而不是欧洲的水平。[27]密西西比州青少年分娩的概率是瑞士青少年的 15 倍。[28]这些社会问题根植于经济体系的本质，经济体系增加了儿童的养育成本，也几乎不为他们提供良好发展的机会。无人关照的儿童是一个弱势群体，而那些出生于富裕阶层的儿童不在此范围内。

美国是唯一一个没有全民健康保险的工业化国家，尽管《平价医疗法案》（2010 年颁布）几乎将未参保人数减半，但仍有大约 2,800 万人没有健康保险。共和党政府曾试图扭转这一趋势，但工龄（19 至 64 岁之间）人口的无保险率仍从 2016 年的 12.7%上升到 2018 年的 15.5%，这意味着约有 400 万人失去保险。[29]国会预算办公室估计约有2,300 万人面临失去保险的风险。穷人的无保险率高达 26%，西班牙裔人群的无保险率更是达到了 28%。[30]

2015 年，在这个世界上最富有的国家，许多人的基本生活需求都难以负担：13% 的人口面临食物短缺问题，在单亲家庭中这一比例高达 30%，甚至还有 8%的非裔美国人忍受饥饿，在食物极度匮乏的状况下苦苦挣扎。[31]

显然，上述焦虑对人们的心理健康有很大影响。在美国，寻求抑郁症门诊治疗的人数比例从 1987 年的 0.7%增加到 1997 年的 2.3%，2007 年增加到 2.9%，[32]同时这些患者的药物使用率从 37%增加到 75%。2014 年，1,600 万成年人（6.7%）经历过至少一次抑郁症病情发作，[33]抑郁症的经济负担从 2005 年的 1,730 亿美元增加到 2010 年的

2,100亿美元,³⁴这是史无前例的。由于抑郁常常引起酒精中毒、吗啡类药物中毒或自杀,这导致了2014年至2015年期间总体预期寿命的下降。³⁵

"在绝望中死亡"的人数在过去几十年中大幅增加。1980年,美国因吸毒过量死亡的人数约为6,000人,而到2015年增加到了52,000人,增加了近8倍。³⁶其他的死亡原因涉及酒精中毒、自杀和因酗酒导致的慢性肝病等。同时,美国白人中年死亡率也以惊人的速度增加,这在从前发达国家的和平时期内从未发生过。尽管医学一直在进步,但近年来发达国家中,只有美国死亡率在上升。受影响最大的是受过高中及以下教育的中年白人,21世纪以来,这一人群的死亡率一直在上升,而受过大学教育的人群则未受这种趋势的影响。³⁷非裔和西班牙裔族群也没有受此影响。

美国社会听起来像是自由市场的天堂吗?答案是显而易见的,但还有更多方面需要考虑:2016年,收容所的流浪汉数量达374,000名,另有176,000人在露天场所居住,其中约22%是儿童(大部分儿童在收容所)。³⁸2011年,无家可归的儿童数量达到160万。³⁹在发达的社会里以这种方式对待孩子是不合情理的。

图 2.1 市场对部分儿童是残忍的,历史将如何评判我们?
来源: istock.com/availablelight.

而所有这一切却被认为很正常。相比之下,美国有500多位亿万富翁,他们的总净资产为2.4万亿美元。⁴⁰此外,2014年有40万个家庭的收入超过100万美元(均值为300万美元),⁴¹其中0.3%的家庭的总收入为1.4万亿美元,占美国总收入的14%。⁴²

基尼系数是衡量收入不平等的标准,它由图表2.2计算,其中对角线表示收入完全平等的线,沿着这条线看,10%人口的收入占总收入的10%,20%人口收入占总收入的20%,依此类推。因此,实际分布距此对角线越远,收入就越不平等。基尼指数的计算方法是将对角线和洛伦兹曲线(A)之间的面积除以三角形的总面积。[43]根据纳税申报表可知,美国的实际收入分配显示了收入分配的不平等程度,收入分配最低的60%的人口只获得经济(税后)总收入的20%,这和最富有的1%人口的收入一样,他们也赚取了总收入的20%。换句话说,120万纳税人的收入和底层的9,000万人的收入是一样的。(见图表2.2)

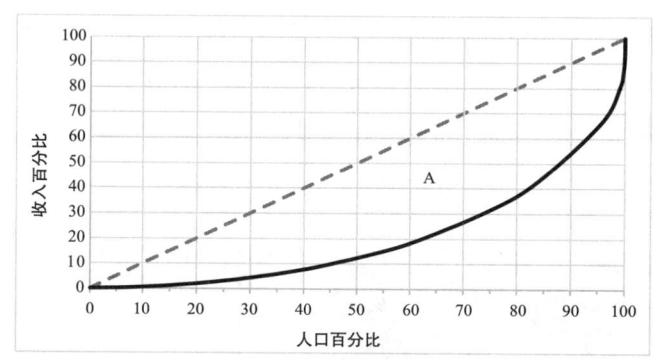

图表2.2 美国2014年税后收入的累积分布

来源:美国国税局,收入统计部门税收统计表1.1:《2014纳税年度(2015年申报)选定的收入和税收项目调整后总收入及累积值》(https://www.irs.gov/uac/soi-tax-stats-individual-statistical-tables-by-size-of-adjusted-gross-income.)

另一个衡量不平等的指标是发达国家收入分配最高90%与最低10%的人的人均可支配收入之比。(见图表2.3)美国的这一比率为6.1,远高于3.7这个中位数。

此外,由于教育系统资金不足,美国儿童受教育水平远远落后于全球其他国家的同龄人,美国15岁的孩子在阅读、科学、数学三个科目的能力上,分别排在全球第24、25和39位。[44]在133个发达国家和发展中国家中,美国的数学和科学教学质量排名第48位。[45]这种逊色的表现对美国未来几年在信息时代获取竞争力来说并不是一个好兆头。[46]

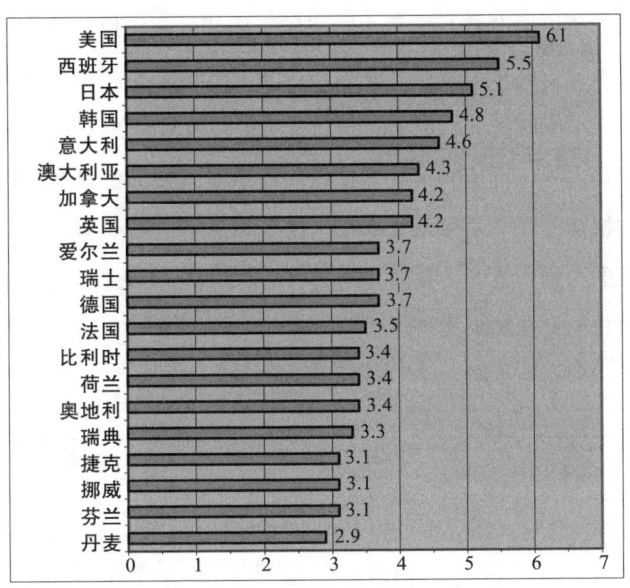

图表 2.3　2014 年各国收入最高的 90% 与最低的 10% 人均可支配收入比率
来源：经合组织统计的《社会保护和福利、收入分配和贫困》中的第一章表 1. A. 1：家庭可支配收入分配和贫困的关键指标
https://stats.oecd.org/Index.aspx?DataSetCode=IDD#

归根结底，美国中不溜秋的教育质量源于公众的反政府倾向与吝啬的资金投入。通过减税来剥夺联邦政府的收入是一种保守的策略，也被称为"饿死野兽"策略。[47]这导致合格的学校等公共设施尤其缺乏。在这种情况下，加尔布雷思（John Kenneth Galbraith）将"个人富足"与"公共部门贫穷"进行了对比，这种比较在今天和几代人之前一样有效。[48]

当前的经济还存在许多其他问题，例如，在名为"最适合母亲生活的国家"的排行榜中，美国排在第 25 位。[49]另外，消费者投诉时有发生，甚至有诈骗犯通过提供"虚假"帮助以避免丧失房屋抵押收回权。[50]2014 年美国有 1,760 万人的身份信息被窃，[51]而购买身份盗窃保险每年要花费约 150 美元。此外，在基础设施建设方面，更是问题重重。2007 年明尼阿波利斯市内的一座桥梁倒塌，造成 13 人死亡、145 人受伤；[52]加州奥罗维尔大坝的损坏导致 20 万人撤离；美国土木工程师学会评估本国的基础设施等级为 D+，评估设施包括桥梁、防洪堤、水坝、饮用水、危险废物和固体废物处理设施等。

美国在基础设施投资方面有数万亿美元的积压工作待处理。换句话说，美国通过减税和忽视维持国家基础设施来消减后代的福利，而基础设施是经济的命脉。此外，环境正在持续恶化，全球变暖的加剧会威胁我们文明生存的基本条件。

除了全球变暖以外，严重的不平等是我们这个时代最大的挑战，这是以上讨论的所有社会问题的根源所在。证据无处不在，收入和财富过分集中，每年前10%的家庭都获得了近一半的美国年收入，并拥有约75%的总财富，(见表2.3) 事实上，美国的收入分配比任何其他发达国家都更集中。

表2.3 2013年美国的收入和财富分配份额

	收入	财富
前3%	30%	54%
接下来的7%	17%	21%
前10%合计	47%	75%
剩余90%	53%	25%

来源：美联储公报，《2010—2013年美国家庭财务状况的变化：来自消费者财务状况调查的结果》，2014年9月，第100卷，第4号，第10~11页（https://www.federalreserve.gov/pubs/bulletin/2014/pdf/scf14.pdf.）。

难怪有如此多的不满、挫折和痛苦，因为收入分配的左尾部分（即最低收入群）对社会和政治制度产生了不成比例的影响。2011年，收入分配中最低的20%，也就是最贫困的6,400万人的平均收入（税后和转移支付后）仅为18,000美元，这几乎不足以勉强维持生活。[53]

总之，美国有一大堆问题，人们在称赞其经济上"巨大成功"的同时却忽视了很多明显的问题。事实上，在所有与衡量生活质量相关的排名中，无论是健康、安心、幸福、长寿、安全、教育、社会流动性、儿童福利还是人类发展等方面，美国均表现平平，但这些和生活息息相关的方面真的很重要。罪魁祸首不是平均收入水平，而是分布不均，可经济学家对平均收入与人口生活质量之间的鸿沟却长期保持沉默。

总而言之，美国的社会经济进步比大多数主流经济学家愿意承认的要更具不确定性，而且进步仅限于社会中的一小部分人。事实上，鉴于美国拥有的巨大财富，我们本可以更好地改善普通民众的生活质量。进步不应以平均收入增长来衡量，分布平均也很重要；幸福是多方面的，不应与平均收入水平混为一谈。

政府是经济的重要组成部分

政府在很多方面做得比市场更有效，其中包括建立州际公路网，为老年人和退伍军人提供医疗保健，以及几十年来的公民社会保障等，还有政府资助的基础研究带来了信息技术革命。所以，我们不应该总是贬低政府。相反，我们应该强调市场和政府是互补的，它们需要彼此配合。市场无法建立其制度结构，包括政治制度、意识形态、法律，以及管理市场参与者行为的不成文规范。如果没有足够的法律及政府创建的大部分相关机构，市场将无法运作。总之，政府是不可或缺的。当然，它必须是有效的。这样看来，那句经典语录"管得最少的政府是最好的政府"显然是错误的。[54]根据富兰克林·罗斯福（Franklin D. Roosevelt）的说法，这句话认为政府似乎可以对人类的困境漠不关心。[55]简言之，政府必须根据经济的规模和复杂性，以及市场无法充分满足人们的需求这一特点来进行调整。

政府建立了水坝和桥梁，教育孩子，稳定了银行系统，并千方百计地通过支持医学、信息技术、互联网和生物技术等领域的基础研究来刺激创新。此外，人们应该承认，在一些关键时刻，如果没有足够的政府援助，市场可能会崩溃，像通用汽车公司和克莱斯勒汽车公司也有迫切需要通过国家资金进行复苏的时候。简而言之，有充分的理由让人们不应再无条件地给自由市场唱赞歌。[56]市场本身没有也不可能独立创造出我们目前的财富水平，财富是个人和社区共同努力的成果。

市场和政府一样，也应该在我们的控制之下。市场没有主权，我们有，我们在民主社会中保留最终权利，以确定我们的目标是什么以及如何实现目标，其中一部分目标应留给市场，而其他目标则应通过我们选出的代表或其他非市场机构来确定。虽然有人诋毁政府，但政府就是我们，它代表了我们的集体意愿和集体利益，我们个人无法充分执行这些意愿并实现利益。不可否认，政府的力量最近被削弱了，有影响力的既得利益者拉拢了政府机构，[57]否则很难理解数万亿美元是如何从99%的人口转移到1%的富人手中的。[58]当前的经济体系导致财富过分集中，以至于我们的民主（1人1票）正在变成一个财阀政治。[59]比如，碳行业成功地制造了一种误导，以否认全球变暖的存在;[60]美国步枪协会阻止了突击步枪禁令的施行;华尔街抵制严格的金融监管,也削弱了消费者金融保护局(CFPB)的力量。[61]

如果缺乏政府监管、运作良好的法律制度和有效的执法机制,大多数市场都会迅速崩溃。政府可以在很多方面做得比市场更好,比如提供公共产品和为银行存款担保。市场不擅长保护消费者、儿童、环境、弱者、穷人、少数群体的权利或后代的利益。市场还会向儿童出售卷烟和酒精。直到政府监管的出现,美国的吸烟量才减少了一半。

政府的作用之一是维持经济体内部的权力平衡,如果存在垄断力量,或者各方获取信息的程度明显不同,或者由于收入差异,交易中一方比对手更容易承担交易成本,那么这种不受监管的市场并不能作为自由市场。对于那些不享有这些优势的人来说,这样的市场不会是"自由的"。因此,缺乏政府干预不会形成自由市场。恰恰相反,在没有政府的情况下,权力就会积聚在少数人手中,只有政府才能防止这种不平衡的产生。

此外,政府必须建立并不断调整经济运行机制,还要界定财产权以及行使和执行这些权利的程序。我们不应该忘记,是政府而非市场在保障少数族裔群体的公民权利,[62]提供安全保障也属于政府的基础服务。没有政府提供这些保障,政治结构将不会稳定,玛丽·安托瓦内特(Marie Antoinette)及其他不能未雨绸缪的统治者都发现了这一点。此外,我们还需要政府机构作为最后贷款人,以维持金融体系的稳定。富兰克林·罗斯福颁布的很多法律都行之有效,可惜它们在里根、老布什、克林顿和小布什政府时期被逐一废除了。

当然,在由自然灾害引发的紧急情况发生时,我们也需要政府的帮助。这时候,即使是那些平时对政府反感的人也会不加掩饰地向政府寻求救助。[63]再仔细想想,自然灾害和随机发生的疾病之间有什么区别吗?为什么不能将相同的救济模式应用到那些患有癌症或其他衰竭性疾病的人身上呢?真是颇具讽刺意味。

政府还必须帮助那些就业竞争中远远落后的人。社会无法给所有求职者提供足够的工作机会。社会的集体责任是帮助那些非因自身过错而基本需求无法满足的人,帮助他们不仅是友善,也是为了确保社会稳定。

市场有局限性

以信息不对称或不确定性为特征的市场往往效率低下。例如，早在1963年，肯尼思·阿罗就指出，私人医疗保健市场效率低下是因为"疾病发病率和治疗效果存在不确定性"。[64]此外，与其他市场相比，这类市场不存在价格竞争，并且存在更多的信息不对称，以至于人们对自己未来健康需求的预测存在偏差。

"逆向选择"意味着那些对身体健康最担忧的人比健康的人更有可能为自己投保，因此，医疗保险的价格上涨，以至于能负担得起的人更少了（在奥巴马医改之前，约只有16%的美国人口买了保险）。此外，保险公司还通过合同附属细则欺骗顾客，从而在对方最需要的时候拒绝为其承保。难怪美国民众对医疗保健系统的信心普遍低于其他发达国家，因为它比其他发达国家都更依赖自由市场原则。[65]

美国拥有世界上效率最低的医疗保健系统。以下是支持这一论点的两项指标：美国的出生时预期寿命在全球排名第31位，但医疗保健支出却是发达国家中位数的两倍。（见图表2.4）这就是效率低下的表现。在那些政府在医疗保健方面发挥重要作用的国家，民众更健康、寿命更长（如西欧和北欧，100%的人口投保）。例如，加拿大的医疗支出仅处于中位数水平（4,700美元）；相比之下，美国成年人和孩子的人均支出为9,900美元，是加拿大的两倍多。如果我们拥有加拿大的医疗系统，那每个家庭可节省至少13,600美元，可见美国的医疗系统是多么低效！总浪费资金竟达到1.7万亿美元，大约是所有美国公司一年税后利润的总和。[66]

全球总计6.7亿人口的发达国家的预期寿命中位数为81.8岁，加拿大再次接近中位数，比美国高出2.9岁。美国人的预期寿命相当于古巴、乌拉圭和哥斯达黎加的水平，而这三个国家的收入水平与美国相比微不足道。可见，基于自由市场原则的美国医疗系统是世界上效率最低的。（见图表2.4及2.5）[67]

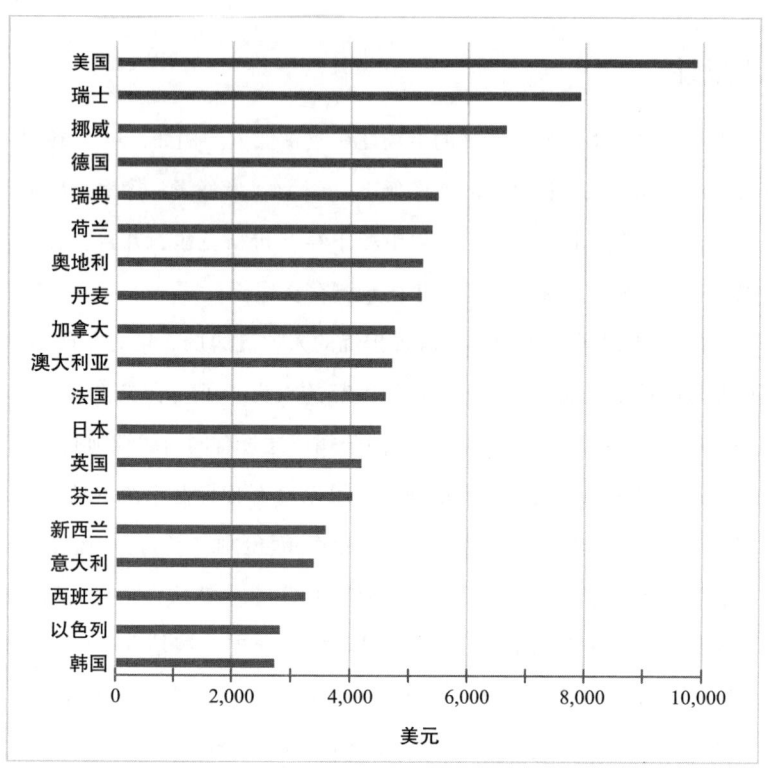

图表 2.4 2016 年各国人均医疗保健支出
来源：2016 年经合组织统计的《卫生保健支出》（http://stats.oecd.org/Index.aspx?DataSetCode=SHA.）

  美国黑人男性的预期寿命与斯洛伐克、洪都拉斯、土耳其的水平相当，低于阿尔及利亚、古巴、突尼斯。[68]如果服务如此昂贵，产出却如此低劣，那就说明市场原则必然出现了扭曲。显而易见，如果缺乏政府的广泛监督，竞争又不够透明，那么自由市场就无法以合理的价格提供足够的医疗保健。

  再者，市场也是极度缺乏耐心的机构，它的激励结构更偏向于当下，不善于长期规划。另外，在制定教育政策，以为社会提供高质量、宽基础的教育方面，市场也缺乏效率。显然，市场也不是为此目的而设计的。

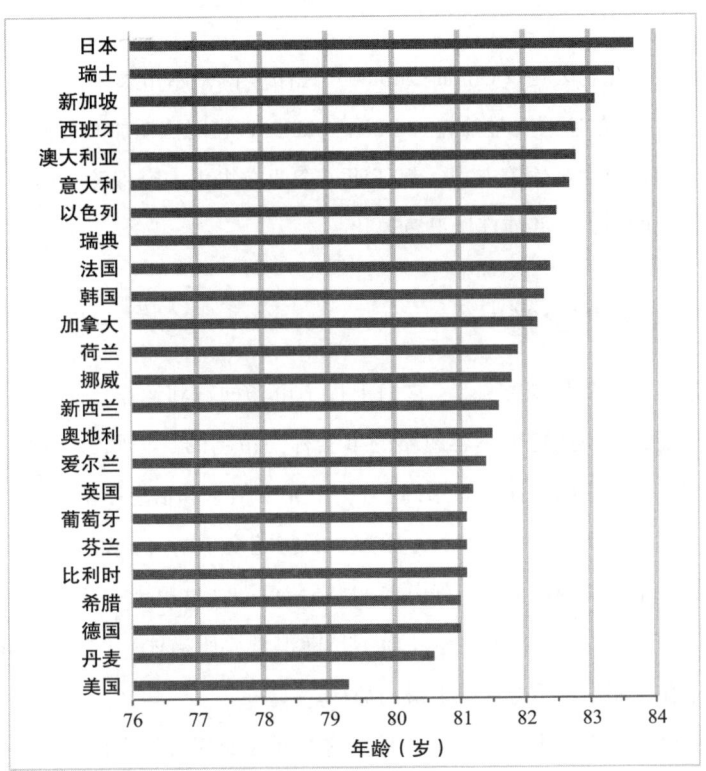

图表 2.5 2016 年各国的出生时预期寿命
来源：世界卫生组织，《世界卫生统计 2016，附件 B》（http://www.who.int/gho/publications/world_health_statistics/2016/Annex_B/en/.）

市场在提供安全产品方面也是无效的，因为安全是难以确定的，是无形的，而且生产者与消费者对产品当前安全状态的认识存在偏差。因此，让厂家短期内提高安全性似乎并不值得，而从长远来看，提供安全的产品对消费者而言代价高昂，对生产者来说无利可图，价格竞争阻碍了安全产品的供应。拿汽车安全带来说，在 1968 年被强制要求使用前，很少有人会用。[69] 当然，现在我们已经习惯了，大多数人会下意识地扣上安全带。另一个例子是有安全保障的婴儿床，这似乎不是一个复杂的产品设计。然而，直到数十名婴儿意外地在婴儿床中窒息，消费者产品安全委员会才在经过多年与行业团体的争论后，终于在 2011 年强制推行婴儿床安全设计要求。生产商有几十年婴儿床设计和销售经验，但是却做不到保障安全，因为市场无法提供它们所需要的协调工作。[70]

美国的联合碳化物公司（Union Carbide）在印度博帕尔市发生的严重天然气泄漏事故、"埃克森·瓦尔迪兹"号油轮（Exxon Valdez）在阿拉斯加的石油泄漏以及墨西哥湾深海钻油平台上的爆炸等灾难，都证明了企业在提供安全保障方面的无能，这类灾难造成了巨大的痛苦，并使环境严重退化。

市场的"阿喀琉斯之踵"

市场有诸多"阿喀琉斯之踵"，它们干扰了市场的顺利运作，并降低了其有效改善生活质量的能力。我把这个不容忽略的事实称为市场的"诅咒"。这些是市场始终存在的致命弱点，如有限理性（见第四章）、不完全信息和信息不对称、权力不平衡、社会互动、炫耀性消费（见第五章）、寡头垄断与完全垄断（见第六章）、交易成本、机会主义行为、不完美的远见（见第八章）、环境污染（见第十一章）、金融的脆弱性（见第十四章）等，这些与真实世界（而不是虚拟世界所描述）的市场运作相关。因此，它们的运作机制根本不像课堂上讲的那样。

尽管许多经济学家几十年前就因为阐述这些问题而获得了诺贝尔奖，可在传统经济学课堂上，至少在入门级课程中，这些致命弱点却常常被忽略了。可以肯定的是，这些"诅咒"已经被写进各类论著，但是却没有在入门级教科书中给予介绍。这意味着数百万学生学完了经济学基础课程，却没有认真思考书本上那些默认模型的细微差别。

当然，有许多实践派经济学家不同意主流经济学家的主张，并且谴责他们是"智力渎职"，因为他们没有更认真地质疑自己的假设。[71]可以肯定的是，主流观点所采用的假设，其推论得出的结论在理论上合乎逻辑，在大学课堂上的讲解也奏效，但是在真实世界中却经常被证明是错误且有害的。[72]

道德应优先于市场

作为人类的发明，市场不应该优先于我们的道德价值观。市场是我们道德体系的一部分，我们应该组织它，使它不剥削或伤害人，并以公平的方式分配经济成果。如果市场对我们造成伤害或威胁，那么我们就应该保留做出其他安排的权利，并采取集体行动来制止市场带来的痛苦。市场的结果决不应该凌驾于道德之上，当它不能产生令人满意的结果或出现故障时，我们就应该改造它。

此外，社会经济和道德两方面有很多有价值的目标，市场无法实现。例如，提供公平的回报分配，即使是很小的早期优势也能带来可观的后续利益。具体来说，非裔美国公民是否能在自己选择的午餐柜台购买咖啡，或在公共汽车和火车上能否坐在喜欢的座位上，对此市场并不关心，更不会为其提供帮助，在取消种族隔离的市场权利被授予之前，人们不得不牺牲自己的生命。[73]此外，从经济角度来看，买卖婴儿可能效率很高，但我们出于道德考虑决定反对这种交易。所以原则上我们不应该依赖市场来为我们创造一个有道德的社会经济框架。

经济学是社会科学而非自然科学

经济学一点也不像自然科学，它对与其基本假设相矛盾的证据并不敏感。它还对替代理论以及来自其他学科的事实置若罔闻，这是难以令人接受的科学实践。化学家会被允许忽视物理或数学的研究结果吗？当然不！然而，经济学家经常忽视来自心理学、社会学、政治学等姐妹学科的研究结果。例如，社会心理学根据群体动力学来描述人类行为的问题，然而，这种群体动力学常常被经济学家忽视，尽管经济活动很显然发生在社会和政治体系内，而不是在孤立的个体之间。[74]

此外，经济学不像自然科学那样是建立在受控实验的研究结果基础上的，在建立模型时使用数学并不能使经济学成为一门严谨的科学。[75]从本质上来说，经济学是基于对人们的行为和动机的假设，从中可以使用演绎逻辑推导出原则。这就像中世纪哲学家的方法论，他们曾争论"有多少天使可以在针头上跳舞"。例如，圣托马斯·阿奎纳（St. Thomas Aquinas）认为上帝是完美的、无限的、不可改变的。[76]如果要抽象地想象上帝的本质，可以把这一看法当作合理的起点，根据阿奎纳的说法，这就是上帝的样子。同样，经济学家想象完美的市场中有一个被称为拍卖师的权威角色，他以类似拍卖的方式公布价格。正如阿奎纳认为有一个完美的上帝，并提出了相应的神学体系一样，经济学家认为有一个完美的竞争市场，而不考虑真实世界中的所有问题。

这种方法论是错误的，因为没有实验来证实这些假设是直观合理的。在亚里士多德之后的几千年里，较重的物体比较轻的物体下落得更快的说法似乎是显而易见且合乎逻辑的，直到这一理论被伽利略推翻。因此，对于经济学来说，实验和经验是比基于基本假设的逻辑演绎定理更为可靠的方法，因为这些理论本身就是有争议的。

同时，来自实验经济学和行为经济学的研究结果，特别是异常的结果，没有被纳入主流思想，而被视为偶发现象。比如与理性假设相矛盾的结果大部分都被忽视了，导致经济学家偏离了科学方法。

此外，经济预测不精确意味着所使用的模型是不成熟的。格林斯潘的经济理论预测市场不会崩溃，但这种预测被证明是错的。然而，尽管人们想避免将来出现同样的错误，却并不急于抛弃旧理论。

当实验室的实验结果与经济学学科的基本假设相矛盾时，大部分结果都会被忽略，或者被合理化地解释为一种"现实不充分"现象。[77]比如有一个名为"最后通牒博弈"的实验，由两个玩家参与，一号玩家收到一笔钱，比如 100 美元，前提条件是他应该与另一个玩家分享，一号玩家可以决定给二号玩家多少钱。然而，问题在于，如果二号玩家拒绝接受建议的份额，则两个玩家都什么也得不到。如果两个玩家都理性、自私且追求效用最大化，那么一号玩家会给二号玩家很小的份额，比如 1 美元，因为 1 美元大于零，所以二号玩家应该接受这 1 美元。然而，实验结果却不支持这一假设，二号玩家一直拒绝接受低于三分之一份额的分配，最终的分配方式更接近于平分。[78]

这个实验的结果与人们普遍的假设相矛盾，人们假设"经济人"自私、受理性引导，并且追求效用最大化。相反，实验结果揭示了情感、同情心以及当我们认为自己受到不公平对待时产生的反感情绪等的重要性。决策也是由激素水平调节而触发情绪反应的结果，而不是纯粹的理性结果。换句话说，正义感引导我们产生与他人互动，以及合作的意愿。这类研究结果无数次复现了相同的结论，这些结论与理性代理人模型相矛盾，但却受到主流教科书的谴责。

意识形态不可避免

正如格林斯潘所说，意识形态是经济学不可或缺的一部分，并将持续存在，直到它有更实质的经验基础。意识形态源于对初始假设的适当性的判断。如果不做些初步假设，我们难以组织想法，这些假设必然来自我们自己的思维方式、世界观、知识和情感世界，它们极大地影响了从假设中推导出的想法。思考复杂事物时，意识形态如同一条捷径，使我们能够在棘手的、不确定性的复杂世界中安然而处。当我们必须使用有限的信息做出决策，并且无法完全理解众多变量之间错综复杂的互联网络时，意识形态会成为我们行动的经验法则，对我们有所帮助。

因此，经济学不能离开意识形态。我们的政治、道德和哲学上的同情心反映在我们的基本假设中，也反映在我们如何构建思想和对周围世界的理解中。经济学的结论很大程度上源于假设、直觉、内省、观点，也就是意识形态。[79]这也是很多不同经济学派存在的一个原因，这些学派包括新凯恩斯主义、后凯恩斯主义、新古典主义、货币主义、异端主义、女权主义、奥地利经济学派[80]、行为学派、制度学派、演化经济学派、社会主义、马克思主义以及激进学派。这也解释了为什么经济学家对当今一些最重要的问题给不出一致的解决方案。[81]

第三章

需求的本质

> 我将人类无力调节和控制的情绪称为枷锁,
> 因为,当一个人被自己的情绪所支配时,他就不是自己的主人……
> 他明明知道怎么做对自己更好,
> 却不得不做相反的事。
>
> ——巴鲁克·斯宾诺莎[1]

本章所讨论的问题,对于理解真实而非虚拟市场的运作十分必要。第二章提供的证据表明,美国目前的经济结构不能为约 40% 的美国人口提供适当的生活保障。我们认为,之所以会出现这种情况,是因为主流经济学创造了一个误导人们的幻想世界,而这对经济结构的形成方式产生了极端的后果。我们关注消费心理学,它在经济学标准教科书中是被忽视的,但对理解经济学体系很关键。本章将介绍如何从行为角度来看待需求。

什么是稀缺?

我们碰到的一个重要的传统假设是,人们生活在一个稀缺的世界。此假设意味着人们的欲望基本上是无限的。然而,欲望并非天生无止境,它基本上取决于外部影响。事实上,除了由基因因素决定的明显的基本需求外,人们的大多数需求主要由文化或习惯构建。它们在人们出生时并不固定。换句话说,人们并非生来就渴望拥有 iPhone。因此,除了食物、衣服、住所和医疗保健等基本需求外,人们对消费品的大部分需求不是自我产生的，而是由外部决定的。因此，消费需求取决于经济体系内部产生的影响因素，它们在经济体系中是内生的。

将商品过剩的发达地区与普遍存在的稀缺联系起来，是对稀缺这一概念的误用。恰恰相反，发达国家的最大的特点是供应充足。我们的壁橱和车库堆满了用不上的东西。百货商店塞满了各种商品。为了增加利润，企业常常为人们制造出一种稀缺感。换句话说，稀缺性是创造需求的广告系统内生出来的产物。事实上，当今社会稀缺的是我们与家人和朋友一起度过的休闲时光、体面的工作、相互信任、相互尊重以及优质的学校和安全社区等公共产品。如果欲望是人为的而不是自然的产物，我们就应该考虑它们从何而来。

消费者主权和内生喜好

消费者主权是指消费者能用自己的钱来"投票"，满足期望，引导生产，并决定企业生产什么。（见图表3.1）人们认为喜好这种东西是商品经济体系之外决定的，即人们认为喜好是外生的，而非内生的。只要消费者的喜好是预先确定的，通过他们的需求表达出来，就可以诱使企业生产出满足这些需求的恰当数量和质量的商品。最终，由消费者决定生产什么。只要他们不再需要，企业就不会生产。所以，传统的说法是，我们的需求得到了满足，每个人都很快乐。这是一个讨巧的研究假设，它使作为消费者的我们应对自己的行为负责。

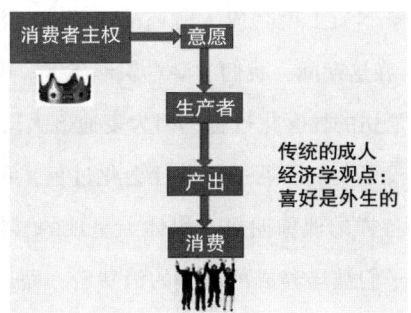

图表3.1 消费者主权的传统观点

然而，这个模型做出了一个毫无根据的假设，即假设喜好是外生的。也就是说，每个人的需求在他进入经济体之前就已经定型了。这种假设是以企业不影响我们的想法为前提的，它相当于断言：消费者在市场上做出决定时，他们的喜好是不可改变的，并受对诸如iPhone等产品的本能欲望引导，同时据此做出行为判断。这是一个完全错误的假设，因为很明显，企业通过无处不在、势不可挡的广告活动深刻地影响着我们的喜好。因此，喜好在经济体系中是内生的：我们的基本需求之外的需求是由经济内部决定的，而企业在其中扮演着重要的角色。（见图表3.2）

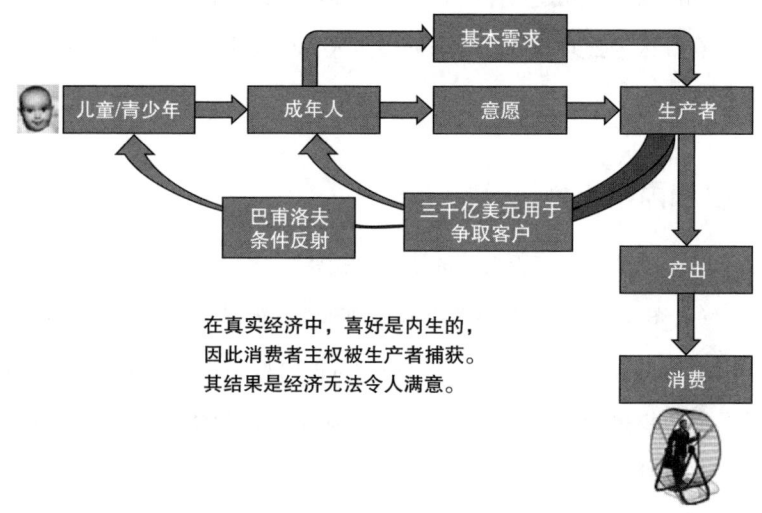

图表3.2 现实中，人们的喜好是由经济体系决定的

这样一来，传统经济学本质上就变成了所谓的"成人经济学"：它忽视了我们生命中至关重要的前18年，在这期间，我们的潜意识形成了。因此，当成年的时候，我们已经经历了一个漫长而严格的社会化过程，因为麦迪逊大道①为了销售客户的产品，用性、权力和文化符号淹没了我们。通过这种社会化过程，我们吸收了主流文化，学会了模仿超级明星和各种各样的偶像明星在媒体上呈现的喜好、价值观和消费习惯。在这样巨大的压力下，孩子们被培养成可信赖的消费者，而选择变成了一种伪装——一种"个人主义的伪装"。[2]换句话说，我们学会了按照麦迪逊大道的方式成为美国人。

---

① 麦迪逊大道：纽约著名商业街。

因此，那种认为我们能控制自己的喜好、价值观和选择的说法是自欺欺人的。

消费者主权理论本质上是前弗洛伊德主义和前巴甫洛夫主义。（见图表3.2）精神分析学之父弗洛伊德在20世纪初就强调，我们所做的很多事情都不在理性思维的控制之下。我们的决定往往不受前额皮质影响，而是由无意识的情绪和欲望所支配，这些情绪和欲望源自潜意识，不受逻辑法则约束。这些思维过程深刻地激励着我们，影响着我们的行为，并在我们没有明确意识的情况下诱导我们的情感。弗洛伊德认为：

> 潜意识不仅包含隐藏的记忆，而且也是本能冲动的来源，尤其是性冲动和攻击性冲动。尽管有意识的思维无法直接接触到潜意识，但它会受到潜意识内容的强烈影响。[3]

潜意识的重要性是认知心理学中的一个标准概念。[4]重要的是，我们要认识到潜意识是不愿意内省的。例如，媒体对儿童潜意识的操纵为消费主义文化奠定了基础，一旦儿童长大成人，就不可能通过理性的过程来消除这种文化。[5]因此，塑造环境才是重要的，尤其要保护儿童，使其不受到各种商业活动的影响。

图3.1 消费主义至上。麦迪逊大道看似是通向美好生活的大道，然而并不是，它导致了挫折和负债

来源：iStock.com/tobiasjo.

巴甫洛夫条件反射是另一个重要的心理学和生理学原理，它以诺贝尔奖获得者、俄罗斯生理学家巴甫洛夫的名字命名,其影响在市场营销中很突出,[6] 但在经济学中却几乎被忽视。巴甫洛夫在他的实验中,发现了狗能学会对刺激不自觉地做出反应(狗在听到铃声后学会了分泌唾液):他在喂狗时意外发现,如果通过铃声添加一个简单的刺激(食物),狗很快就能学会将铃声与食物联系起来。即使没有食物,狗也会在铃声一响起时就开始自发性地流口水。

广告商利用这种反应,描绘俊男靓女穿着时髦的服装很开心地喝一种特定品牌的软饮料。很快,我们便会不由自主地把该软饮料与愉快的时光联系起来,并购买这种产品。这是典型的条件反射。我们可以不假思索地买六连包的可乐,但对于外部观察者来说,这种购买很可能是一个基于理性决策的选择。广告商的这种营销策略既低劣,又充满剥削性,因为它们在潜意识里勾起了我们难以控制的原始欲望和幻想。[7]

图 3.2　性感销售广告。广告海报上穿着暴露的漂亮女孩以性暗示的姿态诱使人们购买可乐
来源:作者

另一种条件反射作用是通过奖励来强化行为。这就是人们有这么多奖励计划的原因,比如飞行里程积分、免费礼物和奖励。这种条件反射作用从幼儿开始,快餐连锁店把玩具送给幼儿,这样即使他们将来不再收到免费玩具[8]也仍会想时常来吃东西。香烟公司把样品送给年轻人也是同样的道理。"枪支行业已经投入了数百万美元进行广泛的推广活动,通过把枪支信息传达给儿童来确保其未来的业绩。"[9] 为让孩子们形成这些条件反射,商家投入了数十亿美元,而家长似乎并未能成功地为孩子筑起防护墙。另

外，信用卡的奖励积分是银行扩张的有效手段，银行几乎在人们每一次刷卡购买时都能赚钱。2016年，银行在信用卡费用业务上狠赚1,000亿美元，但却使许多消费者陷入债务之中。[10]

弗洛伊德和巴甫洛夫的发现对传统经济学提出了重大挑战。经济学教科书之所以忽视这些20世纪的主要思想家，是因为这些发现与所有新古典经济学赖以生存的假设（即理性人模型假设）背道而驰。根据该模型所述，经济人以自己的需要为目标，是超级理性的，并且完全控制自己的喜好、情感和欲望，是前弗洛伊德时代及前巴甫洛夫时代的东西。主流经济学忽略了这样一个事实，那就是，在我们进入经济体时，并没有像成年人一样有健全的喜好。相反，我们从出生时就已经进入了经济体，每一天这个经济体都在塑造着我们，我们在其中实现了心理成长。（见图表3.2）传统经济学教科书却对此置若罔闻。

此外，几乎没有什么广告可以教我们如何过好生活，没有哪个广告会教我们存钱以备不时之需、节俭适度、为人谨慎、学会自控、享受生活中的"小自在"、经常在公共图书馆阅读经典、为人耐心谦卑、宽厚待人、不猜疑、不逐名炫富、欣赏我们的健康和饱足、善待地球上的同类、不贪婪等等。[11]在这样一个权力不对称的文化中成长，意味着虽然我们可以自由选择饮料，但是自我发展的基本权利却被剥夺了。我们并不需要被如此专横的公司操纵。然而，由于商家通过控制包括社交媒体在内的大众传播渠道而控制了消费者主权，使得我们被事实蒙在了鼓里，也早已习惯不去打探真相了。

上述问题严重阻碍了我们养成健康心态、过上充实生活，因为大脑里只要旧的欲望被满足，马上就有新的欲望自动填入，物质再丰裕也是无益。无怪乎体重超标、负债累累和满腹牢骚的美国人满街遍是。这并不是我们的选择，而是贪婪成性、势焰熏天的商业性公司强加给我们的。这个国家的大众文化强调的自由高于一切理念，与这种不自由的状态形成了巨大矛盾。[12]总而言之，消费者主权只是现实经济中的一个幻影，（见图表3.2）其结果是一个问题重重的经济文化：

"空洞虚无、贪得无厌、空虚难耐"，所有这些都被克里斯托弗·拉希（Christopher Lasch）认为是激发了20世纪70年代典型自恋者的东西，并随着时间的推移而加深。'大萧条'本应预示着人们的生活方式将被简化和重新调整，并将开创一个低耗高产的新时代。但是，自2008年秋季以来，美国监管不善的压力一直没有减轻。华尔街复苏了，但失业率仍然居高不下。对于大多数人来说，欲望和债务的循环驱动着我们单调乏味的生活，反反复复，无法打破[13]。

因此，我们需要保护孩子的个性不受商品世界的影响。要做到这一点，我们必须限制麦迪逊大道的力量，使之不至于把美国梦中不切实际的幻想描绘成奥尔德斯·赫胥黎（Aldous Huxley）曾警告我们的那样。赫胥黎曾以他极具预言性的梦魇小说《美丽新世界》(Brave New World, 1931) 而家喻户晓。这部小说对极权主义的非人性化力量发出警告。[14]舒马赫（Ernst F. Schumacher）也在几十年前争论过这一话题。他指出："一位佛系经济学家会认为……（传统）方法很不合理，因为其目的本应该是以最低的消费量获得最大的幸福感。……文明的本质不是在欲望的倍增中，而是在人性的净化中。"[15]

我们没有进化到能够优雅地处理今天的财富的程度。根据精神病学家彼得·惠布罗（Peter Whybrow）的说法："人类在节俭的环境中长大，他们不知道如何管理财富。"[16]他表示，"今天以消费者为导向的文化与我们花了20万年进化出的处理贫困的大脑系统之间存在着一种危险的错位。若没有任何控制（即文化或经济的约束），我们很容易沉迷于贪欲享乐。"惠布罗向我们展示了人类的生理基础在面对今天"全天候、全球范围、信息饱和的快节奏文化的需求"时是如何地捉襟见肘。[17]

需求和基本需求

"基本需求"概念不属于主流经济学的范畴。在经济学基础的教科书中，只有"需要"。尽管一般的做法是只考虑"需要"方面的需求，但根据所涉物品类型（必需品、舒适品、奢侈品），还是有必要区分三种需求来源：

（A）必需品是满足基本生存需要的物品，如足以避免饥饿的食物、用于解渴的安全饮用水、带有卫生设施的住所、适应不同天气条件的衣服以及减轻疼痛和疾病（包括心理健康）的医疗保健。没有这些物品与服务，我们就无法长期生存。另外，来自繁殖本能的自然需求也属于这一范畴。

（B）舒适品被认为是过体面生活的必需品，例如，由于公共交通短缺，以及工作或日常需要长途出行，美国大多数地区的汽车都属于舒适品。教育机会、计算机和电话也属于这一范畴，因为没有它们，我们的生活就很难正常运转。

（C）奢侈品是指在生理方面和社会生活方面都不是必需品的物品，它们是（i）因后天的喜好而产生需要的商品；或（ii）因为人们在心理上被操纵而想要的商品；或（iii）由于其时尚性或排他性而使人们获得社会地位的商品。奢侈品也被称为韦伯伦商品，又称炫耀商品。奢侈品不同于前两类商品，因为它们被赋予来自社会的膜拜，从而对他人造成负外部性——嫉妒。这类商品在总支出中所占的份额，随着时间的推移，已从1901年的20%增加到1950年的32%，到2003年已增至50%。[18]

仅仅知道上述三类商品的区别是不够的，但这些区别足以启发我们思考需求的潜在来源，以及基本需求和其他需求之间的关键区别。即使这是一个模糊的区别，但它对了解面包、医疗保健、二手车和新型宝马车的消费之间的根本区别也是至关重要的。[19]把这些商品放在一般的消费标准下混为一谈，无疑忽略了它们的一些关键属性。上述三种类型的商品都基于需求的两个特征：商品需求的源头和商品缺乏的后果。对A组商品的需求源于自然资源，是人类作为生物有机体存在的固有需求。这些商品使我们得以生存，如果供不应求，则事关疼痛、痛苦乃至死亡。对B组商品的需求源于社会经济体系的结构，这些商品增强了一个人在社会中的自尊心以及与之相关的行事能力。[20]因此，在当今发达国家，互联网的接入促进了有效工作所需的沟通，而能够以工作性质所要求的方式开车上班或着装，是满足工作的先决条件。2016年，美国政府将收入低于12,486美元的个人视为穷人，而四口之家的贫困线却是25,000美元。[21]这些数额被认为足以满足A组的基本需要，也能满足B组的最低需要。

与前两种商品不同，对奢侈品的需求来源于外部因素，这些外部因素影响我们"跟上邻居的步伐"，或希望获得更高的社会地位，或避免被蔑视为"下等人"或局外之人。从这些商品中获得的满足感或来自商品的排他性，或来自习惯，或是由于我们的潜意识被操纵，以至于我们渴望得到这些所谓的好东西。[22]人们为了获得社会地位而炫耀自己的财富，所以这些物品极其引人瞩目。试想一个人要如何炫耀自己的存款呢？

难道要随身携带银行对账单？这种行为也不为社会接纳——炫耀也有其文化的规范。

在发达国家，生活必需品只占总支出的一小部分。因此，对于 A 组和 B 组的物品而言，"需要是无限的"这一传统假设是站不住脚的，如再考虑物品的储存成本，则更是如此。从整个社会的角度来看，我们的首要任务应该是先满足所有人的基本社会和物质需求，然后再迷恋奢侈品。换句话说，A 组和 B 组中的物品应优先于 C 组。正如人道主义心理学家埃里希·弗洛姆（Erich Fromm）所肯定的那样："每个人都无条件拥有足够物质基础来过体面生活。也就是说，人和狗有同样的权利，必须活着而不挨饿。"[23] 基本的需要是有限的，胃的容量和我们可以穿的衣服的数量是有限的，无论何时都是如此。

麦迪逊大道上的广告公司给消费者带来巨大影响，使他们在没有意识到被操纵的情况下，对消费产生心理依赖，这是自由市场经济最大的弊端之一。一般来说，市场

图 3.3 畅饮的乐趣。大多数喝可乐的人看起来没这么精致时尚。一瓶可乐含糖 41 克，对于女性来说，医学方面建议其每天摄入的非天然糖的含量应少于 25 克。难怪三分之二的美国成年人超重或肥胖

来源：iStock.com/travelif。

不满足于只生产 A、B 两组商品，而是投入大量人力和资源，以不合情理的方式诱骗人们冲动性地购买令人膜拜的商品，因此，让自由市场主导消费，不能带来美好的生活。自由市场让我们陷入权贵名流们推荐的商品中无法自拔，自然而然地，就让我们觉得 C 组物品实际上属于 A、B 两组。

例如，维珍妮牌女士香烟通过"以解放妇女口号建立现代女性形象"的广告，以及"塑造大众膜拜的偶像"，使其市场份额大幅增长。[24]相比之下，万宝路香烟的形象"万宝路男人"是一个粗犷的个人主义者，突出了男性化十足的形象，使万宝路成为全球各行业中最成功的品牌之一。[25]"'万宝路男人'强壮有力、冷峻缄默，酷毙了。"[26]万宝路这则广告在 1955 年首次亮相后，其产品销量大增 300%。但麻烦也接踵而至，仅在 2005 年美国就有 230 万人因抽烟而丧生，在随后的 10 年中又造成了平均每年 160 万人丧生。[27]更具讽刺意味的是，广告中扮演"万宝路男人"的三个演员后来均死于肺

图 3.4 "万宝路男人"代表了美国主流意识形态中男子汉粗犷的个人主义。万宝路一次所谓的营销变革，导致死于癌症的吸烟者无可算计
来源：来自斯坦福大学关于烟草广告影响的研究（tobacco.stanford.edu）

癌。而菲利普·莫里斯公司（Phillip Morris Inc.）① 的股东管理层却因这个广告赚了数十亿美元。成功的代价太高了！

总之，我们对广告产生了巴甫洛夫式的条件反射，以至于都没有意识到对它产生了依赖。公司通过制造时尚和利用我们的心理弱点来诱使我们下单，并把消费者牢牢掌握在手中。另外，他们还通过全方位的新闻营销策略，成功地向我们灌输了他们的世界观。本来我们会更加节俭，需求也应会更适度。但在每年超过 3,000 亿美元的广告支出的轰炸下，我们的消费欲望变得无以复加，过着今朝有酒今朝醉的生活。[28] 这笔广告的金额非常庞大，几乎是 2016 年美国电脑总消费额的 4 倍。[29] 相比之下，几乎没有人告诉我们购物要谨慎，钱袋子要捂紧。[30]

我们应该根据亚伯拉罕·马斯洛（Abraham Maslow）的需求层次理论，解放自我，实现自我，享有更多自主权，精神上富足，充满智慧和创造力，而不必一味跟风好莱坞明星。[31] 不过，在真正恢复消费者主权之前，自由市场经济仍不会给绝大多数人带来充实而自在的生活，因为企业靠通过教会我们贪婪而获利。但是，由于贪婪没有尽头，我们最终陷入了一个靠欲望来不断填充自我的恶性循环。[32] 尽管友谊、自尊、爱、良好的人际关系、自然之美以及其他无形的事物中可以产生无限的愉悦和满足，但我们太物质了，再兼心理和道德的扭曲，我们无法从上述无形事物中寻求生活的意义，使得我们一步步跌入欲望的深渊。[33]

再来了解了解联合国千年发展 8 项目标中与健康有关的 3 项：儿童健康、产妇健康和疾病防治。此外，1948 年通过的联合国《世界人权宣言》的第 23 条和第 25 条规定：

> 每个人……都有获得社会保障的权利，都应有足够的物质水平，以实现其本人和家庭的健康与福祉，享有包括食品、服装、住房和医疗保健、必要的社会服务，以及在失业、生病、致残、丧偶、年老或其他无法控制的情况下缺乏生计时，获得保障。[34]

---

① 菲利普·莫里斯公司是世界上最大的烟草公司，2008 年从奥驰亚集团（Altria）独立出来。除了旗舰品牌万宝路之外，其他品牌包括骑士德（原名领先）、良友、本色、绅士、L&M 以及维珍妮等。

另外，母亲和儿童比较特殊，他们一般被视作"有权得到特殊照顾和扶助"的人。因此，我们需要确保收入分配足以满足人民的基本需要，使所有母亲和儿童都能过上体面的生活。

然而，主流观点却忽视了基本需求和其他需求之间的区别，采用了误导性的分析框架。这种忽视绝非无足轻重，而是有着不容小视的后果。因为它使经济学家对新型精英们穷奢极欲、一掷千金般的炫耀性消费（比如在生日聚会上花 200 万美元[35]）视而不见，却能容忍穷人的生活贫困和健康恶化。如果需求和基本需求之间没有区别，那么就没有必要关注这种不平衡的消费：如婴儿的健康不如花费 25 万美元的儿童游戏屋重要。[36]然而，在大多数人眼里，基本需求在消费计划中的地位与价值 3 亿美元的游艇[37]或美国每年进行的 31 万次隆胸手术相比还是不一样的。[38]2016 年，美国人在整容手术上花费了 150 亿美元。当我们逐渐成为社会化消费者，并为短暂的满足而接受那种无视收入极端不平等的主导思想时，我们不再有消费主权，而是愿意成为商业利益的执行者。

"看不见的手"的比喻

亚当·斯密著名的"看不见的手"是对市场自我调节机制的比喻，这句话言下之意是自私的个人行为将有利于社会。确实，市场的竞争可以协调生产者和消费者，并将自我利益转化为社会福利。

然而，经济学家常常没法告诉他们的学生，"看不见的手"在诸如信息不完全等许多情况下并不起作用。[39]斯蒂格利茨反复警告说，"看不见的手"的比喻的实际价值不应被高估："亚当·斯密的'看不见的手'（即自由市场如同被无形力量引导着带来效率的观点）是无形的，至少在某种程度上如此，因为它不存在。"[40]他继续说：

> 市场本身不会带来经济效率。如果我们看看世界各地的市场成功和失败的例子，我们会发现，在基于不完善市场的经济理论方面，许多关于政府必须在不完善市场中发挥重要作用的想法是可以理解的……[41]

总而言之,"看不见的手"的比喻并不是普遍存在的。[42]亚当·斯密描述的是一种产品质量很容易确定,而且信息也很容易获得的经济体。此外,肉贩年复一年地从面包师那里买面包,面包师也年复一年地从肉贩那里买肉。不仅他们互相认识,而且他们的父母也互相认识。他们去同一个教堂做礼拜,一起参加重要活动:婚礼、洗礼和葬礼。在这种情况下,机会主义行为的威胁是不存在的。显然,肉贩不会通过出售劣质肉发财,面包师也不会通过少找零给肉店老板来谋利。如果他们试图欺骗、抬价或以其他方式欺骗本社区的客户,他们会信誉扫地。

这种交易中,产品很简单,没有具体说明书,而且设定在一个千年不变的村庄内重复进行。将这样一个市场与21世纪初的抵押贷款证券(mortgage-backed secruties)进行比较很愚蠢,因为21世纪初的条件在亚当·斯密的世界根本不具备。信息不对称对理解现代经济至关重要,它使商业交易比亚当·斯密时代更加不稳定。

此外,在18世纪有更大的社会压力来制止机会主义行为,骗子、欺诈犯和贪婪之徒会被驱逐。相比而言,在如今非个人性质的经济背景下,致使雷曼兄弟(Lehman Brothers)破产的首席执行官迪克·富尔德(Dick Fuld)不仅不会众叛亲离,反而会凭他的2.5亿美元净资产,继续享受荣华,挥霍度日。[43]

再者,和今天的商人比起来,18世纪的商人更信仰"十诫"(Ten Commandments)。那个时代,他们不愿意干投机倒把和利用他人的伎俩,因为这些行为在上帝面前无法隐藏,还会冒着下地狱的危险。因此,亚当·斯密的信条远不是一个可靠的经济指南。[44]

今天,欺骗早已成为商业模式的一部分。高盛被罚5.5亿美元,因为它在其抵押债务中误导投资者。而就在高盛被罚的一天后,美国国际集团(AIG)同意支付7.25亿美元以了却一桩欺诈案。[45]这些公司比买家更了解它们销售的金融产品,它们利用了买家的无知,这无疑是在钓傻瓜。上述丑闻不是孤立的事件,这种恶作剧经常被媒体报道。因此,把亚当·斯密的肉贩和面包师称为21世纪"涡轮式"资本主义①的替身,就相当奇怪了。正如斯蒂格利茨所说:"'看不见的手'往往是看不见的,因为它

---

① "涡轮式"资本主义:美国历史学家、作家关于资本主义社会的形象说法,意思是这种社会就像涡轮发动机一样,每个人都在其中身不由己。

第三章 需求的本质

往往不存在。"[46]

竞争的魔力

竞争在我们的文化中有着积极的内涵。然而,竞争不足以创造良好的经济。例如,它不会创建和执行安全标准,还有,如果存在信息不对称,机会主义行为就会成为威胁。因此,当这些因素存在时,竞争就会失效,政府必须提供监督以改善市场中的问题。

例如,假设一家牛肉馅制造商在产品上贴上标签,上面写着"我们保证每磅牛肉只有100万个大肠杆菌。如果你因食用本产品生病,我们会赔付你1,000美元",试想,贴了这个标签人们就会买那包肉吗?我不会,因为牛肉馅中总会有大肠杆菌这一点,我们很多人都不知道也不想被提醒。另外,我们也不知道美国食品药品监督管理局(FDA)批准的食品中大肠杆菌数量限制是多少。我们只想知道,用牛肉馅做的汉堡包如果加工得法,吃起来是安全的,但是商家不能以这样一种可信的方式来说服我们相信它。因此,此类标签不能成为政府检查和监管的有力替代品。当面临复杂交易或质量标准难以确定时,竞争并不能解决随之而来的所有问题。

另外,当费用在未来产生,且产生条件不确定,消费者也易疏忽时,竞争也会大为失效。信用卡隐形处罚问题就属于这种情形。例如,当我从加拿大购买东西时,我的信用卡公司会向我收取一定的费用,但我没有预料到从国外购物还会有额外的费用。[47]事实上,当我参与一个复杂的交易时,我几乎总是对其中隐藏的费用感到惊讶,且这些费用总是对我不利的。

竞争还能把某些阶层打入社会底端,特别是在交易中涉及风险等无形属性时更是如此。原因是风险很难衡量,也很容易隐藏。因此,通过承担过度风险获得高回报的基金经理相对于那些更谨慎、产品回报更低的基金经理具有竞争优势。由于风险很难确定,大多数投资者都涌向高回报的基金经理,这使得谨慎的基金经理从行业中退出。这一过程将导致高回报和过度冒险,直到系统崩溃。

总之,竞争不足以使市场变得更加有效。

消费主义

消费主义视角下，消费是人们生活的前端和中心。但若专注于此，人们会以牺牲其他努力为代价。主流观点认为，增加产品数量会提高福利，因为这会丰富消费者的选择。然而，这个命题忽略了如下事实：在产品之间进行选择需要时间、精力，并且增加了混淆的可能性。因此，增加产品数量让本该只有一种的选项变得复杂，还会给消费者带来搜索成本，这些成本可能超过额外选择的价值，从而降低福祉，并导致混乱或过度的交易成本。

若一家平常的杂货店出售几十种香醋和橄榄油，[48]很明显，将让顾客眼花缭乱，无所适从，从而导致效率低下。随着可选项的增加，误解的可能性也同时增加。不同的品牌差异通常很小，例如有测试表明，不同的汽油品牌之间没有区别。[49]

购物已成为一种消遣娱乐，寻找便宜货也成为一种上瘾的狂热。[50]消费主义严重地影响着社会，因为我们在获取物质产品的过程中牺牲了个人利益。为了拿下店员拼命推荐的商品，我们不得不延长工作时间。[51]此外，我们还抵押了子孙后代未来的生活水平，结果是这些负债压力长期存在。

在正常情况下，我们大脑中情绪化的、寻求奖励的、自私的、短视的成分会被我们的认知能力（比如知道放纵欲望会致使饮食过量或消费过度）所制约和平衡。但是，数十年来，我们经历了物质的空前繁荣，享受了信息的空前发达。到了今天，正如惠布罗所说，这种自我监管体系已经被彻底摧毁了，"无节制的自我放纵"在我们的土地上蔓延。无抵押的贷款……扰乱了"维持我们身心平衡的古老机制"。[52]

我们放下了防备，我们的大脑和神经系统已经被麦迪逊大道重新连接了。

我们想要归属，我们想要成为社会的一部分。而购物加强了我们的归属感。因此作为满足基本心理需求的替代品，购物行为本身就成了一种习惯。根据弗洛姆的说法，这种基本心理需求包括希望别人关心和尊重、发展爱的关系、有归属于社会团体的感觉、知道如何融入世界、有目标以及有成就感等等。[53]然而，如果消费最终只是为了获得他人尊重而进行的可怜行为，那么消费主义将使人们的生活变得焦虑。然而值得一提的是，从消费中获利的企业界已经重建了一种文化，在这种文化里，要想获得弗洛姆所说的心理回报，是通过消费，而非与金钱无关的活动，如享受自然或音乐、阅读以及与家庭和朋友共度时光等。当弗洛姆观察到"尽管物质财富让许多美国人难以忘怀，但在一夜美梦之外，却还存在着另一种真正的满足感——一种与他人和自己和谐相处的感觉"时，他如是说：[54]

> 我们贪婪地消费一切。在这种消费的狂热背后隐藏着一种内在的空虚，人们无法拥有自主性和独特的自我，无法成为真正有生产力的公民。长期以来，我们都面临一个挑战，我们想象一个更加聪明、更富人道和同情心的人存在于自己身上……然而事实上，存在于我们身上的却是说不出的压抑和孤独。这种矛盾还能找到临床证据，比如抑郁和强烈的焦虑导致暴饮暴食和过度购物……[55]我们感觉的自由在很大程度上是购买或消费的自由，也就是说，我们可以在许多不同的事物之间进行选择，然后说："我想要这支雪茄，我想要这辆车，我想要这样东西而不是另一样。"正是因为许多竞争品牌实际上并无太大区别，个人才感觉到自由选择的巨大力量。[56]

然而现实中，在选择受到公司限制和操纵的同时，"我们的情感生活变得贫瘠。"[57]弗洛姆促使我们重新获得"成为自我的权利"。"我们生活在……西方工业化社会……这个社会创造了一种类型的人，可以称之为消费人……他们毕生致力于生产和消费事物"，[58]并且在这个过程中，他们失去了作为人的本质，成为了被操纵的对象——"这和机械差不多"。[59]

同样，赫胥黎也预见到，对个人主义和自由的威胁可能来自许多方面，而不仅仅来自政府。他敏锐地注意到，麦迪逊大道很久以前就发现，到达父母银行账户的最短途径是通过他们的子女：

今天的孩子们一边走一边唱啤酒或牙膏广告中的歌曲……我认为，关于孩子的问题是一个非常重要的问题，因为孩子比一般成年人更容易被暗示。而且，所有的宣传都在对这些孩子施加一种非常强大的力量，毕竟他们很快就会长大成人……欧洲的孩子过去被称为"炮灰"，在美国，孩子则被称为"电视和广播的炮灰"……毕竟，你可以在商业期刊上读到最抒情的叙述，说明有必要抓住这些孩子，因为他们以后会成为忠实的品牌买家。[60]

赫胥黎很有先见之明。我们对控制我们生活的大政府及其威胁太过留意，以至于被其他虎视眈眈的机构打了个措手不及，这些机构包括麦迪逊大道、华尔街、好莱坞、硅谷以及那些发展缓慢但不断增长的大公司，这些正是我所担心的：它们限制我们的自由、操纵我们的自主性。进入信息技术革命后，我们突然间出乎意料地更接近赫胥黎和奥威尔的反乌托邦场景。"大佬们正在盯着你"，监视着你的不仅有政府，而且还有脸书（Facebook）、亚马逊（Amazon）、易贝（eBbay）和谷歌（Google）等大公司。他们正在收集和存储我们在互联网上的每一个行动与活动的数据，利用我们的心理弱点来激励消费。脸书还甚至将我们的政治观点分为自由派和保守派。这才是真正的不自由：欢迎来到《1984》①。

失去自我控制后，我们变得越来越沮丧。只有使用抗抑郁的百忧解和安定药，我们才能维持过度消费和社会稳定。[61]这类药物的使用近些年里显著增加，且与我们的消费同步，但效果却不太令人满意。[62]2010年，美国开了2.13亿张此类药物的处方，[63]15年来抗抑郁药的年使用量猛增65%。[64]

---

① 《1984》是英国作家奥威尔创作于1948年的一部长篇小说，小说中描绘了未来独裁统治下的恐怖情景。

第四章

经济人已经灭绝：行为经济学基础

我看到了正义，也赞美正义，
我谴责邪恶，但邪恶依然继续。

——奥维德[1]

许多经济理论最大的错误，就是它们固执地认为世界上存在着一种叫"经济人"的物种。然而，心理学家完全否认了这点，他们称，所谓的"经济人"只是真正的、有血有肉的人的一个方面，并在实验的基础上研究人类的心理，对该结论给予证明。在本章中，我们通过论证人类思维的弱点和偏见，来强调在经济分析中必须放弃理性人效用最大化模型的重要性。[2]我们还会探讨直觉、情感等因素在经济行为中的重要性。

效用最大化

经济学中的传统假设是，人们是理性的并且知道自己想要什么，他们比商家更聪明，商家无法诱使他们购买并不想买的东西。主流经济学的假设是，消费者会最大化自身的福利或效用。理性是指运用推理，以客观的方式在逻辑上达到最佳目的，这一过程中没有情感、条件反射、直觉或本能，[3]并且一个人只要消费便可以从所花的钱中获得最大的满足。而要做到这一点需要满足以下几个条件：（1）消费者需要对所有商品有充分的了解（他们不应该对商品质量感到困惑，他们应该阅读并理解商品说明中的法律含义）；（2）他们需要了解自己的喜好（即效用函数概念），以便给商品排序；（3）他们的喜好应该是稳定的，不应该随机或反复无常地选择商品；（4）他们的喜好必须有递推性，也就是说，如果他们觉得汉堡比热狗好，并且热狗比烤奶酪好，那么，如果他们是理性的，他们就一定喜欢汉堡胜过烤奶酪三明治。

这些条件背后的原因不难理解，因为如果消费者不知道商品所有的属性，包括其质量和价格，他们将无法做出合理的选择。如果他们不了解自己的喜恶，他们怎么可能满足自己的欲望呢？如果递推性不成立，他们将无法根据自己的喜好订购商品，以致手足无措。

上述一系列假设已被广泛使用，因为它们简单，有说服力，并且可以从中推导出许多有趣的模型和定理。当消费者最大化其效用，企业也在完全竞争的条件下生产时，只要不存在污染之类的外部因素，经济将是有效的，这是一个理想的结果。所以经济学家非常喜欢这一套假设。这意味着人们在充分了解价格和需求数量的情况下，能始终如一地、合理地根据自己的需求进行思考并选择，他们的行为由逻辑决定，而不受习惯、直觉、情感及潜意识或条件的支配。他们没有被操纵，也不会简单地跟风购买。既然如此，我们为什么要多费口舌，插手他们的决定？政府又为什么要关心消费者如何花钱呢？

然而，当前教科书中的例子总是过于简单，从来不提及不确定性、市场欺骗或不完全信息等的影响；它们提供的例子往往是在一组简单的选项之间做选择，如在知名的通用商品中做单一决定，不涉及时间维度。当然，这个时候人们应该知道自己是更喜欢烤奶酪三明治还是热狗。在这种情况下，一名自私的消费者应该能够做出令人满意的选择而不会感到困惑。这个简单的选择根本不需要做任何判断，毫不费力。

但是，这些例子从根本上是有误导性的，因为它们使得这样一个很容易就作出决定的购物流程看似可以推广，并能应用到所有经济选择中，包括更复杂的选择；或者让人在商品质量、关键说明和细节难以确定时，用来做决策。这正是格林斯潘的错误所在。他认为出售抵押贷款担保证券就像卖粮食一样，因此不需要政府监管。他当然是错的，因为所有真正的市场（而不是假想的市场）都需要政府不同程度的监督，如粮食市场受食品和药物管理局的监管。[4]而抵押贷款、保险、移动通信服务合同、公寓租赁和投资等复杂产品相关的决策在性质上与购买粮食不同，[5]通过简单的案例来概括分析复杂的经济系统，对消费者的幸福有弊无利。"完全理性的经济人"假设令人生厌，因为它意味着对消费者的保护是多余的，从而使许多消费者难以在异常复杂的经济体系中正常生活。而在不受保护的情况下，太多的消费者沦为肆无忌惮的营销手段的牺牲品，正如我们在 2008 年金融危机前的掠夺性贷款行为中看到的那样。[6]

有限智慧不可能实现最优化

心理学家都知道，人类无法以理性、连贯的方式实现效用最大化。[7]我们不愿意承认这一点，因为从表面看，我们所做的很多事情对我们来说显然是正确的。然而，我们的大脑远非完美。"纯粹的经济人确实和一个社交白痴差不多"，[8]凭借这一形象的论断，获得诺贝尔经济学奖的哈佛大学经济学家阿马蒂亚·森用一系列论断驳斥了"经济人"假设的概念。我们常常不知道为什么自己渴望某些东西，原因是这种渴望隐藏在我们的意识思维过程中，或植根于生理进化过程中。另外，我们的注意力有限，如今，我们正经历信息超载，甚至没有时间关注已经签订的合同；我们失去了耐心，行事冲动，很难评估事件的概率；此外，我们通常没有足够的时间仔细考虑所做的决策，没有足够的时间从杂乱的信息中有效挑选出相关信息，也难以评估信息的质量。所有这些问题都导致我们无法做出最佳决策，并解释了我们为什么经常犯错，为什么对自己做出的决定感到后悔并沮丧。

大多数决策都要求人类在结果不确定的条件下做出判断，而结果的概率也是模糊的。因此，我们做的决定，不论是无足轻重的，还是至关重要的，都很少是理性的。这些决定一般都是下意识地被一厢情愿的想法、信仰、直觉和情感所引导，并且都是基于片面的知识，有时干脆就是随机的。我们关于概率的猜测也是模糊的，后文将讨论支持这一观点的证据。[9]

我们的大脑是不完美的

我们无法追求利益最大化，这是因为我们的大脑不完美。事实上，我们的身体部位都不是完美的。想象一下，我们能否像雄鹰一样展翅高飞，或者具有像狗一样的嗅觉呢？为什么大脑不太完美呢？因为和其他器官一样，大脑也是进化的产物，但进化并非为了追求完美，而是为了繁衍后代。这意味着我们没有"超人"或"神奇女侠"

一样的大脑,也不是所有人都拥有经济学家所期望的130的智商,但可以肯定的是,我们的现状足以支持生存和繁殖。

我们的大脑比经济学家所假设的要复杂得多,它由许多专门模块组成,这些模块有时可以很好地协同工作,但有时却互相矛盾,在极端对立的观点之间摇摆不定,并且会违背自己所秉持的道德信仰。[10]根据彼得·惠布罗的说法,"人类大脑是一种混合体,它是一个由三个大脑组成的、由不同的进化层次叠加的结构"。我们有一种像"蜥蜴"那样的大脑,它控制着我们的呼吸和心肌收缩等身体机能。在百万年的进化过程中,围绕这个原始核心,"进化出了边缘皮质,即早期哺乳动物的大脑,这是亲属关系行为和养育的根源"。[11]这部分大脑的体积增加最终导致了人类物种的独特发展,后来再进化出脑前额叶,让人类可利用它进行推理,但这并不意味着我们的选择在所有或大部分时间里都是理性的。

如果我们为自身利益做出选择的过程是非常简单的,那么社会就不会陷入第二章所描述的那种混乱状态,也不会有那么多人对生活不满,也就不会挣扎、伤感、抑郁、依赖抗抑郁药物、滥杀无辜或被关进监狱。如果这是我们可以做到的效用最大化的最好结果,那么我们的大脑一定不是个可靠的向导。

根据惠布罗的研究,人类的大脑、激素、基因构成和神经系统都阻碍我们做出理性的决定,他说:"我们仍然受古老欲望的驱使,欲望和呼吸一样重要……但当大脑的奖励回路过载或不受约束时,欲望就会让人上瘾并变得贪婪,这种贪婪会迷惑我们的理性分析和对常识的判断。"[12]换句话说,大脑的理性部分并不总是处于控制之中。例如,几千年前人类对甜食的渴望在身体缺乏营养时促进了进化,但进化并没有让我们产生激素来消除这种欲望,也没有给予我们抵抗欲望的意志力。因为在过去食物普遍短缺的年代,这种意志力是多余的。因此,当一方面有企业因销售甜饮料而获利时,另一方面我们无法控制的渴望就会导致糖尿病找上门来,同时还致使三分之二的美国人超重或肥胖。总而言之,激素系统的恒定性和从进化过程中产生的渴望有助于解释为什么理性效用最大化模型是不现实的。肥胖或债务陷阱的发生率也表明,理性假设根本就不是良性的,而是阴险的,因为它使消费者失去保护,并导致社会怨声载道。

理性并不是自然选择所唯一偏爱的人类属性。很久以前,我们的祖先在狩猎和采集过程中做决策时，若完全依靠推理不是最理想，这是由于许多与决策相关的信息不确定，也不完整，使得许多重大问题在逻辑上无法得到充分解决。在如此复杂的情况下，理性思考会导致人类变得精神紧张，而我们依据很少信息就能快速做出决定的特质被进化选中。为此，我们需要直觉、情感、本能和条件反射的引导。经过数百万年的进化，我们依然常使用自相矛盾和不确定的信息来做决策。换句话说，人类并没有通过进化成为最佳决策者，进化并没有使我们成为"超人"和"神奇女侠"。

尽管如此，我们的大脑都是奇妙的工具。相比之下，眼睛也是如此，但请注意，进化并没有消除"视线盲区"或色盲。将理性视为能让人们做非此即彼的选择是无意义的。

> 人类行为……需要在受控和自动过程之间进行流畅的互动……然而，从这种互动中产生的许多行为，通常被错误地解释为仅仅是认知思考的产物……我们自然而然地倾向于夸大控制的重要性。[13]

神经经济学

大脑由1,000亿个神经元组成，这些神经元通过化学信号相互交流。经济学家最近开始探索这些神经网络是如何影响经济行为的，神经经济学领域也由此诞生。人们使用功能性磁共振成像进行实验，记录大脑毛细血管中的血液流动，从而识别发射电化学信号的神经元。这类实验揭示了效用最大化标准理论的不足。大脑活动表明，标准决策理论假设的固定回路（hardwired circuit）并不总是被激活，大脑也可以使用其他过程。例如，如果在确定性和风险两个选项间选择，这两种处理过程将发生在大脑的不同部分，而不会让两个选项都存在风险。[14]令人惊讶的是，大脑中的并行处理器可用于处理不同的任务，而控制理性的固定回路并不总是处于控制之中。这也可以解释为什么情绪可以凌驾于理性考虑之上。"大脑机制将受控过程和自动过程结合起来，利用认知和情绪来运作……理性之中充满了任性的激情与欲望。"[15]神经经济学是一个很有前途的新研究领域，无疑将在不久的将来会揭示经济学的许多秘密。

有限理性

半个多世纪前,赫伯特·西蒙令人信服地论证了理性有其局限性,人们无法在真实世界中最大化效用函数,因为它超出了人类大脑的能力范围。西蒙因为这项研究获得了诺贝尔经济学奖,但是教科书却对他的见解视而不见、只字不提,即便人们普遍认为"心理学和经济学提供了广泛的证据,证明了有限理性很重要"。[16]实际上,理性有其局限这一论点非常重要,它应该代替那些在数学层面上更易处理和优化的理性代理人模型,成为经济学中的默认模型。

效用函数是一个抽象概念,与我们能感受到的温度或看到的光不同,它在现实中并不存在。无法优化虚构的效用函数并不意味着我们愚蠢,但我们需要认识到,如计算机般的优化操作超出了人类的能力范围。即使我们有这样的认知能力去优化效用函数,那也是极其麻烦的。离开课堂步入真实世界,我们面临着太多严格的限制,限制着我们获得最佳消费结果。这些限制包括缺乏价格或产品质量的相关信息、无法确定合同中规定的条件、无法预测未来事件、无法关注销售人员的陈述、忘记提出所有相关问题、误解合同条款、容易上当受骗,或者完全被比自己更有见识或更聪明的人带偏,等等。这些限制还可能包括信息过载、大脑工作需要记忆的信息太多,这些会导致混乱、误解或错误判。时间的压力也有可能阻碍我们做出正确的决定——没有足够的时间来思考问题可能会导致仓促决策或凭经验行事。[17]如果处于困境或压力之下,我们可能无法专注于了解我们购买的产品的所有属性。总之,有限理性的原因是数不胜数的。

另一个问题是,在做出最重要的决策时,消费者很少会有替代方案。掌握替代方案的信息然后理解它们是一个漫长的过程,这一过程需要金钱、耐心和毅力,它们也是制定一个良好解决方案的主要障碍。这一过程更像是在解决错综复杂的难题,而不是教科书中的那种不用动脑的简单选择。教科书中那些小菜一碟的问题可以轻松被我们解决。然而,在现实世界中,当对医疗保险、抵押贷款、劳动合同等需从多方面考虑的产品做决定时,选择往往变得很困难,特别是在交易对手隐藏附加条款的关键条件,并混淆与选择相关的关键内容的情况下,消费者需要花费时间、精力和金钱(交易成本）才能冲破迷雾，看清真相。或许只有"超人"或"神奇女侠"才能分清真实与虚假，并在如此困难的情况下找到最佳状态。可我们的认知能力有限，普通人类的大脑根本没有机会在有限的时间内确定最佳状态。复杂的选择过程需要大量的智慧、耐心、经验和自控力，但最终人类的判断往往与概率有关。在做出选择之前，寻找替代方案并实时判断其后果是一个具有挑战性的过程。

企业正在采取一种策略，通过提供与其他厂家不同的非常复杂且结构化的计划来尽可能地避免由透明度，以至于消费者无法对其报价进行比较。企业这一策略之所以有效，是因为其不透明度弱化了竞争，在这种情况下，消费者几乎做不出明智的理性决定。当我面对这种情况时，通常会靠经验来做出选择并祝自己好运，这根本算不上理性的决定。请注意，企业可以投入大量精力来"智胜"消费者。保险公司会聘请一大批精算高手和心理学专家投入数月时间来思考利用人们的无知的最有效方式，而他们设计的难题消费者可能要花几个小时才能弄明白。猜猜谁会赢得这场智力比赛？不言而喻，企业在大多数时候都有办法战胜消费者，因为它们有更多的资源，可以创设有利于自己的竞争环境，对它们来说，操纵消费者简直易如反掌。当我收到一本描述健康保险合同条款的小册子时，发现它竟然长达 80 页，不用说，我从没抽时间去读它。

我们来看看医疗保险 D 部分①提供的不同的药物方案。（见图表 4.1）我不认为世界上有谁可以在合理的时间内做出最佳选择。在这种情况下，人们只有通过依靠经验法则来简化难题。[18]保险公司以这种明显不透明的方式报价，以至于消费者难以理解保单的细节，从而使保险公司在竞争中稳赚不亏。当然，有些组织有时也会帮助消费者做出合理的决策，如美国退休者协会（AARP），但这种帮助只会影响很少量的消费决策。

---

① 医疗保险 D 部分也称医疗保险处方药部分，是美国联邦政府为医疗保险受益人提供的可选方案。

AARP MedicareRx Preferred (PDP) (S5820-007-0)							
Estimated Annual Drug Costs:[?]	Monthly Premium:[?]	Deductibles:[?] and Drug Copay/ Coinsurance:[?]	Drug Restrictions:[?]	Drug Coverage:[?]	Estimated Annual Health and Drug Costs:[?]	Overall Plan Rating:[?]	
$1,670	$33.40 Drug:33.40 Health:N/A	Annual Drug Deductible: $0.00 Health Plan Deductible:N/A Drug Copay/ Coinsurance:$7-$81,33%	N/A	All Your Drugs on Formulary: N/A No Gap Coverage	$4,800 Includes $3,138 for Original Medicare	3.5 out of 5 stars	Enroll

First Health Part D Premier (PDP) (S5768-039-0)							
Estimated Annual Drug Costs:[?]	Monthly Premium:[?]	Deductibles:[?] and Drug Copay/ Coinsurance:[?]	Drug Restrictions:[?]	Drug Coverage:[?]	Estimated Annual Health and Drug Costs:[?]	Overall Plan Rating:[?]	
$1,752	$37.00 Drug:$37.00 Health:N/A	Annual Drug Deductible: $150.00 Health Plan Deductible:N/A Drug Copay/ Coinsurance:$10 15%-32%	N/A	All Your Drugs on Formulary: N/A No Gap Coverage	$4,800 Includes $3,138 for Original Medicare	3.5 out of 5 stars	Enroll

Humana Enhanced (PDP) (S5884-066-0)							
Estimated Annual Drug Costs:[?]	Monthly Premium:[?]	Deductibles:[?] and Drug Copay/ Coinsurance:[?]	Drug Restrictions:[?]	Drug Coverage:[?]	Estimated Annual Health and Drug Costs:[?]	Overall Plan Rating:[?]	
$1,807	$46.00 Drug:$46.00 Health:N/A	Annual Drug Deductible:$0.00 Health Plan Deductible:N/A Drug Copay/ Coinsurance:$7-$74,%	N/A	All Your Drugs on Formulary: N/A Call plan for details	$4,950 Includes $3,138 for Original Medicare	3 out of 5 stars	Enroll

图表 4.1 医疗保险 D 部分提供的不同药物方案让人不知所云①

追求满意而不是最优

鉴于理性是有限的，消费者不得不求助更简单的方法来满足自己的需求。他们会一直寻找，直到找到满意的解决方案，这种决策方式被称为满意度。20 世纪 50 年代中期，赫伯特·西蒙发现，人们会试图寻找令人满意而非最佳方案来解决手头问题，因为最佳方案往往难以获得，而且基本上不可能实现。[19] 鉴于大脑处理信息的局限性、时间和金钱的限制、生活的烦恼、待处理信息的数量巨大，以及问题的复杂性，我们只

---

① 鉴于英文读者也无法正确理解图中文字，我们未提供中文翻译。如果你对自己的英文水平有信心，可以尝试翻译并比较图中三个方案。

满足于找到一个足够好的方案。试图找到最佳方案非常困难，还会让我们最终深陷泥潭，止步不前，令人沮丧。总之，满意第一，这比追求最大受益现实得多。

追求满意度模型的一个关键推论是，它呈现的选择顺序会对最终结果产生影响，而在拥有完美信息的最优化模型中则不然。比方说，在最优化模型中，可供选择的食物排序不会对结果产生影响：消费者确切地知道他们喜欢汉堡而不是热狗或烤奶酪三明治。在这种情况下，时间和空间因素完全不起作用。

现在，让我们在一个想象的超市中试试这两个模型。在超市中做选择不像在教科书中那样，一个对象只有两个选项，而是有 25,000 种（一种商品即一个选项），并且我们的认知能力无法处理这么多信息。因此，进入超市时，我们不可能全然了解所有出售的商品和它们的价格，从而违反了最优化模型的基本前提。在这种情况下，最优化是不可能的，于是我们采取走捷径的方法来实现目标：选择让我们满意的那项，也就是说，寻求一种可接受的解决方案来解燃眉之急。

假设我们进入超市了，我们先走进一个商品通道，商品依次进入视野。请注意，早期的选择会影响我们随后的决策。我们可能会在熟食区看到一些鸡柳，它们看起来很适合做晚餐，所以我们买一些。然而，如果我们后来看到另一种选择，比如在另一个通道上出售的冷冻比萨，我们不会购买，因为这需要把鸡柳放回熟食区，太费事了。社会规范告诉我们不能把鸡柳留在比萨区。然而，如果我们先去冷冻食品通道并发现比萨在打折，我们就会买它，而不是鸡柳。换句话说，当我们进入商店时，我们面对的不是一套固定的可选方案，我们通常必须以一种有目的的方式实时地在购物空间中搜索，目标只是为晚餐买些东西。

这个目标是令人满意的，但选择受到了偶然的影响，那就是首先走过超市的哪一条通道，而且一旦做出最初的选择就不容易停转。[20]再者，在商店中找到所有的替代品并确认其价格会花费太多时间。总之，由于时间和信息有限，我们会找到一个令人满意的解决方案来解决晚餐问题。而鉴于真实世界中存在和搜索相关的交易成本，我们无法为自己选择最好的晚餐，但我们还是对足够好的晚餐感到满意。[21]

我们的选择可能并不是一成不变的。如果不得不再来一次，我可能会选择先走不同的通道，然后吃一顿不同的晚餐。换句话说，在大学课堂上可以很容易地做出最优决策，但在真实世界中，人却很难做出最优的决定。这个超市的例子与教科书中提出的那些不动脑的简单问题的关键区别在于，它需要在信息有限的不确定条件下进行一系列决策，并涉及在空间中搜索的相关交易成本，而且还有时间限制。尽管去超市选购合适商品是每天都会发生的常见问题，但这样的选择在教科书中是找不到的，因为即使是这样简单的模型也会被主流经济学"诅咒"，因为它们与新古典经济学的大多数（如果不是全部的话）雄辩的定理相矛盾。追求满意度和最优化模型不一致，因为在最优化模型下，消费者是具有完美远见的、理性的、完全知情的经济主体。

偏见与直觉

受丹尼尔·卡尼曼、阿莫斯·特沃斯基和理查德·塞勒的启发，行为经济学家们几十年前就业已证明，直觉在我们的大脑中起着重要作用，并认为我们大脑的理性部分不会完全掌控我们的行为，也不会监督我们凭直觉做出的决定。他们的这些结论已经超越了有限理性。[22]行为经济学家们将这两种思维方式称为系统1（直觉）和系统2（推理）。[23]直觉常常不由自主地浮现在脑海中，系统1的运作是快速的、自动的、轻松的具有关联性的、冲动但难以控制或修改的，它们不是主动的，也不是有意识的；而系统2的运作则是缓慢的、有意识的，并且需要付出努力。

作为一种在复杂和不确定环境中生存的策略，人类的大脑发展出了使用经验法则来自发和直观地做出决策的方法。面对数百万年的进化中的许多未知因素，人类发展出了一些技能，可以在眨眼间做出关键决策，且通常只需要很少的信息，也就是说，我们做决策的过程是自动的，大多没有经过深思熟虑。[24]而且，我们经常需要快速做出判断，以减少试图解决信息不完整和结果不确定问题的沉重负担，从而避免精神紧张。然而，这一做法的弊端是，我们使用的直觉和经验法则存在许多偏见，因此我们会犯下系统性错误，导致许多决定都是完全非理性的。[25]我们对不确定性会做出有偏见的评估，从而致使自我混乱；我们的自我控制能力也有限，并且倾向于关注当下而非未来。试想一下，有哪位20岁的年轻人认真考虑过自己的退休收入？我们的遗传倾向、生存本能以及强大的性欲，也常常凌驾于理性自我之上。总而言之，心理学实验表明，人类无法做到始终如一、完全理性且进行完美的自我控制。

此外，分析复杂的问题是有挑战性的，特别是在时间紧迫的情况下。（现实生活中的问题与典型的考试题大不相同，因为后者有明确的解决方案，而现实生活中的问题并不一定如此。）人们在日常生活中不习惯努力、认真思考，这时系统2就卡住了，而系统1至少提供了一个可容忍的解决方案，即使这个方案经常是错误的。因此，选择并不总是推理的结果；相反，直觉几乎总是起着至关重要的作用。我们倾向于相信系统1快速给出的合理判断，但它容易出现各种偏差，而系统2对系统1难以适当监控或推翻其判断，只是对其进行轻微的监督。忽视行为经济学使得主流经济学教科书产生误导。人类并不是机器人，他们容易产生大量系统性偏差，甚至严重的误判，在面对有关不确定性和需通过概率评估作选择时更是如此。[26]

启发式推断

我们倾向于在复杂的决策中使用启发式推断或相关替换。在许多情况下，我们面临的巨大挑战是，某个问题在计算层面十分复杂，而可用的信息又太少，以至于迫不得已做出决定，这时要怎么办？我应该辞掉现在的工作，找一份更好的工作吗？我应该接受这份工作还是等另一份？丹尼尔·卡尼曼和阿莫斯·特沃斯基已经证明，当遇到某个在约定时间内难以解决问题时，我们就会依赖启发式推断（即经验法则）来做决定。这种在模棱两可的情况下采取行动的能力确实体现了进化优势，因为精神紧张可能会致命。因此，我们学会了用一个相关的但更容易的问题来替换搞不定的问题。从某种意义上说，大脑在处理信息时走了一条捷径，做出了一种直观的判断："人们不习惯于费力思考，并且常常满足于相信可能出现在脑海中的看似合理的判断。"[27]

这种用来替换的问题不难想到，因为可以凭借自己的或他人的经验，我曾利用我父亲的经验，解决了一个原本非常棘手的问题，解决了问题，总比被问题卡住要好。进化并不偏爱那些被问题困住的人。替换问题这一过程是自觉地完成的，所以我们意识不到，也不受系统2的控制。启发式推断的使用是导致认知偏差形成的众多原因之一。换句话说，凡人的灵魂无法变得理性。[28]

框架化、可获取性和锚定

我们对同一信息做出的反应不尽相同。我们的选择很大程度上取决于这些信息是如何呈现或"框架化"的。这种框架效应在我们对问题的潜意识反应中非常重要。"100个人当中将有90个人在手术中活下来",和"100个当中将有10个人死掉",同样意思的两种不同表述给人带来完全不同的感受。信息是相同的,但我们的情绪反应不同,这取决于我们将注意力集中在生存上还是死亡上。这种感受不是理性的,而是感性的。因此,框架效应也可能导致偏向逆转。例如,当一位医生从生存的角度让你做出决定时,你可能会选择化疗;但如果另一位医生从死亡角度提出相同的方案,你有可能会改变主意。换句话说,重要的不是事实,而是我们的感知,感知在消费者行为中的作用很重要,因为它意味着我们的决定取决于所选择的框架。这等于说,当偏向逆转与理性决策的一致性要求相矛盾时,我们无法保持理性或做到始终如一。当然,营销人员知道这一点,并以尽可能绕过系统2的方式设计广告内容,这也意味着我们愿意接受"洗脑"。人们平均每天观看3小时电视,麦迪逊大道有很多机会干扰我们使用系统2来做决定的能力,因为广告会极大地影响我们的潜意识。神经营销①人员正在研究最有效地影响我们的方法。[29]

行为经济学家通过多年的实验证明,人们容易产生许多逻辑谬误的原因是直觉凌驾于逻辑和概率规则之上。例如,人们愿意为旅行期间可能发生恐怖袭击的情况购买人寿保险,而不愿意购买因其他原因导致死亡的保险,尽管后者的概率明显比前者更大,而且后者赔付范围更大,甚至包括前者。然而,从恐怖袭击角度描述保险服务会触动最表层的情绪,从而导致人们忽视基本的概率原则。[30]因此,极低概率事件(如遭受恐怖袭击)被放大,而高概率事件却被忽视。

此外,对象的某些属性比其他属性更容易获得,图表4.2中线条的平均长度可以由我们的感知系统瞬间确定,因为平均值是"自然评估"的结果。但是,我们无法立即得出这些线条的总长度,因为需要使用系统2来认真计算。这不是一种自然评估。

---

① 神经营销指运用神经科学研究消费者行为,从而掌控消费者行为规律,生成恰当的营销策略。

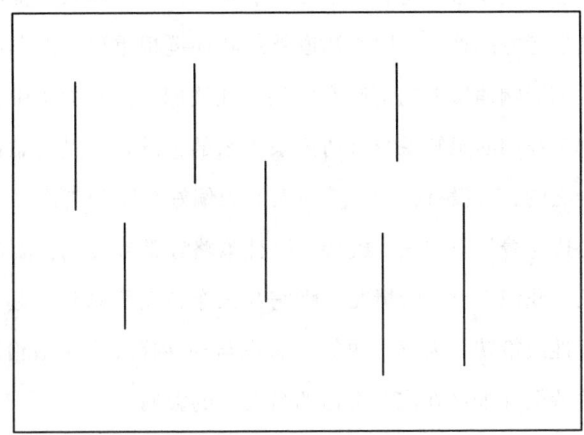

图表 4.2 这些线的总长度是多少？

此外，语境会影响可获取性。你在图表 4.3 中看到了什么？第一排中间的图案看起来像字母 B，现在看第二排中间的图案，你看到了什么？相信大多数人看到的应该是数字 13。由于语境不同，我们的感知系统对同一个模糊对象做出了不同的解释。周围的环境可以帮助大脑处理模糊性，这种心理学原理在确定产品质量方面很重要，而且被广告业普遍利用，它使消费者更容易"上钩"。

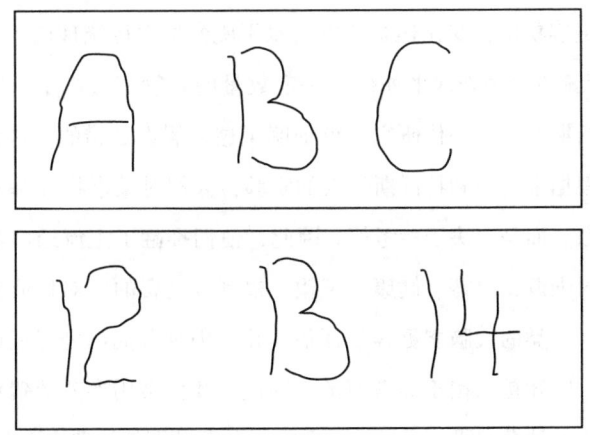

图表 4.3 在模棱两可的情况下，语境很重要

举个例子，看一辆汽车时，我们可以立即看到它的外部状况，比如它是否有划痕、

凹痕或涂料是否褪色，这些很容易就能看出来，但它的发动机及性能状况并没那么容易确定，需要认真思考才能评估。因为知道外观和环境很重要，汽车广告经常会利用权力、美色或名人来影响消费者的情感和情绪，让我们将注意力集中在容易获知的属性上。这些属性都是我们的感知系统自动记录下来的，没有经过有意识的思考，也就是说，不是有意为之的，也没有特别上心。人们的偏好会受到与产品无关的特征的影响，比如站在车旁边穿着暴露的迷人模特。这种策略经常被使用，因为诱人的图像很容易被接受，并且在我们无意识的情况下将它与汽车自动联系到一起。换句话说，麦迪逊大道试图将理性决策转变为感性决策，这也与理性代理人模型相矛盾，因为理性的人不会受到无关特征（如站在汽车旁边的名人）的影响。

人们做决定过程中，当过于关注和依赖某些信息，而忽略其他重要因素时，锚定现象就会发生。如"引逗利率"（又名"诱惑利率"）就是这样操纵人们签署他们并不完全理解的抵押贷款合同的。银行通过强调相对低的初始抵押贷款利率，主意多样而不定的客户的注意力就会被带走。这样，抵押贷款经纪人就能广泛锚定顾客，推行他们的掠夺性贷款计划，从而最后导致了次贷危机的爆发。

前景理论

我们的大脑更容易接受变化还是已有的水平呢？根据传统理论，产生效用的是消费量（水平）。无论谷物消费水平如何，一定数量的谷物都会产生一定的满意度。然而，卡尼曼和特沃斯基在上一代研究中就证明了这种假设是错的，这种推论方式不符合人类心理学。根据卡尼曼和特沃斯等人的实验，人们对某事物（基本需求除外）的估价不是一个常数，而是取决于参考值。因此，他们推翻了主流经济学家所倡导的效用原则。他们同时强调，财富、健康、声望、福利或消费的绝对价值要比这些变量的变化更难以确定。人类的大脑能更容易评估变化，因为我们已经习惯或适应了当前的水平。简而言之，感知是依赖于参考值的。因此，我们会用参考消费水平来作为衡量标准，比如其他人的消费水平，以及我们前一天的和预期的消费水平。

厌恶风险的人的预期效用函数是凹的。（见图表4.4）假设有两种可能的收入值A和B，且它们都有相同的概率。假设A为0美元，B为100美元，那么如y轴所示，此时的预期收入是 C = 1/2（B+A），为 50 美元，相应的效用水平为 1/2 ［U(B)+U(A)］。而如果将收入确定为 C（50 美元），相应的效用水平是 U(C)，从图表中可以看出，U(C) 大于 1/2 ［U(B)+U(A)］，也就是说，即便确定性收入和不确定的预期收入可能会相同，但前者的效用也会大于后者。这意味着，即使赌博的预期收入同样为 50 美元，但赌博时，因为不知道收入是 0 美元还是 100 美元，由此带来的不确定性和压力会降低效用。而人们买保险时，愿意支付额外的保险费用，以增加确定性，从而获得更大的效用，这就是保险市场背后的逻辑。图表 4.4 的要点是，和收入为 0 美元或 100 美元的不确定性赌博（即使其预期收入为 50 美元）比起来，确定性收入 50 美元的效用更大。

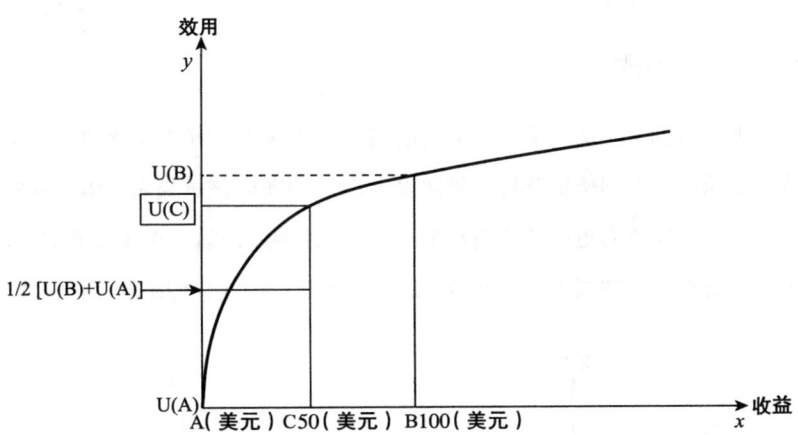

图表 4.4　凹面效用函数暗示着厌恶风险

相反，追求风险的人的效用函数是凸的。（见图表 4.5）同样是赌博，这类人更享受不确定性带来的快感。因此，赌博的效用将超过确定性收入带来的效用，如图表 4.5 所示，1/2 ［u(b)+U(A)］大于 U(C)。这与图表 4.4 中风险厌恶的例子相反。在这个场景下，50 美元的确定性收入不如赌博带来的 50 美元不确定性预期收入那么有吸引力。不过一般来说，大多数人都厌恶风险，而不是寻求风险。

下面的例子阐明收入或财富的水平与变化之间区别的重要性：假设凯茜从她的股票经纪人那里得到消息，她的投资组合的最初价值为 400 万美元，现在跌到了 300 万美元。

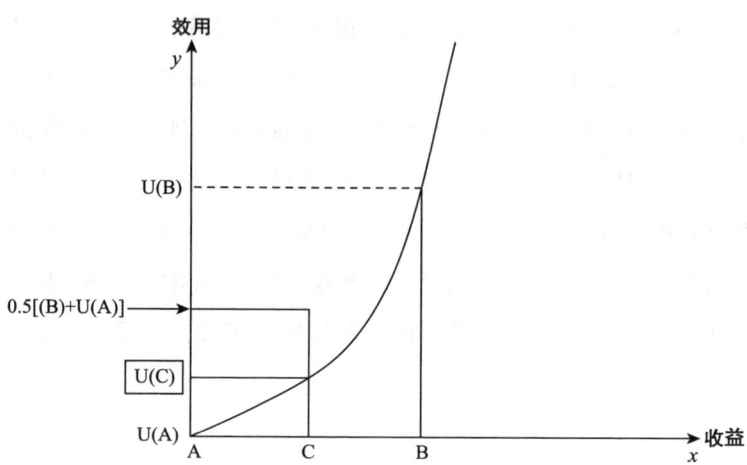

图表 4.5 凸面效用函数暗示着喜好风险

另一边,苏珊也收到了类似的信息,但她的财富净值从 100 万美元增加到了 110 万美元。谁会更快乐呢?根据传统分析(见图表 4.6),凯茜应该更快乐,因为她的财富水平仍然比苏珊高,应该有更高的效用水平——300 万美元仍然大于 110 万美元。然而,这种分析并没有充分反映损失 100 万美元的情绪强度。[31]因此,传统的分析违背了常识。

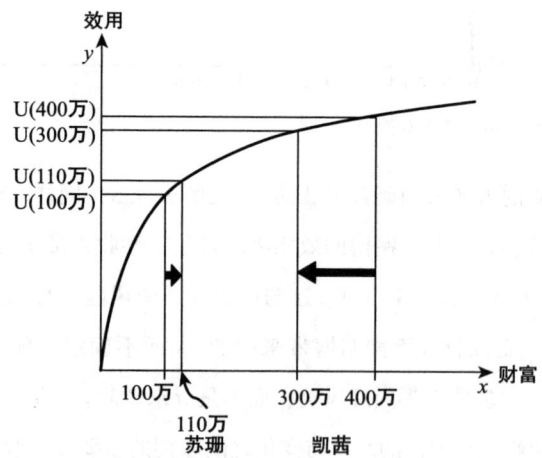

图表 4.6 传统模型下的两个投资者的效用和财富的变化

事实上，很明显苏珊在听到这个消息后会更快乐。人类不是具有效用寄存功能的机器，他们有情感，有情绪，所以投资的损失让凯茜非常失望，而苏珊却因为她的财富增长而高兴，这说明效用取决于初始参考值。

卡尼曼和特沃斯基在前景理论中对收益和损失的问题进行了重新阐述（见图表4.7）。他们将效用函数重新命名为"价值函数"，它由四个象限组成，其中两个（象限2和象限4）可以被忽略，[32]沿 x 轴向右移动被认为是收益增加，沿 y 轴向顶部移动被认为是效用增加。

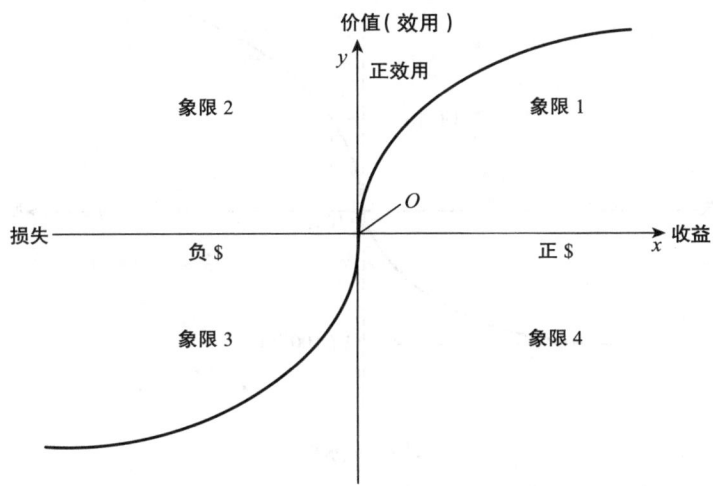

图表4.7　行为经济学前景理论中，收益与损失定义的价值函数

象限1与传统的效用函数类似，不同之处在于它不是依据财富（或收入）水平绝对值来衡量的，而是根据当前价值的增加量来衡量，财富（或收入）的起始水平位于原点，即对应于零。象限3中的价值函数具有与图表4.5的喜好风险效用函数相同的凸曲率，不同之处在于，它是根据相对损失而不是绝对值来校准，并且只在象限4的右下方向上移动。

请注意，在图表4.8的 x 轴上以−100万美元开始向原点移动被视为收益增加，正如图表4.5中沿 x 轴向右移动被视为收益增加一样；沿着 y 轴从 U（−100万）向上移动，价值（效用）也在增加，正如图表4.5中向上移动是效用的增加一样。因此，象限 3 中函数（图形）与图表 4.5 中的本质上相同，右下且向右下移动至象限的底部。

图表 4.7 的一个重要方面是，原点处有一个纽结，象限 3 中原点的价值函数的斜率（绝对值）大约是象限 1 的两倍。实验结果表明，此范围内的损失比收益更明显地降低了我们的幸福感。损失和收益并不是相互补偿的，也就是说，它们不是对称的。损失厌恶表明人们对避免损失的偏好比获取收益更强烈。[33] 换句话说，在情绪方面，损失的强度大约是收益的两倍，或者说，需要约两倍的收益才能弥补同样数额的损失。

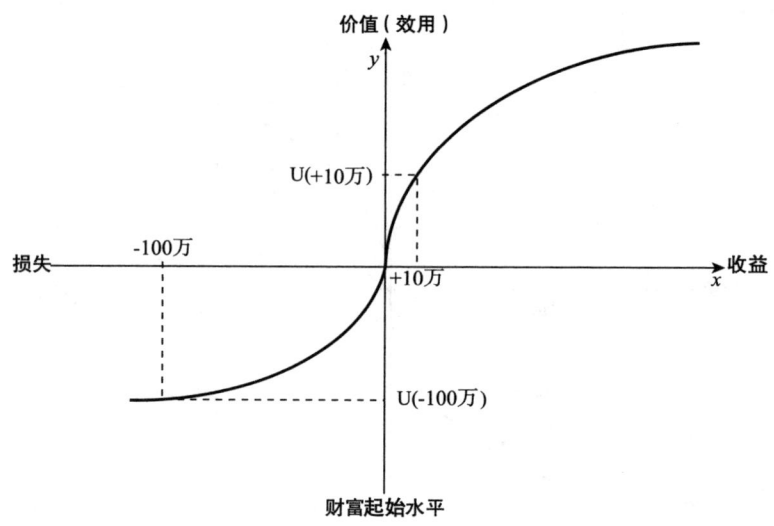

图表 4.8 从前景理论比较凯茜与苏珊的效用

利用前景理论，人们可以很容易地获得符合常识的结果，在上面的例子中，苏珊的感受会比凯茜好得多。因为苏珊的收益为 10 万美元，她的效用函数位于象限 1，效用水平处于正值的范围内，而凯茜损失了 100 万美元，因此她的效用函数位于象限 3，效用水平处于负值的范围内，因此，无论她们最初的财富水平如何，苏珊都比凯茜更幸福，因为她获得收益后的效用更高。苏珊的收益产生了积极的效用，而凯茜的损失产生了负面效用（悲伤），因此 $U(+0.1M) > U(-1M)$。收益的价值明显大于损失的价值，所以卡尼曼和特沃斯基的模型得出常识性的结果。

从某种意义上说，卡尼曼和特沃斯基为经济学所做出的贡献就像爱因斯坦的相对论对物理学的贡献。在爱因斯坦之前，人们认为时间是恒定不变的，而爱因斯坦证明了时间是相对的。同样，卡尼曼和特沃斯基证明，效用不是财富或收入的常数函数，收入或财富的情况（水平）不是效用的传递者，这些水平的变化才是。[34]因此，当我们第一次购买 iPhone 时，我们的效用水平会飙升，但在我们拥有它一段时间后，它不再能带给我们那么多的满足感，我们已经习惯它了，已经适应了它的用途。简而言之，在确定我们从对象中所获效用（满意度）的大小（高低）时，参考点起着重要作用。换句话说，效用不能脱离情绪，情绪是由变化触发的。传统的消费者理论与现实情况不合，因为它忽略了因损失带来的痛苦或犯下错误的后悔。卡尼曼和特沃斯基将经济学从 18 世纪的确定性一举推向 20 世纪的相对性。

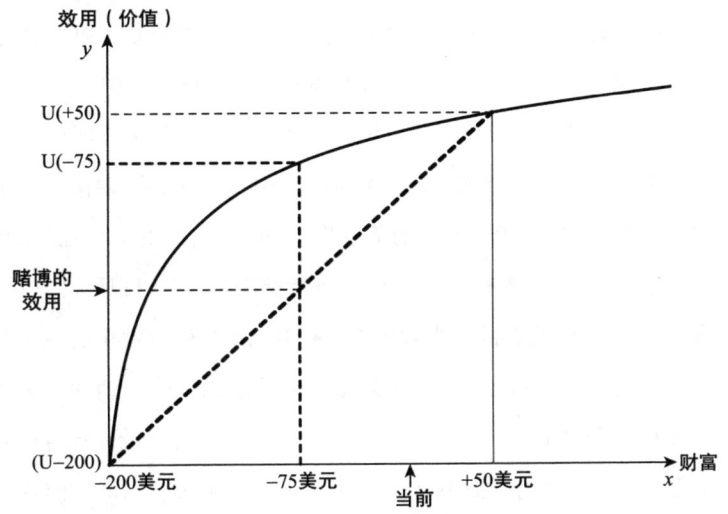

图表 4.9 两种选择的常规比较

在两个选项之间做选择的场景，为前景理论提供了另一个例子，如假设有两个选项，选项 1 是确定损失 75 美元；而选项 2 是赌博，50%的概率输 200 美元或 50%的概率赢 50 美元。由于 1/2(−200)+1/2(50)=−100+25=−75（美元），最终预期值也是损失 75 美元。因此选项 2 的预期值和选项 1 的确定值相同。典型的投资者更喜欢哪种选择？鉴于大多数人都厌恶风险，人们通常愿意花钱来规避风险，（见图表 4.4）因此，标准效用理论认为，大多数人为了规避风险会选择选项 1，即确定性选项。（见图表 4.9）

赌博的预期效用值是−75 美元，其效用介于 U（+50）和 U（−200）之间，图表 4.9

中绘制的对角线虚线仅仅为了标明 U(+50) 和 U(-200) 之间的中间点在 y 轴上的位置。[35] 从图表 4.9 可以看出，当结果不确定时，选项 1 损失 75 美元的确定性的效用 [U(-75)] 大于赌博的效用，也就是选项 2 损失 75 美元预期价值的效用。因此，规避风险的人会选择选项 1。

但是，实验结果与这种传统模型相矛盾，实际上大多数人选择了选项 2，即赌博，这与风险规避的假设不一致，意味着在这种情况下大多数人都在追求损失风险，因为在选项 2 中他们的损失会比选项 1 中的 75 美元大得多。[36] 这种反常现象背后的原因是，人们的关注点集中在 50 美元的可能收益上。这就是说，小的收益被不成比例地放大，而大的损失则被不成比例减少。换句话说，人们过分关注收益，并低估了更大损失的可能性。

然而，在前景理论中，选项 2 的选择是明显的（见图表 4.10）。请注意，收益是在象限 1 中描绘的，并且在 y 轴的正值范围内产生了相当大的值，即使在预期效用的最终计算中，因为赢取 50 美元的概率为 50%时起作用。损失是在象限 3 中描绘的，可以看出 U(-200) < U(-75)，但在 y 轴的负值范围内时，损失 200 美元的效用仅略低于损失 75 美元。因此，用 50%的概率获得 50 美元所获得的收益可以弥补这一微小差异。所以，一旦我们将 50 美元收益的一半效用与 200 美元损失的负效用的一半相加，就会得到一个接近原点的点，并远远高于 75 美元损失的效用，确切地说就是不等式 1/2 [U(-200) +U(+50)] > U(-75)。难怪大多数人选择选项 2，前景理论符合实验结果，并预测到人们会接受这场赌博，而不是 75 美元的确定性损失。因此，前景理论的一个基本预测是，人们在收益方面喜欢规避风险，而在损失方面喜欢追求风险，即使这看似违背人类的直觉。这种倾向无疑也是 2008 年金融危机期间人们过度追求风险的部分原因。2012 年摩根大通一位昵称为"伦敦鲸"的交易员出现了 90 亿美元的亏损，原因就是在损失中追求风险。不言而喻，[37] 投资者愿意冒的风险与可能获得的收益是不成比例的。

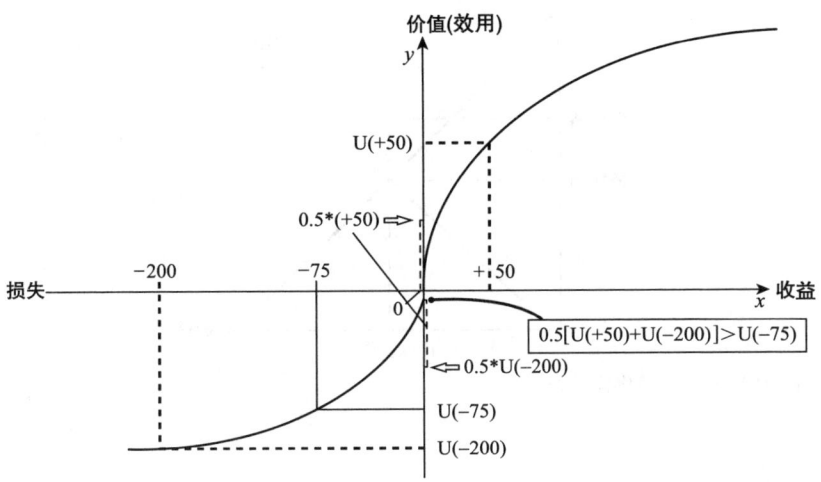

图表 4.10 实验结果符合前景理论：两种选择的案例

理解前景理论是金融部门进行监管的重要前提。卡尼曼和特沃斯基的实验开创了行为经济学的新领域，它用更符合心理学的人类决策过程取代了理性代理人模型。

行为经济学

传统理论天真的心理假设限制了人类的触力，而行为经济学从启发式推断、心理偏见、框架效应、锚定和情感的作用，以理解不完全理性的决策。2008 年金融危机爆发前的风险、房地产和股票的错误定价只是其关注的对象之一。即便是股票市场对新闻反应过度，也会出现泡沫和崩盘。在行为金融学中，这种低效率是因过度自信、疏忽价格变动、投机、不恰当的期望和羊群效应造成的，而这些可以产生正反馈循环。

用传统供需框架，无法理解资产泡沫这一现象，原因是，不论股票价格或房价为何上涨，投资者的需求都会减少，如此一来，一方面需求量会随之下降，另一方面供给增加。（见图表 4.11）而供应过剩意味着市场将面临要把价格降至初始均衡水平的压力，这是传统的负反馈循环，在此情形下，市场力量将重新建立先前的均衡。这曾是格林斯潘和伯南克对 2008 年金融风暴前房地产价格自信满满的模型，该模型告诉人们不用担心，市场知道自己在做什么。

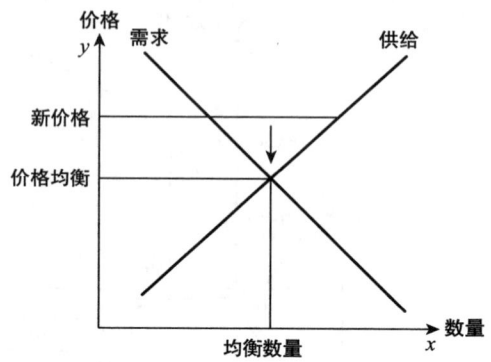

图表 4.11 传统的负反馈供需分析

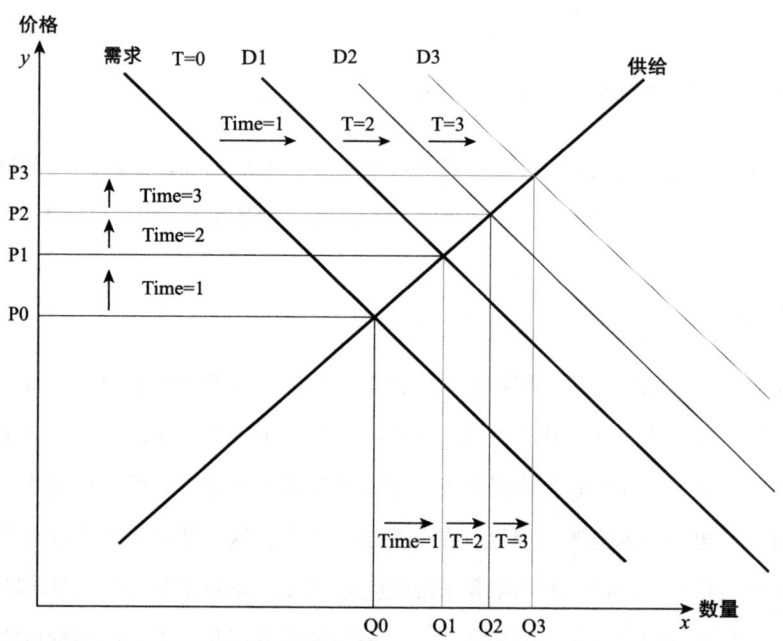

图表 4.12 正反馈循环导致资产价格泡沫

虽然这一传统模型适合于许多商品,但对于在很大程度上依赖预期和投机的资产市场来说,却不是个好模型。这是因为,如果价格从其初始均衡值 P0 偶然上涨,那么投资者可能会形成夸大的预期,认为价格将继续上涨。(见图表 4.12)对价格上涨的预期意味着投资者将实现资本收益,使该资产更有利可图。预期的变化将需求曲线向右移动到 D1，在 P1 和 Q1 处建立新的均衡。随着越来越多的投资者意识到这些资本收益的丰厚，需求曲线就会继续向 D2、D3 等移动，从而创造了一个正反馈循环，促使价格进一步上涨至 P2、P3 等。这种情况可以持续到将市场上的投机者或易上当者全数吸入，然而随后便是价格暴跌。这些失灵造成经济体巨大的低效以及负面外部性，随之而来的就是像 20 世纪 30 年代那样的"大萧条"或 2008 年那样的经济衰退。

认知禀赋

人类的认知禀赋纷繁复杂，对传统经济学提出了挑战。传统教科书默认市场中的参与者齐等无差，智商也无别，默认他们都同样地能解决当今全球体系中复杂的经济问题。然而，这显然是不正确的：人与人的认知能力和经济学素养都有很大差异。[38]人类的平均智商约为 100，通常呈正态分布，这意味着大约 16% 的人口的智商低于 85，约相同比例人口的智商高于 115。后者比前者拥有更大的工作记忆容量，思考速度更快，并且能更精准地解决问题。当快速思考的能力与精准解决问题的能力相互作用时，这种优势为欺骗和操纵提供了巨大的可能性。尽管这一问题在传统经济学中被忽略了，但它依然很重要，尤其是考虑到企业能够雇用最聪明的人来"坑害"认知能力较低的人，这一问题更突出。因此，卖方可以利用买方难以理解交易的详细内容这一弱点，这也是需要对消费者权益进行保护的一个至关重要的原因。当买方相对于卖方而言处于劣势时，卖方发出的"市场有风险，投资需谨慎"警告变得既不公平，也不可靠，这也是造成贫困的原因之一。

在次贷危机及长期失控的信用卡债务中，精明的投资者常诱骗客户并利用其弱点，阳奉阴违，故意将合同规定复杂化，隐晦化让客户一头雾水。由于交易对手对交易情况的了解程度不同，他们自然对所涉及的条款和风险的理解能力也不同。我们在现代经济中购买的大多数重要物品都涉及极其复杂且难以理解的协议，这就是美国国会成立消费者金融保护局的原因。[39]该机构最初的负责人伊丽莎白·沃伦（Elizabeth Warren）曾警告道，"在合约细则中暗藏诡计和陷阱的时代已经结束了"。[40]可惜她有点过于乐观了。在特朗普政府时期，该机构的管理者甚至失去了职业信念与抱负。

遗传禀赋

遗传禀赋会影响一个人众多的个体特征，如人的认知能力，即使社会环境也起着至关重要的作用。进而遗传禀赋也能借此影响个人的经济活动。对双胞胎的研究表明，一个人的学历和收入水平都受基因及所处社会环境的影响。[41]"基因经济学"这一新兴领域假设收入和财富等经济结果可能"像许多疾病一样可以遗传"。[42]遗传密码是人类本质的一个重要方面，因此是经济结果的重要决定因素。[43]最近一篇新发表的文献令人信服地指出，我们的许多选择实际上并不只是有意识的认知过程的结果，同时还受到遗传禀赋及其与环境的相互作用的重要影响。[44]"实际上，行为上的差异很大程度上受到遗传差异的影响。"[45]例如，规避风险的性格的遗传率约为45%。[46]遗传学在智商、教育程度、收入、同理心等方面所起的作用以及急躁、意志力、注意力或冒险精神等人格方面所起的作用，可能与文化规范和期望所起的作用一样大。[47]未来的研究可能会发现其他经济学中重要的人格特质的遗传（或荷尔蒙）基础，如野心、短视、时间偏好①、信任、自私，以及经济理论里用来解释经济结果的其他潜在变量，如信用卡债务、毅力、创业精神、学业成就、勤奋度等，即使这些也受到文化和社会因素的影响。因此，如果我们的遗传禀赋对我们的想法、感觉和行为的影响力如此之大，那么理性选择就不是一个充分的假设。[48]所以不难推断，遗传禀赋会影响我们一生的财富。

总之，在许多方面，我们的前额叶皮层是不受控制的。相反，我们的行为在很大程度上受到许多因素的引导，这些因素包括遗传密码，遗传密码与环境的相互作用，以及环境对大脑回路的影响等。简而言之，生物学显著地影响着人类行为，爱德华·O. 威尔逊（Edward O. Wilson）说过，"为了理解人类，有必要承认我们确实有本能"。[49]

---

① 时间偏好，是指对时间的认知、价值等随时间的变化而产生的差异性判断。通俗上讲，是指对"现在做或者将来做"的偏好或判断。

第五章

喜好制定者与消费

> 显然,对权力的热情是人类最动人的热情之一。毕竟,民主基于以下观点:权力非常危险,而且尤为重要的是,不要让任何一个人或任何一个小团体在长时间内拥有过多权力。
>
> ——赫胥黎

到目前为止,我们一直认为标准的微观经济学消费准则是不客观的。这一准则从与实验证据相互矛盾的基本假设出发,忽略了现实经济中的重要方面,如政治和经济权力的分配。标准的叙事通过无视与经典相矛盾的事实和理论来支持自由市场意识形态,例如,满足的概念比主流所青睐的优化模型更符合事实。标准教科书将新古典主义理论中的不完全信息等主要缺陷视为偶发现象,并通篇充斥着置下一代的可持续性发展和福祉于不顾的隐性价值判断。简而言之,即使市场存在不足,标准教科书也会偏向市场。

我们继续分析标准教科书处理市场问题时的瑕疵:市场不能有效地提供无压力的生活、公平的收入分配以及让大多数人对自己和周围社会关系感觉良好的高质量生活。其实,关注效率而不是公平或可持续性,本身就是一种基于价值判断的文化规范,因此没有脱离意识形态。

企业的影响力

权力是支配他人行为或思想的能力。因此,财富能直接转化为权力。亚当·斯密和美国的开国元勋们都深谙此道。财富可以为政客带来难以抗拒的刺激，让他们代表有钱人行事。权力有不同的种类：影响各机构和立法部门以进一步获得经济利益的权力，影响文化规范的权力，以及影响我们购买习惯的权力——它们都提高了利润，但却削弱了我们的能动性。

事实上，在完全竞争市场中，权力并不存在，因为在这样的市场中，有无数的卖方和买方，权力被分散到可以忽略不计的程度。在这种情况下，甚至不需要做广告。因为主流的经济学原理课程重点关注完全竞争的市场，而权力不存在于这样的市场中，所以它们可以避开权力问题。虽然这是大多数一般分析中使用的默认模型，但很明显是有误导性，因为自由市场经济学的基本原理之一是，权力不断集中于寡头垄断或完全垄断的手中。常常想尽各种方法避免这样完全竞争的市场就像是在避免瘟疫企业。19世纪晚期的"强盗男爵（Robber Barons）"就是这样的例子：随着铁路、金融、石油和钢铁业的扩张，新的富裕阶层通过一些有争议的生意发家致富。彼时的敛财大亨与21世纪数字时代的新兴权贵并无二致。

美国前总统艾森豪威尔在1961年发表总统卸任演讲中，毫不掩饰地警告美国"军事工业联合体"所产生的"不正当影响"以及"错位权力灾难性兴起的可能性"。[1] 而自这一警告以来的半个多世纪里，各大公司已将控制权扩大到军工联合体以外的社会，包括金融部门，并比以往任何时候都更能左右政府。随着特朗普政府被掌握在军方高层和亿万富翁手中，艾森豪威尔的警告已然变成事实，[2] 政治和经济权力都从普通民众手中转移到大公司和百万富翁手中。当然，军队还是美国政治家和人民普遍支持的机构。

上述问题始于公司被视为法人这一事实。这对开展业务是有意义的。然而，将企业视为一个被允许影响政治活动的个人是完全没有意义的。这种法律幻想中的有害因素是，个人的政治权利被扩展到一个拥有大量财政资源的虚构实体。

美国宪法第一修正案（1791年）和第十四修正案（1868年）旨在保障有血有肉的人有言论自由的基本权利，保护所解放奴隶的权利。最初这些修正案与企业无关，而后来把这些权利扩展到无生命的实体，则是在贬低人性的意义。企业的权利应严格限制在经济活动中，不应被允许扩展到政治领域。就这些不能说话的无生命实体而言，它们不应该受到第一修正案的保护。这将使我们能够限制企业在商业领域之外的活动，从而让我们重获对政治进程的控制。当公司有员工为它们说话时，这意味着拥有血肉之躯的个体在社会中有多种声音：既作为他们真正的自我，又作为我们称为公司的无生命实体的代言人。这违反了一人一票的原则，并与民主原则相违背，因为它导致权力分配的扭曲。再者，金融资源分配的不平衡加剧了这一情况，它使企业能够左右政治家。通过这种方式，利润转化为政治和社会权力，对经济结构及其制度产生巨大的反作用。不管怎样，把捐款和言论自由等同起来，近乎怪诞。

因此，高盛和摩根大通等寡头垄断企业在定价和操纵市场以获取利益方面，确实可一手遮天。巴克莱和瑞银操纵利率败露后，分别被罚款 4.5 亿美元和 15 亿美元。[3]权力使既得利益者能够通过改写市场活动规则来助长自己的经济优势，他们的最初优势进一步导致政治权力失衡，反过来又增加了他们的特权和优势。[4]这变成了权力、特权和利润的恶性循环，并使得美国普通大众政治影响力被削弱。

这正是发生在美国国会身上的事，并对美国经济产生了巨大影响。[5]从 1999 年到 2008 年，金融部门在游说上花费了 27 亿美元，而与该行业相关的个人和委员会在竞选活动中捐款超过 10 亿美元，以获得进一步的经济优势。[6]就在 2016 年，制药行业花了 1.5 亿美元游说国会。[7]企业可以无节制地动用资金来影响政治运动，这是不公正和危险的，它们甚至不必向股东（真正拥有公司的人）披露自己的所作所为。因此，首席执行官可以在股东不知情的情况下花掉他们的钱，甚至进行有悖于其利益的游说。[8]这一事实令人费解。[9]为了实现这一目标，美国公司每年花费 26 亿美元，这个数字十分惊人，超过了众议院和参议院所需资金的总和。[10]一些公司雇用了多达 100 名游说者。因此，他们可以随时出席参众两院各个委员会的会议。

而那些失业人员没有游说者，也不能为竞选活动捐款。在这种不平衡的情况下，市场的竞争环境不可能保持均衡。[11]难怪会有企业福利主义狂潮："2010 年，全国各州和地方对企业的补贴总额超过 700 亿美元。"[12]企业的贪婪普遍存在：制药公司游说阻止政府降低处方药的价格，导致了医疗保险 D 部分的产生，从而在过去 10 年里使利润激增了 2,000 亿美元。[13]不要忘了，美联储曾以非常优惠的条件将数万亿美元交由金融部门支配以拯救 2008 年的金融危机。把经济从崩溃边缘拉回来是有道理的，但是大权在握的精英们往往想不起来去帮助普通大众（详见第十四章）。

然而，权力分散是民主政治制度的本质。如果经济权力集中在精英寡头政治中，民主便成了财阀政治。因此，财富的集中对民主制度来说是一种忌讳，[14]我们迫切需要抗衡的力量，来遏制公司首席执行官为中饱私囊而进一步扭曲政府法律和制度。[15]无休止的权力欲望常导致权力滥用。截至2012年年中，有60人因内幕交易而获罪，其中包括前高盛董事会成员。[16]没过几周，又爆出其他丑闻。[17]

此外，寡头们为了自身利益而设计市场体系，他们集中力量使其能够压制竞争者，从而获得近乎垄断的利润。这种情况下，"看不见的手"无法发挥作用，[18]市场只有在权力分散的情况下才可能有效。权贵们通过扭曲游戏规则自求其利，我们必须在寡头的规则而不是在我们的规则下竞争，权力的集中将阻止有效率的产出。富兰克林·罗斯福很清楚地认识到权力分散的重要性。他警告我们要警惕"工业专政"将工资强加给劳动者，警惕"经济特权"剥夺他人的财富。[19]约瑟夫·斯蒂格利茨将这种权力失衡描述为对富人的社会主义和其他人的资本主义。[20]

相互依赖的效用函数

传统经济理论假定个人消费者偏好彼此独立。根据这个不切实际的假设，只有收入或商品价格发生变化时，人们对商品的需求才会发生变化，而与邻居的消费变化无关。因此，在新古典主义理论中，既没有消费者之间的互动效应，也没有对欲望的操纵。这也是认为独立消费者效用最大化的权威公理错误的又一个原因。[21]事实上，真实世界中有许多强烈的、相互依存的消费效应。

一个多世纪前，托尔斯坦·凡勃伦（Thorstein Veblen）有力地争辩说，消费主要受社会规范、习惯、习俗以及诸如地位追求、势利主义、与邻居攀比、随波逐流效应或"羊群效应"等非理性动机的支配。[22]消费是一个重要的社会组成部分，事实上，人们很少孤立地消费。随着社会越来越富裕，凡勃伦的相互依赖效用函数在消费中变得更加突出。[23]现在的消费外部性比一个世纪前要多得多，许多著名经济学家认为，关联性消费和收入至关重要。[24]经济学理论应该认识到消费的相互关系：人们模仿同龄人和意见领袖的购买习惯，并且非常关心别人对他们消费的看法。企业花费3,000亿美元来确保人们购买他们想要出售的东西。这种外部性与奢侈或地位性商品尤其相关，炫耀性地展示财富意味着给他人留下深刻印象，并寻求社会地位。这些会产生负外部性，因为它们会对他人产生不利影响。[25]这些外部性在经济学或GNP账户中不被考虑。

詹姆斯·杜森贝里（James Duesenberry）强调了相互依赖的效用函数。[26]他认为效用不仅取决于我们的同行，还取决于过去的消费。罗伯特·弗兰克（Robert Frank）指出，这类似于军备竞赛：地位性商品是产生负外部性的商品，它们代表社会地位，从而影响其他人的感受和购买方式。追求地位意味着消费者将更多钱花在地位性商品上，而不是那些别人不太关注的商品上。这是一种扭曲，它降低了社会福利。从整个社会角度来看，追求地位是徒劳的，因为这是一个零和博弈——在社会等级阶梯上，有人上升，就会有人相对下降。

尽管收入在增加，但储蓄率却在下降（见图表12.2），这可以理解为对地位性商品的竞争加剧，因为储蓄毕竟是地位中性的，储蓄账户中的钱并不像新服装、汽车或房子那样具有炫富性。在标准理论中，人们预计，储蓄作为一种正常的商品，[27]会随着收入的增加而增加，而不会像2005—2007年这三年以及2018年年初那样下降到3.0%的水平。相比之下，1959—1982年的24年间，平均个人储蓄率为11.4%，处于较低的水平。[28]随着不平等程度的加剧，1983年以后的平均个人储蓄率开始下降，尽管个人收入有所增加。这在传统经济学中是一个很不寻常的现象，但根据相对收入假设，可以很容易地理解，因为中产阶级正在拼命跟上精英阶层的消费习惯，而精英阶层收入增长迅速，其他阶层的收入却落后了。

时装业就是为了利润而操纵大众着装喜好的例子。在麦迪逊大道的帮助下，时尚业创造了一种流行效应，如果消费者不遵守当前的着装典范，[29]他们会感到不舒服，没有存在感，担心会格格不入。[30]追求地位很可能有某种进化性基础，因为地位高的人生存和繁衍的概率更高。[31]

地位竞争的加剧可能是2017年人们工作时间与1982年相同（每周34小时）的原因。[32]为了跟上精英阶层的消费水平，其他阶层只能投入更长的工作时间，平均每个家庭有两人在工作，而他们的父辈之前只要一人工作就足以维持一个四口之家。若休闲是一种正常的商品，那么随着收入的增加（直到1998年，家庭收入的中位数还在上升），人们会期望享受更多的休闲。但恰恰相反的是，休闲并没有增加，每个家庭的工作时间却在增加，因为大多数收入增长无法跟上收入最高的1%人群。为了与邻居攀比，他们就只能加班。由此而言，增收累进税，虽有悖于传统理论，但可以抵制夸张的地位竞争以及由此带来的购买地位商品，并将提高社会福利。另外，鼓励安全、储蓄、健康、休闲活动（如节假日），以及征收奢侈品消费税的政府法规都将有利于提高福利。而跟着邻居的步伐，追寻美国梦的幻想，这种行为导致了压力、过度工作和债务违约的大肆流行。

社会

社会是标准经济学中另一个缺失的概念，超级个人主义经济理论假定我们的经济活动不会影响彼此。然而，我们不是鲁滨孙·克鲁索①，我们的社会行为是由文化期望、制度和高度结构化的社会规范构成的。这些影响着我们的价值体系，它规范我们的愿望，约束我们的选择，引导我们的行动。这些规范有助于定义我们的审美意识，由此我们可以成为受尊敬的成熟的社会成员。我们不是在真空中行动，我们的决策很少是自主的。

大多数人不想被边缘化，因此我们倾向于遵守各自社会的基本既定态度、风俗和公认的行为。[33]这意味着我们要从别人的行为中学习如何做事，学习生活中什么最重要以及如何在社会秩序中获得权力和尊重。[34]为了获得归属感，我们得遵循时尚潮流。这些时尚规则很复杂：颜色搭配必须正确；一英寸对翻领；领带或裙摆的大小有很大的影响……这些都可能会决定你求职的成败。

我们需要知道在什么条件下才能入流。如果我们看到周围的人崇拜金钱，我们更可能舍命逐利，以此获得认可和地位，而在崇尚精神性并认为金钱没那么重要的社会里则不会如此。因此，我们所处环境的文化价值观对我们的态度有着至关重要的影响，尽管我们已经将其内化到可能无法意识到的程度。这种价值结构根深蒂固地存在于我们思想的潜意识裂缝中，或者可能是来自同龄人的压力。我们想要有归属，归属给了我们安全感，我们被复制得一模一样。如果我们周围的人都是购物狂，那么我们自己

---

① 小说《鲁滨孙漂流记》的主要人物。

也很有可能成为强迫性购物者。[35]如果毒枭就是附近的有钱人，你可能也想去模仿。挑战规范和克服社会压力需要精力和决心，[36]并不容易，也不会自动发生。

换句话说，群体互动是经济活动中的一个重要因素。[37]当我们独处时，我们在餐馆点餐的方式，与和其他人在一起时的点餐方式是不一样的；即将离开派对时，有人可能会说服你多喝一杯。事实上，在独自一人时，我们很少消费。这就是消费文化代代相传的方式。

经济学家所忽视的社会心理学学科着重分析的是社会环境如何塑造我们的性格、心态、习惯、品位和行为。研究人员发现，小规模社会与工业化社会有很大的不同，西方社会在认知、社会决策、利他主义或公民合作规范等方面与非西方社会也不同。[38]亚里士多德在他的《伦理学》(*Ethics*) 中提到，在公元前的三个世纪里，制度、社会结构和文化就决定了包括道德判断在内的当今许多领域的态度。可以肯定的是，因为有反馈效应，所以人们的性格最终也会影响体制和文化。因此，人的性格是可延展的，而我们对世界的理解方式是社会经济系统内生的。这些发现明显不同于主流经济学所坚持的固执个人主义理想。

沃尔玛商店的踩踏事件是"羊群效应"的例子。人群中只要有一个人先开始跑，就会有传递效应，从而导致有人受伤，甚至有人被踩踏致死。[39]人们在人群中失去了个性，正常的拘谨感消失了，成为了群体里的"无脸"成员，而不是作为一个个体。

性别角色也具有社会性。直到20世纪60年代，已婚女性都被认为是家庭主妇。随着平权运动的开展，女性劳动力明显增加。1950年，只有20%的已婚育妇女有工作，而到21世纪初，数字升至近70%。[40]这种重大变化不是通过效用最大化来实现的，而是需要社会规范、期望、价值观和同龄人压力的实质性转变。它是由一场女权主义社会运动引起的，并产生了明显的经济后果。

女权主义经济学家认为，传统经济理论在文化上具有一边倒的大男子主义倾向，还具有竞争、自私和理性等观念，并无视强调合作、利他主义和情商的传统女性价值观。此外，妇女更愿意将家庭工作纳入GNP账户。因此，可以说主流经济学更倾向对男性的重视。

文化

文化是我们理解世界的心灵软件，它是一个符号代码系统，是价值观和社会互动的心理结构总和。文化是我们观察世界的镜头，是态度、风俗、符号、信仰和心理反应的独特组合，它们赋予我们生活意义，并将我们定义为群体的一员。共享的价值体系，如我们如何定义私有财产，以及我们对私有财产所赋予的神圣程度，都是文化的一部分。什么是可接受的行为、什么是美丽的标准、什么是可取的价值，都属于这个领域。社会行为准则是为保持社会和谐，群体成员应该遵守的规则。因此，我们觉得有义务信守诺言的程度，或愿意挑战轻信寡诺行为的程度，也是文化不可分割的一部分。另外，遵守宗教或道德戒律的程度，也是文化的一部分。如基督教的"第九诫"通过提倡诚实来降低交易成本，从而促进经济增长。这对经济有重要影响，因为我们愿意在何种程度和情况下选择信任交易对手，是效率的主要决定因素。

什么样的广告和包装为市场所允许，取决于社会对虚假事实的容忍程度。社会容忍多少不平等或贫困？我们如何定义性别角色？社会愿意接受多少再分配？工人们愿意额外付出多少努力？正如马克斯·韦伯（Max Weber）所指出的，职业道德是我们文化的重要组成部分。[41]我们的急躁程度和对法律的尊重也都是文化的一部分。这基本上是我们在没有深入思考的情况下采取的反射性行动。换句话说，大多数经济决策都有文化因素，这些文化因素包括我们的偏好和期望构成，以及我们对风险的感知。因此，它影响了大多数经济概念。经济和文化是不可分割的，[42]它们密不可分地交织在一起。

根据社会学家丹尼尔·贝尔（Daniel Bell）的说法，市场无法创造社会规范，从而使自己永垂不朽。他认为，资本主义创造的文化产生了一种即时满足的需要，这慢慢地削弱了新教的职业道德，而职业道德正是资本主义成功的根本。他断言："当社会价值观强调不受约束的胃口时，管理一个复杂的政体就会存在问题。我在当代资本主义中看到的矛盾，其源头有二，一是因为曾经连接了文化和经济的脉络被解开，二是受享乐主义这种社会主流价值的影响。"[43]"享乐至上"文化下的人们衣冠楚楚，满嘴脏话，这种文化很难维持资本主义，因为努力工作的道德观念被侵蚀了。[44]对快乐的不断追求把与公众利益相关的勤勉工作、储蓄、投资、个性等挤出门外。这种以市场为导向的文化贬低节俭，反而对消费带来美好生活的幻想大力宣传。因此，贝尔认为，资本主义包含着自我毁灭的种子——脱离了稳固的道德之柱，市场难以持久。

克里斯托弗·拉什是另一位后工业资本主义时期的批评家，其批评对象为超负荷的市场驱动的文化产业。拉什观察到，后工业资本主义创造了病态的自恋人格，[45]人们的认同感和自我价值感已经减弱。从那些身份感强烈、自尊心和意志力坚定的人身上，企业将无利可图。那些人不会被迫和冲动购物，也难以被动摇和诱惑。然而，企业可以从那些个人才能施展受到限制、自控力有限的人身上获利，这样后者就必须接受潮流引领者的影响，购买最新的产品、屈服于新的时尚潮流、不计后果地花钱，且不为后代做打算。企业从这一类人的挥霍中获益，因为他们会从工资支票中提取最后一分钱，从信用卡中提取最后一美元，[46]没有必要担心未出生的后代的福利。"雅皮士们"有利于公司编制资产负债表。

这些文化产业的信息通过广告、电视、社交媒体和好莱坞名人传播。

（他们中的）大多数都热衷于活在当下，为自己，而非前辈或后代而活。我们正在迅速失去历史的赓续之感，失去从过去到未来一代又一代人绵延不断的归属感。[47]

拉什大概三十年前就写过这些话，但用它们来描述今天的世界更加恰当。我们的精英们已经不懂得谨慎、不愿设定合理限度、不能驾驭欲望、不会捍卫诸如延迟享乐的文化价值观，也不善做负责任的领导。[48]他们非但没有给大众提供指导，也没有捍卫我们的文化遗产，却把领导权交给了那些从我们的粗心大意中牟利的既得利益集团，即大公司。文化已如不系之舟，并向赚钱的方向漂移，因为人们需要通过不断地购物带来的控制感来获得外界的认可。[49]大公司从而心安理得地轻视生活中无利可图的方方面面，包括道德和美德。

公正性

人类有公平感，相信某些行为是合理和公正的。公平意味着遵守社会规范，如互惠或公平分配资源、物品或收入，[50]它符合社会伦理规则。这种特质一部分缘于先天的人性，另一部分则是通过社会建构和学习而得。[51]在这两种情况下，大多数人都认为，如果石油输出国组织提高石油价格，或者当航空公司在逃离飓风"伊尔玛"的大规模疏散中进行价格敲诈时，提高库存汽油价格是不公平的。[52]当马丁·什克雷利（Martin Shkreli）将一种治疗寄生虫感染的药物的价格从13.50美元提高到750美元时，人们的抗议声不绝于耳。[53]参议员理查德·布卢门撒尔（Richard Blumenthal）称药企哄抬埃皮恩①价格是"道德上的破产"，[54]换句话说，市场结果通常在道德上是令人不快的。然而，在实验中，人们在将意外之财分配给两个人时却表现出公平感。最初拥有这笔意外之财的人通常只会保留大约60%的财产。这意味着我们不是完全自私的，而是在看重自己的利益的同时，也看重他人的利益。

此外，人们往往会对那些背叛了文化依存感的人心存恶意。人们有社会偏好，他们不仅关心自己的幸福，也反对资源分配的不平等，还关心别人对他们消费的看法。[55]相关实验证据可以解释慈善捐款、公司内部的工资分配、罢工和许多其他经济现象。将公平概念纳入经济学的理论和政策应成为经济学学科的发展目标。

效率与公平

效率是主流思想的基石，是价值体系必不可少的组成部分。一般看来，市场经济是有效率的。比如，生产是有效率的，企业生产的商品数量为最优，固定的投入下，生产不了更多的商品；消费也是有效率的，人们知道想买什么和去哪里买，但如果考虑到收入，则难以从消费中挤出太多的满足感。没有人能够确保自己获取利益的同时不伤及他人。然而，前面给效率下的定义不是很理想，如果根据这些说法，理论上奴隶制也是有效的，因为它避免了奴隶的福祉变得更好，也避免了掠夺者的利益被消减。因此，一个有效率的制度很可能是不公正的。

效率的概念不是价值中立的。为什么不强调可持续性、道德、公平、平等，或者满足所有人的基本需求？教科书错误地认为每个人都把效率放在首位，而我认为大多数人更愿意生活在一个公正的社会，而不是一个有效率的社会。此外，这种效率的定

---

① 埃皮恩，一种预充式肾上腺素笔，在过敏性反应出现时可及时治理，注射后会很快见效。

义还含蓄地接受当前的财富和收入禀赋作为有效结果的一个组成部分。根据政治哲学家约翰·罗尔斯（John Rawls）的说法，这也是一种隐含的价值判断，且没有基于任何道德上的正当理由，因为目前的收入和财富分配根本就不公正。

罗尔斯认为，在公正的社会中，无人知道你在其中的地位，而是将你随机放置其中。[56]在一个被设计成所谓的"无知的面纱"①的正义社会中，如果一个人是规避风险的，并且不想最终落在社会金字塔的底部，那么他/她很可能会接受社会契约。罗尔斯指出，就我们目前在社会秩序中的地位而言，我们现在所做的决定是有偏见的。我们已经掌握了关于我们天赋的信息：我们有多聪明、肤色、性别、财富或社会经济地位如何，等等。这种信息显然影响着我们的判断。

如果我们像比尔·盖茨一样聪明、有天赋而且受同样的教育——他在高中时就使用了一台大型计算机（这在当时是一种特权），我们很可能会支持以教育为基础的精英制度。山姆·沃尔顿（Sam Walton）、弗雷德·科赫（Fred Koch）或弗兰克·马尔斯（Frank Mars），这些富豪的后代会毫无疑问地继承他们的财富。如果我们是球星科比·布莱恩特（Kobe Bryant）或勒布朗·詹姆斯（LeBron James），我们无疑会认为自己应该得到2,000万到3,000万美元的年薪。我们不太可能把自己的才能归因于运气、父亲的指导或基因，也不愿承认自己真的不值得那么多钱。

然而，如果我们设计一个从零开始的社会，而事先不知道这个社会中每个人的智力、才能、长相、继承的财富或家庭背景等的情况，我们的看法可能就会是不同的。如果没有先验的知识，我们无疑会更加小心地避免构建一个基于出生运气分配收入的社会。我们很可能会建立保障措施，并确保那些运气不好、能力有限的人的基本需求也能得到满足。如果我们必须随机进入社会，大多数规避风险的人不会创造一个像现在美国那样收入分配严重扭曲的社会。毕竟，我们可能会发现自己处于南布朗克斯区②一个功能失调家庭的最底层。隔着"无知的面纱"做选择，我们将最大化弱势群体的福利水平，以确保我们自己不会最终被边缘化和陷入赤贫。

---

① 无知的面纱指的是一种假设的社会状态。在这种状态下，所有的竞争者完全不知道自己在未来竞争中将会处于何种地位，也无法预见竞争结果与自己的联系。
② 南布朗克斯区：纽约最危险的社区，区内有面积相当大的贫民窟。

现在让我们了解一些更具体的数据。如果有一种定义，认为维多利亚的秘密①在过去20年里生产价值1.33亿美元的昂贵胸罩[57]是有效率的，并且认为儿童在价值25万美元的游乐园玩耍的同时，贫民窟的其他儿童却缺乏接受体面教育的机会和充足的健康护理也是有效率的，那么这种定义肯定有问题，它违背了常识。

此外，资源的分配也会影响产量，因为资源可能不在最有生产效率的人手中。一些生产者很可能没有足够的资本，但又没有抵押品进入资本市场。根据常识，资本过剩的银行会贷款给生产效率更高的人，但如果抵押品在信贷市场中起决定性作用，这种情况就不会发生。

考虑一下，如果美国所有年轻人都能获得平等的教育资源，那么下一代的教育成就和生产力将会有多大的提高。那么现在的问题是，由于青少年被剥夺了有效的教育系统，大量人力资本被浪费。如果把资金从百万美元的胸罩和3亿美元的富人游艇转移到贫困学校系统，将提高青少年的教育水平，从而极大地增加穷人的教育机会，而富人却不会明显感受到对他们的生活方式出现了额外压力。[58]随着时间的推移，这将使生产率显著提高，从而提高人口的动态效率。因此，再分配不仅是公平的，而且如果将效率定义为动态上产出的最大化，也可以提高效率。

诚然，传统的福利分析在涉及财富再分配时避免进行人际比较，而是简单地、在避开意识形态差异的情况下考虑福利的总水平。例如，当我们将国民人均收入作为福利水平计算时，我们隐含地假设一美元收入的效用对所有个人都是相同的，这忽略了效用的人际差异。[59]

效率的传统定义在政策考量方面也不是非常有用。这是为维持现状开出的处方，因为每一项经济政策都会使一部分人的生活变得更糟。因此，一项要求替代分配且不会使参与者的境况更糟的规则会极力倾向于维持现状。

还有许多其他方面的现状也是效率低下的。例如，企业发现让消费者感到困惑会对自己有益，有许多隐藏的费用与信用卡债务有关。因此，政府在2009年颁布法律，以控制信用卡公司收取隐蔽性、欺诈性罚款费用的权力。[60]然而，即使在立法之后，一

---

① 维多利亚的秘密：美国的一家连锁女性成衣零售店，主要经营内衣。

些公司仍然收取高额利率，消费者却很难察觉。[61]欺骗行为是不高效的，因为那是在未经他人同意的情况下以牺牲他人为代价来为某些人牟利。信息不对称的市场也是不高效的，但这种情况常常无处不在。

自私自利与利他主义

利他主义是关心他人福利，"考虑他人利益，而没有别有用心的意图"。[62]数百次实验证明人不是完全自私的，自利与利他不是非此即彼。[63]我们有可能为他人的利益或为无形的事业和想法而牺牲自己。[64]进一步说，在特蕾莎修女和迪克·富尔德（雷曼兄弟的首席执行官，他曾说想掏出卖空者的心然后吃掉）这两个极端角色之间存在着一种固有文化的连续性。在我看来，人的本性有几乎三分之二是自私的。然而神经科学家已经证明，人类天生具有同情心，即使做一件事没有收益，人们也会无私地去做。[65]

如果我们完全自私自利，我们就不能生活在家庭、团体或社会中。进化选择了让我们倾向于关心他人福利。[66]与陌生人合作时，完全无视群体利益的人会被排斥，难以生存。照顾家庭或部落的其他成员是有意的，这是外出狩猎和御敌时必做的事情。团体狩猎需要合作，而猎获大型动物后分享是最好的策略，毕竟获得的肉太多了，猎人无法单独食用。

换句话说，人类是作为一个群体的成员而不是作为个体生存下来的。因此，那些对他人的福利没有任何同情心的人将被排斥和驱逐。除了少数精神病患者外，利他主义与整个人类的基因紧密相连，因此以自我为中心的效用最大化不是我们的本性，同时也是一个不切实际的假设。对神经活动的研究也证明了这一点。[67]因此，那些关心群体福祉的人将他们的基因传递给下一代的概率更高。

正如亚当·斯密所指出的，我们天生在某种程度上是利他的。[68]他认识到我们对别人的命运很感兴趣，并会感到同情和怜悯，甚至对陌生人也是如此。[69]我们不喜欢在大屏幕上看到别人的痛苦，不愿意"从别人的悲伤中得到悲伤"。[70]再者，当我们成年后，社会规范对我们的利他行为起着重要作用。[71]对大脑的研究也发现，当我们看到其他人处于困境时，相关"镜像神经元"会被激活，就好像那是我们自己的经历。因此，"亚当·斯密（和在他之前的休谟）将同情心认定是人类通过内省力量而获得的普遍特征……现在有足够的证据证明亚当·斯密的直觉……同情在大脑工作方式中是有基础的……"[72]

然而，由于忽视了利他主义，经济学教科书把我们引入了歧途，那种认为人们最大化了只包括自己消费的效用函数的观点是错误的。生物进化的基因繁殖理论早已讨论了人类对亲属的利他主义，且在多层次选择理论中对这一主题进行拓展。爱德华·威尔逊（Edward Wilson）解释说："遗传性的社会行为不仅提高了群体内个体的竞争力，而且提高了群体之间的竞争能力……"因此，人们对他人有着"强烈的、狂热的兴趣……"此外，人性还包括：

> 强烈的、本能的和群体型的冲动，群组之间的竞争……促进了所有群组成员之间的利他主义与合作。它激发了团队道德、良心及荣誉感……完全屈服于个体选择中产生的本能冲动会让社会解散。[73]

我们普遍的公平感植根于一种进化选择过程，在这个过程中，人类对群体做了利他主义承诺。因此，忽视公平在经济生活中的作用是传统经济学的一大败笔。

实证经济学与规范经济学

经济学家区分了实证经济学（它是用"科学"的方法客观地分析经济）与规范经济学（它研究的是"应该是什么"的问题）。前者据称是无价值判断的，而后者涉及价值判断。然而，这种区别是人为的，因为不做出涉及价值判断的假设就不可能进行经济分析，即使这些假设看起来似乎直观可信。（见上文关于效率的讨论）我们将什么样的问题看作实证经济学的问题，取决于文化规范，并且需要使用价值体系。例如，尽管心理学家已经毫无疑问地证明了人们不可能是理性的或先天一贯的，经济学家还是假设人类是理性的。因此，刻意忽视姐妹学科的科研成果本身就是一种价值判断。此外，在建立效率理论的过程中接受当前的财富分配也意味着一种价值判断，它并非源自科学规范。将当前的收入分配界定为可接受的和有效的，并不是没有包含价值判断问题，它的确需要价值判断。

强调效率高于可持续性是主流经济学中另一个常见的价值判断的例子，它并不是以客观性为基础的。不区分基本需求和需求是一种主观的价值判断。换句话说，不可能有一个价值中性的经济理论：在主流经济学看来，需求是无限的这一假设属于实证经济学范畴，而其他人则认为这是文化决定的价值体系的一部分。没有实证证据表明贪得无厌是人性的准则。相反，这些属性是人类在文化适应过程中所学到的。教科书对政府的敌视是另一个明显的美国文化属性。尽管政府对消费者的保护已经取得了成功（如将吸烟人数减半，如果没有政府政策是不可能做到的）但这种世界观仍然没有考虑到保护消费者免受强大的商业利益侵害的必要性。

一些人认为，理论不应以其假设的真实性来判断，而应以其做出有效预测的能力来判断。然而，这本身就是一个值得质疑的价值判断。的确，经济学并不以其准确的预测而闻名。在预测大衰退时，尽管有足够多权威人士的警告，但由于人们置之不理，结果还是失败了。[74] 简而言之，经济模型在预告和预测现实世界时的表现都很不理想。

预期效用与实际效用

传统上的效用最大化理论还有一个问题，即它很少区分预期效用和实际效用。假设消费者以 4.30 美元的价格购买鸡爪，他们实际上从中获得了至少 4.30 美元的效用。理由是，因为他们付了钱，他们一定得到了那么多的价值。然而，这一推论是肤浅的：因为买单在前，消费在后。因此，在进行交易时，他们预计将获得价值至少 4.30 美元的满意程度，但一旦消费，所达到的满意程度可能会与预期不同。因此，我们需要区分预期效用和实际效用。消费者的支出不一定等于他们从购买的商品中实际获得的效用，这也是消费和收入不应等同于福利的另一个原因。

实际上，我们在预测效用时犯了系统性错误。许多人无法区分从良好效用水平和未来效用水平获得的初始效用水平。消费者做决定时通常不会考虑替代方案，也不会准确预测效用随着时间的推移而贬值的速度。人们往往夸大购买对他们长期满意度的影响。我们对经验的记忆程度也存在偏差。经济学家强调消费的体验，但是预期和记忆也会产生效用，他们对此却视而不见。人们在决策时通常低估了消费的这些方面。一年前吃的冰淇淋蛋卷很可能不再提供任何满足感，然而，在假期中的消费人们却能记得更久，也就是说，人们在做消费决策时，并未太担心记忆的衰退速度，所以不可避免地会犯错。

此外,我们经常为我们的购买行为感到后悔,因为广告商利用了我们的心理弱点,诱使我们购买拿到手就后悔的产品。[75]我们也经常被误导着接受对具体内容不完全理解的合同。我们甚至经常不知道为了做出一个明智的决定要问什么问题,另外,互联网也经常导致客户因对购买的产品不满意而感到沮丧。[76]就我而言,我要么是因为头次购买,要么是因为时间紧迫,在签订复杂的信用卡、手机和电视购物合同时经常被欺骗。且这类事件通常发生在我获得的信息不完全的情况下。[77]

不完全信息

教科书暗示产品的价格是人们对其购买做出合理选择所需要的全部信息。但实际情况是,只有在少数选择中才是如此。在大多数情况下,获取有关商品或服务的准确可靠的信息是昂贵的、困难的,往往需要额外成本,而且往往是我们力所不及的。由于信息不完全的普遍存在,教科书中提供的"傻瓜"模式不应该被视为默认模式。

因此,获取相关信息是教科书忽略的一个大问题,因为信息不确定性、不完整性和不对称性普遍存在,它们对有效消费和生产构成了巨大障碍。[78]约瑟夫·斯蒂格利茨因对信息经济学的研究而获得诺贝尔奖,他说:"即使是少量的信息不完全,也可能对均衡的本质产生深远的影响。"[79]这意味着在实践中很难实现有效的结果,特别是在生产者为获取别人无法达到的优势而故意隐藏或操纵信息的情况下,更是如此。[80]鉴于获取信息的成本高昂,信息分布不对称,加之财富、教育和认知能力分配不均,自由市场为卖方的机会主义行为提供了充足的机会,他们可以尽情利用自己的信息优势。这是低效的,并且会影响生活质量。因此,我们几乎总是只能用不完整的信息来做决定,这大大挑战了我们做出满意决定的能力,更不用说做最优的决定了。但这却为那些知道如何利用我们的幼稚、天真或无知的人提供了机会。

一方当事人比另一方当事人更了解商品、服务或合同,这就是所谓的信息不对称。[81]例如,相比那些在2008年金融危机前签署协议的借款人,银行家们对可调利率抵押贷款的风险了解得要多得多。此外,那些包装不良证券的人比投资者更了解这些理财产品(详见第十四章)。因此,机会主义行为(也就是欺骗)在危机前几年发挥了重要作用。其中一些公司随后被揪出，如高盛仅为一笔此类交易就支付了 6.5 亿美元的罚款。但这对那些被诈骗的人来说并不算什么安慰，当然，这笔罚款对高盛而言无足轻重，权当是做生意的成本了。

内幕（私下）信息是另一个问题。发起抵押的经纪人知道借款人的信誉，但抵押证券的投资者却不明就里。信息不对称是次贷危机的根源：内部人士采取了战略行动，利用了那些在掌握金融知识方面不如他们的人，数百万份不合规的合同就是在信息不对称的情况下签署的。斯蒂格利茨认为：

> 信息经济学构成了一场经济学革命……颠覆了包括市场效率在内的长期假设，对经济政策产生了深远影响。信息失灵与许多其他市场失灵有关，包括不完全的风险市场、不完全的资本市场和不完全的竞争，从而增加了寻租和剥削消费者的机会。[82]

换句话说，信息不对称问题在经济学教科书中不是可有可无的话题！

学生在学习经济学时不应无视市场上普遍存在的信息问题，因为这是影响有效结论的主要障碍。信息的不均匀分布是市场的致命弱点之一。在信息不完全的情况下，自由放任和"看不见的手"不会产生有效的结果。[83]因此，对消费者的保护是必要的。生产商比消费者拥有更多产品的信息，把获取足够信息的所有负担都交给买方，让买方自行做出适当的决定是不公平的。仅仅叫买家小心（如"投资需谨慎"这类的话）是不公平的经验法则，监管者应能够限制卖家的不良行为。不要互相欺骗应该是一种义务，所有的信息成本不应只由买方承担。在存在信息不对称的情况下，政府授权的信息传播可以降低交易成本，提高买方因知情而做出满意决定的能力。真实的包装和广告可以大大提高消费者的满意度。

我认为，在经济交流过程中利用信息不对称的做法是很自私的。如果一方利用对方的信息不足来获取利益，这是不公平的，与"为了私利而让他人蒙受痛苦"的想法非常相似。[84]

信号传递

信号是有形的指示，因此可以产生信息。在信息不完全的市场中，信号很重要，因为它们是不可观测信息的替代品。例如，文凭是取得一定学术水平的信号。学生上大学不仅是为了学习，也为了向未来的雇主证明（发出信号），他们有能力在充满挑战的环境下表现出色。获得文凭是一个信号，表明一个人有必要的耐力、意志力和智力，以成功完成一个复杂的教育项目。对于雇主来说，文凭代表着一系列不可观测的属性，如抗压力、可靠性、韧性和合群性。在信息不完全的市场中，文凭的价值远远超过了大学所学知识的价值，它是一个人内在素质的信号。

这就是拥有高中或大学文凭的人比那些未取得文凭的人能赚更多钱的原因，尽管高中或大学期间获得的额外知识可能对工作起不到什么关键作用。从这个意义上说，获得证书的额外努力是低效的，因为没有文凭的学生在工作中也能表现得很好。然而，由于信息是不完全的，他们无法证明自己内在的这一方面。因此，文凭作为一种信号，代表了一系列受欢迎的工作态度和能力，[85]在信息不完全的情况下，这一信号加重了一个人的求职砝码。

因此，教育的私人回报和社会回报之间存在分歧。对于学生来说，文凭值得投资，但从社会角度看，用于产生信号的额外资源是低效的，甚至会打水漂，因为投资并没有导致产出的提高。尽管如此，这仍是一项必要的投资，因为一个人的能力信息很难用其他方式确定。

还有一种叫"特价"的信号。如某公司会发现，有时低于成本价卖货是有利可图的，因为这种方式产生了一个信号——它们这里最优惠。而由于消费者并非对所有产品的价格知情，这种频繁的"特价"策略就使得消费者建立了一种低价印象，并可能导致消费效率低下，也就是说，该公司的其他产品的价格很可能高于别处，消费者最后付出的总成本可能还是比去其他公司买要高。

社会地位传达的信号是另一种低效消费。韦布伦认为，富人们往往通过炫耀性消费来表现社会地位，这会让他人嫉妒，从而产生所谓的"负外部性"。让全世界知道自己在社会中的地位，并诱使他人模仿，会让全社会付出昂贵的代价，这种代价甚至可能是负债。

第六章

企业与不完全竞争

> 正如霍布斯先生所说,财富就是权力。
>
> ——亚当·斯密[1]

接下来,我们将考察企业微观经济理论中通常被经济学入门教科书忽略的方面。标准的经济理论侧重于完全竞争模型,这种模型假设市场上有无数的企业生产同质产品。如此一来,市场上不会有品牌,因为每个企业都生产相同的通用产品。没有产品差异,没有质量差异,也就没有广告。比如普通的粮食没有必要做广告,因为一家企业的粮食与其他所有企业的都一样。这些都是完全竞争市场的重要特征,不过,这样的产品显然不多。

在这样的市场下,产品的价格由总供求关系决定,没有一家企业能够影响价格,每家企业都是价格的接受者。因此,每家企业的产品需求都是由市场价格决定的。只要企业能在给定的价格下实现收支平衡,它们就会生产。因此,企业会尽量降低单位产品成本、提高效率,以获得足够的收入维持经营。在这样的均衡中,价格等于边际成本和平均成本,消费者是"王",企业生产消费者想要的东西。(见图表3.1)

这从根本上讲是一种糟糕的教学法,因为在当今的经济中,这种教学法强调的市场结构,除了在同质原材料的批发市场外,几乎是不存在的。在我们这个时代,几乎没有消费品是在上述条件下生产的。相反,占主导地位的是不完全竞争市场结构。生产的集中意味着企业不是单纯的价格接受者,它们保有决定价格、工资和操纵消费者需求的权力。(见图表3.2)此外,企业还能影响政治进程,使自身能够进一步积聚市场力量。在寡头垄断和完全垄断市场中，企业之间的竞争与作为价格接受者的企业之间的竞争对市场结果的影响完全不同。因此，在本章中，我们将重点放在不完全竞争的突出特征上，并描述不完全竞争如何影响消费者的市场结果。

企业

传统教科书将企业和消费者都描述为独立的决策者，就像我们身边有一个鞋匠和一个女裁缝，他们拥有自己的生意，独自工作。这类企业就是教科书所指的企业，但这样的情况并不多见，这些企业在经济中的作用也是微乎其微的。大多数企业是等级森严的组织，在这些组织内部，看得见的管理之手取代了看不见的市场之手。[2]因此，它们类似于政府等官僚机构。

所以，一个企业不是一个人，也不会像一个人一样来做决策。相反，它会是一个由经理人管理的拥有数十万劳动力的组织：美国银行（Bank of America）雇用了约20.8万人，IBM雇用了约38万人，沃尔玛雇用了约230万人。[3]在这样的大企业中，由于企业的实际所有者，即股东离企业很远，不能实行充分的管控，因此对员工进行有效的协调和监督几乎是不可能的。可以肯定的是，通过规模经济、降低交易成本和寡头垄断所获得的收益可以弥补大型企业的资源浪费。

这样的大企业雇用的人太多，大家的目标相互矛盾，无法进行优化。有些人无所事事，有些人心猿意马，使每个员工的动机都与公司的利益保持一致是不可能的，员工可能更希望为自己获取最大利益而不是做对公司最有利的事情。诚然，管理者虽能监督员工，但很难做到有效监督。例如，2008年金融危机发生前，基金经理为了增加即时奖金，在投资时冒了过多风险，而不考虑风险对公司长期发展的影响。

危机并没有改变人们对冒险行为的态度。2012年，被誉为"伦敦鲸"的布鲁诺·伊克西尔（Bruno Iksil）在一系列交易中损失了约90亿美元。这些交易被摩根大通的首席执行官杰米·戴蒙（Jamie Dimon）认为是"有缺陷、复杂、审查不力、执行不力、监管不力"的。[4]摩根大通为此向监管机构支付了9.2亿美元的罚款。[5]伊克西尔年薪1,100万美元的直属上司哈维尔·马丁·阿塔霍（Javier Martin Artajo）试图隐瞒损失。而他们年薪1,400万美元的老板伊娜·德鲁（Ina Drew）根本不了解交易情况，当然也未能监督这场"赌博"。[6]这显然是一个极端的例子，但是没这个严重的问题也俯拾皆是，而且这已经成为大型组织，甚至包括非营利组织的特点。[7]有效地监督员工是困难的，需要付出很大努力，而且成本高昂，有时甚至令人望而却步。

决策优化的其他障碍，包括未来需求的不确定性和影响公司的破坏性技术。此外，企业管理者无法确认需求量会因产品价格的变化而发生多大的变化。因此，无法确定利润最大化的价格—产出组合。管理者的最佳做法就是满足有限理性，这与消费者策略是相似的。面对消费者，公司采用经验法则来解决他们的问题。例如，使用成本加成定价法，将产品成本乘以一个常数因子，以确定销售价格。

企业的内部组织不同于市场。但对于那些认为自由市场和企业均能带来益处的人来说，似乎暴露出了他们的矛盾。因为自由市场和企业建立在完全不同的原则之上：前者应该是民主的、权力分散的；相比之下，后者则是集权的专制主义。

这样的专制组织可能会受到从众思维的影响，员工不会对上级的命令进行批判性的评价。[8]从众思维可能导致功能失调，在2008年金融危机发生之前，非主流观点被压制。格林斯潘和伯南克都不认为系统有潜在的不稳定性，因此，受雇于美联储系统的数千名博士、经济学家都接纳了这个错误观点，无人提出异议。[9]

完全竞争的幻觉

大多数学生通过对经济学入门教科书的学习，认为竞争是保证市场有效的机制。这种表达也频频出现在媒体上，成为社会的共识。因此，有必要打破这种共识，让人们了解竞争并不一定会带来效率。完全竞争市场的效率建立在许多条件之上：必须有无数的卖方和买方；产品同质化；交易双方必须是理性的，且完全了解产品质量；不存在交易成本和负外部性。这类完全竞争的市场在消费者的日常交易中几乎不存在，它们仅限于原材料批发，如小麦和石油市场。不幸的是，格林斯潘和伯南克将这一模式应用到了金融领域，而在金融领域，均不具备上述前提条件。金融市场不是完全竞争的，它存在大量的信息不对称。很明显，格林斯潘他们被经济学入门教科书误导了。

今天的市场是由寡头垄断和完全垄断所主导的，在细分市场中，少数企业之间的竞争不适用于经济学入门教科书中的理论。完全竞争市场的后果，比如零利润，是企业首席执行官们所憎恶的，因此他们会不惜一切代价来避免这些后果，并力图通过市场力量获得优势。为实现这一目标，企业采取了很多策略，比如生产差异化产品以取得非价格竞争优势。只要路易威登（Louis Vuitton）这类企业拥有生产该品牌的垄断权，其设计就会受到法律保护，即使其手袋与竞争对手古驰（Gucci）、迪奥（Dior）、普拉达（Prada）和香奈儿（Chanel）大同小异，也不妨碍它们赚取高额利润。

用于治疗紧急过敏反应的药物 EpiPen 大提价是寡头垄断定价的例子。迈兰（Mylan）是一家非专利药物制造商，市场份额为 85%，它的首席执行官是希瑟·布雷希（Heather Bresch）。在 2007 年至 2016 年间，希瑟·布雷希将 EpiPen 的价格从 100 美元提价至 600 美元（上涨 500%），同时她的年薪相应地从 240 万美元猛涨到 1,900 万美元（增加约 691%）。[10] 由此可见，"看不见的手"并没有改善社会福利，而竞争性市场并不能自动产生效力。由于信息不完全的不完全竞争市场在实体经济中占主导地位，因此，可以默认市场是没有效率的。

然而，许多教科书认为完全竞争市场的概念似乎适用于所有市场："我们已经看到市场具有显著的效率属性。"萨缪尔森和诺德豪斯写道。[11] 他们忘记了"完全竞争"这个限定词，也忽略了不完全信息的复杂性。这就是"市场有效率"这一观念成为主导意识形态的原因。诸如此类缺少限定词的概念对学生产生了误导，使他们认为只要存在竞争，所有市场都毫无例外地是有效的，因此会产生放松金融业管制的共识。

不完全竞争：寡头垄断与完全垄断

一个由少数大卖家主导的市场是寡头垄断市场。如果市场上只有一个卖家，那就是完全垄断市场。由于市场份额的集中，市场上的这两类垄断企业有足够的市场力量来影响价格，它们之间的竞争并不能保证出现完全竞争市场的竞争效果。相反，价格会超过平均单位成本，从而产生利润。此外，寡头垄断和完全垄断企业不以最低平均成本生产。因此，尽管存在竞争，它们的生产效率仍然很低。不完全竞争格局的形成可能是由于战略安排，也可能由于企业之间或明或暗的串通。

主流观点认为，从长远来看，将有更多企业进入市场，直到寡头垄断的利润因竞争而消失。然而，这是不准确的，它没有具体说明这个过程需要多长时间，在特定的时间范围内这种情况可能不会发生。有的现有企业试图通过大打广告来阻止竞争对手进入市场，这样潜在的竞争对手在进入市场之前必须进行大量的一次性投资，并获得足够大的市场份额，否则就无利可图。也有些企业通过调整产品，以避免被潜在竞争对手替代。此外，即使企业没有盈利，寡头垄断和完全垄断仍然是低效的，因为它们对产品定的价格超过了边际成本，而且它们的生产能力过剩。大街上的沃尔格林（Walgreens）药店很多时候都门可罗雀，这便是一个活生生的例子。

不完全竞争的另一种形式是空间垄断，如沃尔格林药店或加油站，它们对某一区域的销售形成垄断，然而，在更大区域范围内却常常由于竞争激烈，利润微薄，这是一种效率低下的市场组织形式。具体看加油站，虽然网点繁多，却没有一个加油站是满负荷运行的，这导致资源分配不当，这些资源原本可作他用。这种产业组织形式主导着零售业的大部分领域：药店、餐馆、超市、百货公司和类似的实体企业，这些领域里，企业间竞争非常激烈，利润单薄，效率低下。

真正的垄断利润被那些向药店供货的制药公司，向加油站供货的石油公司，当然还有金融部门获得。仅在 2015 年，银行的信用卡收入就达到 1,000 亿美元。[12]有大型制药公司声称，定价高是因为研发成本高。但这只是一半原因，药品的高价还会为股东和首席执行官带来丰厚的回报。从 2006 年到 2015 年，标准普尔 500 指数中上市的 18 家制药公司在回购和分红上总共花费了 5,160 亿美元，但在研发上仅花费了 4,650 亿美元。[13]这甚至不包括花费在首席执行官和其他高层管理人员的高额薪酬与奖金上的数十亿美元。2014 年，制药企业百时美施贵宝（Bristol Myers Squibb）的兰贝托·安德烈奥蒂（Lamberto Andreotti）获得 2,700 万美元年薪，默克集团（Merck & Co.）的肯尼斯·弗雷泽（Kenneth Frazier）获得 2,500 万美元年薪。我相信只要拿出这些薪水中的一小部分就可以找到一个像样的经理人。[14]

创建和推广品牌是一种将某企业产品与其他企业产品区分开来，以避免完全竞争的方法。例如，尽管苹果公司与许多科技公司存在竞争，但它仍然获得了巨大的利润，因为它的产品具有独特的设计和功能，受到知识产权法的保护，不能被随意复制。任何人都不允许生产 iPod、iPhone、iPad 或 Mac，苹果就被授予了垄断权，可以自行决定这些产品的价格。为了在竞争中保持领先地位，它每年都会发布新品。自 2001 年推出以来，iPod 的价格始终保持在 300~400 美元之间。[15]因此，即使从长远来看，竞争也不会像理论上那样产生影响，因为现实世界是动态的，而理论世界是静态的。在竞争面前，这家公司没有"躺平"，而是想方设法规避直接竞争的后果。与完全竞争市场的企业不同，几乎所有的寡头垄断和完全垄断企业都有避免零利润的长期解决方案。尽管存在竞争，但因为产品独特，它们赚取了巨额利润，且这些利润是长期存在的，而不是暂时性的。

政府补贴是提高利润的另一种方式。例如，石油行业可以从政府获得大量补贴，而银行可以在 7 年（2009—2015 年）内以接近零的利率从美联储获得贷款。[16]这样做很难不盈利。例如，抵押贷款巨头房利美（Fannie Mae）在政府的监管下，2013 年的利润达到 860 亿美元。[17]

因此，产业组织的默认模式应该是寡头垄断和完全垄断，而不是完全竞争模式，利润不会因为存在竞争而消失。主流观点言之凿凿地认为，这种剩余利润是对企业家精神或承担风险的回报，而不是"真正"的利润。然而，这只是为了骗取利润而使用的创造性会计手段和巧立名目罢了。

竞争被认为是使产品更好、生产效率更高的企业赖以生存的机制，但事实并非如此。当竞争加剧时，无良企业才可能兴旺发达。举例来说，万岁（Wachovia）银行因在 2010 年帮助墨西哥毒品交易洗钱而被罚款 1.6 亿美元。而该银行的首席执行官肯尼迪·汤普森（G. Kennedy Thompson）却在银行破产前拿到了 1,500 万美元。[18]

另外，竞争可能变得很残酷，甚至产生不道德的行为。不要假设只要欺骗手段够高明，不易被识破，同时其他企业为了生存而效仿和配合，就会得到社会的认可。[19]诚然，2008 年金融危机期间，许多冒险投机的低效企业，如印地麦克（Indymac）、全国金融服务公司（National Financial Services LLC）、华盛顿互惠银行（Washington Mutual）和雷曼兄弟倒闭了，但由于政府的救助，许多类似的公司幸存了下来。而且，它们的首席执行官也在危机中安然无恙。

在金融危机中，尽管存在竞争，这场危机更是放大了个人利益和团体利益的分歧。作为次级抵押贷款的创始者和主要发起人，美国国家金融服务公司（Countrywide Financial）的首席执行官安杰洛·莫兹洛（Angelo Mozilo）的兴趣在于尽可能多地从其公司捞得薪酬，而不考虑数百万人因其行为而失业。金融危机过后，他个人的净资产仍高达6亿美元左右。[20]其他的将企业经营到破产而自身资产丰厚的罪犯们，他们的身价（净资产）情况具体为，美利凯斯特抵押（Ameriquest）的罗兰·阿纳尔（Roland Arnall）身价15亿美元；曼氏金融（MF Global）的乔恩·科尔津（Jon Corzine）身价3.5亿美元；雷曼兄弟的迪克·富尔德身价2.5亿美元；美林（Merrill Lynch）的约翰·塞恩（John Thain）身价1亿美元；贝尔·斯登（Bear Stearns）的詹姆斯·凯恩（James Cayne）身价1亿美元。而成千上万的客户和投资者失去了他们拥有的一切，另有数百万人因为这些人鲁莽的行为而被降薪或失去养老金，损失惨重。[21]就连对危机治理不利的格林斯潘的净资产也达到了1,000万美元。换言之，这场灾难中，这些人毫发无损，而大部分人付出了高昂的代价。"看不见的手"消失了。

寡头垄断企业和完全垄断企业没有供给曲线，因为它们有市场力量，可自行选择价格和供给量的组合，产生让它们满意的利润。它们是市场上的巨头，有独特的产品，不是价格接受者。（见图表6.1）[22]所以，iPod没有供给曲线。苹果完全是自行设定iPod的价格和供给量。多年来，苹果对iPod和iPhone的定价变化不大。它不以价格竞争，而以产品特性竞争，并通过广告进行炒作。[23]同样，Windows操作系统也具有垄断地位，其主要竞争对手是苹果。微软也拥有市场力量，它不愿意以社会最优价格供货，2016年，光软件价格这一项就为公司带来了可观的利润——170亿美元。[24]

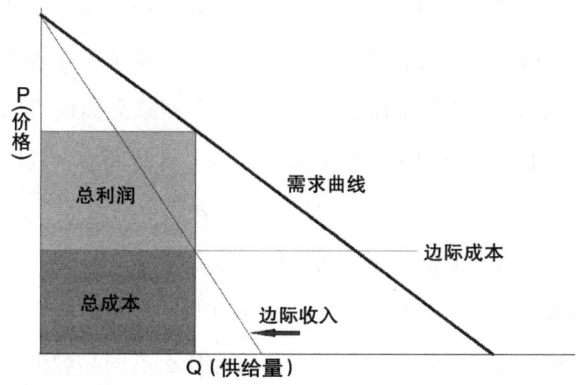

图表6.1 垄断者的利润（无固定成本）

达到市场有效的另一个壁垒是先发优势。先行企业边干边学可能会降低生产成本，以至于后来者永远赶不上。在这种情况下，一个公司除非有幸成为第一个生产者，否则很难降低生产成本。

价格问题

如前所述，寡头垄断和完全垄断没有供应曲线。大多数公司对其产品的需求价格弹性只有一个模糊的概念，因此它们对所制定的价格感到满意。此外，企业还花了很大的精力去打乱价格—数量—质量关系，将消费者的注意力集中在其产品有吸引力的方面，而不提其他方面。

企业使用多种策略来干扰消费者的感知，以便使竞争环境向有利于它们的方向倾斜。例如，企业增加消费者获取产品特性信息的交易成本，这使比价变得困难。这是一种"围栏"，把对产品感兴趣与不感兴趣的两类人分开。当感兴趣的消费者想要询价时，他们不太会选择竞争对手的商品，这将耗费他们的时间和精力，而获得的回报是不确定的，因此一般不会更换自己的供应商。此外，在这样的策略下竞争对手对企业的产品信息一无所知，从而避免了价格竞争的不良影响。

因此，让价格不透明符合企业的利益，因为这样做既可以吸引顾客，又不会在交易初期泄露价格。商家会使用锚定策略和框架策略的营销手段，通过这些手段，企业将顾客的注意焦点框定在商品有多实惠而不是实价上，具体来说有下面一些把戏。如汽车经销商会告诉你车子的分期付款价，而不是实际售价；在促销活动时，商家常常会设定折扣的最后期限，让消费者觉得犹豫时间有限；要是库存较多，商家会抛出买一赠一优惠；还有最后一天促销的跳楼价，等等。有商家会提供很诱人的分期付款利率，比如前三个月零利率；合同里也可以大做文章，有些商家会隐瞒合同期限，却在消费者没有主动取消时自动续约；更为常见的是，合同中用大号字突出吸引人的内容，比如低利率，而对消费者不利的信息，则用小字显示等。

实际上，上述噱头、陷阱和欺骗等花招举不胜举。最关键的一点是，企业雇用最聪明的人，想方设法迷惑消费者。这就可以解释为什么不同品牌的包装食品的重量不统一，以及为什么食品使用过大的包装盒子，其实盒子里面的大部分是空的。生产商正设法为消费者在不同品牌之间进行比较增加难度。

因此，将完全竞争模型应用于真实世界是不合时宜的。例如，汽油价格在很大程度上受到石油输出国组织这一卡特尔组织的影响。虽然仍存在竞争，但价格是由行政管制决定的。这一组织考虑到市场上的其他商品，设定自己理想的价格，然后根据价格调整供给量。换言之，不是供给决定价格，而是价格决定供给，这才是真实世界中价格与供给的因果关系。

或者我们看看银行，大多数大银行会对客户的每次透支收取 33 到 37 美元的费用，收费远远高于成本，[25]这是纯利润。尽管有人觉得太暴利了，银行应该降价，竞争也会导致降价，但实际情况是并没有，因为首席执行官们知道，如果他们降低收费，竞争对手们将跟进，新的均衡将是在没有获得新客户的情况下自己的收入降低，这意味着利润也会减少。首席执行官们已经明白，价格战是徒劳的。[26]这是一种默契的合谋。

需求量不仅取决于当前价格，还取决于价格变动的历史，因为价格变动会影响价格预期。今天的价格上涨并不总会导致需求量的下降。假设一件商品的价格已经上涨了一段时间，人们可能会将此解释为一个信号，即价格将继续上涨，因此反而购买更多的商品，以避免未来价格再上涨（见图表 4.12）给自己带来损失。反过来，如果一件商品降价了，人们可能会将其原因解释为质量下降，因此销量反而降低。所以，商品价格和需求量之间的关系还取决于预期，价格高低也被认为是质量好坏的表示。

有时会存在多重均衡。在 1900 年，没有迹象表明欧洲和美国的医疗费用会有实质性的差异。如果美国医疗协会和保险公司在决定医疗体系结构方面没有获得如此举足轻重的地位，美国的医疗费用就不会高出欧洲两倍。这就是多重均衡的概念。如果医疗机构、既得利益集团和游说团体没有发展成现在的样子，美国目前的医疗服务价格可能与欧洲相同。

当商品涉及基本生存需求（如医疗保健）时，为了定价而操纵商品供给也存在道德的问题。在富足的社会中还存在饥饿现象，是不人道的。2017 年 8 月，索马里、南苏丹、尼日利亚和也门有 2,000 万人面临饥荒风险；[27]与之形成鲜明对比的情况同时存在，例如，超级名模琳达·伊万杰里斯塔（Linda Evangelista）为 4 岁儿子向法国亿万富翁弗朗索瓦·亨利·皮诺（Francois Henri Pinault）索要每月 4.6 万美元的抚养费。[28]

虽然在路易威登网站上一双鞋子标价1,690美元，一只手提包标价4,000美元，[29]却有母亲因为经济拮据而杀死自己的孩子。[30]人们每天都能感知这种巨大的差异。唯一合乎逻辑的推论是，赢家通吃的社会很难防止奢侈之风。因此，可以设定一些合乎常情的社会规范，以防止收入和机会产生巨大差距。为定价而操纵基本生存必需品的供给量，对穷人、流浪汉、面临绝望的人或其他处境不利者，往往是冷酷无情的。

均衡与不均衡

按照教科书中的传统观点，供需定律是不会改变的，这意味着供需相等的均衡在所有时间存在于所有市场。然而，目前还不清楚什么样的机制能使市场达到这样的均衡，也从来没有人具体说明达到这种均衡需要多长时间。价格取决于两个关键变量：地点和时间，而这两个变量通常是传统供需模型所没有的。我们并非总是有耐心等待市场找到均衡。凯恩斯有句名言："从长远来看，我们都会死去。"——也就是说，饥饿的人等不到面包价格下降到他们能买得起的程度。

只要存在信息不对称和交易成本，买家和卖家就难以匹配，分散的市场也没有一个简单而直接的机制来实现双方的匹配。因此，很多模型都假设存在一个虚拟的拍卖师，这个拍卖师通过反复试验，最终使总供给量与总需求量相匹配，从而达到市场出清价格（或者说达到均衡），这样会得到均衡价格和数量。否则，如果人们在达到均衡之前就开始购买，价格会产生波动，那样，在该市场上，产品的价格就不唯一了。然而，拍卖师这样一个虚构的角色是不现实的，因为他要么是一个权威人物、一个独裁者，要么是一个必须得到经济补偿的人，这样就在买价和卖价之间加入一个低效的楔子。如果假定拍卖师是一个仁慈的独裁者，这又不符合主流观点，因为经济学中假设人是理性和自私的。一个利他主义的拍卖师只能来自经济体系之外。

这是主流理论中的一个难题，尤其是在找到均衡之前，拍卖师必须单方面禁止任何交易。因此，他必须拥有维持秩序的绝对权力，在达到均衡价格之前不允许任何交易。简而言之，价格发现的过程远比学生们在教科书上学到的复杂。这样一个理论上的拍卖师，意味着如果没有权威人物存在，价格机制的调节能力便十分有限。[31]仅靠竞争是不够的。

诚然，互联网很可能会改善价格发现的过程，让商品价格更趋合理，但请注意，企业已经在学习如何利用价格歧视获取额外利润，即使是在网络上也不例外。例如，史泰博公司（Staples Inc.）根据买家的地理位置提供不同的网络销售价格。[32]我本人从美国航空公司购买机票时也有过类似经历，通过不同的门户访问航空公司网站会看到不同的机票价格，真令人吃惊！这就是所谓的价格歧视。

买家与卖家配对的过程甚至可能导致混乱或产生致命后果。2008年沃尔玛的"黑色星期五"，在"门庭若市"的促销中，由于许多产品以亏本价促销，导致抢购人潮发生踩踏事件致人死亡。[33]

如果供需均衡如此容易匹配，通用汽车和克莱斯勒会申请破产吗？（详见第十一章）这种匹配并不容易，因为生产者和消费者很少处于同一时间、同一地点，而且交易中还有中间商的参与。此外，在产品开始生产和销售之间有相当长的时间间隔。因此，生产商面临着一个可怕的信息问题，他们必须在存在大量不确定性的情况下，精确地预估市场需求和预测市场发展，这不是一项容易完成的任务。

逆向选择

如果消费者难以区分产品质量，有些人可能会选到质量较低的产品。然而，很多人可能会把价格作为质量的信号。这些问题出现在质量信息不对称的市场，包括信贷市场、二手车市场和保险市场等最复杂的交易中。[34]保险公司并不像投保人自己那样了解投保人的健康状况和驾驶能力。

出现逆向选择的市场通常效率低下。如果保险公司根据人口的平均健康状况，在一定的保险范围内为医疗保险定价，那么健康状况较差的人会觉得保险更具吸引力，也会比健康的人更倾向于购买。因此，被保险人的平均健康水平将低于人口平均健康水平，这意味着保险公司将承担比预期更高的成本，从而导致其提高保险价格。这反过来又会促使更多健康的人不买保险。在这样一个负反馈循环的市场中，保险公司会有一个"糟糕的客户选择过程"。也就是说，从公司的角度来看，它是一个逆向选择，这很可能导致价格螺旋式上涨。随着越来越多的客户发现购买该产品没有吸引力，保险市场会随之崩盘。在这种情况下，政府授权的保险可能是提高市场效率的唯一途径。

第七章

生产要素的回报

> 运了 16 吨煤,你挣多少?
> 又是一天沉重的旧债。
> 圣徒彼得,你别叫我了,因为我走不了。
> 我的灵魂已卖给了公司。[①]

对生产要素的货币回报包括劳动报酬、对资本和自然资源所有者的支出以及土地租金。劳动报酬可能包括工资、奖金、雇主缴纳的医疗保险和社会保险。在完全竞争市场中,劳动力、资本方、经理和首席执行官都会得到各自份额的报酬,这些所得的报酬也是他们的机会成本或对公司贡献的价值。在这种虚幻的经济体中,政府几乎没有起到任何作用,因为一切都在顺利进行。由于没有对利益无休止的争论,所有问题都能被市场轻易解决。随即而来的是百万名学生在学习完经济学课程后多年仍然是老想法:因为竞争是解决经济中所有重要问题的办法,所以市场是有效的,而政府的指导是多余的,并且只会导致效率低下。然而,对于由强大寡头而非完全竞争的公司组成的现实经济体来说,这些描述是不合理的。

公司把生产要素结合起来生产商品和服务。基础设施、创新、社会资本、制度、知识、人力资本、文化、法制和自然资源是生产中经常被忽视的重要因素。在当今的

[①] 歌词选自《十六吨煤》(*Sixteen Tons*),由梅尔·特拉维斯(Merle Travis)创作,为 20 世纪四五十年代风靡美国的矿工歌谣。

知识经济中,需要突出人力资本、信息(包括大数据)等无形因素在经济中的作用。此外,企业还嵌入到所在社区提供的框架中,包括公共物品、法律制度和风俗习惯。没有这些,企业就无法发展壮大。

边际理论

边际效用、边际成本、边际产出和边际收益——让我们把这些抽象的东西称为"边际一切"(ME)——在主流经济思想中起着基础性的作用。如果人们是理性的或ME是可测量的,那么他们将掌握决定产出和消费的关键。同时,产出将受到边际成本的约束,工资将等于劳动边际产出的价值,边际收入将等于边际成本,在黑板上推导数百万次的最优条件都将成立。然而,这一理论在现实世界中的应用存在着无数问题。

这种理论假设了一切都是连续可分的,即所有的函数都是可微分的。计算劳动边际产出需要参考雇用劳动量的微小变化,以便计算其对产出的贡献。但这在现实世界中即便不是完全不可能,也是难以实现的。例如,公司不能按特定的时间或日期雇用经理,以确定他们对总产品的贡献,资本也不可进行细分。

此外,还有许多行业的边际产出在理论上是不可知的。教学、警务、消防和公务员都属于这一范畴,它们对社会福利或生产率的贡献关乎价值的判断。在美国,有1/5的劳动力为政府工作,还有110万人为军队效力——这些工作的边际产出难以测量。许多人所从事行业的边际产出价值并不精确,这势必导致对这一劳动力市场其他部分的测量被扭曲,所以即便我们可以在某一领域测量边际产出,那也是不准确的。

边际效用是怎样的呢?我吃一块蛋糕的边际效用是什么?我对此没有明确的认识。它是一种转瞬即逝的快感,很快就会变成遗憾。丹尼尔·卡尼曼和阿莫斯·特沃斯基已经证明了人们对自己的效用判断存在认知错误,(见第四章)能够准确地或至少接近准确地判定自己的边际效用是一种很牵强的说法。考虑到计算"边际一切"是不可能的,我们往往用某种经验、启发或惯例来代替它,或遵循过往实践以实现足够好的解决方案。也就是说,没有"边际一切"信息,消费者和生产者也都很满意。要不然我们非患上紧张症不可。

另外，还有一个生产要素聚合的问题。我们应该如何对股本进行累加？如何对计算机、汽车和建筑物进行累加？如何将保洁人员与车间领班或 IT 部门的成员加在一起来计算总劳动力？如果我们不能计算总量，我们就找不到边际劳动力或边际资本存量的产出。像互联网这样的公共产品的产出贡献是什么？

另一个有争议的问题是，消费和生产的比例往往是固定的。我使用了一个键盘打字，添加第二个键盘不会对我的工作产出有额外的贡献。不过，如果没有键盘，我就根本无法使用电脑了。那么，我们如何确定键盘和我之间的关联呢？边际原则在这种情况下没有帮助。

企业的产量受其产品需求量的限制。大多数企业可以通过获得规模技术的持续回报来实现高效生产。也就是说，对于大多数企业而言，边际成本通常不会增加。同时，大规模失业和资本存量利用不足现象的存在，意味着它们可以在不增加投入成本的情况下扩大生产。因此，固定边际成本和平均成本应该是默认模型。在大多数情况下，需求会限制企业的产出，而不会增加边际成本。在任何情况下，价格通常大于边际成本，所以大多数公司会赚取利润。

工资

在传统理论中，企业支付的工资等于其工人的边际产出价值。这个定理意味着实际工资应与劳动生产率保持同步。然而，这与相关证据相矛盾：自大约 1973 年以来，薪酬（包括工资、奖金和福利）的增长远远落后于生产率的增长。（见图表 7.1）1947 年至 1973 年间，这两个增长率完全相同（正如理论预测的那样），其增长幅度在 25 年内几乎翻了一番，增长率达到令人难以置信的 2.7%。（见表 7.1）

表 7.1 美国生产率和实际工资的增长（1947—2016）

年份	总年数	生产率增长（%）		工资增长（%）		比率	差距
		总计	年均	总计	年均	年均	年均（%）
1) 1947—1970	23	85	2.7	83	2.7	1.0	0.0
2) 1970—1982	12	19	1.4	14	1.1	0.79	-0.3

(续表)

年份		总年数	生产率增长（%）		工资增长（%）		比率	差距
			总计	年均	总计	年均	年均	年均（%）
3)	1982—2016	34	94	2.0	40	1.0	0.50	-1.0
3a)	1982—1999	17	41	2.0	20	1.1	0.55	-0.9
3b)	1999—2016	17	37	1.9	16	0.9	0.47	-1.0

注："总计"为本期增加的百分比。"年均"表示平均复合增长率。"比率"是指年增长率的比率。2016年取上半年。"工资"指的是总报酬

来源：苏珊·弗雷克（Susan Fleck）、约翰·格雷瑟（John Glaser）和肖恩·斯普拉格（Shawn Sprague）《报酬—生产率差距：一篇形象化的文章》，《劳工统计月刊》（Monthly Labor Review），2011年1月，第57~69页。2012—2016年的数据由肖恩·斯普拉格提供

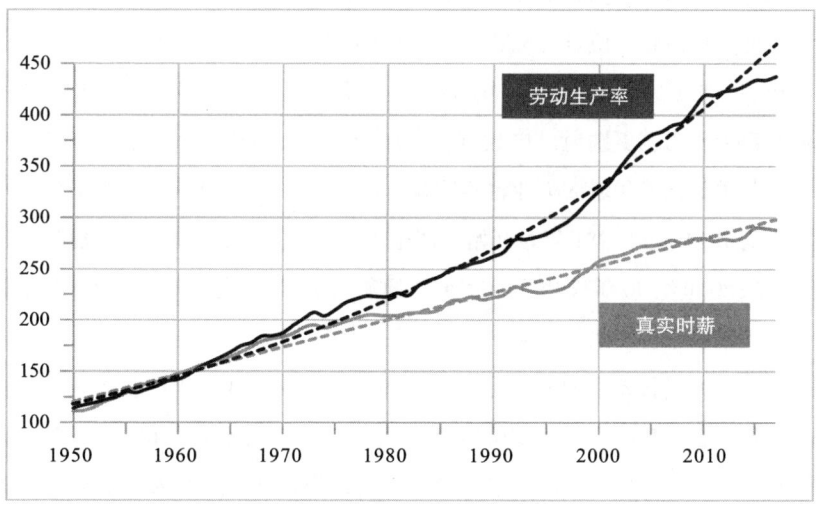

注：实线为实际数，虚线为趋势模拟数值

图表7.1 美国生产率与工资差距指数（1947=100）
来源：见表7.1

然而，二战后的黄金时代在20世纪70年代结束，当时经历了两次严重石油危机和两位数的通货膨胀。因此，生产率增长率减半至1.4%，实际薪酬增长率下降至1.1%，差距仅为每年0.3%，但仍存在相互联系。（见表7.1）这种相关的真正结构性改变出现在1982年，此后出现了一个巨大的差距：生产率的增长率每年有2.0%，薪酬的增长率下降到每年1.0%，前者是后者的两倍。（见表7.1）因此，1982年至2016

年，生产率增长了94%，而薪酬仅增长了40%。这种差异与实际工资等于劳动边际产出价值的理论大相径庭。[1]但是，劳动竞争不足以产生理论上的成果。[2]公司利用它们的权力，给员工的工资远远低于他们的价值。因此，生产率—薪酬差距是劳动力不公平待遇的一个标志。

权力使企业能够与制度博弈。[3]例如，有些制度禁止特许经营公司从同一系统内的其他公司雇用员工。因此，一家汉堡王可能不会雇用另一家汉堡王的员工。尽管跳槽是提高工资的一个重要途径，然而，在一些模糊的小合同中，隐藏了许多限制条件，阻碍了流动性和工资的增长。快餐业的员工数有430万名左右，而这一伎俩必然影响其中数千名员工。[4]

是什么导致了20世纪80年代工资和生产率之间的突然分歧？那时全球化还没有全面展开，北美自由贸易协定（NAFTA）于1994年才生效，中国直到2001年才加入世界贸易组织（WTO）。因此，那时美国与全球化有关的贸易逆差还没有对美国劳动力市场施加巨大压力，更别说出口数百万个就业机会，造成巨大的混乱了。[5]那时与信息技术革命相关的技术领域的失业也不明显。例如，成立于1976年的苹果公司还处于起步阶段，而IBM直到1981年才开始生产个人电脑，另外，当时微软也仅有32名员工。[6]互联网从20世纪90年代开始产生重大影响。因此，劳动力市场在20世纪80年代初还没有受到这些经济力量的影响。

工资和生产率增长差别的分水岭出现于1981年，那一年，里根政府压制住了专业空中交通管制工会（PATCO）组织的罢工。此后，该工会不复存在，1.1万名员工被解雇，这标志着大劳工影响力的终结。[7]受其影响，规模在1,000人以上的工人罢工次数从1979年的235次减少到1999年的17次。[8]里根总统第二任任期结束时，在卡特总统任期内曾占比26%的工会会员下降了1/3，降至17%。[9]工会力量被迅速削弱。[10]在卡特总统之前，所有的劳工部长都是工会领袖，从中能看出政府态度的转变。[11]里根总统首次任命商人为劳工部长，并开始推行一些反劳工和支持商业的做法。[12]一系列微妙而公开的政策变化彻底改变了劳动力市场的权力平衡，政策利好于企业。

为什么工会对中产阶级很重要？因为员工只有团结起来才有制衡力；没有它，员工就只能自己谋生。[13]联合起来，员工们尚有一些讨价还价的能力；但若分散，他们便有心无力了。信息也起了作用，工会雇用的经济学家知道劳动生产率增长了多少，也知道公司的利润是多少,并且可以在谈判桌上与管理层争论。他们甚至可以罢工或以此威胁,这是终极武器。个体员工没有这样的知识,也没有这样的影响力来影响管理层。后来,生产率增长速度是工资的 2.3 倍,因此员工们损失惨重。而与之相反的是,管理人员的工资和企业利润却成倍增长。

这还不是全部。表 7.1 和图表 7.1 中劳工统计局的官方数据将首席执行官的工资和奖金与普通员工的工资混为一谈。首席执行官的工资并不都是劳动收入。[14] 他们与普通员工的不同之处在于,前者手握权力,这些权力甚至随着利润的增加而扩大。他们不需要通过工会来与董事会谈判,董事会往往是他们的朋友或是由自己任命的成员组成的。首席执行官们知道利润是多少,离支票簿更近,可以自己开支票,就好像他们是公司的所有者一样。[15] 另外,他们可以很好地进行讨价还价,并从不断增长的利润中获得更大的份额。然而,首席执行官无须面对真正的市场竞争,招聘首席执行官不用登广告,对他们的选择也没有透明度,最后聘用的人也不是性价比最优人选。董事会成员没有动机对首席执行官压价,因为他们承诺的是股东而不是自己的钱。董事会不会为自己保留任何潜在的储蓄。因此,委托人—代理人模式的问题很重要。

2016 年,美国 350 家最大公司的首席执行官平均薪酬为 1,560 万美元。这些数字大幅增加了图表 7.1 和表 7.1 中的劳动报酬数字。因此,对于一般员工来说,生产率与劳动报酬差距甚至大于图表 7.1 所示内容。随着薪酬—工资差距的扩大,首席执行官薪酬与普通员工薪酬的比例也大幅上升。1965 年,这一比例仅仅为 20:1。[16] 1978 年也只是 30:1,但到 1989 年是 59:1,此后又加快了速度,到 2016 年达到了 260:1。如果没有薪酬—工资差距,比例就不可能这么高。首席执行官掠夺了一部分因员工生产率提高而获得的收益。[17] 因此,首席执行官的大部分薪酬是雇用金,而不是生产率的薪酬。[18]

另外,我们不得不面对这样一个事实:自 1972 年以来,全职工作的男性的年收入根据通货膨胀调整后实际上非但没有增加,(见图表 7.2)[19] 反而还减少了 600 美元![20] 这是美国自建国以来从未发生过的事情。这意味着表 7.1 和图表 7.1 中明显的工资增长主要限于女性和高收入人群。[21] 此外,随着女性劳动力参与率的上升,男性非就业率(non-employment)也有所上升。1972 年,25 至 54 岁的男性中有 95% 是劳动力。到 2016 年,因为许多人已经完全退出就业,这一比例下降到 88%。[22]

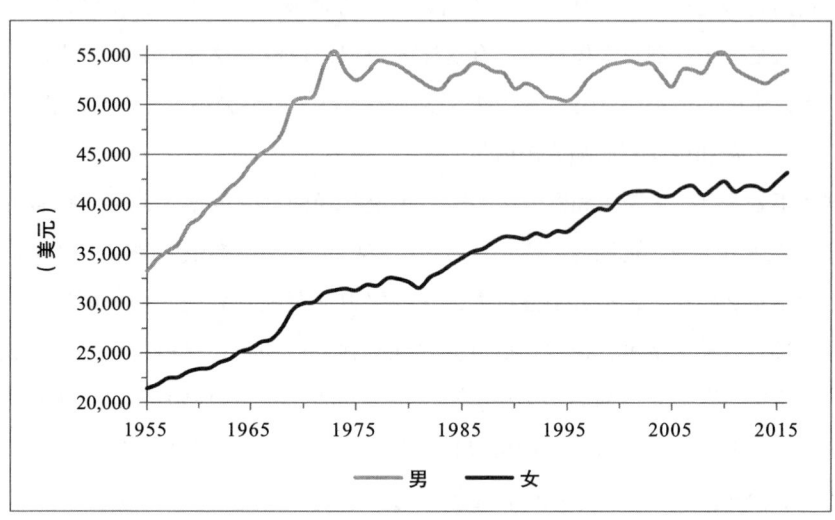

图表7.2 按性别划分的收入中位数（1955—2016）
来源：美国人口普查《历史收入表》第36页。按中等收入和性别分列的全年、全职工人

相比之下，尽管女性的收入仍比男性低近10,000美元，但她们的工资大幅增加，（见图表7.2）从每年21,000美元增加到43,000美元。此外，在21世纪，女性收入的增长速度很缓慢：每年仅增长162美元。假设男性的生产率在这一时期停滞不前，而只有女性的生产率才有提高，这一点根本说不通。因此，劳动生产率决定工资的假设很难令人信服。

在1960年至1980年间，女性劳动力的人数增加了2,230万，其参与率的提高使得她们在劳动力中所占的比例从1/3增加到43%，而男性的人数仅增加了1,500万。[23]考虑到女性愿意接受较低的工资，公司利用这一优势给予女性优先权，特别是在中等技能职业中。[24]因此，学历只有高中程度的男性工资变得很低。据估计，劳动力中的女性人数每增加10%，可能会使男性高中毕业生的工资降低3%。由于1960年至1980年间女性劳动力人数增加了100%，可推算，中低等技能的男性工资可能下降了30%。[25]虽然这是一种推算，但1973年至1996年间，高中文凭的男性工资的确从22美元下降到18美元，随后在18美元这一水平上波动，到2015年仍然是18.60美元。同样地，到1996年，高中学历以下的男性薪酬下降了28%，随后保持不变。[26]

由于工资停滞不前或下降，以及劳动者在讨价还价中处于较低的地位，自 20 世纪 70 年代以来，这一部分劳动者在美国 GDP 中的份额下降了 4.1%。(见图表 7.3)[27] 也许这种下降幅度不算大，但换算成货币，还是可观的数额。在一个 18.4 万亿美元（2016 年数据）的经济体中，这一减少的劳动力份额价值 7,600 亿美元，即每单位劳动力价值 5,000 美元。这就是工人们由于谈判地位下降而产生的损失。可以肯定的是，全球化和信息技术革命也给劳动力的份额带来了压力。但如果保留了劳工的制衡权力，工会就可以减轻这些非个人经济因素导致的破坏力。

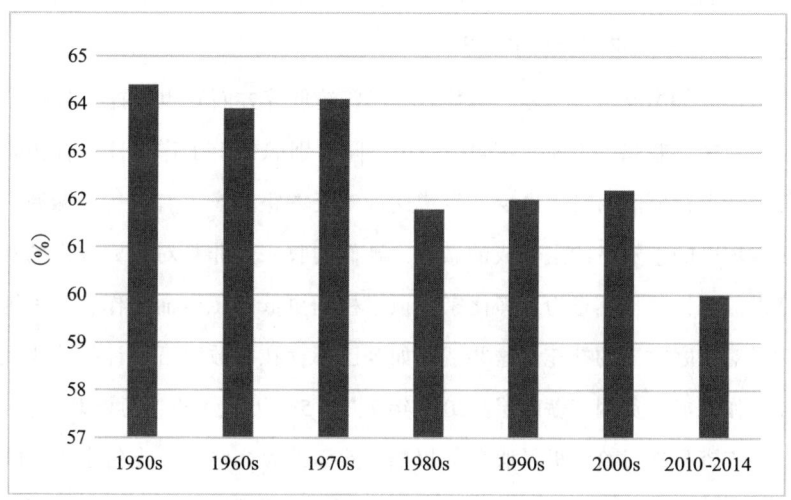

图表 7.3 劳动收入占 GDP 的份额
来源：圣路易斯联邦储备银行按当前国家价格计算的劳动报酬占 GDP 的份额 LABSHPUSA156NRUG

如果不由边际产出来决定工资，工资该如何决定？由于确定边际产出很困难，企业常常满足于有可行性的解决方案。它们使用启发法①和信号来确定工资。显然，教育背景、学历、工作经历、年龄、性别、种族和外貌等信号都发挥着作用。（如长相较好的人挣得更多，女性和少数族群挣得更少。[28]）这并不意味着预期生产率不在考虑之中，而是说上述信号被粗略地用来估计预期生产率。除上述属性外，历史工资水平、

---

① 启发法是指依据有限的知识（或"不完全信息"）在短时间内找到问题解决方案的一种技术。典型的启发法有试错法和排除法。

风俗习惯、工会化程度、行业集中度、公司的利润率以及现有的制度结构也是决定因素。[29]

虽然教育背景对一个人的工资有一定的决定作用,但它并不能解释不同人群在收入上的许多差异。"为何会出现这些差异,5%由教育背景来解释,从业经验可解释其中的10%"。[30]体制设置也是至关重要的。在强大的寡头垄断金融行业,大约40%的工资实际上是佣金,而同岗位的员工在其他行业的工资水平远不及他们。金融从业人员的额外收入与20世纪80年代开始的放松管制的时代有关,也就是说,与制度框架的变化有关。[31]换言之,该行业的员工能够从这些寡头垄断者赚取的非凡利润中分得一杯羹。总之,"金融家的报酬过高了。"[32]

风俗习惯(如男女工资差距、少数族群工资较低等方面)也发挥了某些作用。[33]和全职员工比起来,兼职员工即使在同一公司、同级别职位上工作,且具有相同的教育背景和其他特点,他们的时薪也少一些。[34]这种工资差距的产生有着历史渊源,给兼职女性员工发较少的工资是约定俗成的做法,她们的收入无非是对家庭收入的补充。学生和母亲做兼职,而且愿意为了挣比家庭顶梁柱们更低的工资而工作,因为她们的收入被认为是对家庭收入的补充。这些情况如今已不存在,数以百万计的兼职人员因找不到全职工作而成为贫困工薪阶层。2017年7月,530万人不再愿意做兼职。[35]

显然,工资是支付给所提供服务的报酬。然而,为这些服务支付多少报酬却无明确的标准。毫无争议,工资是根据员工工作的时间、花费的精力(这一点更难确定,它本身就很模糊)以及员工的技能、教育背景和从业经验来计算的,因为这些都会影响生产率。(可这些很难确定,这就是为什么文凭被用作传递信号的工具)以上这一组影响工资的属性是没有争议的。然而,工资中还有一部分是员工的天生的智力、体貌特征和天赋的回报。虽然这些属性可以提高生产率,但它们与前一组属性之间的区别在于,员工不必做任何事情就可以获得。他们生来就具有这些属性,这是一个运气问题。根据政治哲学家约翰·罗尔斯的观点,雇员不应该因为这些属性而得到补偿,因为这些补偿就像是纯粹的租金报酬,也就是说,他们可以不劳而获。(详见第五章)[36]因此,为这些特点付费并不能刺激员工利用这些属性为企业提供更多服务,这些属性的供应是固定的。

第七章 生产要素的回报

精英阶层中很少有人是白手起家的，因为他们的职业道路主要由外部因素决定，这些因素（如运气或天赋）是不受掌控的。[37]例如，比尔·盖茨似乎是从零起步，但事实相反，他出身名门：父亲是一位杰出的律师，母亲是一位富有的银行家之女。他的父母很富有，足以让他进入一所学费昂贵的私立预科学校，这所学校有充足资金来购置大型计算机。在20世纪60年代末，有多少14岁的孩子可以不受限制地使用电脑？不可否认，盖茨生来聪明，但他最大的成就是投对了胎。他的成就与他累积的900亿美元的财富绝对不成比例。他从父母、学校和当今信息技术革命中获得了最初的推动力，但他也从别人的背运中获益匪浅——IBM与另一家个人电脑操作系统供应商的谈判破裂后，才找到盖茨，盖茨因此为他们提供了操作系统，尽管大部分程序不是他自己编写的。[38]

盖茨是个中间人。因此，若在罗尔斯式的"正义国家"① 中，将不会授予盖茨目前拥有的财富。正是他的生活方式、保护他专利的法律机构的运作方式，以及授予他权力的赢家通吃的经济体系使他成为了这个星球上最富有的人之一。换言之，市场放大了他基于先发优势的收益，这是一种与他对社会福利的贡献并不成比例的收益。[39]如果隔着"无知的面纱从零开始设计，我们也不会设计出这样的系统"。

然而，另一个主要问题是，企业从如基础研究或互联网通信卫星等公共产品中获益，这些公共产品是由纳税人出资创造的。例如，互联网基础研究和整个信息技术革命是在20世纪60年代由政府出资发起的，并最终由纳税人买单。因此，创新的大部分收益应归于纳税人而不是私人。

和信息技术革命相关的技术变革通常会使从事特定职业的人受益。例如，1980年，大联盟棒球运动员的收入是高中教师的10倍。然而，到了2000年，因为互联网使更多的观众能够观看比赛，棒球运动员的平均工资增加到了高中教师的45倍。[40]这显然是不合常理的，因为教师对社会福利的贡献比运动员要大得多，运动员之所以能挣这么高的工资，唯一的原因是体育市场享有许多特权，比如免于反垄断，以及国家对体育场馆、通信网络技术的公共补贴。换句话说，棒球运动员的价值不仅取决于他们

---

① 罗尔斯认为，在民主社会中，个人对美好生活的看法是不一致的，因而需要一个持中立态度的国家，来保护多元性和多样性。

自己的努力，还取决于社会的贡献——社会同样拥有传播信息的功能。（对首席执行官和其他名人来说也一样）因此，对那些从政府资助的基础研究中受益的职业征收附加税才应该是合理的，这样才可能保证纳税人的投资获得回报。同理，足球运动创造的价值也是由运动员和社会共同创造的。因此，收入分配不仅取决于市场力量，还取决于制度结构和现行法律。

如果体育是享有特权的行业，并可游离于反垄断法范畴之外，那么2017年仅工资就超过2,700万美元的10名美职联（NFL）球员其实本不应该获得该法律下的垄断性租金。[41]如果没有这些法律，他们就不会挣到这样一个天文数字的薪水。他们的工资不是自由市场正常供求关系下的产物，而是允许体育协会成为合法卡特尔的法律的产物。这些大型体育项目的组织方式，保护着球队不受竞争的影响，并允许球队拥有垄断的权力和赚取垄断性租金。当然，他们可以从这些垄断权中赚取非同寻常的薪资。这是运动员的特权吗？即使这可能是一种合理的体育组织方式，运动员也不该依靠法规来赚钱。所以运动员的工资并不仅仅是他们自身成就的结果。运动员通过互联网赚的钱其实不应超过普通职员。罗尔斯说，他们很幸运，他们的职业得益于互联网，而在一个公平的社会里，工资不会是机会的函数。这一论点也适用于好莱坞名人和华尔街的主人。以下高管2016年的年薪，如劳埃德·布兰克费恩（Lloyd Blankfein, 2,000万美元）、杰米·戴蒙（2,700万美元）或玛丽莎·梅耶尔（Marissa Mayer, 2,700万美元）等，甚至都没有排在高管年薪的排行榜榜首，许多高管的实际收入是上面的两到三倍。（都是在纳税人的帮助下获取的）[42]甚至连大学校长都加入了百万富翁俱乐部。如果首席执行官或大学校长的职位竞争非常激烈，他们的薪水就不会达到这个水平。[43]他们没有支付机会成本，那些把公司搞得一团糟的首席执行官也得到了巨额的薪水和奖金。例如，约翰·塞恩在美林破产前收到了8,300万美元。[44]其前任则凭空拿走公司1.6亿美元补偿款，尽管公司那时已损失了约80亿美元。[45]这违背了"首席执行官的工资等于其边际产出价值"的理论。

企业家不是靠自己生产的，他们不应该得到他们所赚取的一切，因为他们的产出是属于社会的社会资本和机构资本共同带来的财富。如何分配这些联合产出本质上是由集体政治所决定的，市场不应该自己决定。如果市场自己决定，那么分配将取决于有关各方的权力和影响力。在我们之前，人们甚至是以生命的代价来创建和维护那些现在是公共物品的机制，每个人都在使用它们并从中受益，但情理上没有谁要求人们为此支付。简而言之，我们都受益于前人在葛底斯堡、瓜达尔卡纳尔和诺曼底海滩所做的牺牲。没有哪个名流参加了上述战役，他们应该如何补偿战斗英雄们的后代呢？

另外，向首席执行官支付巨额薪酬已成为一种社会规则，由于社会期待和同行的压力的存在，企业很难不遵循该规则行事。首席执行官掌握内部信息，因此他们可以利用自己的权力对董事会施加不适当的影响。此外，他们还可以任命自己的朋友为董事会成员，从而确保他们的工资与生产率无关。如果市场竞争激烈，他们的工资将显著下降，因为目前的工资远高于机会成本。然而，尽管美国银行 2001 年至 2009 年间的首席执行官肯尼思·刘易斯（Kenneth Lewis）在金融危机前夕将美国银行引向破产边缘，他在 6 年内的平均年薪还是达到了 3,000 万美元。[46]

想想看，有没有人能以低于 1,500 万美元的报酬（即每小时 7,000 美元）取代美国银行现任首席执行官布莱恩·莫伊尼汉（Bill Moynihan）呢？[47]我敢打赌，即便薪酬只有其 1/10，仍会有成千上万的管理人员让银行高效运行，这同样是可观的数字啊！该职位所要做的无非是宣传这个职位，我愿意无偿来做这件事。即使在经济大萧条时期，大银行没有倒的唯一原因是它们背后有"山姆大叔"的支持，而它们的首席执行官却带着数百万甚至上千万美元逃之夭夭，高盛的劳埃德·布兰克费恩（2,580 万美元）、美国银行的肯尼思·刘易斯（900 万美元）、摩根大通的杰米·戴蒙（850 万美元）、花旗集团的维克拉姆·潘伟迪（Vikram Pandit，290 万美元），等等。[48]甚至当通用汽车正处于破产法第十一章的破产保护申请阶段，纳税人正出资支撑时，其首席执行官还带着 230 万美元存入银行。"这些高收入者'惨遭失败'的事实足以使我们确信高收益未必带来高效率的业绩。"[49]难怪如此多的民众对政府失去了信心，转而投票支持特朗普。

在这种情况下，关于设定工资上限会导致经济低效的惯常观点并不成立，因为大多数工资都是租金。因此可以假定激励措施不会带来更多的人才或智力。请放心，放眼整个经济体，首席执行官的工资就算只剩一成，他们也还会努力。难道不是吗？他们赚的仍是大头。而与美国相比，其他国家首席执行官的收入低很多。艾森豪威尔总统时期最高收入阶层的边际税率约为88%，尼克松总统时期的边际税率仍在70%左右，但那些时期从不缺少首席执行官、名人或足球运动员。请注意，美国总统每年的收入是40万美元，仍然还有很多人参选。相比之下，次贷危机的罪魁祸首之一，美国国家金融服务公司的安杰洛·莫西洛在2000年至2008年间赚了约5亿美元。他因诈骗被罚款6,700万美元，但美国银行接管了他的银行，因此替他交了这笔罚款。[50]

人类与其他生产因素的不同在于人类有情感——有感觉和公平感。此外，人类有基本的需求，没有这些需求，他们就无法生存。一台机器可以在无人照料的情况下闲置一段时间，但是劳动者却不能。劳动者每天都需要营养。采取相同的方式对待劳动力和资本是不道德的，劳动力不应被视为一种物体。为了提高社会福利，工作中对待劳动者不应像对待其他生产要素那样，而是要给予应有的尊严，这很关键。

资本回报率

资本成本取决于资本存量、折旧率、价格和利率，这就要求我们增加不是用物理单位计量的不同种类的资本。这种新增资本与石油或劳动力等资源不同，石油可以用桶来计算，而劳动力可以用工时来衡量。相反，资本则包括不能以物理单位统计的锤子和计算机等。然而，它们可以使用历史成本或对其未来边际产出给出的现值以货币形式进行估价。

资本的历史成本是其购买时的价格。然而，资本会贬值。因此，其年成本取决于折旧率 δ、公司债券利率 r、实物资本价格 p。成本 = $(r+\delta)p$。r 取决于美联储设定的资金利率。因此，资本成本不只由市场决定，也受到政府资助机构的影响。可以肯定的是，由于大多数实物资本二级市场的信息比新产品的信息更不完善，因此资本存量的市场价值通常会低于历史成本。就像新车从经销商的停车场开出来后立即失去价值一样，电脑也有同样的特性。相反，房地产可能会升值，在这种情况下，市场价值可能更适用（泡沫期间除外）。

然而，如果我们以评估的未来预期价值——就像主流经济学家所建议的那样——来估算资本存量价值，我们会遇到以下问题：首先，我们需要确保未来的实际利率低于估算的资本存量产生的未来收益率，但我们不知道未来的实际情况，包括收入或未来利率。我们只能粗略估计未来的产量、价格和利率。因此，以上述方式来确定股本价值并不现实。[51]

这有点复杂。举个例子应该会更清楚。假设一家公司每年支付1美元的工资，购买一台1美元机器，只用一段时间，即折旧率为100%，且假设有5%的利率。如果机器和工人生产的商品价值为3.05美元。计算利润时，我们必须减去所有的费用：1美元是花掉的资本，5美分是投资于机器的资本的机会成本，加上1美元的工资，算下来，利润为1美元（利润=收入-支出）。然而，主流经济学家会争辩说，机器的价值应是2美元，利润应是0，因为资本的历史成本是无形的，重要的是计算机器所能带来的价值。公司的所有者将能够以2美元的价格出售机器，这确定了其市场价值（1美元投资的回报率为100%）。然而，谁会出2美元购买一台1美元的机器？因此，这台机器在这一段时间里的实际价值应该是其历史价格，它不可能是一个对未知实体的函数——即未来收入。在任何情况下，都没理由把1美元的利润归功于资本而不是劳动力。1美元的利润是联合产出的。如何计算利润和资本价值是经济学中的一个主要难题，被称为"剑桥资本争论"。[52]

利润

利润是收入减去劳动力、原材料和资本成本后的余额。在完全竞争中，根本就没有利润，但在当今经济体中是另一回事。今天大多数生产集中在寡头垄断手中，由于劳动力成本被压缩到最低限度，利润一直以来都很宠大。例如，苹果公司2012年至2016年的年利润在390亿至540亿美元之间[53]，利润率约为20%。[54]2013年，房利美获得了860亿美元的利润。2016年获得巨额利润的企业的例子还包括：摩根大通（240亿美元）、伯克希尔·哈撒韦（240亿美元）、富国银行（Wells Fargo）（230亿美元）、谷歌（190亿美元）、威瑞森通讯（180亿美元）、微软（170亿美元）、花旗（160亿美元）、美国银行（160亿美元）、埃克森（160亿美元）；沃尔玛（150亿美元）、美国电话电报公司（130亿美元）、脸书（10亿美元）、通用汽车（90亿美元）、高盛（70亿美元）、可口可乐（60亿美元）。[55]大多数企业巨头的利润率接近20%。[56]

对于这些跨国公司来说，主流经济学的"长期无利润"假定从未发生过。可以肯定的是，主流经济学家将这些利润归结于创业的回报，然而上述公司中却没有企业家，只有雇员。或者经济学家会认为这是来自承担风险的回报，但没有证据证明这一点。这只是一个抽象的会计概念，用来掩盖这些利润并没有竞争者的事实。

总之，2016年美国企业税前利润总额达2.3万亿美元，即占国内生产总值（GDP）的12.2%。[57]在20世纪80年代这个比例是4%，自此美国企业的税后利润一直在攀升。相比之下，2010年至2016年，它们平均占GDP的7%。由于劳动力在GDP中的份额受到挤压，利润份额几乎翻了一番。随着2017年税率的降低，这部分利润无疑将继续上升。

另一个异常现象是，2016年金融业利润占美国所有公司利润的27%。[58]没有人料到一个中介行业能够获得如此大的利润。总体而言，美国的商业银行在1994年至2007年间获得了14%的股本回报率。[59]即使在2009年的"大萧条"期间，在纳税人的保全之下，金融行业的利润也有2,420亿美元。[60]难怪这么多人对经济体系感到失望。

制度资本

没有政府制定的体制，就没有市场的正常运行，前者提供功能完善的法律体系，保障产权和合同的执行。制度资本构成了经济运行的关键框架，一切都取决于它。法制为法律、法规提供执行机制，没有这些机制，社会的激励结构将无法与有效的经济体相适应。这些无形的生产因素有其独特的特点，即它们不能由市场创造，而是随着时间的推移通过社会、政治和文化过程来发展。这些都伴随着历史经验和人群价值的体系慢慢地演进。这只是市场极度依赖制度和法律体系的一个例子。事实上，没有制度与法律体系，市场就不能存在。[61]

无形资本

一般而言，社会资本、制度资本和知识——无形的资本——不同于一般性生产要素。因为它们属于公共财产，即它们不属于任何个人或公司，其使用范围无远弗届。例如，整个社会受益于一套有效的法律体系或宪法，而不必因从中受益而付费。法律制度能值多少钱呢？想想看，如果每一代人都必须创造一个新制度并为此付费，这种成本将会非常高。尽管我们无法将这个珍贵的"礼物"归还给那些先贤，但我们可以将他们的遗产传给子孙后代，以此来纪念他们的荣光。制度的这一方面的特点在我们讨论生产率时变得很重要，因为如果在生产过程中广泛使用包括制度在内的公共物品，市场就不可能准确地衡量个人生产率。知识体现在人身上被称为人力资本，这一概念也包括健康，因为健康也提高了生产率。换句话说，图书馆的知识是一种公共利益，你在图书馆学到的知识会成为人力资本的一部分。知识不同于物质资本，因为它不会因使用而减少。相反，它的生产率随着使用和"做中学"而提高，尽管它可能因为发现新知识而变得过时。[62]

同样，文化属性如"信任"和"亲密无间"的合作能力在经济表现中也发挥着重要作用。[63]我们在 2008 年 9 月发现了这一点，当时的金融市场里，人们的信任瞬间蒸发，银行不愿隔夜放贷，（甚至对其他银行也是如此）它们不知道明天早上是否会重新营业。向人们灌输"需履行义务"的想法要有效得多。

社区意识以及朋友和熟人的网络被称为社会资本。如果金融行业能够更充分地考虑社会的利益，2008 年的灾难就可以避免。基于相互同情、社会凝聚力、共同文化规范和价值观的社会资本促进了社区内的信任与合作，从而降低了交易和执行成本。总之，无形资产也对经济过程产生了巨大影响。

自然资源

自然资源也是生产过程中的重要投入。它包括可再生资源，如树木和渔业，以及不可再生资源，如矿物。虽然许多自然资源的总量是未知的，但很明显它们供应有限，是可耗尽的。比如就大气和海洋来说，现在，人们认识到了在天气系统没有发生较大变化的情况下，大气和海洋吸收二氧化碳和一氧化碳的能力是有限的。当人们有了这种认识之后，大气和海洋才被人们视为一种宝贵的资源。

自然资源与其他生产要素的不同之处在于，它们要么对生命至关重要，如水、空气、土地等；要么对生产至关重要，如钢铁、石油等。许多自然资源是不可再生的，且自工业革命以来正加速耗尽。此外，在气候变化、水和空气质量、生物多样性耗损以及生态系统耗损方面也前景堪忧。这对人类来说是一个相当大的挑战，因为自然资源的消耗和天气模式的变化没有在 GNP 中得到适当的解释,而且,众所周知,它们正威胁着我们的经济,是一颗潜在的、有大规模杀伤力的定时炸弹。

收入分配

传统的收入分配理论是直截了当的。劳动力和资本都获得了它们各自边际产出的价值,而且由于利润为零,分配报酬很简单。然而,正如我们所看到的,劳动力并没有被赋予应得的边际产出价值,利润也远远大于零。在当今以寡头政治主导的经济体中,收入分配主要来源于权力分配。索取剩余价值(即总权益减去合约报酬)的人应获得的利润也是法律和制度体系要考虑的问题,收入分配不能仅仅从经济理论中得出。例如,体育特许经营权或制药公司的垄断所带来的巨额利润显然是法律允许的。在我们现有的制度中,公司利润是在管理层撇去股东的股份,而股东的股份取决于公司治理。尽管产出是由工人、管理层和资本方共同完成,在劳动力权利不断下降的情况下,工人所占的份额也随之下降。原则上讲,工人、管理层和资本方贡献的价值很难在理论上进行分离,因为利润是他们联合产出的。管理层贡献了多少利润,工人贡献了多少利润,这是个难以计算的问题。

众所周知,自 20 世纪 80 年代以来,美国的收入分配出现了倾斜。(见图表 7.4)虽然 2016 年有 19% 的家庭生活在贫困线以下或接近贫困线——按四口之家(共计约 6,000 万人)平均年收入 26,000 美元计算[64]——的水平,但有 120 万家庭(即占比 1%)平均获得 150 万美元的税前年收入。(见表 7.2)我们大多数问题的根源,包括普遍的不满、政治混乱,尤其是富豪阶层的崛起,都来自超贫和超富之间的巨大分歧。[65]

收入分配也存在一个空间方面的问题,因为贫穷和富裕都集中在"飞地"中——这些地区通常相邻,分别被称为贫民区和高档社区。[66]众所周知的是,少数族群高度集中在收入分配的左端,这也是罪恶的奴隶制和之后的种族歧视留下的问题。[67]合计有 39% 的非裔美国家庭的收入不足 25,000 美元,(见图表 7.4)这意味着他们在勉强维持生计。此外,在低于 43,000 美元水平的类别中,他们所占的比例都偏高,而在之后的类别中,占比都偏低。然而,拉美裔的境况略好于非裔,但仍低于平均水平,32% 的人年收入在 25,000 美元以下;而亚裔人的境况则高于平均水平,只有 20% 的人收入在

25,000 美元以下。[68]

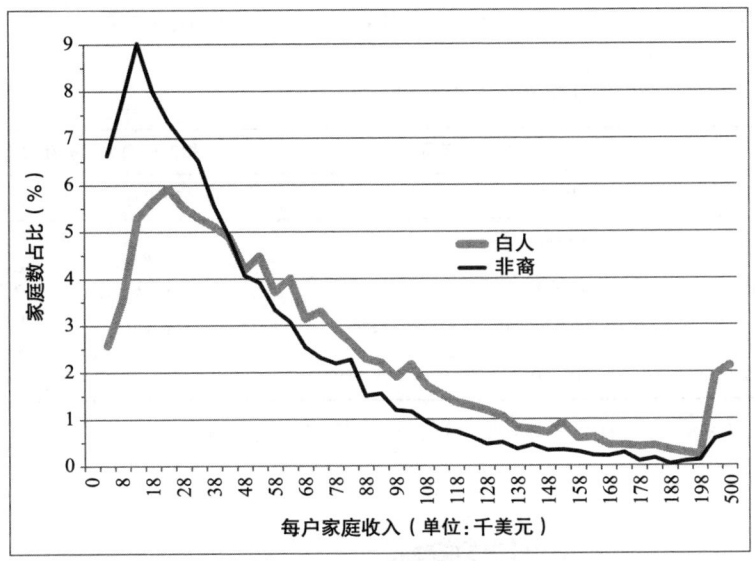

图表 7.4 按种族划分的美国家庭收入分布图（2009 年）

注：最高收入家庭的收入≥500 万美元，最低收入家庭的收入≤0

来源：美国商务部、美国人口普查局，12s0693.xls。《家庭货币收入数量及种族分布》表 693，起始年：2009 年

表 7.2 超级富豪的纳税申报表（2014 年）

	占全部 申报人数的百分比	申报人数 （千人）	总收入 （万亿美元）	平均收入 （千美元）	占总收入的 百分比
1)	最高的 0.33%	410	1.36	3,300	14.0%
2)	紧随的 0.60%	835	0.56	674	5.8%
3) ＝1) ＋2)	最高的 0.93% （约 1%）	1,245	1.92	1,547	19.8%
4)	随后的 3.4%	4,979	1.42	285	14.5%
5) ＝3) ＋4)	最高的 4.33% （约 4.4%）	6,224	3.34	538	34.3%

来源：美国国税局 SOI 统计数据——按调整后总收入的个人统计表（www.irs.gov/statistics/soi-tax-stats-individual-statistical-tables-by-size-of-adjusted-gross-income.）

按种族划分的收入中位数差异很大，而且自 1997 年以来基本没有改变。（见表 7.3）非裔美国人家庭的平均收入比白人家庭少 28,000 美元，仅相当于白人收入的

60%，而且自20世纪末以来一直保持不变。拉美裔也有类似的经历，尽管他们与白人的收入差距减少了1,700美元。亚裔表现最好，比白人多赚6,700美元。

表7.3　家庭收入中位数的种族差距（2014年）

	收入（美元）		相对于白人的差距（美元）	
	1997	2014	1997	2014
白人	70,000	71,300	/	/
非裔	42,000	43,300	−28,000	−28,000
拉美裔	40,000	43,000	−30,000	−28,300
亚裔	70,000	78,000	—	+6,700

来源：皮尤研究中心，《社会和人口趋势1》，人口趋势与经济福祉

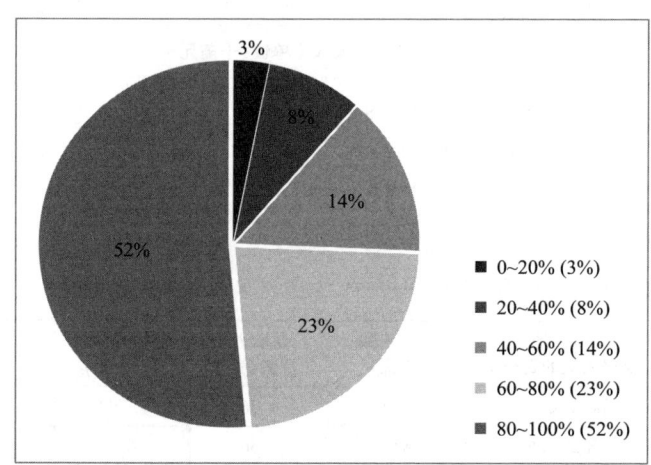

图表7.5a　按五分位划分的美国家庭收入分布饼图（2016年）

图表7.4以10,000美元为间隔描绘收入分配情况（尾部除外）。这些小的分组可以合并为5个五分位，即每个五分位代表1.26亿户家庭的20%。也就是说，每个五分位代表约2,500万户家庭的6,500万人。收入最低的五分之一家庭的收入仅占经济总收入的3.1%，而收入最高的五分之一家庭的收入占总收入的51%。（见图表7.5a和图表7.5b）因此，收入最高的五分之一人群的收入与其余2.6亿人的收入相当。此外，收入最高的5%的家庭收入占总收入的22.6%，略低于收入最低的60%的家庭收入。（见

图表7.5 b）这意味着，最富有的1,600万户家庭的收入与最底层的1.95亿户家庭的收入相当。

纳税申报表（见表7.2）使我们能够更仔细地分析超级富豪的（税前）收入。前1%的纳税人平均收入为150万美元左右，他们的总收入有1.9万亿美元，占所有应纳税人总收入的20%左右。这1.9万亿美元相当于所有纳税人里后面61%纳税人报告的总数额。换句话说，2014年，最富有的120万纳税人的总纳税收入等于最底层的9,000万纳税人的总收入。[69]这种不平衡的分配是不合理的，也是对社会总产出的不公正划分。

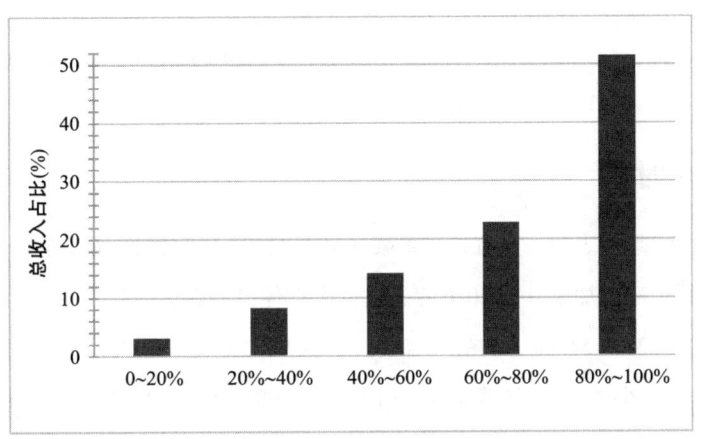

图表7.5b 按五分位划分的美国家庭收入分布柱状图（2016年）
来源：美国人口普查局商务部，表H-2。各五分位家庭收入以及前5%的超级富豪家庭收入占总收入的比例（www.census.gov/data/tables/time-series/demo/income-poverty/historical-income-households.html.）

1914年，福特汽车公司向工人支付的5美元/天的工资在今天大约值123美元（或15.4美元/小时）。[70]而在今天美国7,500万按小时工资计酬的劳动力中，只有40%的人工资超过了1914年的福特工人。（见图表7.6）[71]事实上，在食品加工服务相关行业的1,300万名员工和医疗保健支持行业的400万名员工中，分别有85%和65%的员工实际收入低于1914年的福特工人。[72]换句话说，对于许多较低阶层的人来说，100年来的生活水平根本没有提高。因此，收入分配的问题确实非常大。[73]

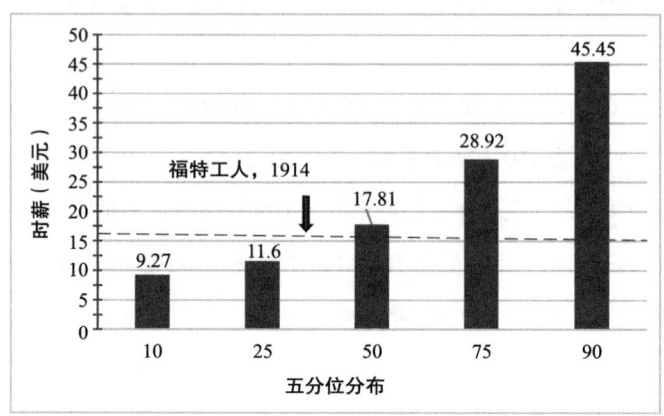

图表7.6 2016年的收入分布与1914年的福特工人工资的比较
来源：劳工统计局，《职业就业统计》（www.bls.gov/oes/2016/may/oes_nat.htm#00-0000.）

第二个镀金时代

收入分配的趋势表明，只有超级富豪（最高的5%）和富人（在80%~95%区间）在总收入中的份额增加了。到2016年，这两个群体已经合计获得了全社会总收入的一半以上（28%+23%=51%），其余80%的社会人口（即2.6亿人）在总收入中的份额自1980年以来缩小了。（见图表7.7）拐点又是1981年。在此之前，超级富豪的收入份额相当于中产阶级的收入份额，均为约16.8%。随后的迅速分化被称为"中产阶级空洞化"。[74]到2016年，前5%的超级富豪所占份额比中产阶级高出了8.4%！这相当于将8,000亿美元从中产阶级再分配给了收入金字塔顶端的人群。

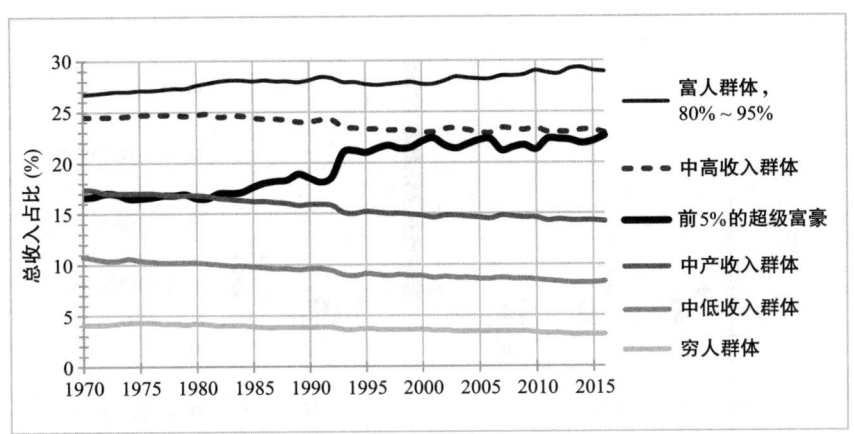

图表 7.7 家庭总收入份额趋势（1967—2016）
注：前四个五分位分别为穷人群体、中低收入群体、中产收入群体、中高收入群体，第五分位是 80%~95% 的富人群体和处于收入前 5% 的超级富豪
来源：美国商务部人口普查局，表 H-2。各五分位家庭收入以及前 5% 的超级富豪家庭收入占总收入的比例（https://www.census.gov/data/tables/time-series/demo/income-poverty/historical-income-households.html.）

值得注意的是，在 20 世纪 70 年代，这种趋势还是喜忧参半的，超级富豪和中产阶级之间没有重大差异。他们的收入份额在两个方向上都有轻微的变化：一些上升了一点，但前 5% 的人其收入份额实际上减少了。（见图表 7.8）超级富豪显然还没有处于完全的优势局面。然而，在 20 世纪末，前 5% 的份额激增，从占总收入的 16.5% 跃升到 21.5%，增加了整整 5 个百分点。实际上，超级富豪几乎所有的增加额都是在 1980 年到 1999 年之间获得的。收入份额增加的唯一的另一组是第五个五分位阶层的其余部分，即那些富人阶层中 80% 到 95% 的富人，但他们的增长率不到前 5% 的一半（约为 2.5%）。其他所有收入群体的比例都下降了。这是对"中产阶级空洞化"的另一种看法，尽管它显然同样也影响了穷人。[75] 而公众在讨论收入分配话题时，通常不考虑穷人。

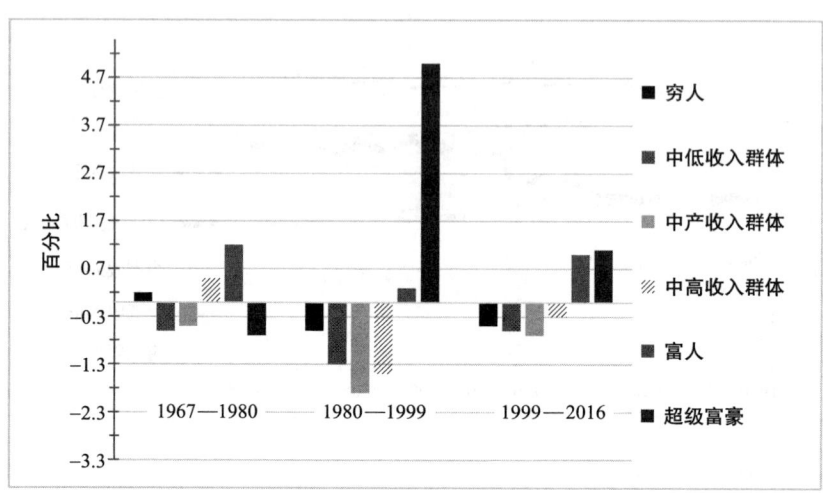

图表 7.8 按五分位划分的三个时期总收入的份额变化
注：第五个五分位分为富人（80%~95%）和超级富豪（前5%）
来源：见图表 7.7

表 7.4 按五分位划分美国总收入的份额（1967—2016）

	1	2	3	4	5	6	7	8	9
						平均收入（美元）		差额（49年）	
	五分位	百分比	1967年百分比	2016年百分比	百分比变化	1967[a]年	2016年	美元	百分比
穷人	1	0~20	4.0	3.1	-0.9	16,637	12,894	-3,743	-22.5
中低收入群体	2	20~40	10.8	8.3	-2.5	44,920	34,522	-10,398	-23.1
中产收入群体	3	40~60	17.3	14.2	-3.1	71,955	59,062	-12,893	-17.9
中高收入群体	4	60~80	24.2	22.9	-1.3	100,654	95,247	-5,407	-5.4
富人	5	80~95	26.4	28.9	2.5	146,406	160,271	13,864	9.5
超级富豪	5	最高5%	17.2	22.6	5.4	286,158	375,998	89,840	31.4

[a]1967年的平均收入按2016年总收入乘以1967年总收入份额（第3列）计算。这是假设份额保持在1967年水平时将获得的价值
来源：见图表 7.7

在我们所观察的时期中，除第五个五分位中的富人和超级富豪外，其余每一个五分位人口在美国家庭总收入中所占的份额都有所下降。（见表 7.4 第 5 栏）中产阶级（中产收入群体）和下层中产阶级（中低收入群体）经历了最大的衰退。假设中低收

入群体的总收入份额保持在 1967 年的水平（见表 7.4，第 8 列和第 9 列），其平均收入将增加 10,000 美元或高出 23%。第 8 列中前四个五分位的平均值为 8,000 美元。这意味着，如果他们在总收入中所占的份额保持在了 1967 年的水平，那么他们在 2016 年的年收入将高出 8,000 美元。[76]可以肯定的是，五分位数经历了很大的变动，其中，第一和第四个五分位阶层的绝对损失最小，第二和第三个绝对损失最大。（见表 7.4 第 8 列）然而，前 5% 超级富豪的家庭受益于 9 万美元的收入再分配。收入最高的五分之一人口的收入比 1967 年分配的收入高出 8,000 亿美元。[77]这种有利于富人和超级富豪的收入再分配在经济学或伦理上都没有合理解释。

以上数据关乎于市场收入。另一种分析数据的方法是考虑 1979 年至 2011 年间的税后转移收入。[78]这一可支配收入指标从市场收入中减去税收，并增加政府向个人的转移补贴，如食品券和失业救济金。这种方法的一个缺点是，考虑到地方政府的预算赤字，大多数转移收入都是从未来一代预支到当今一代的。这意味着政府债务的增加附加在当前接受者的可支配收入里，但支付该债务利息的负担落在尚未出生的后几代人身上，而后者的福利并没考虑在内。因此，转移看起来像是收入的净增加。虽然这不是一个好的计算方法，但这种收入衡量方法确实为当前社会各阶层的购买力和福利提供了另一种视角。这个难题使我们认识到，在衡量收入分配上，没有一个好的标准，对于社会经济状况，也有多种不同看法。

表 7.5 1979—2011 年实际可支配收入（2011 年，单位：千美元）

	0~20%	21%~40%	41%~60%	61%~80%	81%~90%	91%~95%	96%~99%	最高 1%
1979 年	15.2	29.9	43.1	56.7	72.9	87.9	122.9	318.7
2011 年	17.9	31.1	46.0	68.3	97.5	129.2	202.8	918.2
增长（千美元）	2.7	1.2	2.9	11.6	24.6	41.3	79.9	599.4
年平均	85 美元	38 美元	91 美元	362 美元	768 美元	1,291 美元	2,496 美元	18,732 美元
占最高 1% 所得的比例	0	0	0	2%	4%	7%	13%	100%

注：1979 年收入除以 1.04，以符合家庭规模的变化
来源：见图表 7.9

这项可支配收入指标证实，20 世纪末收入不平等大幅上升，一直持续到 21 世

纪。[79]收入分配中的中间三个五分位人群远远落后于富人，尤其是超富群体。[80]在图表7.9中，我们将第五个五分位中的富人分为四组，包括最富的1%。在我们考察的32年中，处于中间的三个阶级的"可支配"收入已明显增长。中低收入群体（第二个五分位）受到制造业下滑的打击最为严重，其次是中产收入群体，他们的收入每年分别增加38美元和91美元（见表7.5）。中高收入群体（第四个五分位）的年均收入增长不到362美元。穷人的年均收入增长是85美元，但他们的年收入是18,000美元，还不足以维持身心健康。重申一下，这18,000美元往往不止由一名劳动者获得，并且还包括他们收到的食品券。

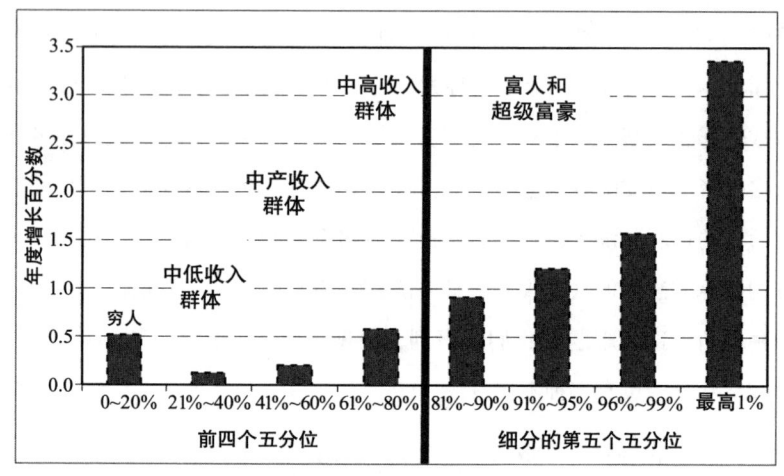

图表7.9 按五分位和百分位划分的收入增长（1979—2011）

来源：本书作者，《美国收入和福利增长（1979～2011）》，NBER工作报告，2016年，第22211号

因此，真正的收益是留给富人的，即第五个五分位的人，但即使在这个群体中，也只有前1%的人是增长的唯一真正受益者。在第五个五分位内细分的其他三组人群（80%~99%）确实受益不多，年收入增长幅度不大，在768美元到2,500美元之间。相比之下，前1%的税后收入以每年3.4%的速度增长，相当于以每年大约18,000美元的巨大数字增长。换言之，他们的年收入加起来和最贫困的2,500万家庭（或6,500万人）的一样多。因此，这一分析也证实，只有20%的富裕家庭从经济增长中得到好处，在

这一群体中，主要是前1%（120万家庭）才是真正的受益者，他们的平均税后收入在这32年中增长了60万美元，达到91.6万美元。（见表7.5）这与中低收入群体家庭平均收入增长1,200美元形成了鲜明对比。

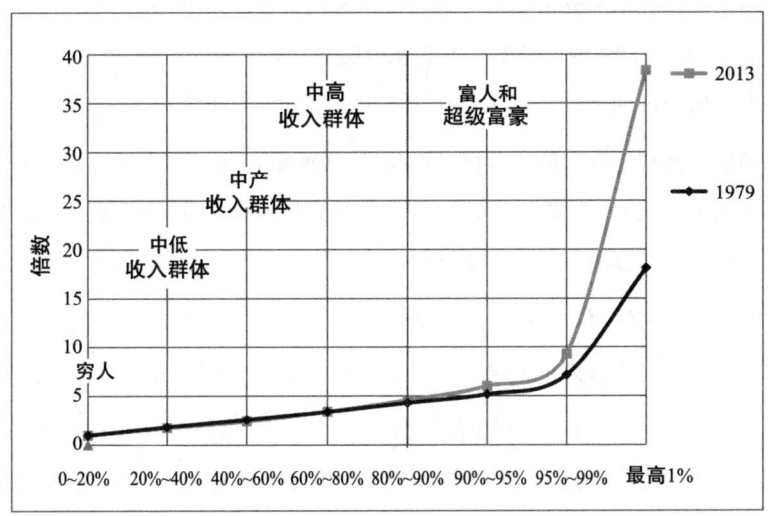

图表7.10 各群体收入与穷人收入的比率
来源：见图表7.9

另外，2017年12月的减税政策会加剧这种不平等，该政策在为中产阶级减税930美元的同时，也为富人减了税，年收入排名前1%的群体中，年收入73万美元的人群减税5.1万美元，而年收入340万美元的超级富豪，他们的减税额将高达19.3万美元。这将进一步加剧已经令人极为痛恨的不平等水平。[81]

我们还可以将每组的平均收入与第一个五分位的平均收入进行比较。从图表7.10可看出，1979年最高的1%群体的收入是第一五分位的近20倍，但到2013年达到了38倍。从表中还能看到，社会最贫穷群体的收入与其他群体的收入增长毫无关系，这张表不仅显示了巨大的不平等，而且也显示了除最高1%群体外，收入增长对其他群体的影响微乎其微。[82]最高的1%的群体将增长的收入全部占为己有。

福利增长

到目前为止，我们已经考虑了实际收入的增长（I），许多人认为收入与福利（W）

是相同的，即 $W=I$，这是一个常见的错误，他们忽视了收入的边际效用可能随收入的增加而减少。比方说，若沃尔玛三个兄弟公司中的一个收入增加了 10,000 美元，但因其净资产约为 380 亿美元，这个收入增加对他们来说毫无意义，而同样的收入增加对一个典型的南布朗克斯家庭来说是天赐之物。这意味着，1979 年至 2011 年间家庭年收入（税后）中位数 0.9% 的增长率并不能准确反映出大多数人的福利状况。

有许多看似合理的函数将收入转化为福利，让收入的边际效用递减。我们选择一个简单的函数，福利是收入的平方根：$W=\sqrt{I}$。这意味着如果收入从 1 增加到 4，福利将从 1 增加到 2。通过这个函数，可算出五个五分位群体的年均福利增长率为 0.3%，而中产和中低收入群体的福利增长率每年仅为 0.1%，这几乎看不到。[83]

不幸的是，现实没那么简单。虽然 $W=\sqrt{I}$ 是对 $W=I$ 这一普遍假设的改进，但仍不能反映现实。因为一般认为，影响一个人福利的最重要方面是他自己的实际收入，可将函数改为 $W(i)=\sqrt{I(i)}$，这里的 i ($i=1$,……4) 指的是前四个五分位人群。我们没有在上一段的等式中包括 (i)，因为很明显，上一段中的 W 是一个人实际收入的函数。但真正关系到一个人福利的不仅是他的收入，而且是一个参照性群体的收入。换句话说，社会规范或相对收入才是真正影响一个人幸福感的因素。

这意味着，如果有人购买最新的 iPhone，穷人会垂涎三尺，因为买不起而感到沮丧。如果没有足够的富人，苹果公司不会每年推出几款新的 iPhone。因此，有钱人的存在激励苹果公司推出新产品，降低了那些渴望但无消费能力的人的福利，从而造成不满。这就是参照依赖的效用函数，也称为相互依赖的效用函数。

有很多方法可以定义这种福利函数。用第五个五分位作为参考群体可定义下面函数：$W_{(i)}=\sqrt{\dfrac{I(i)}{\sqrt{I(5)-I(i)}}}$ ($i=1$,……4)，从此函数可看出，第五分位的数额越大，分母就越大，i 群体获得的相对收入越小，因此其收入带来的福利也越小。这是因为分母是通过计算第五和第一五分位的平均实际收入之差来确定的。我们计算四次，即分别计算每个五分位。接下来取分母的平方根。然后将前四个五分位数的收入除以它们各自的分母，并取这个数的平方根。我们对前四个五分位数都这样处理，但不处理第五个五分位，因为它是自己的参考群。我们分别对 1979 年和 2011 年的数值进行这些计算，再在此基础上计算前四个五分位32年来各自的福利增长。结果表明，前四个五分位的福利增长都是负的，因为第五个五分位的收入增长比其他五分位数的增长更快。（见图表7.11）

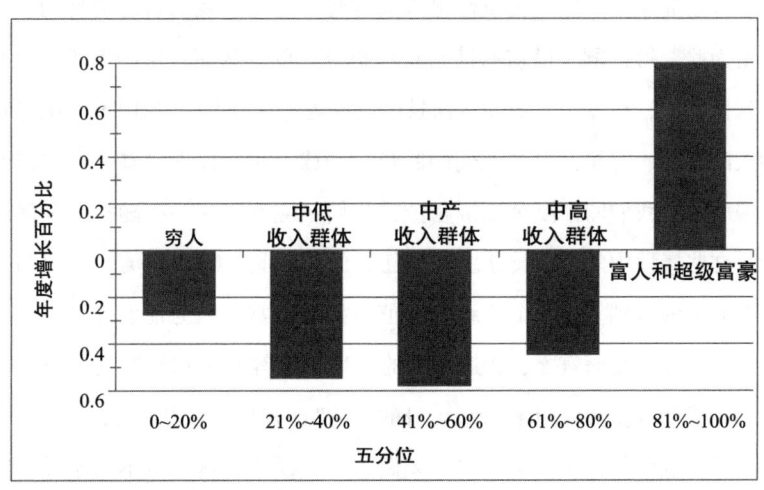

图表7.11 按五分位组别计算的福利增长（1979—2011）
来源：见图表7.9

这个关于五组群体福利增长的结果至关重要，它有助于我们了解美国普遍存在的不满情绪。所有五分位人群的收入增长均为正数，（见图表7.9）如果不了解以上关于福利增长的结果，美国存在的不满情绪就说不通了。为什么正增长会引起不满？有人推断是因为相对收入对福利很重要。从图表7.11可以看出，除了富人群体之外，其他群体的福利都在下降，因此，我们应该更加关注收入的分配，而不是仅仅关注增长本身。反复调查发现，自1946年以来，尽管经济增长了，但人们生活满意度（或幸福感）并没有增强。[84]

伦理与扭曲的收入分配

政治哲学家约翰·罗尔斯认为，当前的收入分配是不公平的，因为"没人配得上他在人才分配中的地位，也没有人配得上他在社会中的起点"。奖励人才是奖励我们随机的基因结构和出身背景，这些都是随机的。到一个富裕的家庭就有了一切。他继续说,"基于什么原则,自由和平等的道德人可以允许他们的关系受到社会机遇以及天赋异禀的影响?"[85]他所说的天赋异禀是指我们在人生中不用学习就有的初始禀赋,这在决定我们的人生历程中起着重要作用。幸运的是,我们出生时有一个特定的遗传密码,进入了一个特定的家庭。这些实质性优势或劣势不是通过我们自己的努力获得的,因此没有理由为此获得报酬。最初的馈赠是随机分布的。然而,这些天赋、财富和出生时获得的其他特权,在一个人的经济前景中发挥着巨大作用。[86]我们不应该考量不同家庭出身的人的智商、容貌,或是他们的肤色、种族。我们根本没有为这些属性做过任何事情,因此如今我们的报酬是经济租金,我们不应该因为一些随机分配属性而得到特定报酬。这些属性中的产权转让应该是任意的。因此,财富精英的特权与封建贵族的特权没有太大的区别。这两个阶级都不值得拥有财富,因为他们的财富都是基于出身而非自己的贡献。简而言之,普遍存在的经济不平等几乎都没有道德基础,因为人们的"生活前景明显受到家庭和阶级出身的影响",有些人可以不劳而获。

罗尔斯的观点以及常识表明,收入差距太大,既不合理,也不利于社会经济体系的稳定。[87]斯蒂格利茨认为,虽然美国的上层人士享有最好的医疗保健、教育和其他福利,但他们没有意识到"他们的命运与其他99%的人的生活息息相关。"[88]开国元勋们也非常清楚,如果财富和权力以及由此产生的特权的分配变得不成比例的话,民主就变成了寡头。即使是自由市场的热心拥护者,保守派共和党人格林斯潘也承认不平等是对制度的威胁,他说"如果没有大范围的支持,或者可以说,如果没有所有人的支持,你就不能从资本主义市场增长中获益;如果有越来越多的人意识到资本主义的回报与分配不公,这一制度就将不复存在。"[89]

同时,许许多多的研究者对市场分配收入的方式及其对社会结构造成的侵蚀印象很坏。这种超级差异化毫无合理性。[90]当前的收入差距的程度不是由一个简单的市场机制造就的,也没反映出民众的社会价值,即使"白手起家"的神话广泛出现在有关美国梦的民间故事中。

亿万富翁、传奇投资者沃伦·巴菲特(Warren Buffett)这样解释他的财富:

我曾在这样一个经济体工作过,它用一枚奖章奖励那些在战场上拯救过他人生命的人，用来自家长的感谢信奖励一位伟大的教师，但却用数十亿美元奖励那些发现证券定价错误的人。总之，命运总是变化无常的。[91]

巴菲特曾在19家公司担任董事会成员，他将"董事会气氛"描述如下：

> 问责制和管理在过去的十年中逐渐消失，且被认为是无关紧要的因素……然而，这些人中，有太多人近年来在办公室里表现糟糕，他们弄虚作假，尸位素餐……若虽有才干但贪婪成性的经理试图把手伸进股东的口袋，董事必须提醒他们。但过度参与已成为普遍现象，却很少有人提醒。为什么聪明而体面的董事会如此无能？答案是……在我称之为"董事会会议室氛围"的情境中……当薪酬委员会——通常有高薪的顾问撑腰——报告给予CEO大量的股票期权时，任何建议重新考虑的董事都会像在宴会上打嗝一样失礼。……我不得不遗憾地补充说，我自己的行为也经常出现不足：当管理层提出我认为可能违背股东利益的建议时，我多半选择了沉默。在这些情况下，会议战胜了独立性……近年来，薪资委员会通常像一只跟随顾问建议的摇尾乞怜的宠物狗，一种由不露面的股东们付高薪却不懂得效忠其主人的物种……这种代价高昂的恶作剧应该停止。[92]

说这段话的不是黑板经济学家，也不是激进的反全球化人士，而是世界上最成功的投资者和最富有的人，他在商界度过了他的职业生涯，并且是自由市场的热心倡导者。但他也是许多董事会决策时的目击证人，当一位经理的薪酬被高估时，他完全能认识到。

尽管德国、瑞士、法国或日本公司的首席执行官的薪酬仅相当于美国同行的一小部分，但较低的管理层薪酬并未对这些国家的公司造成损失。（见表7.6）没有哪个发达国家的首席执行官薪酬与员工平均工资的比率比美国高。今天的美国，一家大公司的首席执行官的收入是一个普通员工的300倍以上。1980年，这一比率为50左右。[93]首席执行官的生产率增幅不可能比其他员工高6倍吧？[94]在德国，这一比率是175。[95]这些扭曲是"公司治理的缺陷"。[96]在德国，工会代表在董事会中占有一席之地，地方政府的代表也在董事会中占有一席之地，并且与企业的未来有利害关系，[97]这些代表对讨论首席执行官薪水的制定有发言权。在荷兰、瑞典、挪威和瑞士，股东有约束首席执行官薪酬的投票权。[98]这就形成了制衡的力量，使首席执行官的贪婪保持在一定范围内。没有证据表明，美国的首席执行官们比他们的外国同行更有成效。[99]要改变此现状，首先应该要将美国的高管薪酬限制到欧洲水平。当然，除非限薪在美国广泛应用，否则是行不通的。

表 7.6　2015 年首席执行官薪酬国际比较

	报酬（百万美元）	与美国的比率（%）	首席执行官—雇员薪酬比
美国	17.0	/	300
瑞士	10.6	62	180
英国	9.6	56	230
加拿大	9.3	55	200
德国	8.4	49	175
法国	2.8	17	70
日本	2.4	14	60

来源：陆伟和安德斯·梅林（Anders Melin），《成就富有的首席执行官的最佳和最差国家》。彭博社，2016 年 11 月 16 日

与 19 世纪一样，新的特权阶层不再是资本所有者（股东），而是那些控制着资本并接近会计簿的人，即高管。即使是著名的保守派评论员小威廉·F. 巴克利（William F. Buckley）也将首席执行官的薪酬称为"敲诈"。[100]不难看出，好像公司是自己家开的一样，高管们基本上可以自定薪酬。[101]

表 7.7 2014 年关于收入不平等的国际比较

	收入份额（%）		比率	贫困率		差额	幸福感
	最低 10%	最高 10%		总计	儿童		排名
美国	1.6	29.3	18.3	17.5	20.2	2.7	10
西班牙	2.0	24.7	12.4	15.9	23.4	7.5	14
意大利	2.1	24.4	11.6	13.3	17.7	4.4	15
英国	2.7	28.6	10.6	10.4	9.9	-0.5	12
澳大利亚	2.8	26.1	9.3	12.8	13.0	0.2	8
加拿大	2.6	24.2	9.3	12.6	16.5	3.9	6
新西兰	3.1	25.7	8.3	9.9	12.8	2.9	7
瑞士	3.4	24.1	7.1	8.6	7.1	-1.5	3
法国	3.5	24.2	6.9	8.0	11.3	3.3	13
荷兰	3.3	22.7	6.9	8.4	11.2	2.8	5
德国	3.5	23.5	6.7	9.1	9.8	0.7	11
瑞典	3.5	22.6	6.5	8.8	8.5	-0.3	9
挪威	3.4	20.6	6.1	7.8	6.8	-1.0	1
丹麦	4.0	21.2	5.3	5.0	2.7	-2.3	2
芬兰	4.0	21.2	5.3	6.8	3.6	-3.2	4

注："比率"为最高 10% 与最低 10% 群体收入份额之比，"儿童"指 18 岁以下人群
来源：乔恩·克利夫顿（Jon Clifton），《世界上最快乐和最不快乐的国家》，盖洛普新闻，2017 年 3 月 20 日；2017 年 10 月 3 日（http://news.gallup.com/opinion/gallup/206468/happiest-unhappiest-countries-world.aspx）；经合组织，《收入不平等更新》，2016 年 11 月（https://www.oecd.org/social/OECD2016-Income-Inequality-Update.pdf）

受体制、法律和税收结构的影响，在发达国家中美国的不平等水平最高。该表 7.7 比较了各个国家收入分配最高 10% 人群和最低 10% 人群的收入各占总收入的比例。显然，在发达国家中，美国最高 10% 人群在收入分配中得到最多，而最低 10% 人群在收入分配中得到最少。受体制、法律和税收结构的影响，在发达国家中，美国社会最为不平等。表 7.7 比较了不同发达国家中，收入分配最高 10% 和最低 10% 两类人群收入各占总收入的比例。显然，从表中第 2、3 两栏可看出，美国最高 10% 人群在收入分配中占比最多，而最低 10% 人群占比最低。再看第 4 栏，即最高 10% 人群和最低 10% 人群收入份额的比率，相比而言，美国最高，为 18.3，是挪威或瑞典的三倍。而北欧国家，这一比率在 5.3 和 6.5 之间；英国、加拿大、新西兰和澳大利亚这几个国家，

则介于 8.3 和 10.6 之间。

此外，社会不平等性越小，社会成员越幸福。最幸福的国家在北欧，如芬兰、丹麦、挪威和瑞典，它们具有最低的不平等系数。（见表 7.7）美国儿童贫困率为 20%，是丹麦的 6 倍。值得注意的是，丹麦儿童贫困率也低于北欧的总体水平。这表明该国对保护儿童福利的重视程度之高。有些人认为，一个公正的社会需要的是平等的机会；但也有人认为，如果有一部分人因为生来就不平等，而非因为他们自己的过错而处于劣势低位，仅有法律平等是不够的。[102]

第八章

市场的监督和管控

所有动物都是平等的,但有些动物比其他动物更平等。

——乔治·奥威尔

许多经济学入门教科书对市场的很多方面通常避而不谈,这些教科书的相关章节常将偏离理想市场的行为含糊地称为"市场不完美",而我把它们称为市场的"阿喀琉斯之踵"。当市场偏离了只在教科书上存在的完美状态时,社会就会有实施监督和管控的动机,否则市场会减少我们的福利。本章就来探讨一些相关问题。

委托人—代理人问题

当人们为自己工作时,他们被称为自由职业者。因为没有中间环节,他们获得自己产出的所有价值。然而,自由职业者只占美国劳动力的10%[1],90%的员工是为他人工作的,这些员工被认为是效力于"委托人"(principal,即企业所有者)的代理人(agents),委托人通常是企业的股东。代理人并没有得到自己所产出的全部价值,因此他们的工作动机与自由职业者不完全相同。

这就是"委托人—代理人"问题,它是信息不对称问题的研究内容之一。(详见第五章)此问题的出现,缘于委托人并不确定代理人身上是否有保证公司成功的特质。这些特质包括诚实、常识与直觉、运营公司的专业度、压力和不确定性下的果决,以及主人翁精神和吃苦耐劳的精神,等等。如果难以拟出完美合同来调整激励机制,来让代理人和委托人同时受益的话,那代理人往往会操纵合同、钻空子,置委托人利益于不顾，以从中牟利。比如，一些首席执行官在把公司带到破产边缘后，直接卷走大量财富，然后收拾铺盖一走了之。

莫里斯·格林伯格（Maurice Greenberg）在美国国际集团破产前以不可思议的43亿美元巨额身价退休。2006年[2]，斯坦利·奥尼尔（Stanley O'Neal）让美林濒临破产，却获得了价值1.6亿美元的巨额补偿以及一份高达9,100万美元的合同工资。[3]还有贝尔斯登公司（Bear Stearns）的首席执行官詹姆·斯凯恩（James Cayne），他被评为"有史以来最糟糕的美国首席执行官"之一，在贝尔斯登陷入困境之际，斯凯恩却给自己留了6,100万美元。[4]这份"现代强盗男爵"名单和他们狡诈的事迹多到难以罗列。[5]当然，这些金融领袖是最聪明的人，他们只会在办公室的角落里为所欲为。例如，迪克·富尔德，此人刚愎自用、桀骜不驯、可悲可笑。而傲慢自大似乎是这些"男爵"们的共同标签。[6]

在可行的范围内，如果雇员发现有机可乘，他们甚至会以牺牲雇主的利益为代价来为自己谋利。显然，这会导致低效率的劳务关系产生。例如，在金融危机爆发前，多名首席执行官和抵押贷款经纪人利用信息不对称来充实自己的腰包，从而损害了股东或客户的利益，因为许多无形资产（如风险）对投资者是保密的。迪克·富尔德带着2.5亿美元离开了破产的雷曼兄弟，而他的雇主、公司的股东却几乎无功而返。如果风险获得补偿，代理人就会获得收益；反之，失去收益的是委托人而非代理人。这存在一个短期与长期利润的问题。在金融危机后，2010年的《多德-弗兰克法案》（Dodd-Frank Act）规定，所有首席执行官合同中都应包含追回条款。这意味着，如果利润表在长期内出现变动，公司可以收回发放给首席执行官的奖金。

这个问题一点也不新鲜，亚当·斯密早就清楚地看到了这一点：

> 这类公司的董事……作为管理者……在对待他人的钱财时，不能期望他们像私人企业的合伙人看管自己的钱袋子那样谨慎……因此，在管理类似公司事务时，总是会存在疏忽和浪费。[7]

如果首先假定人是自私的，我们又怎么能假设首席执行官愿意为股东利益而不是自己的利益工作呢？这两个假设互相矛盾。因此，委托人—代理人问题意味着高管们想要最大限度地增加自己而非股东的福利。尽管企业有激励手段让两者利益一致，但并不容易实现。毕竟这个世界太复杂了，难以拟出让各方皆大欢喜的完美的合同条款，更何况未来难测，人们无法周全地考虑所有可能发生的事情。

代理人的决定可能会有损他人利益，但他们却不必承担责任。这可能出现在以下情形中：（1）以长期损失为代价的各种短期收益之间起冲突；（2）代理人从存在风险但最终结果利好的方案中获益，而将可能的损失甩给别人；（3）利益损失不确定，且可暂时隐藏；（4）责任在整个组织中分散，而法不责众。组织面临的挑战往往是各级如何有效地监督下属，并确保信息及时向上级指挥链流动。然而，代理人（首席执行官或较低级别的高管）在这些环节中通常不能为自己的行为负责。

因此，这样的经济体摩擦丛生，效率低下。[8]例如，美林首席执行官约翰·塞恩花了120万美元装修自己的办公室（以及接待区），而几个月后，公司不得不以纳税人的钱来填补这个"坑"。在美国政府强迫美林与美国银行"联姻"的前几天，他还想当然地支付了40亿美元奖金。当然，40亿美元不是他的钱，而且对他来说做与不做没什么区别，他也没有因判断错误而受到处罚。[9]另一个例子是，美国国际集团因狩猎山鹑耗费了约8.6万美元，而此前不久，政府刚向该公司注资1,860亿美元以维持运营。对高管薪酬制定追回性条款是缓解委托人—代理人问题的手段，但美国证券交易委员会在这方面的监管力度相当薄弱。当财务报表出现错误时，追回条款将生效，但有些公司在出现不当行为或判断错误时，也会采用这一条款。[10]

合同理论的研究表明，在代理人管理企业的情况下，企业要实现利润最大化基本是不可能的。作为消费的一方，委托人可以使用满意策略，即找到最满意的问题解决方案；而正如2008年华尔街大崩溃时期显露的那样，合同和绩效激励无法阻止管理者最大化自己的效用（即工资），即使这对他们的公司不利。

格林斯潘完全忽视了金融危机爆发前，委托人—代理人问题中固有的利益冲突，反而认为银行家可以信任，且会有效关照股东的长期利益。这一假设被证明是灾难性的，因为首席执行官会将自己的资金最大化，这虽然看似符合股东们的短期利益，但从长期来看并非如此。首席执行官的即时奖金与公司的长期生存能力相冲突，因为人们往往会忽视累积的风险。银行的利润多起来无成本、无风险，但恰恰相反，它们是各种累积风险的回报。因此，当下金融公司的思维定式使银行无法处理委托人—代理人问题和固有的利益冲突。

道德风险

道德风险是信息不对称问题的另一个子问题。当合同双方掌握的信息不一致且合同的存在可能改变合同一方的行为时，这类问题就会发生。例如，在保险合同中，保险公司对保险人的健康和驾驶习惯的了解远不如被保险人本人。因此，健康或谨慎的人群购买意外保险的可能性较小，而事故易发人群，更有可能买保险。这对保险公司来说是一个挑战，因为就算对参保人不太了解，它们也必须提供一个价格。此外，一旦人们买了保险，他们就可以把不利后果转嫁出去，从而有了冒险的动机，可能就变得不再那么小心谨慎了。因此，保险合同中常常包含共同支付条款，以减少道德风险。

交易成本

人们在购物时，一般都会货比三家，才能找到更好的选择。然而，比价时的搜索成本往往很高，因此，这种交易成本大大地影响了效率。消费者的时间、精力和预算是有限的，尤其在其他选项无明显优势的情况下，消费者一般不会改弦易辙。在信息不完整时，人们下单常常凭借直觉、经验、智慧。

诸如信息搜索与封锁、维权、执法等方面[11]的交易成本阻碍了正常贸易，限制了市场竞争，导致价格上涨，[12]从而妨碍了社会福利和效率的提高。

搜索信息需要金钱、时间和耐心，而且结果往往不确定。因此对于大部分无法负担的人而言，交易成本是一种伤害。难怪穷人在花钱搜索方面处于不利地位。从健康保险公司到汽车经销商，所有的企业都会在它们觉得有利可图时增加这类成本，使它们的产品与竞争对手很难有可比性。[13]例如，汽车厂家很少在广告上标出汽车的价格，所以比较不同经销商的价格就变得困难。健康保险公司把合同写得非常复杂，以至于搜索信息相当耗时，让消费者在还未充分了解的情况下就直接放弃阅读，盲目地购买。（见图4.1）这样一来，人们既不知道获取更多信息的成本有多高，也不知道寻找更好的替代方案能有多少胜算,只有通过搜索才能确定需要哪些成本。[14]这些强加的成本使人们的消费变得低效。显然,那些负担不起搜索成本或者没有耐心等到更好替代方案的人很难买到令人心满意足的物品。

机会主义行为

机会主义行为往往意味着欺骗或操纵。自由市场就像打开的魔盒,人们在其中以不道德、无原则、善变、狡猾、非法、不诚实、背信弃义等方式占别人的便宜。[15]比方说,由于合同常常存在漏洞,未来也难以预见,合同订立时便有许多空子可钻。[16]此外,机会主义往往源于信息不对称。人们也可能利用不充分的法律,或利用法律的缺失,无视道德规范,并以立法者无法预见的方式获利。当人们开始利用合同的不完善性、信息的不对称性,以及利用别人的无知、容易受骗、认知存在偏差或心理能力差等特点时,机会主义行为就发生了。

缺乏公信,习惯于野蛮扩张和瞒天过海,是许多商人的特点。例如,2011年,因不法商人销售受污染的药物和鸡蛋,造成至少3,000人死于食物中毒。[17]市场监管部门对此绝不应袖手旁观,应对商家的行为加以限制,使其不能利用人们的弱点。总之,自由会导致机会主义行为,如果没有足够的监督和监管,自由市场最终将会崩溃。

在过去,迷信比如今的法律更能限制机会主义行为。人们并不会通过损人利己的行为来谋取长远的利益。因此,这种信仰体系的衰退,以及随之而来的机会主义行为的增加,迫使政府加强了对市场的控制。与如今的银行家相比,老派的银行家更不愿意签署那些明知会变成烂账的可变利率抵押贷款合约。然而,在2008年大萧条之前,却出现了大量"不负责任的贷款"及欺诈和机会主义行为。[18]

机会主义行为的倾向很大程度上是由文化决定的。在一个欺骗文化横行的经济体中,做生意和监控合同的成本非常高。当今世界欺骗流行,几乎每天都有公司因欺诈被罚款,高管因欺诈入狱。2012年,葛兰素史克药品公司(Glaxo Somith Kline)被罚款30亿美元。[19]花旗银行一名高管因挪用2,200万美元而被判8年有期徒刑,[20]自金融危机以来共有324人被判欺诈罪。不过他们都是"小苍蝇",没有一位华尔街的高层管理者被起诉,[21]因为这些高管"高"到管不了!然而有些人因内幕交易还是可以被抓捕的，其中包括对冲基金亿万富翁拉贾·拉特南（Raj Rajaratnam），被判 11 年有期徒刑，拉贾特·古普塔（Rajat Gupta）被判 2 年有期徒刑。[22] 此外，多家银行也被罚款，其中巴克莱银行因操纵利率而被罚款 4.5 亿美元。政府总共没收了约 1,500 亿美元的罚款及消费者救济金。

还远不止这些。艾伦·斯坦福（Allen Stanford）因 70 亿美元的庞氏骗局被判处 110 年徒刑；泰科国际（Tyco International）前首席执行官丹尼斯·科兹洛夫斯基（Dennis Kozlowski）被判 8 至 25 年有期徒刑，于 2014 年获释；安然公司（Enron）前总裁杰夫·斯基林（Jeff Skilling）被判 24 年有期徒刑；世通公司（WorldCom）的伯纳德·埃伯斯（Bernard Ebbers）被判 25 年有期徒刑；大众汽车执行官奥利弗·施密特（Oliver Schmidt）因违反《清洁空气法》被判 7 年有期徒刑，该欺诈行为使公司损失了 200 亿美元，用于缴纳和解金和罚款。[23] 这些案例只是冰山一角，光 2010 年就有 100 万起欺诈投诉。[24] 2011 年，联邦调查局因公司欺诈定罪 241 起。以上种种都不是有效市场的样子。

简而言之，企业界充斥着腐败和机会主义行为。1991 年至 2015 年期间，制药公司因非法营销或对医疗保险收费过高被罚款 360 亿美元。[25] 另外，安然、安达信（Arthur Andersen）、世通及阿德尔菲娅通讯（Adelphia Communications）等家喻户晓的公司因欺诈、贪污、内幕交易或妨碍司法已成为历史。[26] 最近的一项估计显示，主要的上市公司中，有持续性欺诈行为的约占 12%。另一项对人均两年工作经验的 MBA 学生的调查发现，15% 的学生被要求做过非法的事。[27] 长此以往，资本主义社会的精英阶层将不再相信早期树立的那些能降低合同执行成本的信任准则，而资本主义，也将走向没落。

欺诈会在破坏信任和合作的基础上增加交易成本，迫使人们在业务中采取额外的止损措施，从而对市场产生恶劣影响。比如人们因不愿携带现金而使用信用卡，但这种支付习惯每年给消费者造成 1,000 亿美元的损失。由于机会主义行为，市场存在一个最佳的自由水平，超过这个水平，机会主义成本就会超过监管缺失（即自由）带来的收益。通过图表 8.1 可看出，福利和效率随着自由度的增加而增加，直到达到"最佳水平"。此后曲线向下，自由度越高，福利和效率却越低，原因在于过度的机会主义行为造成的损害超过了自由增加带来的好处。达隆·阿塞莫格鲁（Daron Acemoglu）

认为,经济学家们一向对机会主义感到自满,"资本主义经济存在于缺乏制度的真空中,市场奇迹般地监控着机会主义行为。"[28] 在实体经济中,机会主义是一个大问题,因为额外利润的巨大诱惑。欺骗行为十分猖獗。在美国,随着人们对"十诫"信仰的减退,以及真理内在价值的降低,有49%的民众认为道德状况"很差"。[29] 如此看来,机会主义行为又进一步降低了经济效率。

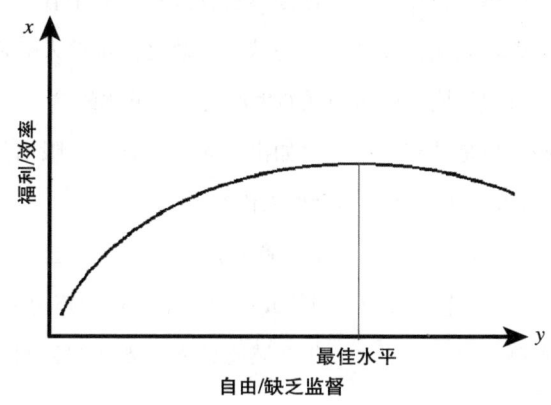

图表 8.1　经济体的最佳自由水平

公共利益监管

随着市场的日益复杂,政府的监管强度也呈指数级增长,以维持公共利益机构的运转,否则市场将变得混乱。在市场与社会利益不一致的领域,尤其是那些涉及无形资产的领域,需要更大范围的政府监管。没有人情味的市场并不能提供安全可靠的产品。"看不见的手"无法在没有充分监管和执行的情况下运转无形资产,因为它们难以捉摸与识别。

政府可以通过推动人们做正确的事情,而不是通过监管来改善他们的生活。[30] 政府影响人们的行为却不强迫,因此也被称为"自由的大家长"。人们可能会被引导着遵守一些常识性的行为规范,因为除非受到激励,否则他们是不会有足够的自制力或远见自主为之。以雇主给员工提供了退休而有钱的选择权为例,这种情况下,默认选项的设置非常关键。与将默认选项设置为"缴纳5%的退休金"相比(除非员工选择了其他选项），将默认选项设置为"不为退休存钱"时，选择存钱的人的数量会少得多（除非员工同时也查看了其他选项）。因此，将默认选项设置为"缴纳5%的退休金"的操作，降低了员工选择该项的交易成本，也让他们感觉这是明智的选择。人们会犯一些本可以避免的可预见的错误，而专家可以帮助他们改正这些错误。既然为退休存钱是一件好事，那么从社会的角度来看，推动人们做出正确的选择就是有意义的。有个政府改善学生饮食的例子，教育部门将健康食物放在食堂中容易拿到的地方，那些不健康的食物，则被束之高阁，使学生不易获取。总之，帮助人们避免错误选择，以改善他们在健康、金融和环境等许多领域的生活是合乎道德的。[31]

当然，也有一些交易是被禁止的，比如出售人体器官、有限期的卖身为奴、出售婴儿[32]等，因为它们在文化上被认为是有悖人伦的。

正如我们在2008年所见[33]，（见第十四章）放松管制往往会给市场的稳定带来风险。同样，20世纪90年代电力市场管制的放松导致了安然贿赂丑闻并使其最终破产。为了制止随意放松管制，政府需要对一些领域或具体事务（如营利性大学对学生的操纵）制定有关规章。[34]

对问题视而不见，从来不是一件好事，不受监管的市场很危险。从巴士运营到血站服务，各种安全问题都需要受到监督。时装界偏爱雇用过瘦的模特，会对模特们的健康造成威胁。[35]诸如此类的情况，通过法律救济都很难教人满意。因为成本问题（比如禁止国外公司会增加其他成本），而且很容易使"不道德的"商人逃之夭夭。[35]

经济学家经常这样比喻：人们用美元来投票，决定要生产什么，并声称这是一个"民主"的过程。这是不合乎逻辑的，因为美元的分配是不平等的，有些人生来就比其他人拥有更多"选票"，这个过程不可能是民主的。[36]这也是主张将一些决策从市场领域转移到政治领域的另一个理由。市场上，富人比穷人拥有更多的"选票"，因此他们的需求占主导地位。而政治参与决策可以纠正这种不平衡。

监管俘获

然而，考察到收入和财富的高度集中，对公共利益的监管很难简单进行，因为游说团体花了大价钱怂恿政治家。在"糖衣炮弹"的攻击下，政治家常为一些特定利益集团服务。因此，当游说者以牺牲社会为代价为其成员谋取利益时，民众的共同利益就会受到损害。[37]此外，富人通常会大量投资影响政治进程的社会运动，而普通公民尽管人数比富人多得多，但影响力却很小。[38]这种不平衡的激励结构使得跨国公司有可能占据上风，并说服监管机构改变竞争环境，使其有利于自己。（见图表8.2）政府罔顾公共利益，而以公谋利，推动私人利益的发展，这种行为就被称为"监管俘获"，在经济体中它已经占据了巨大比例。

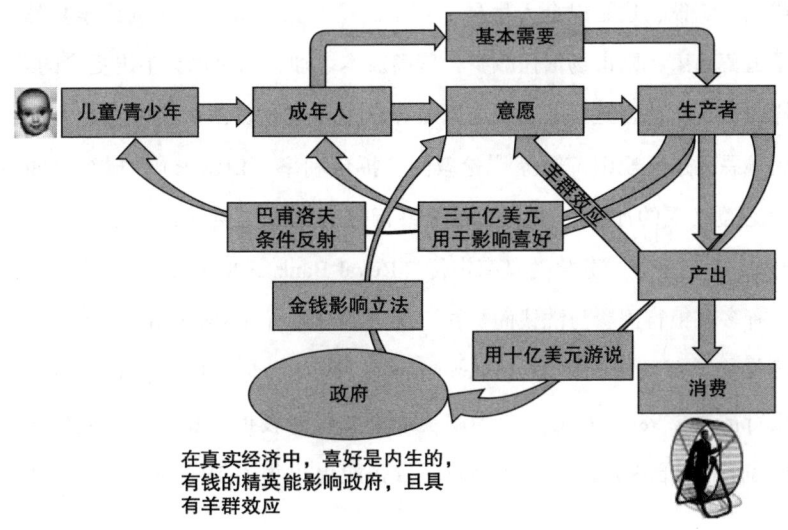

图表 8.2 企业不惜成本，确保竞争环境向利己方向倾斜

　　商界可以为合作的监管者提供另一种激励——高薪返聘职位。[39]当政府机构服从于公司利益，比如在金融救助时，它们对公共利益的保护就会沦为空谈。[40]官员们弃政从商的现象叫"旋转门"。例如，身为财政部长的蒂莫西·盖特纳（Timothy Geithner）竭尽所能地拯救金融业，使其有利于银行家，却肆意无视民众利益。[41]后来，他从政府离职，"走穴"到一家对冲基金公司并位居显要，薪酬丰厚，年薪可能远远高于以前的终身收入。这还不是全部，一家他之前监管过的银行——摩根大通向他提供了信贷额度，方便他增加个人投资。[42]这种互相利用的伎俩只能说它不道德，但一切又都是合法的。他当年作为财政部长时制定的政策也被这样的预期所左右，也就是说，只要他打好每一张牌，就能获得丰厚的回报。很显然，对他来说，普通人没有利用价值。

道德约束

失去了道德的约束,自由市场就无法良性运作,因为法律不足以维持有序的交易。如果市场缺乏普遍的信任,交易成本就会迅速增加。而在过去,基督教"十诫"很好地服务了资本主义,有效阻止了机会主义行为。那时候,人们认为说谎、欺骗、偷窃是不道德的,人不能欺骗无所不知的上帝。如果一个人违反了规定,他在来世将被打入地狱或困于炼狱,这足以令人生畏。有了道德约束,机会主义的成本自然增加;反之,没了道德约束,则市场信任减少,营商成本增加,同时也会生出更多的欺骗。

这样的例子比比皆是:威瑞森通讯对客户过高地收费,[43]银行非法地开展止赎权交易,毫无顾忌地违反规则,等等。[44]伦敦同业拆借利率(LIBOR)① 操纵丑闻只是机会主义行为泛滥表现的冰山一角,巴克莱银行被罚 4.5 亿美元,瑞士联合银行(UBS Bank)被罚 12 亿美元、苏格兰皇家银行(Royal Bank of Scotland)被罚 6.1 亿美元。[45]另外,还有多家银行因参与洗钱而被罚:英国渣打银行(Standard Chartered Group)被罚 3.4 亿美元,[46]荷兰国际集团(Internationale Nederlanden Group)被罚 6.19 亿美元、巴克莱银行被罚 2.98 亿美元。[47]"为解决刑事和民事投诉,葛兰素史克公司还支付了 7.5 亿美元,部分原因是该公司多年来明目张胆地出售不卫生的婴儿药膏和无效的抗抑郁药。"[48]

安杰洛·莫西洛在 2006 年 4 月 17 日的一封电子邮件中谈到他所在银行出售的一笔抵押贷款,他写道:"在我的职业生涯里,从未见过更'毒'的产品。"[49]但这并没有阻止他继续销售并大发其财。CNN 将他列为金融危机十大元凶之一。[50]富国银行为提高高管奖金,创建了数以百万计的假账户。[51]随后,富国银行也没有退还保险金,因而欺骗了客户,之后甚至还被发现操纵外汇,[52]这种疯狂的欺诈行为涉及数千名雇员。[53]

以上都不是普通的骗局,当像富国银行和大众汽车这样的标志性公司通过肆意欺骗客户来实现利润最大化时,我们也就知道涡轮式资本主义不对劲了。这些骗局公然

---

① 同业拆借利率指的是银行同业之间的短期资金借贷利率。它有两个利率,拆进利率表示银行愿意借款的利率,拆出利率表示银行愿意贷款的利率。一家银行的拆进(借款)实际上也是另一家银行的拆出(贷款)。同一家银行的拆进和拆出利率的利差就是银行的收益。

违反法律，并且长期内成功的可能性很低。然而，只要高管们愿意冒险，就有成千上万的"共犯"愿意执行他们的指令。如果在一个道德具有约束力的时代，这种厚颜无耻地欺骗数百万客户的事件是绝不可能实现的。

市场失灵

如果市场效率低下，即不能实现最佳生产和最佳消费时，就会存在市场失灵。有些人原本可以在不使其他人变得更糟的情况下获得更好的生活。市场失灵是由很多因素造成的，比如市场要素（如人力资本）缺失、共同财产（如大气、海洋）、外部性（如污染）、不完全信息、共谋、交易成本、机会主义行为（如欺骗）、腐败、歧视、市场权力、非法活动、不完全资本市场（如抵押品不足）、完全垄断、寡头垄断，等等。因此，大多数情况下，市场效率比想象中的低得多。[54] 许多人错误地认为竞争足以使市场有效，而上述诸多原因表明，竞争并不是市场有效的充分条件。一旦接受了这个常识性的推论，我们就可以设计出可改善市场结果的方法，并向社会最优化靠拢，这是摆在我们面前的任务。提高经济效率应该是政府政策的主要目标之一，单靠市场是不够的，这需要社会群体的共同努力。

市场失灵也困扰着美国的教育体系，它导致大量的学生无法获得体面的教育。这些学生很无助，因为他们无法用未来的收入做抵押来贷款，以供自己上更好的学校。这导致了效率低下，也是人力资源的巨大浪费，因为他们的终身净收入将比他们本可以获得的要少。

剥削

"剥削"这一概念在传统经济学中并不存在。然而，就市场中存在的机会主义行为和信息不对称而言，由于智商是正态分布的，为了理解一些人是如何被利用的，剥削便成了一个有用的经济学概念。如果在交易中一方为了增加利润而故意欺骗或误导另一方，则该交易存在剥削性。以这种不公平的方式利用对方的人可以说是在利用对方的弱点，其弱点可能来自不对称的信息或不对等的认知能力。交易双方的这种关系构成了掠夺型资本主义的基础。[55] 就像是在一个有夹层的牌桌上肆无忌惮地玩扑克，拥有更可靠信息和更狡猾的"人才",在市场上更有优势,他们可以利用这一优势疯狂掘利。[56]

这种不平等的交易在2008年金融危机前夕尤为猖獗。掠夺性贷款涉及"不现实的还款条件下的大额度放款""过高收费中不合情理的服务成本及其涉及的信贷与利率风险""滥用托收惯例""超高利率""欺诈""无抵押的贷款"和"股权剥离"等。[57] 美国最大的次级抵押贷款机构美利凯斯特抵押(Ameriquest Mortgage)被指控违法操作,"在贷款条款中欺骗借款者、伪造文件、虚假评估以及捏造借款者收入使无力偿贷者符合借款条件。"[58] 该机构被罚款3.25亿美元。然而,没有人为此受到欺诈罪指控。

时间和空间

时间和空间的重要性在传统经济学中没有得到充分的重视。然而,它们对于理解为什么真实市场通常效率低下却至关重要,因为它们会增加交易成本,使获取信息变得更加困难。近年来,得益于新经济地理学的发展,经济活动的集聚性以及由此产生的区域差异得到了关注。[59]

与其他资源不同,时间具有6个独有特征:(1)在人的整个生命过程中被"平等地"分配;(2)是每一个经济交易中的基本要素;(3)没有替代物;(4)不能被借让;(5)不能积累;(6)只向一个方向运动。这些独有的特征导致低效、毁约和路径依赖,对市场的平稳和有效运作构成了不可逾越的障碍。

路径依赖

路径依赖,或顺序决策,是指决策行为不仅受今天的客观条件影响,也受到昨天做出的不可逆决策的影响。因此,受早期决策的限制,我们的投资或消费决策可能是无效的。先前的决定对今天的决定起着约束作用。新技术的实施、新机构的建立以及新法律或新社会规范的采纳通常不是孤立发生的。相反,随着时间的推移,它们会产生一系列问题。

问题在于,消费者和生产者都面临着不确定的未来,他们都无法得到绝对完美的预测结果,从而也就不知道技术、体制、法律、条令或经济的其他特征将如何随着时间的推移而发展。因此,他们的决定基于当前的知识,而这些最初的选择可能将他们锁定在一条指定的发展道路上,这样在未来,最佳技术或最佳制度就有可能不再可得。因此,自由市场即使有着完美的竞争,也可能不会产生最佳的结果。

主流经济学理论认为,竞争将保证最好的技术占上风,从而保证了最佳的市场结果,而低级技术无利可图,并会被淘汰。不过,这一理论忽视了实时技术变革在缺乏完全信息和完美预测条件下的复杂性、不确定性和连续性。技术变革是一个进化过程,因此,基于单一静态决策的模型是不现实的。当做出初始关键决策时,初始技术的未来分支尚不明显。时间只向一个方向移动,大多数过程是不可逆的。如一旦对大型基础设施项目(如公路、铁路或水坝)进行投资,就不可能再改变它们。

通常的假设是,企业决定在时间 T 进行投资,并期望在未来,比如两年后的时间 $T+2$ 时间点获得回报。(见图表8.3)有了这样完美的预测,最佳选择就像是"简单选择":企业将选择回报最大的技术 A。大多数经济学入门教科书中,都是用这种简单思维建构问题的。

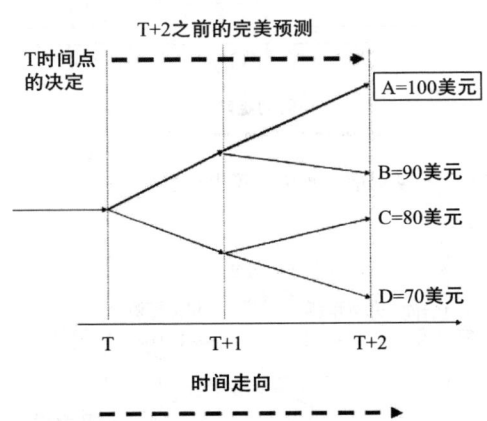

图表 8.3 可以完美预测的"二期提前"投资决策很容易

然而,如果在时间 T, $T+2$ 时存在的技术还是未知的条件下,那么结果就是不同的。假设在 T 时只有 $T+1$ 处的选项是已知的,并且只对 $T+1$ 之前有绝对完美预测。(见图表8.4)换言之,此时企业在不知道技术 E 和 F 的技术分支的情况下做出投资决策。在这种情况下,最佳选择显然是 F。在 $T+1$ 时,完美的预测模型和路径依赖(依顺序选择)

过程之间的差异变得明显。因为在 $T+1$ 时，技术 E 有了分支 A 和 B，技术 F 有了分支 C 和 D，这在 T 时是未知的。(见图表 8.5) 在选择了 F 之后，公司就无法采用最优技术 A，因此"锁定"在 C 和 D 之间。在这种情况下，只要达不到 A，理性选择就变成 C。(见图表 8.5) 简言之，虽然每个时期都选择了最优方案，但只有一个时间段是可以预见的，这一时间段将预判锁定在一个低级技术 C 中。[60]这与新古典主义的假设，即优化理性投资者将获得最佳结果大不相同。在路径依赖框架中，所达到的平衡处可能效率很低。拿微软的 Windows 系统来说，在上述理论下，它很可能不会是全世界电脑系统的最佳选择。然而，它因为赢得了天时，可以先发制人，从而赢得了竞争，雄霸天下。

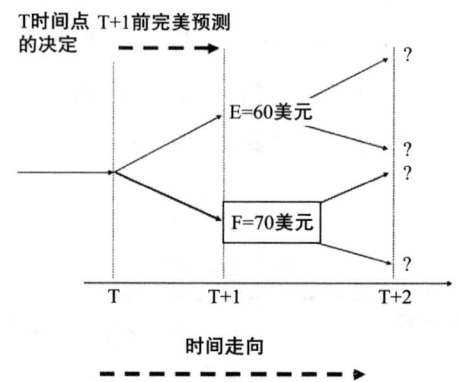

图表 8.4 可以完美预测的"一期提前"投资决策也很容易

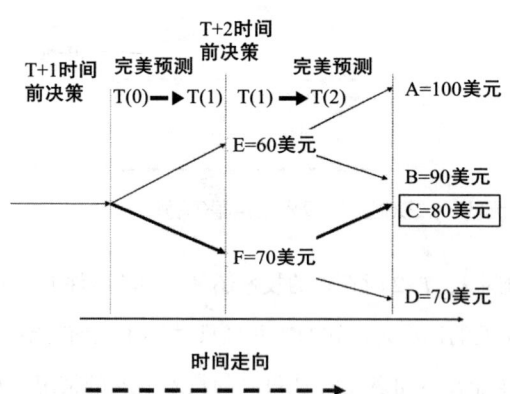

图表 8.5 依顺序决策的存在让最优技术"A"不再可行

可以肯定的是，在某些情况下，选择 F 的决定是可逆的，公司可以在 $T+2$ 时转向技术 A，前提是它支付达到这一点所需的投资。但是只有当使用 C 技术和 A 技术的成本差别低于 20 美元时，这种转向才有意义。此外，不管转换成本如何，既得利益者（如通过政治游说）也能够阻止其发展到 E 的社会最优状态。

这种路径依赖模型也适用于技术变革以外的其他类型的连续决策，包括机构变革或教育投资。假设 30 年前，因为没有大学学位也可以找到体面的工作，高中毕业生会决定不上大学。然而，他们可能会在 30 年后发现，不上大学的决定并不理想，因为技术的发展使他们的高中文凭一文不值。而到了 50 岁，再作改变，考回大学重造，通常是不可行的。这确实发生在数百万人身上。因此，在缺乏完美预测的依顺序选择决策的框架中，不能保证人们能够做出最优的投资决策。

另一个问题是，网络外部性[①]也意味着，尽管一项技术不够优越，抢先采用它也可以带来足够的好处，因此它可以赢得与后来因采用人数少而成本高昂的新技术的竞争。其原因是，随着人们采用一项技术，该技术的生产成本会下降，先发优势将持续存在，从而对其他尽管更先进的新技术进入市场形成障碍。

学会循序渐进地制订计划，是在经济体中成长并取得成功的重要组成部分。拿职业规划来说，一个人应该提前很多年，比如在高中阶段，就规划好未来职业方向，从而选择合适的课程。除此以外，还应在业余时间适当体验就业，使自己的素质符合未来工作需要。一个人不能拍脑袋说要当医生就立刻能实现，要经过多年的规划和努力。购买房屋等投资策略需要提前数年就规划好，为支付首付做准备，这意味着在此过程中要付出很多。为达到这些目标所需的战略规划和毅力必须通过很长一段时间内的学习和实践来落实。这种决策比典型的单周期优化问题复杂得多。穷人被困在贫困文化中，部分原因是他们没有机会在人生早期学习一些技能，尤其是那些在功能失调的家庭中长大的孩子，他们生活在功能失调的社区，所在学校的运转也通常不正常。

[①] 网络外部性是新经济中的重要概念，指连接到一个网络的价值取决于已经连接到该网络的用户数量。用户人数越多，得到的效用就越大。

限量和标准

通过去集中化的市场去设定限量和标准是极其困难的。市场无法设定限量——餐馆里的大份食物导致肥胖流行;零售商店数量众多,却大多时候无人光顾。多种资源未被充分利用,造成低效。此外,一般认为,市场提供的选择越多,对我们就越好。然而,心理学家巴里·施瓦茨(Barry Schwartz)指出,好东西过多反而徒增烦恼。就比如说,如果货架上陈列的沙拉酱达数百种,反而会削弱我们做出明智选择的能力,从而降低福利。[61]他指出"多即是少",在商品过于丰富的情况下,消费者为了掌握产品信息需要花费太多的时间和精力,这是传统理论所忽视的。

一般来说,市场自身不会找到合适的限量,亚里士多德在过剩和不足这两个极端之间的"黄金均值"是不可能作为竞争均衡点运用到实际市场中的。这就是为什么我们有太多的产品、太多的选择、太多的餐厅、太多的信用卡和太多的债务等,这都要拜竞争所赐。

第九章

微观经济学在课堂内外的应用

> 洗脑……不尊重人们的自主权，是对他们尊严的践踏。
>
> ——凯斯·桑斯坦

现在我们来分析真实世界经济中的典型问题。这些问题在标准教科书中一般采用完全竞争模型进行分析，而我们认为这样的模型所构建的经济关系与当今世界无关，因此采用了以不完全竞争为特征的模型，并得到了明显不同的结论。

最低工资是个好东西

虽然最低工资标准的名声欠佳，但其实它可以是很好的经济手段。在主流教科书里，它被认为是对市场的干预，所以会导致效率低下。因为最低工资政策提高了非熟练劳动力的价格，提高了用人成本，使企业需要的工人更少，从而导致了低工资水平工人的失业。这是一个简单的供需问题。在一个没有利润，也没有失业的完全竞争的市场中，这是正确的。然而，在一定能盈利的寡头垄断公司所主导的当今经济体中，这种模型根本不适用。在当今的市场中，工资的增长来自利润，因此提高最低工资不会造成失业。[1]难怪没有证据表明最低工资会导致失业。[2]联邦最低工资在1968年达到峰值11.20美元（以2017年美元计算），但在2017年仅为7.25美元，降幅约为35%。由于许多州和城市将最低工资标准定得高于联邦水平，以至于这一如此低的标准在许多地方根本没有约束力。[3]

寡头公司雇用了220万处于最低及低于最低工资水平的员工。[4]虽然麦当劳与其他快餐连锁店竞争，但它仍能盈利，因为它店铺选址好，具有品牌知名度，并且拥有独特的菜品。因此，当2009年7月最低工资提高至7.25美元（提高了0.70美元）时，麦当劳并没有提高巨无霸汉堡包的售价。它可以将工资的小幅增长放到利润中消化（每个巨无霸大概2美分）。麦当劳知道自己一天能卖出3,000个巨无霸，（见图表9.1中的"Q"）并知道生产这个数量需要40名员工。只要想满足3,000个巨无霸的需求，麦当劳公司就需要这40名员工。因此，它不会裁员。（见图表9.1）所以如果采用更现实的模型，那最低工资不会导致寡头垄断行业的工人失业，而是导致从利润到工资的收入再分配。因此，不完全竞争的模型比完全竞争的模型更能反应当今低薪行业的实际运作情况。

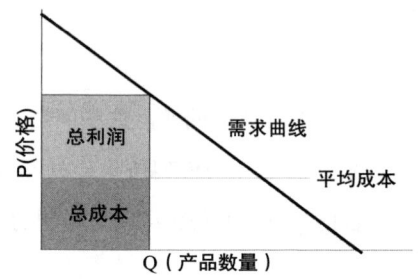

图表9.1 无固定成本的准垄断企业利润

亚当·斯密认识到，商人往往抱怨工资对销售的影响，却没认识到首席执行官的薪酬和公司利润对销售有着同样的影响：

> 我们的商人和老板抱怨高工资的不利影响，认为高工资会提高商品价格，减少商品的销量，而对高利润的不利影响却只字未提，对自己所获利益的恶果更是保持沉默。他们只知道抱怨他人获得了利益。[5]

那些抱怨最低工资的人却对首席执行官的超高收入保持沉默。麦当劳的前首席执行官史蒂夫·伊斯特布鲁克（Steve Easterbrook）在2016年以1,500万美元的身价离开公司。[6]相对于这一阶层的主流薪资水平来说，这并不算个大数字，但如果参照其员工微薄的7.25美元时薪来看，这绝非一个小数字。

无论怎样，在最低工资或接近最低工资的收入水平上，贫穷的劳动力都过着勉强糊口的生活。[7]以最低工资计算的全职工人年收入约为15,000美元，低于单亲家庭母亲的贫困水平（16,000美元）。[8]此外，最低工资法也存在例外，如2016年，有70万人的工资处于最低工资水平，还有150万人的工资甚至低于最低工资，其中许多人靠小费收入生活，希望小费能来弥补这一差额。[9]这让我们想到，2017年约2,000万工人的收入低于1968年的最低工资（时薪11.20美元，以2017年美元计算）。这表明了我们陷入低工资经济的程度。

在本地范围内，那些以最低工资雇用员工的企业在劳动力市场的支配力，是劳动力不完全竞争市场的另一方面。这样的市场使得许多青少年、穷人、通勤不便及寻找兼职的人往往只能在住家附近谋职，而不能去外地。这意味着这些当地企业将市场牢牢把控，并在设定工资方面也有极强的支配力，这就是所谓的垄断力量。而这种市场支配力不是用来确定商品价格，而是用来确定工资水平。寡头企业知道当地工人无法负担去外地寻找工作的成本，因而给出低于市场价格的工资。[10]这一问题目前相当普遍，尤其是在农村地区，这些地方招工企业少，少数的这些企业支配力更大，它们压低工资幅度高达15%—25%。[11]

最低工资政策将利润中的一部分钱转移给了工人，基本上是一种收入再分配政策。这种政策常被用到其他与工资相关的基准上，提高最低工资也会导致其他工人工资增加。因此，最低工资政策除了使一些家庭摆脱赤贫外，对劳动力市场也有积极影响。

价格管制会是好事

在主流观点中，所有价格管制都被认为是有害的。主流经济学家认为，这种管制会造成供不应求或产品质量下降。但是，满足所有人的基本需求是社会和政治的合理关切，是市场本身无法始终保证的功能。例如，在石油禁运期间（1973年），富人更容易获得汽油，这似乎不公平。然而，食品、汽油等生活必需品价格的上涨，对穷人的影响远大于富人。类似的因市场造成的不利后果，需要政府去关注。

除道德方面的影响外，基本商品分配不均还可能破坏社会稳定。在汽油短缺的情况下，使用排队机制配给似乎更公平。也就是说，在这种紧急情况下，时间作为配给手段更为公平。此时，汽油竞争将更为公平。虽然有钱人会因为排队买汽油而加重负担，但贫困劳动者的负担也因此加重了，因为他们买不起价格过高的汽油，因此无法去沃尔玛上班。[12]总之，在供应短缺的情况下，让市场分配基本需求是不可取的。医疗保健品也是如此。[13]

价格上限还可以诱导垄断企业和寡头垄断企业降低价格、增加产量、按更接近社会最优产量的数量生产，从而增加社会福利。（见图表 9.2）这对于漫天要价问题泛滥的制药行业很适当。这个行业正在利用它的垄断权给那些负担不起药费的人带来不可估量的伤害。如臭名昭著的马丁·什克雷（Martin Shkreli）一夜之间将一种疟疾药物的价格从 13.50 美元提高到 750 美元，他因为另一项欺诈投资者的罪名，正面临 7 年监禁。希瑟·布雷希（Heather Bresch）同样无缘无故地将抗过敏注射剂 EpiPen 的价格从 100 美元提高到 600 美元。[14]他利用了人们的迫切需要，滥用了垄断权力，这种行为是可耻的。一位立法者称漫天要价"令人发指"。[15]

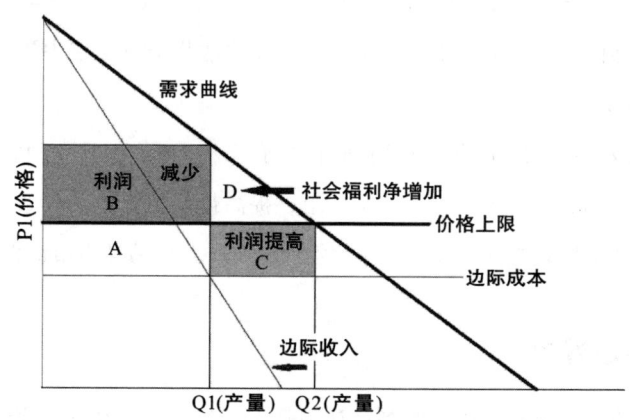

图表 9.2 价格上限对无固定成本垄断企业的影响

图表 9.2 展示了上述垄断者的利润变化情况。如图，公司生产的药品初始利润最大化量为 Q(1)。其收入为 P(1)×Q(1)，此时，其利润为 A+B 部分，是其高于边际生产成本的收益。如果政府设定价格上限，利润将减掉 B 部分。但是，因为新价格仍高于边际成本，且适合扩大产量，于是企业将产量将增加到 Q(2)，并带来额外的利润，即 C 部分。由于 C 比 B 小，使得企业利润下降了一部分（即 C-B 部分）。由于

更多的人享受了较低的药品价格，最终消费者获益了，所以可以说 B 部分是企业向消费者转移的资金。此外，消费者也获得了三角区域 D。不难看出，价格上限作用包括：(1) 减少了制药公司的利润，即 B-C 部分；(2) 转移了公司的资金给消费者，即 B 部分；(3) 消费者获益，即 B+D 部分；以及 (4) 社会福利有增加，即 D 部分，这部分就是社会净收益。

工会与反补贴权

工会通常在经济学教科书里被忽视，它们也与最低工资一样被妖魔化，被视为特殊利益集团对劳动力市场的不恰当干预。主流理论认为将工会成员的工资提高到高于市场决定的"正确"工资是低效的办法，这样会增加失业率。[16]同样，这种逻辑只有在完全竞争的市场中才成立，但在这样的市场中工会根本就不存在。恰恰相反，工会一直局限于寡头垄断的行业，因为这些行业产生了可观的利润。工会在公共部门也风生水起，因为公共部门的工资是通过行政手段而非生产效益决定的。

竞争对手寥寥无几的公司可坐收寡头垄断利润。2017 年，苹果赚了 480 亿美元，沃尔玛赚了 150 亿美元。这类企业的利润可以通过图表 9.3 来刻画。其中，该企业市场需求的产品量可以由 7 名工人生产。因为这家企业有市场实力，为了能把商品卖出更高价格，它的产量比完全竞争型企业要少。若工人工资为 8 美元/小时，他们的边际产值高于工资，为 12 美元/小时。工会的作用是从利润，即 8 美元和 12 美元的差额中抽取一部分，然后通过谈判将工资提高，比方说，提高到 9 美元。请注意，对于这一寡头垄断企业而言，因为产品需求量不会改变，工人数量也保持在 7 名。因此，将工资提高到 9 美元不会影响就业水平，只会减少公司的利润。所以，工会利用其抗争权力，使工人能够获得一些利润，从而捍卫更公平的收入分配规则。

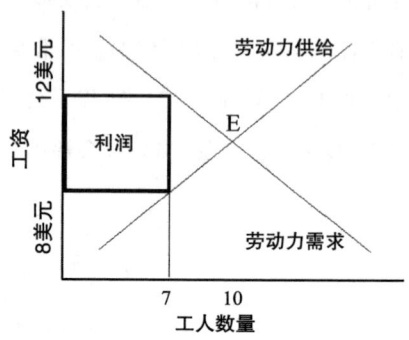

图表 9.3 雇用 7 名工人的寡头垄断企业的利润

没有证据表明工会会造成失业。失业率的波动取决于商业周期，而非工会。自 1981 年工会衰落以来，权力和利润被重新分配给了企业管理层。如第七章所述，工会谈判能力的下降可以作为以下几个现象的最合理的解释：(1) 1980 年后生产率和工资的差异（见图表 7.1）；(2) 自 1973 年以来男性的收入中位数以及自 2000 年以来女性的收入中位数均停滞不前（见图表 7.2）；(3) 自 2000 年以来，家庭收入中位数停滞不前。在 21 世纪的前 16 年里，家庭收入中位数仅小幅增加了 495 美元，而非裔美国人的家庭收入甚至有所下降。（见表 9.1）奇怪的是，在同一时期，所有学历群体的家庭收入都有所下降。（见图表 9.4）因此，这一小幅增长一定是由于家庭总数中高等教育群体的增加造成的。

表 9.1 2000 年以后家庭收入变化（以 2016 年美元计算）

年份	全部	白人	非裔	亚裔	拉丁裔
2000	58,544	61,229	41,363	77,738	46,244
2016	59,039	61,858	39,490	80,822	47,675
增长	495	629	−1,873	3,084	1,431
年均增长	31	39	−117	193	89

资料来源：美国人口普查局，表 H-5（https://www.census.gov/data/tables/time-series/demo/income-poverty/historical-income-households.html）

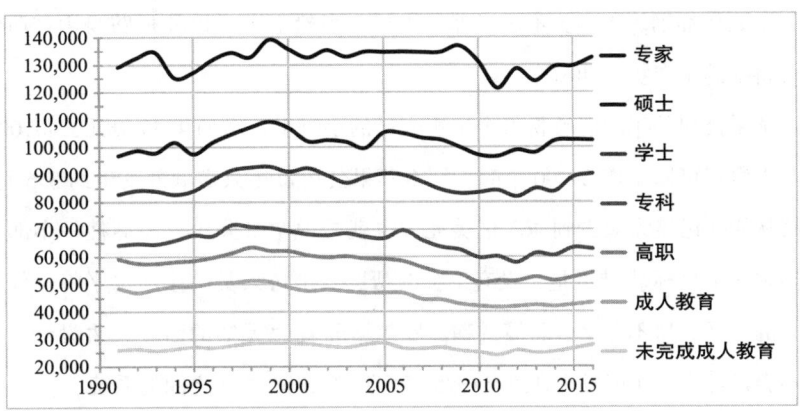

图表 9.4 按学历分列的家庭实际收入中位数（以 2016 年美元计算）
资料来源：美国人口普查局，表 H-13（https://www.census.gov/data/tables/time-series/demo/income-poverty/historical-income-households.html.）

以苹果公司的工资结构为例，其首席执行官蒂姆·库克（Tim Cook）的净资产约为 4 亿美元。他在 2011 年拿到了 90 万美元的薪水，并在 10 年内获得了 5 亿美元的股票红利。因此，他的年收入约为 5,100 万美元。该公司的几位副总裁在 10 年的时间里拿到的薪水约 70 万美元，股票收益达到约 3,000 万美元的水平。[17]他们的高薪与销售人员乔丹·戈尔森（Jordan Golson）的工资形成鲜明对比，后者在三个月的时间售出了价值 75 万美元的苹果产品，只赚取 11.25 美元的时薪（2012 年），还没有任何奖金，也没有股票期权收益。[18]我们不知道库克和戈尔森的工资是否接近他们的边际产出，我猜想苹果公司也不知道。但常识告诉我，两者的工资都不可能接近他们边际产出的价值，因为这是一种联合产出：没有库克，苹果公司就不可能生存；但同样，没有戈尔森这样的推销员，公司也无法运转。后者的工资很低，因为就业不足率对他的工资设了上限；而库克的工资受到保护，免受劳动力市场的竞争，尽管许多人愿意以更低的薪水来做这份工作。在找人接替库克工作的时候，苹果公司不会登招聘广告，不会寻找有竞争力的出价，没有拍卖商会去寻找出价最低的竞标人。此外，苹果公司给库克和戈尔森开出的工资也都不公平。戈尔森的工资仅为他所售商品价值的 0.7%。如果苹果公司有工会的话，它就可以把戈尔森的工资提高到一个层次，比如每小时 15.60 美元（即蒂芙尼公司销售人员的工资额），这将使戈尔森的工资增加到其销售额的 1%。

这点钱无论如何都不算太多，不足以养家糊口，当然更不足以使他跻身中产阶级，但却意味着将他的工资提高40%。

假设苹果公司的工会能够将每个销售人员的小时工资增加4.35美元，40,000名销售人员每人每年可以工作2,000小时，那么苹果公司每年只需额外支出约3.5亿美元，其利润将从480亿美元减少到465亿美元，也就是说苹果公司只需牺牲一小部分利润就可以实现这个目标。[19]结论是，没有工会的帮助，销售人员的生活水平将仅仅维持在贫困工人的水平。这不公平，就算约翰·罗尔斯隔着"无知的面纱"去设计系统，他也肯定不会设计出一个时薪差距在11.25美元到25,000美元之间的系统。

如果按照主流观点，即工会压低了其他工人的工资，人们会认为，非工会工人的平均工资会随着工会的减少而增加。然而，这一想法太离谱了，事实是，只有女性的工资一直在增加。并且，自1998年以来，即使是女性的工资也几乎停滞不前。这一推论是有道理的，因为工会失能，工人不得不在劳动力市场上自谋生路，收入也一直停滞不前。而在劳动力市场上，普遍存在的失业给工资带来了下行压力，却使企业能够获得更多利润。

工会的另一个重要作用是在大企业面前支持政府，从而保持权力平衡。只要劳工组织有一定影响力，他们就可以联合政府，不让大企业占上风。政府本身无法维持经济中的权力平衡，除非企业权力被其他抗衡力量左右，否则其政治影响力自然会因其庞大的财政资源而增长。然而，随着工会影响力的消失，政府本身无法阻止大企业占据上风。原因很简单：大企业有政客们竞选连任所需要的东西——钱。因此，企业财富被用来游说和贿赂，并使政府屈从于企业的利益。例如，在2014年至2016年间，制药行业为游说国会议员花费的资金达到1.06亿美元。类鸦片药物生产商给国会议员汤姆·马里诺（Tom Marino，犹他州共和党人）和参议员奥林·哈奇（Orrin Hatc，犹他州共和党人）分别输送了10万美元和17.7万美元，以便在国会通过一项法案，使得其利润增加——尽管截至2016年，肆意流行的类鸦片药物已经夺去了20万人的生命。[20]这就是所谓的监管俘获。通俗地说，也就是所谓的贿赂或合法腐败。

一旦大的劳工组织被取缔，亦没有其他机构可以取代，权力的平衡就会被打破。随着时间的推移，财富产生财富，权力产生权力，经济不平等进而导致政治不平等。

大企业获得了战略优势后，因其资金充裕，就能够左右政治家，并雇用经济学家支持他们的意识形态，这样，放松监管可能会全面展开。因此，到了21世纪，立法者已经可以完全无视普遍意愿，而一味迎合富人的喜好。[21] 这就导致了财阀当政（plutocracy）。[22]

美国医学会是卡特尔

卡特尔是一个组织，它集聚集体力量以促进其在市场上的竞争性经济优势。极具影响力的美国医学会（AMA）就是一个打着培养优秀医疗保健人才的旗号限制竞争的卡特尔组织。[23] 其作用与其他卡特尔一样，它通过限制医生数量，将医生的工资提高到竞争水平之上。尽管医生短缺，（见图表9.5）但医学院的申请者中只有一半能被录取，

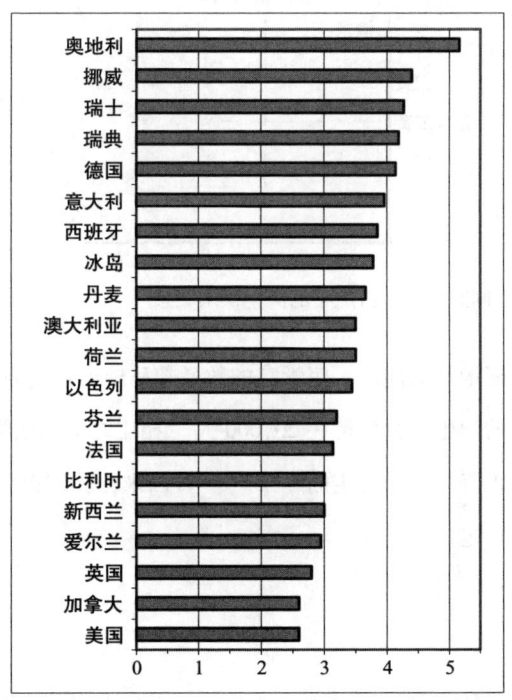

图表 9.5 每千人中的医生数量（2016年）

资料来源：经合组织2016年健康数据（http：//www.stats.oecd.org/Index.aspx？DataSetCode = HEALTH_REAC.）

毫无疑问，录取者均为其中最优秀的分子。[24]因此，美国医生的收入是其他富裕国家同行的两到五倍。

如果要将国民人均医生数量增加到挪威的水平，美国的医生数量必须增加至少60万！[25]与约82万名医生（2016年）相比，医生人数将增加约75%。[26]毋庸置疑，这将给医疗费用带来下行压力，并将美国人口的健康水平提高到欧洲水平。

美国医学会限制了医学院的数量以及它们的学生录取数量。（见图表9.6）由于美国医学会将医生人数限制在N（82万），因此医生人数少于竞争均衡时的人数N′（140万），造成医生的收入高于竞争水平，达到20万美元，而在德国和加拿大，医生的收入是10万美元。[27]另外，美国医学院院长的平均工资是40万美元，其中25%的人收入超过50万美元。[28]

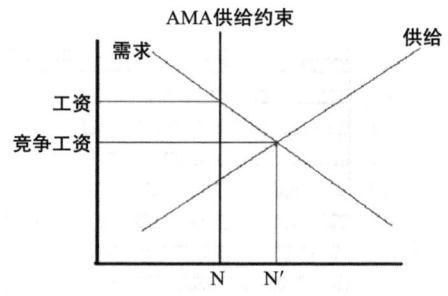

图表9.6 美国医学会限制医生数量情况下的医生供求关系

在法学院数量不断增加的同时，医学院的数量却呈现出相反的趋势。美国只有141所医学院，每年录取的学生人数保持在20,000人。[29]相比之下，法学院有205所，远多于医学院，而律师的工资只约为医生的一半。[30]一直以来，美国医学会都是通过限制医生数量来实现收入的稳定。[31]

歧视是有害的

只在黑板上讲得通的那些经济学理论认为，歧视是无害的，因为竞争的魔力最终会战胜它。新古典主义的假设是，那些受到歧视的人愿意为更少的薪资而工作，所以他们会被不歧视他们的企业雇用，因此这些企业将能够以更低的价格提供产品，从而将存在歧视的企业赶出市场。[32]因此市场的魔力在于，歧视是可以自我纠正的。在这种"爱丽丝梦游仙境"式的经济中，企业之间不存在同行压力，不需要为了对付受压迫的群体而保持统一战线。非裔美国人就是这样的一个受压迫的群体，他们遭受了长达数个世纪的恶意种族歧视。

歧视持续存在的原因之一是，它早在教育系统中就已经开始了，因此少数族群进入劳动力市场时处于明显的不利地位——如果他们没有被困在"校园—监狱"这一通道的话。此外，强制执行歧视准则的社会压力往往很大，以致于从一开始就没有任何非歧视性企业与歧视性企业竞争。当然，在阿拉巴马州蒙哥马利市，没有一家公交车公司会与那些让罗莎·帕克斯（Rosa Parks）坐在车后座的公交车公司①竞争。在北卡罗莱纳州的格林斯博罗，没有一家公司会与伍尔沃思（Woolworths）公司竞争，为白人和黑人提供服务。

此外，非裔和白人之间的工资差距不仅持续存在，甚至越来越大。1979年，非裔男性收入比白人低20%，非裔女性收入比白人低5%，但到2016年，这一差距分别增加到30%和18%。更重要的是，虽然一部分差距可以用受教育程度来解释，但很大部分是歧视造成的。[33]当然，受教育程度的差异也是歧视和贫穷造成的。歧视还会影响代际流动。[34]因此，实证证据与主流经济学家杜撰的情景是矛盾的。[35]

在北卡罗来纳州格林斯博罗市中心的伍尔沃思午餐柜台边，约瑟夫·麦克尼尔、富兰克林·麦凯恩、小埃泽尔·布莱尔和大卫·里士满连点一杯咖啡的权利都没有。②很奇怪，自由市场结构下，消费者坐下来购买咖啡的能力竟取决于他们的肤色。1964年的《公民权利法》规定，他们可以在自己选择的商店里购买咖啡，而咖啡是一个在所谓的自由市场上进行交易的商品。[36]他们点咖啡的权利不是通过非歧视性企业家（从其他企业家的歧视性中获得收入的人）与歧视性企业家之间的竞争获得的。黑板经济学通过编造的理论来提出相反建议的做法简直是荒谬至极。[37]

---

① 罗莎·帕克斯：美国黑人民权行动主义者；让黑人坐公交车后座是美国曾经很普遍的种族歧视行为。
② 此事发生于1960年，后来引发了著名的格林斯博罗静坐示威事件（反种族主义抗议活动），该四人则是此事件的主人公。

收入再分配会有所帮助

贫穷是一种既绝对又相对的匮乏。如果一个家庭连自己的基本需要都得不到满足，这就是绝对匮乏，忽视这种可能性是不道德的。[38]此外，即使一个人的基本需求得到满足，但相对于身边人群的炫耀性消费，他也会感到压力，此刻就是相对匮乏。两种匮乏对社会秩序的冲击力是可以等量齐观的。

针对社会较贫穷阶层的再分配政策可能是出于道德义务、公平感、同情心，或是出于对社会动荡的忧虑。富裕国家穷人的痛苦对第三方造成的不适感是一种负外部性。因此，改善不平等的冲动也可能来自克服这种情绪的愿望。一个人不必一味地追求完全平等，而只需努力创造更公平的收入分配环境，这样就可以使收入分配不那么偏斜，确保所有人（尤其是无法选择自己出生环境的儿童）的至少包括健康和教育在内的基本需求能够得到充分满足，这基本上是北欧国家的资本主义模式。

让45%的单身母亲成为贫穷群体毫无意义，[39]看看排名前50名对冲基金经理的总收入吧，它们合计起来是290亿美元，也就是人均约6亿美元。[40]这种天文数字的工资——实际上是租金——其实是"薪不配位"的：这些人的工作产出其实只值他们当前工资的一小部分。与他们锦衣玉食的生活相对照的，是20%的孩子生活于寒门敝户，这些孩子被剥夺了包括教育在内的各种体面的发展机会，这将给他们的一生带来沉重的负担，进而对未来整个社会产生不利影响。它还导致人力资源的浪费、牢狱负担和福利人口的增加，因此，这种忽视儿童困境而导致的社会代价是无可争辩的。

由于收入的边际效用递减，如果我们将收入从富人重新分配给穷人，社会的总效用就会大大增加。如图表9.7所示。图表中，X轴（OC）代表经济的总收入，两条边际效用曲线将这些美元转化为效用，总收入分配给穷人（即Person 1）和富人（即Person 2）两人。最初，穷人的收入是OA部分，富人的收入是AC部分。初始分布意味着穷人拥有梯形OAED的总效用，而富人的总效用是ACHF。总效用由这两个梯形组成。但这并不是总收入可以产生的最大效用。如果收入均分，那么AB段所代表的金额将从富人转移到穷人，从而将达到最大效用。然后，穷人的总效用增加到OBGD，富人的总效用减少到BCHG。因此，穷人的总效用将增加ABGE，富人的总效用将减少 ABGF，ABGF 也是效用从富人转移到穷人的部分。注意，穷人的收益大于富人的损失，多出的部分为三角形 FGB，这就是社会效用的净收益。

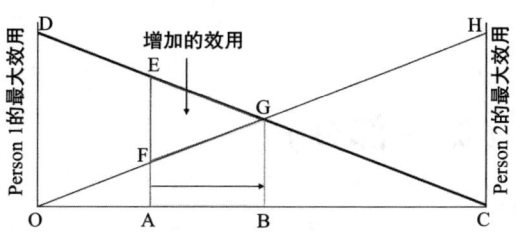

图表 9.7 再分配增加总效用和社会福利

然而，反对再分配的理由是，我们无法比较个人之间的效用水平。诚然，有些人喜欢新鲜橙子，而有些人喜欢其他水果，但可以肯定的是，人们的基本需求没有实质性的不同。一个人的饥饿感与其他人不可能有什么不同，一个人骨折、心力衰竭或牙痛的感觉与其他任何人也基本上是相似的。这意味着收入分配应该使社会中所有成员的基本需求得到满足。然而，尽管传统经济学理论不假思索地假设，在宏观经济模型中，一个单一的代理人可以代表所有人，我们还是放弃了这种假设，因为它意味着社会是同质的。使用这两组假设的习惯其实是不一致的。

第十章

宏观经济学（第一部分）

> 从长远来看，我们都会死去。
>
> ——凯恩斯[1]

到目前为止，我们的分析都专注于微观经济学，即从个体消费者和生产者的角度自下而上地考虑的经济学。现在，我们采用鸟瞰角度，具体而言，从 GNP、货币总量或总需求等综合方面来看待经济。

"救世主"凯恩斯

凯恩斯被誉为"宏观经济学之父"。在 20 世纪 30 年代，他通过直接反对新古典主义先驱，将资本主义的思想基础从纳粹主义、法西斯主义等极权主义意识形态中拯救了出来，引发了一场革命。凯恩斯的天才之处在于，他在保持自由民主基本结构的同时，思想上又具有革命性。也就是说，他同时支持建立资本主义秩序的两大基本支柱——私有财产和带有价格机制的自由市场。他的基本观点是"大萧条"时期，在工业化国家的失业率居高不下、自由市场不能自我调节的情况下，如果仍然坚持古典经济学家的那一套理论，继续等待经济体通过自我调节机制来消除大量失业，那将是荒谬可笑的。这种情况下，旨在恢复均衡的简单反馈机制在消除"普遍过剩"方面存在太多障碍。

建立新的宏观经济均衡所面临的障碍，包括抵押贷款和租赁等长期合同。这些合同规定个人和企业必须在名义上支付一系列款项，且无法调整合同上的承诺和价格，随着价格下降，这些款项的实际价值会迅速膨胀。通货紧缩（一般指物价水平下降），意味着债务成为家庭的更大负担，并拖累经济。这是因为负债的人购买力更低，加剧了经济的低迷，同时总需求量的减少，导致价格将进一步下降，从而阻碍了经济回归均衡，并形成一个恶性循环，使经济增长的势头消失，也使降低失业率遥遥无期。而且，由于债务的实际价值增加，许多企业和个人越来越难以履行其承诺，随之而来的是违约以及破产的浪潮。更不用说，失业人数增加，"萧条期"延长。总之，高失业率导致失望甚至绝望不断积累，而传统经济学家除了建议耐心等待市场自我调节之外，一筹莫展。但是若症状长期不改善，将会对整个资本主义制度构成了威胁。

此外，凯恩斯从根本上否定了"经济人"模型。相反，他认为投资者和消费者都受到了所谓的"动物精神"的影响，他们很容易出现乐观与悲观的心理波动。[2]羊群效应（从众心理）意味着这些情绪波动具有传染性。因此，凯恩斯认为把总需求（经济体中所产生的所有商品和服务的价值）看作价格的稳定函数是不正确的。相反，总需求（或有效需求）是不稳定的，2008年的"大衰退"也证明了这一点。消费者信心和预期可能会大幅波动。（见图表10.1）这意味着总需求随心理因素而波动，并导致GNP和失业率随之变化。

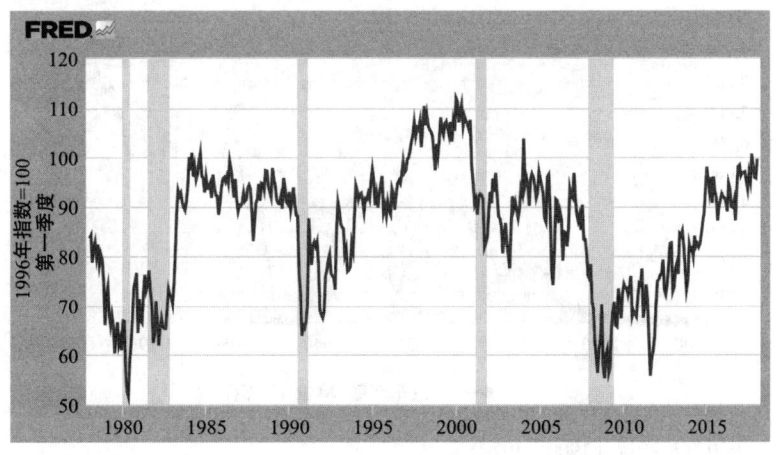

图表10.1 美国消费者信心指数，1996年第一季度指数=100
来源：密歇根大学：消费者信心指数［UMCSENT］，美联储经济数据（FRED），圣路易斯联邦储备银行（http://fred.stlouisfed.org/series/UMCSENT.）

当然，人们对生活必需品的需求不会因动物精神而发生很大变化，但对商业投资和高价消费品（如高档家具、汽车或者别墅等）的需求则会有很大变化。（见图表10.2）例如，人们对汽车的需求从1929年的450万辆下降到1932年的110万辆，但即使在"正常"的和平时期，需求也可能相当不稳定，如从1955年到1958年，汽车的需求量就从790万辆降到450万辆。（见图表10.3）

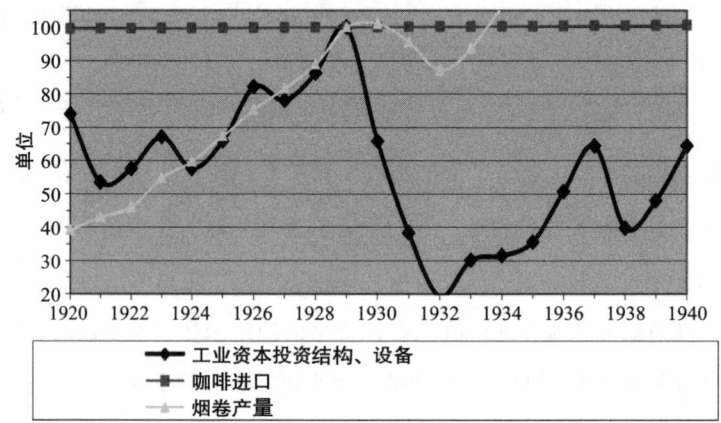

图表10.2 "大萧条"时期的需求波动

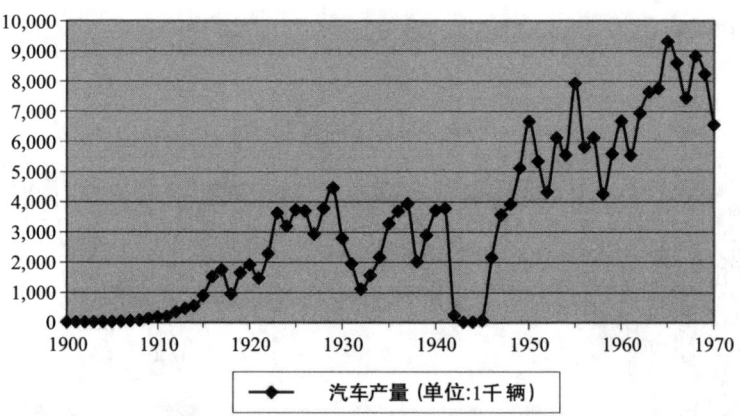

图表10.3 美国汽车产量（1900—1970）

预期也在总需求中发挥作用，只要预期价格下降，消费者就不会购买耐用品，而是会等到价格停止下降。此外，由于心理原因，名义工资无法灵活下降。工人们习惯了自己的名义收入，并会强烈地抵制工资下降，甚至常常会采取暴力。包括租金和抵押贷款在内的很多合同都是以名义形式计价，名义工资下降意味着工人们无法履行那些义务。然而，固定的名义工资和物价水平的下降，意味着员工的实际工资在本该下降的时候上升，从而导致失业水平出现不祥预兆。这就是为什么通缩会对宏观经济产生如此负面的影响，也是美联储在 2008 年金融危机后曾试图避免通缩出现的原因。简而言之，凯恩斯认为，经济体系不像新古典主义经济学家所认为的那样灵活，在相关时间范围内，较低的价格水平并不会实现新的均衡。经济学家称之为粘性工资（sticky wages）。因此，总需求可能会无限期地低于充分就业所需要的水平。

此外，这些问题将不再局限于经济领域，可能还会影响政治。饥饿和贫困威胁着民主的稳定，甚至可能像在俄罗斯、德国和意大利那样推翻民主政权。人们有理由担心，社会秩序瓦解的速度将超过经济体系自我修复的速度。[3] 政治与经济不可避免地交织在一起，特朗普主义的胜利就是明证。

凯恩斯主义财政政策

凯恩斯明白，为了避免经济崩溃，理论需要重大改革。他极具独创性和革命性的见解是，认识到 GDP 由个人消费（C）、企业投资（I）、政府支出（G）和净出口（X-M）（X 代表出口量，M 代表进口量）组成：GDP=C+I+G+（X-M）。这一惊人的简化认识创造了宏观经济学，经济学从此大不一样了。

凯恩斯认为，由于失业率的居高不下和信心不足，C 不会自行增长。同样，企业具有产品的生产能力，但市场对其产品的需求不足。因此，企业家不会增加 I。整个世界经济都陷入萧条，所以 X 也不会增加。因此，只有公式右边的 G 有能力增加需求和 GDP。在这种情况下，任由市场继续挣扎是不负责任的，需要增加政府支出以建立新的均衡。当私人部门支出不足，实际产出和潜在产出之间存在缺口时，公共部门应通过赤字支出来弥补差额。这一关键见解促成了财政政策的诞生。

此外，公共支出，尤其是基础设施方面的支出，将通过乘数效应放大影响。由于政府支出的最初受益者的收入和消费增加，从而带动其他人的收入增加。这是一个简单又精彩的见解：乘数效应将打破失业和通缩的恶性循环，并重建新的充分就业均衡。它还大胆地摒弃了传统分析框架，并且不依赖私营部门通过改变价格和工资的方式来调整经济。经济体系如此不平衡，如果任由其自身发展，市场没有能力去重建一个新的均衡，或者至少无法足够快速地使得大多数人的困苦生活得到改观，就如20世纪30年代所发生的那样。而根据1.6的乘数[4]来估算，如果政府把钱花在食品券、失业救济或基础设施上，[4]这意味着政府为这些项目每花费1美元都会使GNP增加1.6美元。

这个新的激进主义政府所创造的经济体系将是一种更为人道的资本主义形式，它保留了私人财产权和社会等级制度，但将极大地缓解由失业带来的损害和穷窘，同时降低政治不稳定性。这些卓越的见解使凯恩斯成为有史以来最伟大的经济学家之一。

货币政策

凯恩斯主义的另一项重大创新则是在货币政策领域。货币政策是美联储（或任何中央银行）影响经济的重要工具。它的货币调控手段如下：一是通过设定贴现率（即向成员银行收取的贷款利率），可以增加或减少流通中的货币量；二是通过向银行放贷增加货币供应量；三是通过购买国债（也被称为公开市场操作）将更多的货币投入到流通中，或出售国债，以减少流通中的货币数量；此外，美联储可以通过设定存款准备金率来间接影响货币供应，存款准备金率越低，银行可以放贷的钱就越多。在美联储控制基础货币（货币和银行储备）的同时，商业银行则通过贷款来影响货币供应。

在正常情况下，如果经济形势放缓，贴现率下降会产生刺激作用，因为银行也会降低向借款人收取的利率。因此，消费者将受到激励，以信贷的方式购买更多耐用品，如汽车和住房。与此同时，企业会发现借钱投资新设备更加有利可图，从而也增加了经济活动，降低了失业率。因此，利率就像经济的加速器。美联储降低利率，基本上等于踩下了油门；但如果担心通货膨胀的程度将超过2%的基准，美联储则会通过提高利率来抑制经济活动，这就像把脚从油门上移开，踩在刹车上。

这是正常时期的货币机制。然而，它在金融危机时期并不起作用。为了让利率加速器发挥作用，企业和消费者必须愿意借贷。如果消费者举债过度，债务与收入之比过高，并试图去杠杆化①和降低债务负担，那么降低利率就没有效果。同样，如果企

---

① 杠杆化指能够扩大收益及损失的技术。去杠杆化指用股权融资代替债权融资作为企业融资的主导方式或唯一方式。

业产能过剩，且产品需求疲软，即使降低利率，企业也不会投资新建工厂和设备。这就是货币政策在 2008 年失效的原因，尽管美联储在 2008 年到 2014 年间向经济注入约 3.6 万亿美元，并且实际利率（即名义利率减去通货膨胀率）在十多年的时间里接近于 0，货币政策依然没有起到作用。

在最近的金融危机中，出现了大量的去杠杆化，这意味着银行不愿放贷，反而累积了超额准备金。这就是尽管金融危机后，美联储采取了宽松的货币政策，但许多经济学家仍对低通货膨胀率和贷款疲软感到困惑的原因之一。

货币学派认为，流通中的货币数量（u）与名义 GNP 成正比：$MV=pY$，或 $V=pY/M$，其中 M 为货币供应量，p 为价格水平，Y 为实际 GDP，V 为流通速度。[5]速度 V，是 1 美元每年转手的次数。货币流通得越快，V 就越大，产生的收入也就越多，因为每一次 1 美元的转手都会成为某人的收入。2008 年危机之前，V 超过了 10，这意味着 1 美元每年经历 10 次以上转手。而 V 在 2017 年跌至 5.5，意味着转手频率几乎减半。（见图表 10.4）

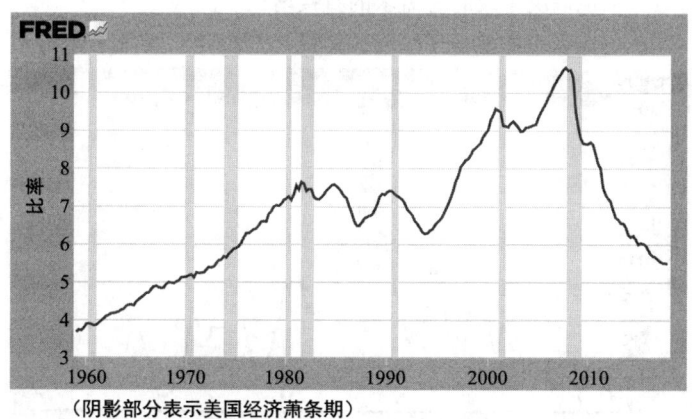

（阴影部分表示美国经济萧条期）

图表 10.4 M1（狭义货币）的流通速度
来源：圣路易斯联邦储备银行，M1V 系列

V 不稳定的一个原因是，人们可以用信用卡购买商品和服务，因此不受货币存量的限制。此外，个人和银行在其账户或储备中有多少钱取决于经济中的不确定性（比如他们失业的可能性有多大）。这也说明，时任美联储主席本·伯南克坚持向经济注入

资金的做法,并没有对实体经济产生任何实质性的影响。相反,它只是降低了流通速度。因为人们花钱的速度不像以前那么快了,但把钱留在手上的时间却更长了。即使在金融危机爆发的 10 年后,要经济恢复正常,且不再通过低息补贴金融部门,美联储仍然觉得这十分困难。美联储何时才能将利率恢复到 5% 的正常水平,这一问题尚无定论。

流动性陷阱

因此,在正常时期,扩张性货币政策有助于将经济从衰退中复苏。然而,凯恩斯意识到这其中存在一个问题,即当利率已经很低的时候,就无法再进一步下调了。当名义利率达到 0 时(如从 2009 年 1 月到 2016 年 1 月之间的 7 年间),经济就陷入了流动性陷阱(见图表 10.5)。零利率处于货币政策的下限,美联储不能进一步降低名义利率,因为会失去货币政策的影响力,导致货币政策失灵,此时,零利率的间断性变得至关重要,因为只有财政政策才能影响总需求。财政政策不是通过利率发挥作用的,所以它仍旧有效,但也取决于政府总需求的直接增长。

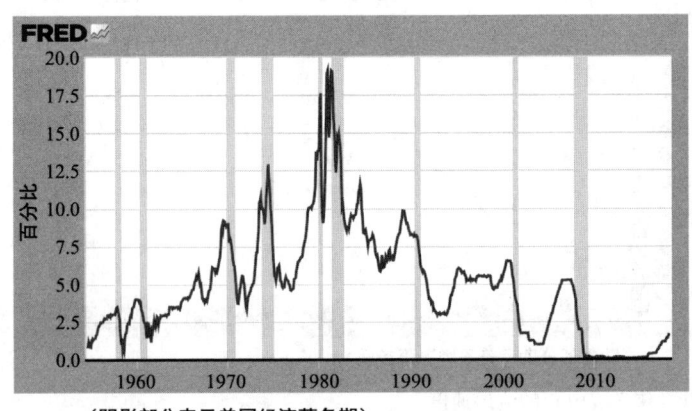

(阴影部分表示美国经济萧条期)

图表 10.5 美国联邦基金利率(由美联储收取的利率)
来源:圣路易斯联邦储备银行,联邦基金(FEDFUNDS)系列

出于无奈,美联储在 2008 年后尝试了新的政策来刺激经济,即所谓的"量化宽松"(QE)。美联储希望借此来克服零利率下限的局限性。"量化宽松"只是货币创造

的一种委婉表达方式，也听起来更加中立，公众也不再那么担心。利用这种扩张性的货币政策，美联储通过购买包括商业公司债券和抵押贷款支持证券在内的资产，向金融部门注入了数万亿美元，希望此类做法可促使银行更自由地投资经济。然而，这仍然是美联储一厢情愿的想法。因为量化宽松一大"成就"是资产价格的上涨，使银行投资进入了股票市场而不是实体经济。结果是，由于总需求疲软，实体经济的投资仍旧举步维艰。

尽管伯南克将美联储的资产从0.9万亿美元增加到4.5万亿美元，或者说增加了4倍（见图表10.6），但货币政策也没起到作用。2008年9月15日，雷曼兄弟倒闭后仅仅一周时间内，伯南克就将美联储资产增加了3,000亿美元，到10月底，这一数字达到了惊人的1万亿美元。因此，在5周内，他将银行资产翻了约一番，向银行体系注入了前所未有的巨额资金。他分了三次扩大货币供应，虽然第1轮量化宽松政策（QE1）对稳定正在崩溃的金融体系非常必要，但第2轮量化宽松政策（QE2）和第3轮量化宽松政策（QE3）并没有产生预期的影响。GNP肯定在继续增长，但没有充分证据表明货币扩张政策影响了产出。（见图表10.6）伯南克跳出凯恩斯流动性陷阱的做法看起来只是一种痴心妄想——就像推绳子一样（拉绳子会拉动货物，而反过来推绳子，货物并不会动）。

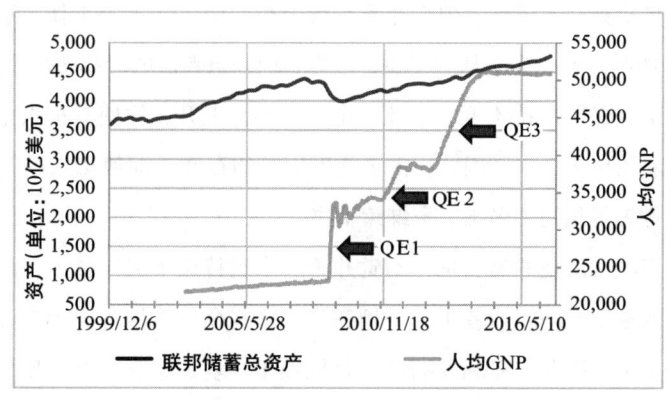

图表10.6 "量化宽松"与人均GNP
数据来源：圣路易斯联邦储备银行，WALCL系列和A791RX0Q048SBEA

新古典综合派

第二次世界大战后，凯恩斯经济学通过萨缪尔森所推广的新古典主义综合理论而成为主流。这一综合理论将凯恩斯宏观经济学与新古典微观经济学相结合，构成了1950年至1980年间主流经济学的基础。它假定"经济人"的概念存在于微观经济层面上，而不是宏观经济层面。在这个框架下，个人在消费层面被认为是理性的（如追求效用最大化），但在总体层面上，市场不会像新古典主义模型那样能平稳调整。[6]

例如，劳动力价格的变动不像产品的市场价格那么灵活。因此，在凯恩斯主义模型中可能会出现非自愿失业（involuntary umemployment），工资无法在相关时间范围内进行调整，这和一般商品的供求分析不同，工人的工资可能会长期处于均衡工资水平之上。因此，这一综合理论是前后矛盾的。因为在微观经济层面，它仍然是新古典主义的，而在宏观经济层面，雇员对物价水平不了解，因此对他们的实际收入也并不完全了解。

凯恩斯主义宏观经济学的关键思想之一体现在"菲利普斯曲线"中，菲利普斯曲线假设失业和通胀之间存在一种平衡。[7]当通货膨胀加剧时，失业率下降；当通货膨胀减缓时，失业率上升。根据这一理论，随着物价的上涨，工人的实际工资会下降，但因为他们对物价指数并不了解，他们愿意继续为相同的名义工资工作。这就是所谓的"货币幻觉"。如此一来，企业从中受益，因为它们知道自己的产品卖出了更高的价格，但开出的工人工资账单保持不变。因此，企业的利润上升，促使其扩大生产，并以同样的名义工资雇用更多工人。因此，由于货币幻觉的存在，即使工人的实际工资下降了，他们也愿意为了相同的名义工资继续工作。

然而，我们应该清楚的是，货币幻觉并不会永远持续下去。过了一段时间后，工人们签订了新的租房合同，或者买了一辆新车，这些会让他们意识到自己的名义工资实际上已经缩水了。因此，菲利普斯曲线是依赖于环境的，它只在短期内有效。正如米尔顿·弗里德曼著名的论断——货币幻觉不可能永远持续下去。最终，工人们会要求更高的名义工资，从而会抹去公司的利润。不难推断，通货膨胀不能永久地创造就业机会。

这正是20世纪70年代发生的事情，当时，长期的通货膨胀伴随着失业和一段时期的"滞胀"。1973年至1981年间，物价水平翻了一番，失业率却从5%翻倍到10%，这与菲利普斯曲线的预测正好相反。这是凯恩斯经济学的主要难题之一。当然，凯恩斯的模型中也没有证据证明菲利普斯曲线在如此快速并持续的通胀时期是有效的。因为在物价上涨如此之快，持续时间如此之长的情况下，工人就不会受到货币幻觉的影响。由此可见，经济环境很重要。不过，由于20世纪70年代的这种情况，凯恩斯主义政策渐渐失宠，新古典主义的宏观经济学开始占据主导地位。

货币主义者的反革命

凯恩斯主义中有五处观点遭到了新古典主义经济学家的抨击，他们的抨击理由是：

（1）凯恩斯的理论不是在古典主义的微观基础（即由微观到宏观）上构想出来的，这一理论不是建立在理性的经济行为基础上的，货币幻觉、粘性工资等概念与主流微观经济学不符。

（2）凯恩斯的理论夸大了政府在经济体系中的作用，以至于限制了个人的自由。

（3）凯恩斯的理论认为货币量与总产出相关，而古典学派认为货币只扮演着被动者的角色，它决定价格水平，而不决定实际产出。

（4）凯恩斯的理论假定人们并不总是理性的，消费行为受其乐观或悲观情绪的影响。

（5）凯恩斯的理论不是一个完全竞争均衡模型。市场存在着粘性工资，不反映需求变化。

以上五条抨击理由引发了货币主义者对凯恩斯主义的强烈抵制，这种抵制情绪在20世纪70年代滞胀时期达到顶峰。

凯恩斯主义者分析总体经济行为的切入点是全球经济变量，如总产量、失业率和总需求，凯恩斯的批评者意图从分析个体开始，按照从微观到宏观的顺序聚合这些变量，再对它们进行分析——他们一直维持着理性效用最大化的"经济代理人"的幻想。实际经济周期学派①的研究者则从指定总体行为的标准微观经济基础入手，他们假设社会中的每个人都代表一个独立的个体、一个有代表性的主体，这个奇怪的假设导致人们在看到教科书某些章节时发现，因为每个人都是不同的，所以不能对效用函数进行比较。无论如何，就新古典宏观经济学而言，每个人都应该是相同的。

在2008年经济危机前的几十年里，主流宏观经济学一直由实际经济周期学派主导。然而，这一学派对金融危机及其后果完全没有任何见解，这表明他们的理论完全是空洞无效的。[8]它的支持者既没有警告危机即将到来，也没有就如何摆脱危机后的乏力局面开出药方。他们没有能力制定政策，因为在他们的框架内本不应该发生这样的危机。

根据这些模型，除非出现惊人的技术变革，否则经济及其所有组成部分的市场总是且各方面处于完美的均衡状态。不然的话，因为总需求等于总供给，价格也会立即调整以使二者保持一致。[9]从定义上讲，失业并不存在，它只是一些实际变量的随机变化，比如技术变量有时会扰乱简化体系。根据这种逻辑，一些人甚至可以选择不工作，因为相比在麦当劳做汉堡，他们更喜欢看电视。这取决于他们自己，因为这是一个自由的国家。而且，无论是金融部门还是公共或私人债务，都没有出现在这些模型中。他们相信，方法论上的个人主义是分析宏观经济的正确方式，并主张将具有代表性的"经济人"作为分析的基本单位，而不是整个社会的更高层次的单位。[10]

然而，这种幻想的模型违背了常理。一个人真的能代表美国经济中的3亿多人吗？[11]个体代表整个经济的弊端在于，与收入分配、动物精神或金融危机相关的问题不能被纳入分析。[12]围绕着这样的命题建立一个公理性的分析框架是非常离谱的。[13]通过假设社会是一群没有相互作用的相同个体的集合，来分析宏观经济的方式，被称为"合成谬误"或"聚合问题"，对个体适用的，但未必对整个社会适用。

---

① 实际经济周期理论认为，市场机制本身是完善的，在长期或短期内都可以自发地使经济实现充分就业的均衡。经济周期源于经营体系之外的一些真实因素，如技术进步的冲击，而不是市场机制的不完善。实际经济周期理论否定了把经济分为长期与短期的说法，经济周期本身就是经济趋势或者潜在的或充分就业的国内生产总值的变动，并不存在与长期趋势不同的短期经济背离。

第十章　宏观经济学（第一部分）

宏观经济政策的空白

由于上述意识形态上的严重分歧，宏观经济学陷入了知识混乱状态。[14]普林斯顿大学为表彰因宏观经济学研究而获得2011年诺贝尔经济学奖的克里斯托弗·西姆斯（Christopher Sims）和托马斯·萨金特（Thomas Sargent），举行了新闻发布会，会上两人生动地说明了宏观经济学理论的绝对不足。[15]一位记者问他们："你们对政府到目前为止为支持美国经济所做的努力有什么看法？如果你们觉得合适的话，我们如何才能真正支持经济，创造就业机会？我们每个人都在问自己这些问题。"在一阵长时间的紧张的笑声中，两位学者似乎被这一问题逗乐了，互相看着对方。这两位宏观经济学家的反应清楚地表明，他们对经济政策的实际应用一无所知。西姆斯最后回答道：

> 我认为这个奖项和我们所研究领域的一部分意义，在于回答这类问题需要仔细思考和进行大量的数据分析，而答案不太可能是简单的，所以，让汤姆和我立即回答这些是……你不应该对我们抱太高期望（笑）。[16]

接着，萨金特大胆补充道：

> 我没有什么可补充的……我希望你能问我些关于欧洲的事。（笑）

真有趣！在经历了80年来最严重的经济危机的4年后，两位获得诺贝尔经济学奖的宏观经济学家还没有足够的时间来思考如何解决国家面临的问题，也无法"用他们的大脑"做出有说服力的回答。他们像在教室外边迷路了一样，虚与委蛇，莫知所从。相反，他们能做的最好的事情就是把一个至关重要且非常严重的问题简单化。这表明了宏观经济学在21世纪初的混乱状态。

宏观经济学已经混乱了一段时间。但2008年的经济危机及其后果生动形象地表明，如果经济学专业精英的内部缺乏共识，就不可能有有效的政府政策。宏观量化者利用动态随机一般均衡模型来控制这一领域。顾名思义，这些都是高度抽象的、由计算机驱动的、与现实相去甚远的复杂数学模型。它们在课堂上讲得通，但由于其抽象本质，它们对政策毫无用处。

批评家们指出了这些模型不切实际的"数学性"。[17]约瑟夫·斯蒂格利茨描述了这些模型所创造的幻想世界的惊人缺陷："（宏观经济学）失败的核心原因是错误的微观基础，这些错误的微观基础与主要经济行为的关键方面格格不入。"[18]还有一些评论说，"可能在对总体经济行为和与经济政治相关的理解进行了数十年的认真调查之后，出现了倒退。这是对时间和资源的巨大浪费"。[19]

这些聪明的数学分析家们忽略了现实世界的许多属性，他们只是在玩智力游戏，这些游戏与实际经济并没有多大关系。正如斯蒂格利茨指出的那样，他们未能体现：

信息经济学和行为经济学的观念。给金融领域建不适合的模型，意味着这些模型难以预测或应对金融危机。而对代理模型的依赖，意味着这些模型既不适合分析分配（政策）在经济波动和危机中的具体作用，也不适合分析波动对经济不公平的产生的后果。

另一种批评指出：

这就像2001年乔治·阿克洛夫、迈克尔·斯宾塞（Michael Spence）和约瑟夫·斯蒂格利茨共同获得诺贝尔经济学奖的信息经济革命没有发生一样。各种假设情况的组合，再加上琐碎的风险和不确定性……让货币、信贷和资产价格变得完全不相干……而（他们）完全忽视了令人不懂真相。[20]

在这种混乱的情况下，政客们可以自由选择符合他们意识形态的经济学家，从而加剧了政治失灵和民众的焦虑情绪。比如在有关2017年税收法案的争论中，保守派经济学家支持该法案的颁布，而进步派则坚决反对，让局面乱得如一地鸡毛。[21]

我们这个时代需要一个新的凯恩斯。尽管凯恩斯主义政策在2008年危机初期短暂回归，但结果证明，这些政策在政治上是不可持续的，并再次失势。实际经济周期学派则保持沉默。因此，我们只剩下短期的权宜之计，比如伯南克的印钞机、特朗普的减税政策，以及一大堆异想天开的想法——我们期待着这些措施能推动经济繁荣并惠及中产阶级。然而它们并不会产生我们期待的效果，并且当偿还国家债务的负担加重时，它们产生的后果将对我们非常不利。

这样一来的结果是，我们需要从新的宏观经济视角考虑问题。在思考一种适合当今时代的新形式的凯恩斯主义时，德国、北欧或瑞士的资本主义模式可能是一个好方向，这是因为它们的经济仍具有守纪、节俭、关心环境、大学教育免费、全民医疗和减少不公平等优点，它们保留了些许旧式的新教伦理，但同时它们的民主也更充满活力。[22]在这些地方，没有就业不足或失业的问题，社会保障网更紧密，人们的焦虑更少且能过上更有尊严的生活。而在美国，及时行乐、贪婪无度、债务问题和减税等无法为人们提供所渴望的政治、社会和经济的稳定。美国需要的是全民医疗保健和全民大学教育，因为受过教育的健康人士生产力更高，造成的社会问题更少，更安居乐业。但教育机会的缺失，造成美国巨大的人力资源浪费，对于一个以高效为荣的社会来说，这种浪费有目共睹。试想一下，如果美国将 1.5 万亿美元用于教育而非减税，会对美国经济的长期增长产生多大的影响。

GNP 是对生产而不是对福利的估计

GNP 是指经济中生产的商品和服务的总量。虽然作为生产力指标来说，它是有用的，但如果用它来衡量福利就会产生误导，因为 GNP 所产生的福利取决于它如何分配。此外，生产还包括一些损害社会福利的产品，如污染，而污染没有从 GNP 中扣除。[23]毕竟，我们不对二氧化碳的排放收费。官方数据显示，2010 年墨西哥湾的原油泄漏事件对 GNP 的影响不减反增。GNP 的正确核算应扣除环境退化的价值，因此，污染产品被错误定价，这意味着所有产品的定价都是错误的，所以 GNP 的估计是不准确的。

其他因素也会导致错误。比如，在医疗保健方面，2016 年医疗保健占了美国 GDP 的 18%。与西欧相比，该体系的效率低下，因为它的管理要混乱且复杂得多，并带来了巨大的交易成本。虽然如此巨大的资金被浪费了，但它们仍旧增加了 GNP。可是，被浪费的美元并没有增加病人的福利。

医疗保健如何能改善福利？假设我很健康，福利指数为 100，然后我感染了病毒，这时福利指数降到了 70。然后我去看医生，支付 20 美元的医疗费，再花 30 美元买抗生素。这样一来，我的健康状况有所改善，福利指数恢复到了 100。简言之，我花了 50 美元，GNP 虽增加了，但我的福利没有增加，只是恢复到了感染之前的样子。这是 GNP 与福利有所区别的另一个原因。

时装行业也有类似的情况。"感染"会减少个人福利，一种新款的衣服会使衣橱里的衣服因为变得不再流行而贬值，这同样减少了福利。当我购买新款衣服时，GNP 增加了，但我的福利仅仅恢复到新款流行之前的水平。同样的道理，GNP 增加了，但福利没有增加。

早产婴儿的养育成本是足月婴儿的 10 倍，这使得 2010 年该项 GNP 增加了 260 亿美元，比 1980 增加了三分之一。这样一来，与伤害和缺乏预防措施有关的现象不仅增加了 GNP，而且似乎也增加了福利，[24] 这真是荒谬至极。

此外，平均增长率掩盖了不平等的增加。GNP 增长的好处几乎完全由美国最富有的 1% 的家庭获得，他们的收入在 1979 年至 2011 年间增加了近 60 万美元。（见表 10.1）相比之下，中下阶层（第二个五分位）的同期收入仅增长了微不足道的 1,200 美元。简而言之，尽管人们对经济增长大肆宣传，但很大一部分美国人未从经济增长中受益，且时间跨度已经超过一代人。[25] 这意味着平均增长率在衡量普通人福利方面存在误导性。

表 10.1 1979–2011 年美国家庭可支配收入按五分位数增长情况

五分位顺序	增加值
	2011 年（单位：美元）
0~20%	2,700
20%~40%	1,200
40%~60%	2,900
60%~80%	11,600
80%~100%	69,000
前 1%	599,000

来源：本书第 7 章表 7.5。

家庭生产被排除在 GNP 之外，GNP 只包括有偿的市场活动。但只要我们把注意力集中在 GNP 上，所有发生在家庭内部的那些重要的无偿活动（从养育孩子到做饭等）都被忽略了。然而，毋庸置疑，家庭内部的工作能提高福利。然而，强调 GNP 增长是我们文化的核心原则，遗憾的是，即使多年来 GNP 一直在增长，但人们对生活的主观评价并没有变好。[26] 我们的重点应该是提高人们的生活满意度，这显然是一个难题。不幸的是，主流经济学说甚至没有讨论过生活水平，即使它是经济学中较为重要的概念之一。

生产可能性边界

生产可能性边界（PPF）描述了在资源、专业知识、技术、劳动力、精神动力和人力资本给定的情况下，一个经济体中能够有效生产的商品的最大数量。然而，这个概念是模糊的，因为这个最大数量取决于某些具有灵活性的因素，如精神动力、劳动参与率、文化规范等。例如，在第二次世界大战期间，对女性劳动力的动员增加了经济体能够生产的商品数量。因为爱国主义促使女性进入劳动力市场，所以生产可能性边界也向外移。同样，从 20 世纪 70 年代开始，促使更多女性进入劳动力市场的文化变革也大大提高了生产可能性边界，因为市场生产的相当多的商品替代了家庭生产的商品，而家庭生产的商品不计入 GDP。生产可能性边界还取决于现行的法律。例如，禁用童工的规定使生产可能性边界在短期内向内移，但儿童的受教育程度提高，会提升他们的生产力，因此从长远来看，生产可能性边界也会增加。总而言之，生产可能性边界绝不是一个一成不变的死概念。

如果按照生产可能性边界生产，那么经济理应会高效运行。然而，因为现代经济中总会存在失业，除非在战争时期，否则是很难按照生产可能性边界生产的。随着劳动力的长期失业和资本的长期空闲，生产可能性边界的概念失去了其意义。2018 年 2 月，未充分就业率约为 8%，而工厂的产能利用率为 78%。（见图表 10.7）[27] 这意味着私营部门 22% 的资本存量没被利用，生产没有达到资源可允许的水平——正如图表 10.8 中的 P（1）点。换句话说，在 P（1）处，由于就业和总需求不足，生产可能性边界之内发生的生产效率是低下的。

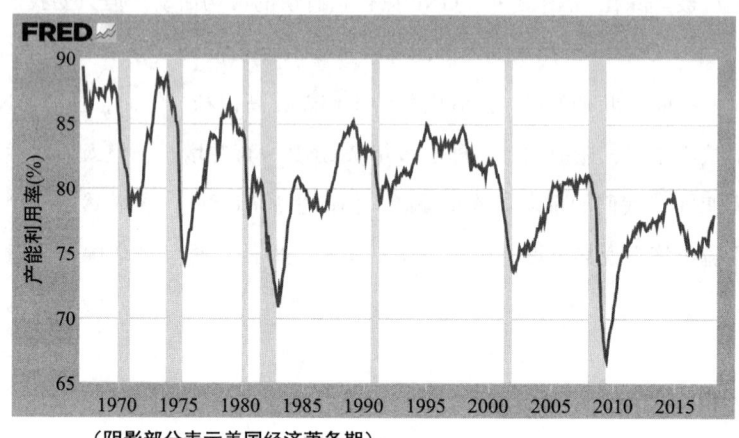

（阴影部分表示美国经济萧条期）

图表 10.7 全行业产能利用率

来源：圣路易斯联邦储备银行，FRED 和 TCU 系列

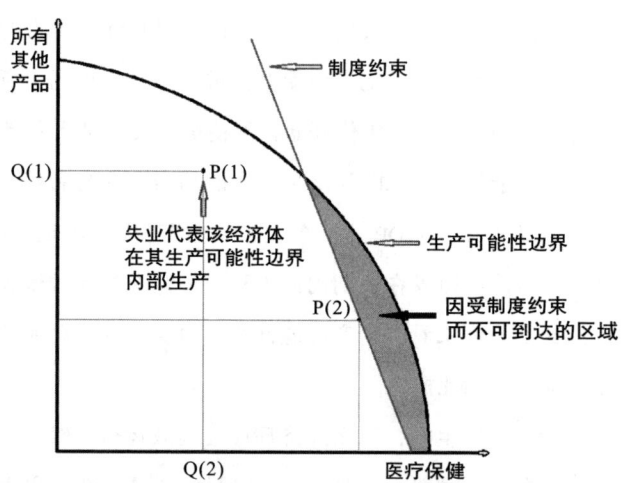

图表 10.8 制度约束下的生产可能性边界

制度和文化因素也会阻碍经济达到生产可能性边界。比如，医疗保健行业的公司可能由于法律的强制要求而出现低效的生产结构。这意味着由于诸如 P（2）处的制度限制，生产可能性边界曲线的一部分是无法实现的。在 P（1）处，制度约束不具有约束力，约束不影响生产。然而，在 P（2）处，制度约束是具有约束力的，因此无法实

现有效生产。在第九章中提到过的医疗系统组织就是一个制度约束的例子。打破美国医学会和大型制药公司的束缚将消除这些制度约束，从而允许经济朝生产可能性边界方向发展。

第十一章

宏观经济学（第二部分）

当我获得的信息变了，我的结论也会变。先生你说呢？

——凯恩斯[1]

我们先来讨论劳动力市场，因为它对我们的生活影响很大。我认为，劳动力市场的组织框架是不公平的，因为现有工作分配不均，有些人每周要工作 70 个小时，而有些人却直接"躺平"。

失业和不充分就业

美国官方公布的失业率具有误导性，因为：（1）官方把那些想做全职工作但找不到这类工作的兼职人员认为处于"就业"状态（employed），因此，官方将全职人员与兼职人员混为一谈，这是不准确的；（2）只有在过去 4 周内找工作的人才被官方认为是失业人员（unemployment），这种带限制的标准会使失业率看起来比实际情况要低。计算实际失业率时应将非自愿兼职工作者（他们每周工作约 20 个小时）算作半失业状态。一个更现实的衡量非就业（nonemployment）的标准应该包括那些最近没有找工作的待业者，因为之前的失败让他们感到沮丧，以至于在心理上或经济上都不再有能力忍受找工作失败的挫败。

2018 年 1 月，美国官方统计有 670 万人失业，占劳动力的 4.2%。（见表 11.1 第 6 行和图表 11.1）然而，在 2,730 万名兼职人员中，有 500 万人有意愿找全职工作（19.3%）。（见表 11.1 第 5 行和第 7 行）[2]因此，我们认为他们处于半失业状态，这就增加了 250 万失业人口（第 7 行）。此外，有 160 万人被认为是"有意向应聘者"。虽然他们在过去的 4 周内没有找工作，但在过去的一年内他们一直有工作意愿并曾积极地找过工作。[3] 这些人将实际失业率又提高了 1%。（见表 11.1 第 8 行）此外，还有 330 万人（占 2.0%）有工作意愿，但在过去的一年内没有找工作。（见表 11.1 第 9 行）[4] 据统计人员称，他们甚至不被算作"劳动力人口"，这就导致了第 9 行中"想工作却没找"的人被认作劳动力市场的"退出者"。这些"退出者"大多年龄在 25 岁到 54 岁之间，他们已完成学业，或正值壮年，也没到退休年龄。然而自 1998 年以来，近 500 万成年人中至少有 3% 的人已经永久地退出了劳动力市场。[5]

因此，真正失业的有 1,410 万人，占劳动力的 8.6%。（见表 11.1 第 10 行）[6] 这是官方统计数字的两倍多，官方数据里少算了约 740 万人。（见表 11.1 第 11 行）即使马丁·费尔德斯坦①（Martin Feldstein）持相反态度，但数据显示充分就业似乎遥不可及。[7] 这就更清楚地说明了为什么在所谓的低失业率环境中，工资却没有上涨，因为隐藏的失业（官方统计数据中没有报告）会对工资上涨产生压力。而少数族群的情况更糟，2017 年 5 月，非裔人群的官方失业率仍有 7.5%（通常是白人失业率的两倍），但他们的不充分就业率为 14.6%，这更能反映出他们的实际痛苦。[8] 另外，拉美裔的不充分就业率为 12.5%。

表 11.1　美国官方和实际失业情况（2018 年 1 月）

		数量（单位：百万）		占比
1	成年人口	256.8		
2	社会劳动力	161.1		62.7%
3	在职	154.4		95.8%
4	全职		127.1	82.3%
5	兼职		27.3	17.7%
6	失业人口（官方数据）	6.7		4.2%
7	非自愿兼职	2.5	5.0	1.6%
8	有意向应聘者	1.6		1.0%
9	想工作却没找	3.3		2.0%

① 马丁·费尔德斯坦（1939—2019）：美国知名经济学家，哈佛大学教授，曾出任里根政府经济顾问委员会主席。

（续表）

		数量（单位：百万）	占比
10	实际失业人口	14.1	8.6%
11	官方未统计的失业人口	7.4	5.5%

来源：劳工统计局，"按性别和年龄划分的公民就业状况"（表A-1）、"按工人类别和兼职状态划分的雇用人员"（表A-8）、"劳动力利用不足的替代措施"（表A-15）、"由于工作、年龄和性别的匹配度差异而不属于劳动力群体的人"（表35），圣路易斯联邦储备银行"劳动力利用不足的替代措施（LNS15026639）"

（阴影区域表示美国经济衰退期）

图表11.1 美国官方失业率和不充分就业率
来源：圣路易斯联邦储备银行，UNRATE 和 U6RATE 系列

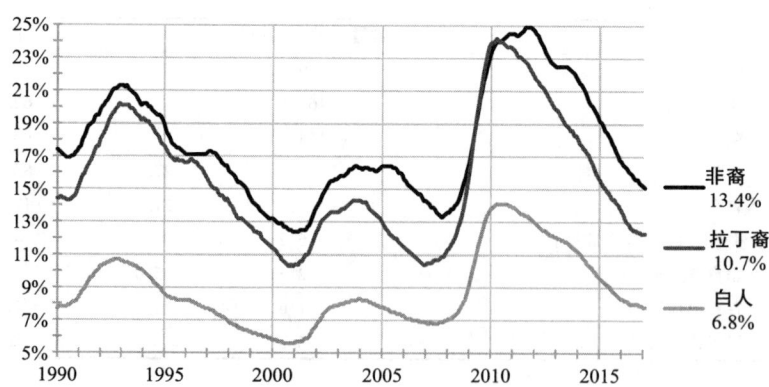

图表11.2 按种族划分的官方不充分就业率（U6）
资料来源：经济政策研究所（http：//www.epi.org/data/#/？subject=underemp&r=*．）

美国劳工统计局确实公布了一个更准确的失业率,并委婉地称之为"劳动力利用不足的替代措施"或"U6"。然而,这个数据不太为人熟知,而且数值很低。因为它报告称不充分就业率只有8.2%,比表11.1中的数值低0.4%。

然而,即使是表11.1也遗漏了230万没有工作的服刑监禁人群,如果将他们纳入统计,非就业人群将增加到1,640万人,占劳动力的9.8%。[9]换言之,官方统计数据就是不充分的。此外,官方统计的失业者中有21%的人失业时间达半年多,[10]失业时间的中位数为9周,平均失业时间为23周。

然而,全职人员每周平均工作46.7个小时,39%的人工作超过50个小时。[11]与失业者形成鲜明对照的是,有750万人拥有两份工作。[12]美国人每年比西欧人多工作400个小时,尽管美国人的收入更高,而且人们普遍认为这些人有条件不负担那么多工作。[13]因此,在这样一个不充分就业情况普遍存在的时代,许多美国人居然像20世纪60年代那样超负荷工作,苦苦挣扎着寻找工作与生活的平衡,这着实令人费解。[14]凯恩斯错误地认为,他孙子这一代每周工作会15个小时。[15]我们一般会认为,随着收入的增加,人们会享受更多的闲暇时光,因为闲暇的确是人间珍物。[16]但他们没有选择享受更多的闲暇时光,而是更努力地工作只为了比得上那位光鲜亮丽、爱炫富的邻居。[17]

因此,与财富和收入一样,社会提供的工作岗位的分布也是不均的。[18]部分问题在于劳动力市场的组织,劳动力需求的波动引发了市场调整,工人被解雇,他们的劳动时间突然从40小时下降到0。我们称这个制度为二元劳动力市场,即一个人要么有工作,要么饭碗不保。如此这般设计出的僵化、极端的制度(人们每周工作的时间从0到70个小时不等),而且还无知到不知道自己最终会进入过劳还是不充分就业的行列,头脑正常的人会这么做吗?规避风险的人会过于担心自己进入定期失业的行列。更公平的做法是调整工作时长,将工作分配给更多的劳动力,而不至于裁员。工作分享制将是一个更加灵活的缓冲器,它可以缓解对劳动力需求的波动。[19]照此,"失业"这一概念将不复存在。[20]

我们可以将每个人每天的工作时长从8小时减少到7小时,而不是将不充分就业视为正常。考虑到不充分就业率为8.6%,每天减少40分钟的工作时间将会更公平地分配工作机会。[21]这样的制度就会提高生活质量,因为它可以减少失业的心理负担,增加闲暇时间并减少炫耀性消费和嫉妒心理。此外，与流行的二元系统相比，用这种方法来分配"经济过山车"带给老百姓的痛苦将更加公平。

分红制工资也会减少就业不充分，工人工资随盈利情况的好坏而增减，这样工人就不必被解雇，还可使工资总额占收入的比例保持不变。[22]合作企业也不太可能解雇成员，相反，它们是根据需求的波动调整工资。[23]

另一种可能性是，政府成为最后的雇主，就像中央银行成为最后贷款人一样。[24]没有理由把政府的作用仅仅局限于维持金融部门的稳定。劳动力市场的稳定和真正的充分就业也应提上议事日程。[25]总之，我们可以在经济体系中引入不同的缓冲措施，而不是简单原始的二元化体系。公平分配周期性经济衰退的负担比将其集中在1,400万人身上要公平、合理得多。达到充分就业目标也比某些人提倡的基本收入政策要好，因为它将获得更广泛的选民支持。[26]

失业有许多副作用，比如社会压力和犯罪率的增加。不管是对政治还是社会而言，它都是不稳定因素。如果当初德国的失业率没有那么高的话，纳粹党可能永远不会掌权。

从心理学的角度来看，工作也是很重要的。失业者被排除在劳动力市场之外，因此感觉自己被贬低了，没有社会存在感。他们不认为自己是有用的社会成员，失去了自尊。他们的技能随着待业时间的增加而贬值，以至于无法再就业。换句话说，失业增加了人们的痛苦。未充分就业者生发悲伤或沮丧情绪的可能性是就业者的两倍，而愤怒的可能性则高出50%，[27]充分就业者陷入经济困境的可能性（54%）也比在职者（38%）要高。

因此，一个人缺乏全职工作对家属和社区来说都是巨大的负担。此外，无论是在空间上还是在种族间，失业都不是均匀分布的。而是整个社区、城镇和地区都会受到影响，少数族裔尤其处于不利地位。

自然失业率

考虑到劳动力市场的制度因素，经济学家认为，自然失业率是指在不受通货膨胀加速影响下可达到的最低失业水平。这些制度特征包括找工作的成本或劳动力供求双方匹配所需的时间。理论上，较低的失业率暂时是可实现的，但却需以增加通货膨胀率为代价。从长远来看,失业率将在较高的通货膨胀率下恢复到"自然"水平。因此,通过货币或财政政策迫使失业率低于其自然增长率是徒劳的,这只会导致通货膨胀。因此,根据保守派经济学家(如伯南克或费尔德斯坦)的说法,自然失业率是劳动力市场中的非通胀均衡,他们自信地将5%的失业率称为"充分就业"。[28]2016年1月在旧金山举办的美国经济学会会议上,费尔德斯坦宣称:"幸运的是,现在美国经济非常好。我们基本上处于充分就业状态,整体失业率为5%。"这发生在特朗普竞选获胜的10个月前,费尔德斯坦豪言壮语,但对沮丧的未充分就业人群却熟视无睹。

因此,既然5%的失业率是不可避免的,那我们就要面对它。[29]这就使得自然失业率成为一个模糊的概念,这个概念只是让"劳动力市场无法为每个人提供就业机会"获得了一个合理化解释,[30]在自然失业率下,不需要建立新的制度和政策以实现真正的充分就业,这是经济体中固有的自然现象。

此外,在失业率居高不下的时候,美联储会任意提高自然利率,而在经济形势良好时降低,(见图表11.3)以致失业率最高达6.2%,最低致4.7%。令人费解的是,自2017年3月以来,官方给出的失业率一直低于自然失业率。2018年5月,官方失业率(3.8%)比预期的自然失率提高(4.7%)低0.9%。然而,并没有出现不断加速的通货膨胀。[31]我们怎么可能低于充分就业?这一情况使自然失业率的概念或者官方给的失业数据失效了,又或者很可能两者都失效了。

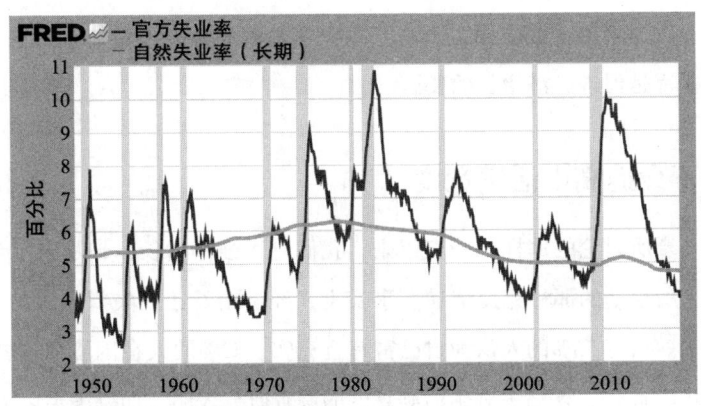

图表11.3 与官方失业率比较下的自然失业率
来源:圣路易斯联邦储备银行,NROU 和 UNRATE 系列

可以肯定的是，通过货币政策无法持续降低甚至完全消除失业率。我们的目标应该是建立新的劳动力市场制度来消除失业。在信息技术革命的时代，人们能够迅速将职位空缺与有意向的人员匹配起来，从而消除摩擦性失业。政府可以对劳动者在求职及跳槽时产生的成本进行补贴，并根据需要提供对应的技能培训。此外，如果在政府承担起最后雇主的任务的同时，采取上述的工作分享和分红制工资策略，我们将能够完全消除就业不充分问题。我们也不必将5%的失业率视为自然。毕竟，联合国的《世界人权宣言》指出，"每个人都有工作的权利……以及防止失业的权利"。[32]现在是落实这一权利的时候了。

经济增长

经济增长一直是宏观经济政策的重要目标。自工业革命以来，西方的经济增长实际上已经持续了250年，人们自然会认为它将作为固有的资本主义发展模式无限期地持续下去，但其实不存在这样的经济规律。也有人认为，我们已经到了一个发展阶段，进一步的增长是多余的。[33]

增长是否会继续，取决于决定增长的资本、土地、劳动力和资源等因素是如何演变的。另外，新体制及其适应新环境的能力也很重要。当然，劳动力教育至关重要，由创造力、文化、创业精神和承担创新风险的意愿等决定的技术变革也是必不可少的。这其中，政府发挥着决定性作用，因为它提供了基础设施、教育体系、基础研究和公共产品，这些都是促进经济增长的要因。

经济增长不会提高生活满意度

正如前几章所讨论的那样，一直以来，我们过于强调增长，却从未承认增长并没有给我们带来所预期的那种完美结果。[34]事实上，经济增长让人失望，因为它没有提升我们的幸福感。只有55%的人认为自己富有且充实，42%的人在困境中挣扎，3%的人陷入水深火热。[35]此外，评估主观生活满意度的调查研究表明，如果满足以下两个条件，收入的增加不会转化为生活满意度：（1）社会收入能满足基本需求；（2）平均收入水平也在增加。然而，如果收入相对于平均水平等基准增加的话，收入的增加会提升最低生活水平以下的个人的生活满意度。因此，在富裕社会中，如果平均收入也按比例增长，那么绝对收入的增长不会增加主观幸福感。因此，如果相对收入没有增加，生活满意度也不会增加。这就是为什么平均生活满意度并没有随着时间的推移而提升。但是，如果我们的社会地位提高了，我们会感觉更好。这也是富人总的来说比穷人要幸福的原因，因为他们的收入比平均水平高。

美国在世界幸福感排行榜（2012—2014）上排名第 15 位。根据其平均收入，人们会期望它的名次更高，要知道在排行榜上只有挪威的人均收入是高于美国的。值得注意的是，在幸福感排行榜上，排名在美国之前的所有国家都有全民医疗和更高的税率。显然，社保安全网对人们来说意义重大。所以，北欧国家中有 4 个都因这一点排进前 8 位。尽管忧虑情绪不像经济学家认为的那样重要，但它却减少了人们的主观幸福感。在美国，32%的成年人每天大部分时间都心有所忧。[36]可以说，北欧高福利国家在满足其社会成员的需要方面堪称典范。

表 11.2　幸福感排名（2012—2014）

排名	国家	排名	国家
1	瑞士	9	新西兰
2	冰岛	10	澳大利亚
3	丹麦	11	以色列
4	挪威	12	哥斯达黎加
5	加拿大	13	奥地利
6	芬兰	14	墨西哥
7	荷兰	15	美国
8	瑞典	16	巴西

来源：联合国《2015 年世界幸福报告》，编辑：约翰·赫利威尔（John Helliwell）、理查德·莱亚德（Richard Layard）和杰弗里·萨克斯（Jeffrey Sachs）

这便导致以下评估结果：

在过去的半个世纪里，美国的经济和技术进步显著，但公民整体幸福感并无提高。相反，不确定性和焦虑程度高企，社会和经济不平等程度加剧，社会信任度下降，人们对政府的信心处于历史最低水平。也许正是由于这些原因，在人均GNP不断增长的几十年中，老百姓的生活满意度却始终保持不变。[37]

彼得·惠布罗如是说：

> 现代经济的悖伦是……随着人们可选性的增多和物质生活越来越繁荣……个人满意度却在下降……然而，很少有美国人能够丢弃单调的享乐生活，以享受自身的好运。[38]

此外，自20世纪70年代以来，尽管经历了妇女解放运动后妇女收入有所增加，但美国女性的生活满意度相对于男性一直在下降。[39]如果绝对收入如此重要，为什么今天的女性没有比前几代更幸福？[40]

总之，要认识到增长不是解决我们问题的答案，这一点很重要。麦迪逊大道推崇的由增加物质产品来获取的回报正在迅速减少。眼下，我们更需要对自己和在社会中的地位感到满意。有了（身心的）健康、有尊严的经济保障以及良好的人际关系，我们才能实现对生活的满意。为了在生活满意度方面赶上北欧国家，我们需要学习如何从当前的收入中挤出更多幸福感。

技术变革是一把双刃剑

经济增长是由技术变革推动的，但并非所有的技术变革都具有生产力，它们也隐藏着损害其利益的破坏性力量。赫胥黎的《美丽新世界》描述了技术变革的危险、非人性化影响和意外后果，这算是比较早的一本警告技术迷信者的书。[41]正如我们所见，最近的金融技术创新浪潮就带来了巨大的系统性风险（负外部性）。

创新话题通常离不开约瑟夫·熊彼特（Joseph Schumpeter）所说的"创造性破坏"——新技术淘汰了旧技术。[42]创造力是建设性的，也是破坏性的，它同时造就了成功者和失败者。因此，创新从来都不具备"帕累托效率"①，它反倒是经常导致社会功能的紊乱。[43]

虽然主流经济学家反对财富再分配，因为就算它会增加产出，也不具备帕累托效率。但主流经济学家仍崇尚技术变革，即使技术变革也不具备帕累托效率。这是主流经济学的一个明显的矛盾。我们经济体制的一个主要缺点是，尽管以牺牲他人利益为代价的获利不公平，但是失败者也无法从胜利者那里得到补偿。[44]除非我们能够建立充分补偿失败者的制度，否则经济体系将无法提高社会生活的满意度，因为技术进步通常是以痛苦为代价的。

负外部性是创造性破坏所固有的。如果一项创新创造了价值 10 美元的新产品，但取代了价值 5 美元的旧产品，那么它对 GNP 的贡献就不应该是 10 美元，而是 5 美元。就算 GNP 衡量无误，创新的重要性也被高估了。

另一种外部性与消费者有关。例如，新一代的 iPhone 会让之前的版本过时，并让消费者感到不平衡。时装业也有类似的特点。通过创造和推广新时尚，我们已有的衣服将会贬值。买新产品只会让我们回到原来的的福利水平，虽然我们能减轻由新产品带来的不适，但我们没有因购买新产品而获得比它上市之前更高的福利水平。因此，新产品上市使过去的消费品贬值、淘汰，这意味着人们高估了 GNP 创造的社会福利，因为它没减去淘汰的产品的价值。

此外，并非所有的新产品都是经过技术变革的结果。Windows 系统是一项伟大的技术成就，但后来发布的几个版本（如 Windows Vista 或 Windows 8）主要都是为了丰富微软的产品内容，并没有太多有价值的改进。这种计划性淘汰的策略对公司来说是有利可图的，因为新产品的质量并不会立刻显现出来，消费者用一段时间才会发现隐藏的品质问题。[45]

想想看，平板电脑的扩张对笔记本电脑利益的带来损害；亚马逊也取代了大量实体书店，要知道，知名连锁书屋 Borders 在 2003 年之前有 1,200 多家店铺。此外，智

---

① 帕累托效率也称帕累托最优，它描述的是资源分配的一种理想状态。它假定固有的一群人和可分配的资源，在从一种分配状态到另一种状态的变化中，在没有使任何人境况变坏的前提下，使得至少一个人变得更好。

能手机取代了电话和传统的相机。"自拍"取代了"柯达时刻"。柯达在1998年雇用了8.6万名员工，其巅峰时期员工数达14.5万（大部分人达到了中产阶级的薪酬标准），而2014年破产后，柯达只剩下8,000名基本员工延续残息。[46]

我们生活在一种崇尚创新的文化中，同时又忽略了包括技术失业在内的破坏性因素。受技术变革伤害的往往是失业人员，他们无法在其他行业找到工作，或者不得不接受低薪岗位。举个例子，优步（Uber）成立于2009年，是一家移动出行服务公司，市值约680亿美元，比福特汽车的市值（420亿美元）还高，[47]它的成功主要基于从出租车业务中提取租金。尽管与优步相关的生产率增长很小，但不妨碍它降低出租车司机的收入。优步的净收益很小，这是向广大消费者让利的结果，但这会给出租车司机造成巨大痛苦：一个出租车司机平均每小时只挣9.20美元。而且，优步也不能提供太多就业岗位，它只是相当于有91,000名全职员工。[48]

制药公司也试图以创新的名义扩大其专利药品的垄断租金。它们通过为一种已知的化合物申请专利的新方法来保护自己的市场份额。这种方法有一些优势，比如能减少剂量或方便使用。[49]药品配方中的微小调整也可以延长药品的专利有效期，因为新配方的用途可能与原来专利中说明的用途不同。制药公司另一个创造性的垄断租金策略是通过将两种药物合并成一个并申请新的专利。这些策略更多地与获取垄断租金有关，而不是熊彼特所说的创新。[50]

这也是美联储前主席保罗·沃尔克（Paul Volcker）对金融创新的评估，沃尔克认为，唯一提高了生产率的创新是ATM机，这台机器的设计者并非华尔街精英，[51]而是20世纪60年代英国的机械工程师。奇怪的是，尽管发生了信息技术革命，金融部门的生产率却没有提高，[52]而无数所谓爆炸式的金融创新却对全球经济形成了威胁，仅美国政府就不得不提供7万亿美元以示支持。[53]

除非制定高瞻远瞩的政策，否则发达国家将受到技术性失业的威胁。[54]在官方统计数据中，技术性失业数据并不明显，因为失业者太过失望以致不再去找工作。（见图表11.1和表11.1的第8行和第9行）由于新技术出现，企业用机器人代替人力，GDP的增长已经与就业脱钩。[55]美国近一半的就业机会面临丧失的风险，[56]可以预见的是，风险会一直持续，也许我们未来该要考虑对机器人征税了。

第十一章 宏观经济学（第二部分）

如今，标志性公司雇用的员工人数比过去要少得多。苹果公司员工数约为 125,000 名、谷歌约为 72,000 名、微软约为 120,000 名、奈飞约为 3,500 名、亚马逊约为 341,000 名、推特约为 3,600 名、易贝约为 12,600 名、脸书约为 17,000 名。[57] 总的来说，它们的就业人数加起来都不够美国汽车业界在 20 世纪 70 年代所拥有的员工数：100 万，这个数字还没算上相关行业的 30 万个岗位。[58] 亚马逊的就业人数很多，但其员工大多是低薪的仓库工人，他们的时薪才 12.40 美元。[59] 而 1914 年时的福特汽车公司时薪是 15 美元（按本书撰写时的价格计算）。简而言之，我们需要就如何分配经济利益制订应急计划。[60] 对现有工作的公平、公正分配不应随意而行。

技术变革也会产生所谓 "反噬" 的负外部效应。即使对技术对生产率的影响持乐观态度的乔尔·莫凯尔（Joel Mokyr）也曾说: "20 世纪研发出的大多数技术都有意想不到的副作用，而且大多数都是负面的。"[61] 有些创新产生了严重的负外部性，如滴滴涕农药、含氯氟烃、碳燃料、含铅汽油、快餐、石棉和含铅涂料等，这些负外部性的真实成本要在技术采用的很长时间后才会显露，因此也造成了早期生产率提高的假象。莫凯尔继续说: "很明显，我们高估了 20 世纪技术变革带来的生产率收益……这意味着新技术的社会成本（而不是市场价格中的成本）被系统地低估了。"[62]

（这种未预料到的成本）非常普遍。事实上，人们后来发现，几乎所有的重大技术突破都产生了意想不到的破坏性影响。然而，将这种影响纳入考虑从而对国民收入计算进行修正也很困难。[63]

尽管如此，我们应该预估这种负外部性，包括这些 "反噬" 的影响，否则对 GNP 的估算将保持向上偏差。

俄罗斯间谍滥用社交媒体操纵 2016 年美国大选的事件是近年来 "反噬" 的最可怕例子。该事件造成的损害极其巨大，因为它破坏了美国的民主基础。一斑而见豹，以不可想象的方式使用新技术，遗祸无穷。因此，脸书和推特对 GNP 的贡献是虚幻的。同样恐怖的是，互联网巨头脸书、谷歌和推特都不愿意设计出全面的安全措施，因为这样做可能会触碰它们的底线，同样地，政府也不愿意保护政治制度。[64] 这是一种新型的技术奴役，就像赫胥黎和奥威尔都曾警告过我们的那样。[65]

市场缺失

市场缺失对我们和子孙后代的福祉构成了挑战。[66]地球中的大气、海洋、生态系统不属于任何人，然而，污染和全球变暖却已经成为全球的威胁，（见图表11.4）[67]因为它们是公共物品。弗吉尼亚州诺福克的海平面上升了约37厘米，造成潮汐泛滥。未来，美国沿海地区、河流三角洲地带、多个小岛和佛罗里达州的大部分地区可能都会被淹没，[68]而保护这些地区居民所需的开支将相当可观。[69]

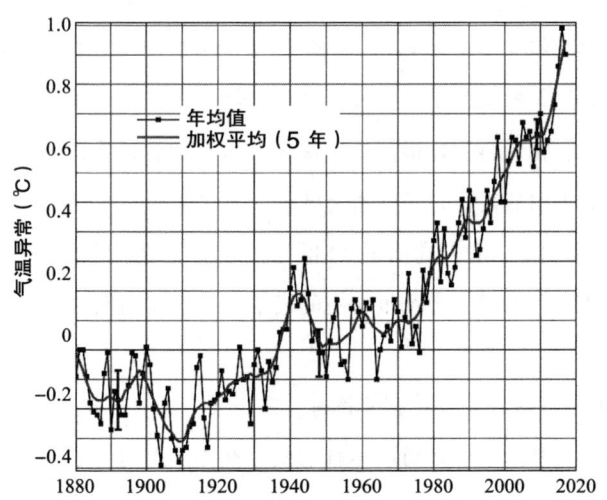

图表11.4　全球变暖（全球陆地-海洋气温指数）
来源：美国宇航局戈达德空间研究所（http：//data.giss.nasa.gov/gistemp/graphs/，Public Domain，https：//commons.wikimedia.org/w/index.php?curid=24363898.）

尽管子孙后代会受到影响，但他们却无法影响我们的决策。[70]何况，美国一直在把不断增长的国债转嫁给尚未出生的好几代人。[71]这些后代无法乞求我们不要以牺牲他们为代价来过入不敷出的生活。[72]那些鼓吹"贪婪是好事"的人不理解这是在漠视后代的福祉。[73]

生态问题可能导致政治与社会方方面面的紧张局势。[74]工业革命250年后，经济增长把我们带到了一个分水岭。自由市场无法解决生态问题，更不能照顾子孙后代的未来。[75]

人们正努力创建可交易二氧化碳污染物的市场。然而，只要污染成本没有被纳入价格体系，市场就是低效率，那些为污染买单的人也得不到补偿。碳排放的社会成本在每吨 50 至 100 美元之间，但目前向大气中排放二氧化碳是不收费的，这无疑会导致以污染为代价的经济活动的增长。[76]因此，现在的问题是，市场本身产生的污染太多，可公共物品太少。[77]

令人无法接受的是，宏观经济活动的价值链传递过程往往很少或根本不关注环境对经济的贡献。[78]这无疑是草率的，因为生态系统和自然资本对经济的贡献不仅巨大，而且是实质性的。[79]

还有一个问题是，在发达国家，孩子的出生率越来越低，越来越少的人会关注后代的居住环境，保护环境也就成为一项愈加艰巨的任务。另外，减排污染物的激励举措对人们来说，吸引力微乎其微。全人类必须团结一致地应对这一问题。

环境

极端天气事件的发生频率愈来愈频繁，造成的人员死亡与财产损失也愈来愈惨重。[80]2017 年，美国的三次飓风（"厄玛""哈维""玛利亚"）造成 3,660 亿美元的经济损失和 300 人死亡，另有 16 起自然灾难造成的损失均超过了 10 亿美元，使这一年成为有史以来经济损失最严重的灾难年。[81]相比较，1980 年只发生了 3 次规模相当的灾难。此外，史上最大的大西洋飓风"桑迪"（发生于 2012 年）造成 147 人死亡和 750 亿美元的经济损失；"卡特里娜"飓风（发生于 2005 年）造成 1,836 人死亡和 1,080 亿美元的经济损失。[82]然而，这些损失并未从 GDP 中扣除，相反，所有用于修复损失的支出却代入了 GDP。在全球范围内，每年环境破坏造成的损失估值高达全球 GDP 的 11%。任何破坏地球这个美丽而独特的人类栖息地的行为都是不可原谅的。

还有许多其他类型的灾难在全球范围内发生：龙卷风、热浪、洪水、泥石流、山火、暴风雪，等等。[83]2000 年至 2017 年间，美国有 3,631 人死于自然灾害。[84]福岛核灾难造成 16 万人流离失所，污染区的清理工作要用上 40 年。切尔诺贝利核灾难造成 4,000 人死亡。2010 年，英国石油公司在墨西哥湾的石油泄漏使近 18 万平方公里的海洋受到 1.75 亿加仑的石油污染，[85]还造成 11 人死亡，对人们造成的心理伤害同样很大（沿海地区患有抑郁症的居民人数比例从泄漏前的 5.6% 上升到 20.4%）。[86]如果忽视对环境的威胁，我们将岌岌可危。

第十二章

宏观经济学（第三部分）

没有哪个社会，在大部分人还经受贫穷与痛苦时便实现了繁荣和幸福。

——亚当·斯密[1]

我们继续从鸟瞰角度来审视另外一些宏观经济政策，如税收、国债和储蓄。我们认为税收是必要的，因为它让不提供公共物品的私人部门支付一定费用。政府通过运用财政和货币政策来影响总需求，从而降低商业周期的波动性，进一步增强政府在经济中的作用。

政府是解决方案的一部分

如果没有一个有效的政府，经济就不能正常地运转。比如北欧、德国和瑞士，以及那些经济已经赶上西方的国家和地区，如日本、新加坡和中国台湾地区，政府都发挥了至关重要的作用，其经济都能够为人民提供体面的生活。这些政府不仅耗资提供安全保障，而且还投资基础设施、教育和基础研究，因为这些都是经济的命脉所在。同一年，美国各州、地方和联邦政府投资了约6,330亿美元，占全国总投资的17%。[2] 2017年，美国政府支出约占GDP的17%，这是1950年以来的最低比例。[3]在许多欧洲发达国家中，这一比例高达40%至50%。

凯恩斯主义财政政策的挑战

凯恩斯主义的财政政策是经济的"方向盘"。然而，人们应该在逆风而不是顺风时用它转弯。也就是说，凯恩斯主义的财政政策应该是逆周期的：经济低迷时扩张，经济上升时收缩。这样一来，政府预算将在整个商业周期中保持平衡。

凯恩斯不希望看到政府债务的积累。他认为政府应该在经济衰退期间进行借贷和支出，并通过增加税收或削减开支来偿还债务。不幸的是，逆周期财政政策在"微调"经济的实践中变得不切实际，美国债务从里根政府开始一直在增加。（见图表 12.1）

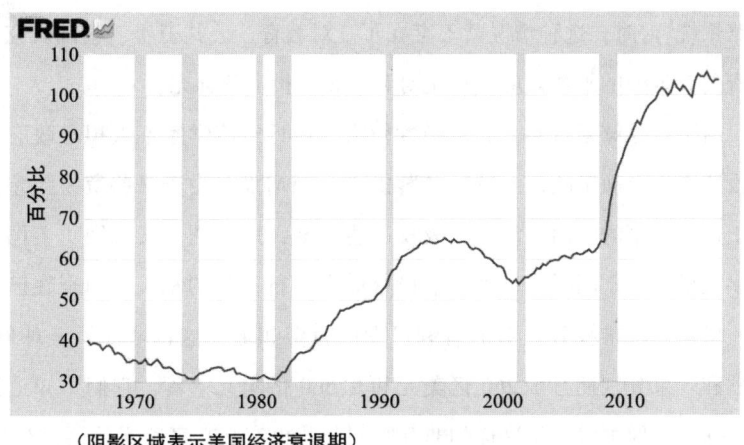

（阴影区域表示美国经济衰退期）

图表 12.1 美国国债占国内生产总值的百分比
来源：圣路易斯联邦储备银行，GFDEGDQ188S 系列

在经济衰退期间，赤字支出或减税总是容易办到的，然而削减支出以限制总需求达到商业周期的顶峰有时是不切实际的。民选政治家会由于消极的经济政策而降低声望，并导致竞选失利。包括瑞士在内的少数几个国家颁布了平衡预算法，有了法律约束，赤字就不会积累。[4]（美国 50 个州也不能出现赤字）

这在某种程度上也解释了为什么弗里德里希·哈耶克（Friedrich Hayek）和米尔顿·弗里德曼（Milton Friedman）对凯恩斯主义宏观经济学持批评态度。另一个问题是，许多人把凯恩斯理论误认为是经济增长的良方。事实并非如此。凯恩斯理论的目标是帮助一个国家走出过分萧条——如果这个国家正在遭受的话，从而缓解资本主义最糟糕的状况。可以肯定的是，凯恩斯的处方将使经济走出低迷，但在经济萧条结束后，预算赤字不会带来长期的经济增长。一般来说，此时的增长将来自一些常态方面，包括创新、教育、技术变化和资本积累等。长期增长并不是凯恩斯最关注的问题，正

如他的那句名言,"从长远来看,我们都会死去。"他关注的是让经济快一点走出萧条。

挤出效应

前一代经济学家认为,公共借贷会挤出私人投资,结果往往会适得其反。然而,当不充分就业普遍存在,或者当政府投资于促进经济增长的公共产品(比如艾森豪威尔州际公路系统[5])时,这种情况就不存在了。对教育、公共卫生、基础研究和可再生能源的投资具有类似的乘数效应,这是对私营企业投资的补充。

然而,由于全球储蓄过剩,储蓄弹性较大,最近经济学家不太担心政府借贷会对私人企业投资产生负面影响。全球的储蓄供应大幅增加是由于某些贸易顺差国的高储蓄率,由于这些国家的国内经济无法吸收这些储蓄,这些资金又流回了美国,被美国政府的赤字大量吸收。同时,过去为了投资而向银行借款的私人公司现在已经有了丰厚的利润,但它们很难找到足够的有利可图的投资领域,这也增加了全球储蓄过剩。例如,微软和苹果分别拥有1,260亿美元和2,560亿美元储蓄,它们不知道该怎么利用这些钱。即使是像可口可乐这样的非互联网公司也有250亿美元的银行存款。[6]因此,挤出效应不再令人担忧。

国家债务激增的威胁

然而,这并不意味着大量增发国债是好的,因为低利率和信贷的易获得可能让人掉以轻心。美国国债现为20万亿美元(占GNP的100%),其中6.3万亿美元由外国人持有。[7](自21世纪初以来,外国持有量增加了6倍。)2017年,债务利息为4,600亿美元,[8]这是军费开支的三分之二。换句话说,它是预算的主要部分(12%),尽管利率(2.4%)接近历史低点。

具体而言,大量增发国债会有几个潜在的危险。首先,无法知道利率将在低水平维持多久,如果利率增加,偿还债务可能成为美国政府出于收益考虑的预算案的主要负担。其次,2017年,中国持有的美国债务总额为1.3万亿美元,考虑到中国是一个正在崛起的大国,并且在全球范围内影响力日增,它以优惠条件向美国提供贷款并为美国人入不敷出的生活提供资金的做法会持续多久呢?这无从得知。然而,如此依赖于竞争对手的做法太轻率。如果中国政府改变主意，美国经济将陷入困境。再次，由于2017年12月税率进一步降低，赤字将急剧增加。[9]因此，在未来任何时候平衡预算都是不可能的。这一局面甚至在未来几代人手上都难以改变，他们会觉得债务负担的增加是对他们的捉弄，并且也会想把债务负担传给后代，这意味着债务将滚雪球式地向前发展。

上述三个因素预示着美国经济的不祥前景。从长远来看，这些普遍存在的赤字是不可持续的。如果我们把1.5万亿美元投资在教育、基础设施或可再生能源等可以带来红利而不是减税的领域，会有什么不同呢？我们将来会有额外的收入来支付额外的债务。而减税将导致更铺张的消费、更大的不确定性和对外国贷款的更大依赖。我认为只有潘格罗斯（Pangloss）博士①才会认为中国会无限期地支持美国的生活。

其他国家则更加谨慎些，比如在下列国家中政府债务占国内生产总值的比例比较低：瑞典（38%）、新西兰（38%）、澳大利亚（34%）、挪威（34%）、瑞士（16%）和韩国（34%）。[10]相比之下，当前美国政府的债务占国内生产总值的比例为106%，是二战结束以来的最高水平。[11]

税收对我们有好处

美国的流行文化一直坚决反对纳税。里根曾断言，"政府不是解决我们问题的办法，政府是问题的本身"。在此之后，这句话的含义得到了进一步的放大。人们甚至认为税收会让自由减少，是对"坚定的个人主义"的威胁。人们觉得花钱该随心所欲，税收使他们无法实现"美国梦"。经济学入门教科书里就有这样的基调："从收入中减去税收就是减少个人收入，进而影响个人储蓄。此外，税收还会影响投资和潜在产出。"[12]

然而，这种观点是有偏见的，因为它没有提到税收是上述基本服务的保证。拥有强大福利体系的高税收国家的公民是世界上最幸福的。原因很简单：他们不用对自己的未来承担太多的苦恼，不用担心孩子的学费，不用担心医疗费，也不用担心失业、

---

① 潘格罗斯博士是法国作家伏尔泰笔下的人物，以毫无根据的乐观著称。

退休或生活中其他不可预知的事件。自然，那些更高税率国家的人比美国人更幸福，他们都有普遍的医疗保险，免除了许多后顾之忧。（见表 12.1）[13]

表 12.1　不同国家幸福感排名及其平均税率

排名	国家	税率（%）
1	挪威	38.0
2	丹麦	45.9
3	冰岛	36.4
4	瑞士	27.8
5	芬兰	44.1
6	荷兰	38.8
7	加拿大	31.7
8	新西兰	32.1
9	澳大利亚	28.2
10	瑞典	44.1
11	以色列	31.2
12	哥斯达黎加	—
13	奥地利	42.7
14	美国	26.0

注：税率为联邦政府收入占 GDP 的百分比
来源：联合国 2017 年《世界幸福报告》，第 20 页，经合组织收入统计（http：//stats.oecd.org/Index.aspx? DataSetCode=REV.）

主流观点还忽视了建立政府的目的之一是为了避免社会状态陷入混乱。没有税收，就没有政府；没有政府，老百姓就会陷入困顿。因此，税收的引入是帕累托最优的，因为所有的社会成员都会从中受益。

然而，关于税收，有四个问题需考虑。第一，政府要提供多少服务。富人主张少一些，因为他们可以自行解决，而穷人则依靠政府资助的公立学校和医院。第二，由于人们觉得从政府服务中受益而不支付合适份额的税费是合理的，因此"搭便车"很有吸引力。沃伦·巴菲特说："过去 20 年来，阶级斗争一直存在，而我的阶级已经赢了。"[14]第三，用尚未出生的几代人的收入来为政府服务买单，这一点很诱人。由于后人无法阻止我们进一步借债，政府会面临债务增长失控的压力。第四，税率设置存在争议。由于收入分配不公平,应设置累进制税率,这样一来,至少在道德层面,不同家庭收入的税后收入效用就可以说得通了。收入边际效用的下降意味着富人应该比穷人适用更高的税率,但如果富人拥有更多的政治权力,那具体操作上可能难以为他们设置更高税率。由于这四个问题具有争议性,如何确定政府税收的征收和转移的分配也是有争议的。在21世纪的美国,人们为此各执一词,互不相让。

教科书中说,所征的税只不过又回馈给全体公民而已。这是一种愚蠢的分析。我们应该这样考虑,有些公民必要的商品和服务只有政府才能提供,或者说政府由于规模经济效应或议价能力,相比个体机构在公开市场中能以较低的成本获得这些服务。显然,税收不仅用于支付警察、消防员、教师和法官的重要服务,还用于支付基础设施、基础研究和其他公共物品。此外,政府还支持医疗和失业保险,支付退休人员的养老金并照顾残疾人。政府为贫困者提供食物,否则社会秩序将受到威胁。政府还支持那些被排除在劳动力市场之外的人。如果没有上述投入,经济将如一盘散沙。

例如,我们用纳税人的钱投资互联网基础研究(让42亿人使用互联网[15])、火箭技术研究(保证卫星通信)以及生物技术研究(使医学发生革命性变化)等以上研究,若没有政府投入,是没法办到的。因此,扣减收入只是税收的一方面,另一方面它会带动收入大幅增长,从而为长期的经济向好奠定基础。没有政府的支持,今天的技术革命将不可能发生。因此,税收促进经济增长,保证国泰民安,降低民众焦虑。这是税收在黑板经济学中被忽视的三个关键作用。

显而易见,低税收会导致政府对教育、基础研究和基础设施的忽视,而这也是美国经济增长乏力的原因之一。美国土木工程师协会对美国的基础设施给出D+评级。[16]其他设施的评级结果还包括:运输(最低的D-);航空、水坝、内河水道、堤坝和道路(D);能源、学校、公共公园、危险废物和废水处理(D+)。上述设施被忽视了几十年,导致美国公路破败,铁路技术陈旧;还有如密歇根州弗林特市水系统受污染,加利福尼亚州水坝溃烂;[17]更有甚者,据美国国家科学院估计,将有上千万人的饮用水安全难保。[18]以上低评级设施的升级、维护和扩充,需要投入3万亿美元,这将成为美国的一大负担。

阿瑟·拉弗(Arthur Laffer)认为降低税率会增加政府收入。但论据并不支持他的论点。[19]所得税税率可以高达70%，且不对收入或产出产生负面影响。此外，消费税收入曲线根本没有峰值。[20]这意味着消费税可以提高，而不会对总收入产生负面影响。此外，当最高税率是当前水平的倍数时，经济增长依旧良好。简而言之，最高税率与经济增长之间没有关系：

> 最高税率的降低与储蓄、投资或生产率增长几乎没有关系。然而，最高税率的降低似乎与收入越来越集中在收入分配顶端有关。美国最富有的0.1%家庭收入所占比例从1945年的4.2%上升到2007年的12.3%，然后由于2007年至2009年的经济衰退下降到9.2%。[21]（见表12.2）

最高税率与经济表现之间缺乏关联的原因是，劳动力服务的供应缺乏弹性，投资与利润的关系比投资与税率的关系更为密切。此外，对百万富翁征收更高的税率会降低寻租行为，从而提高市场效率。[22]毕竟，"美国国内生产总值增长最快的时期发生在20世纪50年代、60年代和70年代，当时最高税率几乎是现在的两倍。"[23]美国富豪沃伦·巴菲特也表示赞同，他知道谁也不会根据税率做出投资决策。[24]

表12.2 经济增长与最高税率之间没有关系

	最高边际税率		GDP 增长（人均）
	收入	资本收益	
20世纪50年代	90%	25%	2.4%
2000—2017	35%	15%	1.0%

来源：托马斯·亨格福德，《税收与经济：一份关于1945年以来最高税率的经济分析报告》，国会研究中心，2012年9月14日，7-5700。圣路易斯联邦储备银行，A939RX0Q048SBEA系列

通过对高收入人群施加低税率促进经济增长从而惠及其余人的论点也被称为涓滴经济学（trickle-down economics）或供给学派经济学（supply-side economics）。保罗·克鲁格曼称之为"古老的巫毒经济学"，并说"减税理论的观点已经被一次又一次的研究所驳斥"。[25]这种减税理论既不是基于经济理论，也不是基于经验证据。（见图表7.7）该理论认为，给超级富豪们钱，他们就会投资、创造就业机会、提高工资而且很

快让福利流向社会的其他人。而在现实世界中，利益就像糖蜜一样缓缓流淌：超富的5%几乎保留了所有的利益，只有一点点滴落到前五分之一的其余部分，但"糖蜜"在第80个百分点停止滴落。（见表7.4）在现实世界中，是否能得到潜在利润的激励，以及对获利有多大把握，是影响人们做投资决策的关键，而税率在其中的作用微不足道。有一次，大约130名百万富翁联名签署请愿书，要求国会提高税率。[26]

巴菲特还认为富人应该缴纳更多的税："我认为高净值人士，像我这样的人，应该缴纳更多的税。"他在接受采访时说："我们纳税的义务感比以往任何时候都强烈。"当采访者指出超级富豪们需要减税来刺激商业投资时，巴菲特回答说：

> 富人总是会说，"你知道，只要给我们更多的钱，我们就会出去花更多的钱，然后所有的钱都会回馈至其他人"。然而，这种情况在过去的10年里是子虚乌有的，我希望美国公众能理解这一点。[27]

保罗·克鲁格曼认为，2007年前0.1%的纳税人（即年收入超过200万美元的约15万人）的"总收入超过1万亿美元……要想设计出一种能从这些超高收入者手里获得更多可观收入的税收并不难"。[28]此外，美国前4.3%的纳税人（约620万家庭）在2014年的收入为3.3万亿美元。（见表7.2）他们缴纳了7,920亿美元的税款，每个家庭年可支配收入为40.8万美元。政府似乎可以从这个享有特权的群体那里多收5,000亿美元的税，而不必过分地克制该群体引人注目的消费习惯。这些人交完税后仍有约2万亿美元的收入，即每位纳税人322,000美元。[29]这些钱他们应该够花了。

此外，企业的税后利润在2017年达到了1.8万亿美元的峰值，人们可以很容易地从这里筹到一定金额。[30]这些政策的结合可以消除大部分的预算赤字，此外，还可以通过征收金融服务交易税、互联网使用税以及降低军事支出等方式筹集资金。虽然对于政治而言，这点钱没什么用，但关键是我们可以筹集足够的资金来平衡政府预算，而不至于对经济增长或人们的生活质量造成太大影响。

然而，平衡预算并不符合共和党的议程。里根总统将最高税率从70%降低到38.5%，并宣布长期保持联邦预算赤字，其主要目标是"饿死野兽"——限制政府收入,并希望相应地限制政府支出。[31]这一政策存在缺陷,因为它没有考虑到既得利益集团(如军工联合体)会强烈抵制降低支出,而且该政策带来的结果将是政府选择一条最轻松的道路,并导致赤字融资。"饿死野兽"(starve the beast)政策也不道德,因为它将当前支出的融资负担转移到了后代身上。

此外,军事支出大幅增加,2011年达到6,460亿美元,约占赤字的一半,占总收入的四分之一。此外,有效的企业税率从20世纪50年代的约40%降至2017年的不足20%。2011年,企业所得税仅占GNP的1.2%,仅占个人所得税的16%。

低税率带来了与高犯罪率相关的低效:许多企业,包括我家附近的麦当劳,雇用私人警察来维护安全。这是一项额外支出,在公共支出较高且因之犯罪率较低的体制中是多余的。"饿死野兽"政策也剥夺了公立学校该有的足够资金,反过来又增加了犯罪率,导致了无数隐藏的低效。更高的税收意味着被抢劫风险越低(以及更低的保险成本);由于税收让不平等得到平衡,降低了犯罪率,促进了社会资本、信任和合作,所有这些都降低了交易成本,并带来更高的生活质量。美国的犯罪净负担超过1万亿美元,[32]均摊在每人身上是4,000美元。如果连这都不低效,我不知道什么是低效。

高税率国家通常在生活质量调查中排名靠前,而在此类排名中,美国通常处于工业化国家水平的末端。因此,税收促进了可支配收入的平等程度,并通过很多方式提高了效率,包括提高教育质量。这样来看,更高的税收似乎并没有那么糟糕,因为人们的寿命变长了,生活也更惬意了。欧洲人工作时间更少,假期更长,节奏更慢,他们不太容易受到不确定性的影响,因此犯罪活动少。贫民窟和功能失调的学校在这些国家也少见,年轻人的高负债率也不见记录。另外,这些国家的大学教育成本由整个社会承担,因此办学成本得以分散,毕业生毕业时的债务为零,而美国2016届大学毕业生的人均债务为3.7万美元,未偿还的学生债务总额有1.5万亿美元。[33]

据预期,2017年的减税到2047年时将使国债增加到GDP的150%,额外的赤字可能比预期的还要大。[34] 1981年里根减税造成的实际赤字比预期高29%,而小布什减税造成的实际赤字比预期高了8.8%。[35]

传统经济学家认为收入再分配导致低效率。这种"效率—公平"权衡在理论上是通过减少对高生产率工人工作和投资的激励,从而减少他们的总收入来实现的。然而,这种推断是基于不适当的假设，他们没有实证证据。他们如是推断，如果每个人的税率提高，人们就会减少工作，因此假如某人的税后工资是每小时 1,000 美元，那么相比每小时 1,200 美元的税后工资时期，他会工作得更少。然而，没有证据支持这种说法。[36]如果税率翻倍，400 名美国亿万富翁会减少他们的工作吗？[37]碧昂斯（Beyoncé）会少唱几首歌吗？勒布朗·詹姆斯会少投篮吗？我表示怀疑。相反，税率翻倍的唯一的效果将是降低奢侈浮夸消费的强度和由此引起的负外部性。

因此有大量的现实证据表明，高税收加上社会支出会促进而非抑制经济福利。[38]比如欧洲，尽管税负较重，但经济仍表现良好。原因是，较低的税收对超级富豪产生不了显著的激励作用，而转移支付则能提供社会服务、免费的大学教育和更普及的医保，从而提高无法负担大学费用的低收入群体的生产力。在"菜场学校"上学和在功能失调的家庭或社区里长大的饥饿儿童也将有所改变。因此，我认为收入再分配将导致低效的说法值得商榷。

储蓄及其不足

储蓄对经济的发展和稳定很重要，因为它为个人、企业和政府的意外支出提供了缓冲。没有这个缓冲，人民经济生活会变得不稳定。然而，储蓄的重要性并没有得到充分的重视，因为储蓄行为可能有损公司利益。企业希望人们消费，从而增加销售和利润。难怪很少有广告会鼓励人们更加节俭。"省一分钱就是赚一分钱"不再是美国的文化准则。

自控力和延迟满足的能力是成功者重要的前提。"棉花糖实验"证明了这一点。在这个实验中，孩子们有两个选择。他们可以立即吃一块棉花糖；或者，他们必须先等待 15 分钟，但可以吃两块棉花糖。实验有一个关键的发现：那些经受住了眼前诱惑的儿童后来的 SAT 成绩、教育程度和步入社会后的收入都较高。[39]而那些无法控制自己欲望的儿童后来在这方面要差些（尽管他们并不这样想）。

然而，美国的肥胖蔓延、高负债率和低储蓄率都表明我们控制食欲和贪婪的能力在下降。过度借贷是难以延迟满足的表现，它加剧了储蓄不足的负面影响，增加了金融体系的脆弱性，还使家庭在困难时期难以保持头脑清醒。债务的增加是 2008 年金融危机的一大诱因。而与过去相比景象，很不相同：1950 年至 1980 年期间，储蓄率占可支配收入的 10% 以上。但这个比例在 1980 年代中期发生了变化，并开始了长期地下降，2017 年仅为 2.7%。（见图表 12.2）这意味着 40% 的家庭连 400 美元的意外开支都将无力承担。[40]

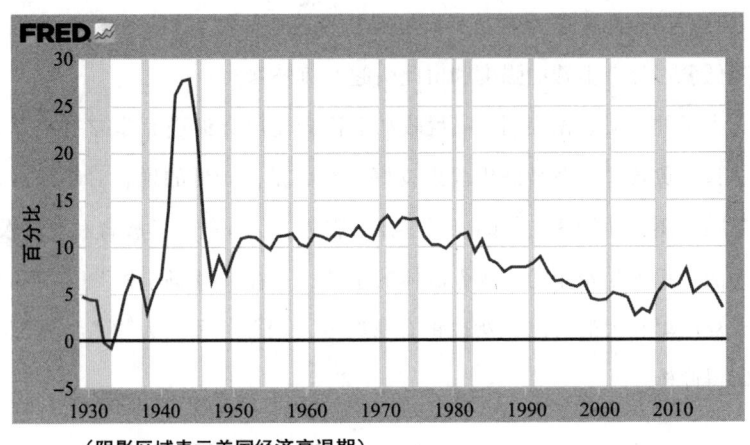

（阴影区域表示美国经济衰退期）

图表 12.2　美国个人储蓄占可支配收入的百分比
来源：圣路易斯联邦储备银行，A072RC1A156NBEA 系列

　　一些理论家认为，储蓄率下降是由于 1935 年社会保障和 1965 年医疗保险的引入造成的，它们为退休人员提供了少量的财政保障。然而，储蓄率的变化趋势并不支持这种说法，因为二战后到 20 世纪 80 年代储蓄率变化都不大，就算是在这些社会安全网建立后，储蓄率仍一直保持在 10% 左右。直到 1985 年，这个比率才开始下降。[41] 到了里根时代，减税政策又一次导致了意想不到的后果：储蓄率开始长期下降。

　　而这一切发生在不平等程度开始加剧，工资增长滞后于劳动生产率增长的时期。这是一个巧合吗？不该这么认为。一种比较符合情理的推断是，尽管与十年前一样，许多中产阶级家庭有两个而不是一个人工作，但他们试图采用减少储蓄和增加债务的手段来跟上高收入者的消费标准。此外，这是美国第一代生活在电视广告轰炸时代的人，而这些广告宣传了消费的奇妙感受。清教徒的节俭伦理由此转变为后现代的即时满足伦理。我们过去可不是这般情形，这种文化是麦迪逊大道、华尔街、好莱坞和硅谷强力灌输给我们的。

节俭度日变得令人不齿，存钱也成为不光彩的事儿。在标准的凯恩斯短期模型中，储蓄的增加意味着消费者支出的减少，从而导致 GNP 的降低和失业率的增加。因此，政治家和商人对增加的储蓄持谨慎态度，因为这似乎会抑制经济增长，影响政府收入和企业利润。当然，这只是短期内的情况。从长远来看，经济增长将继续依赖创新、政府基础研究投资，尤其依赖人力资本积累。但反对储蓄的观点很好地契合了关注短期满足和即时满足的社会群体。

通货膨胀和通货紧缩

通货膨胀是有害的，因为它使储蓄贬值，可谓是一种无形的税收。通货膨胀通过抑制储蓄，降低了储蓄率，减少了可用于投资的资金。由于并非所有价格都以相同的速度变化，我们很难跟踪经济中相对价格的一切变化。

通货紧缩与通货膨胀相反，但同样对经济不利。生产商与工人和供应商签订长期合同，如果他们的产品价格下降，利润就会下降，随之而来的便是减产、减员。此外，通货紧缩增加了抵押贷款等债务的实际价值，由于抵押贷款以名义价值计价，从而增加了违约的可能性。价格下跌也给工资带来了下行压力，这意味着抵押贷款支付将占收入的更大份额，从而减少了用于其他方面的支出，减少了总需求。因此，通货膨胀和通货紧缩都避而远之，对它们的控制是美联储的两项任务之一（另一项任务是减少失业，二者被称为双重任务）。

美联储的目标通胀率为 2%。在其判断中，这是"最符合要求的稳定价格以及最能满足就业率目标的方案"。[42] 显而易见，美联储要避免通货紧缩，但这不能解释为什么美联储对 2% 的通胀率要比对 0.5% 或 1% 的通胀率更为满意。无论如何，尽管美联储向金融体系注入了大量资金，但它仍难以达到 2% 的目标。2012 年至 2016 年，通货膨胀率为 1.3%，[43] 尽管货币发行（M1）增长了 2.5 倍，货币基数增长了 3 万亿美元，这比美联储在此前 94 年中创造的货币还要多。[44]

尽管有史无前例的货币供给，通胀率还是较低。造成这一现象的原因是多方面的。第一，大部分货币都留在了华尔街，造成了资产通胀，而资产通胀并不是消费物价指数的一部分。第二，这笔钱没有送到普通人手中，因此也没有增加对商品和服务的需求。第三，银行发现把钱存入美联储是有利可图的，因为它们的存款可以获得无风险利息。2015年，利率为0.25%，但到2018年，利率已升至1.5%。2018年年初商业银行仍有2.2万亿美元存在美联储，它们轻松获得了330亿美元的利润。[45]这比寻找优良投资项目容易多了。

低通胀的第四个原因是，高度全球化意味着许多产品的供应都是完全弹性的。早些时候如果市场对产品的需求增加，企业就会遇到劳动力供应或原材料不足。它们不得不提高工资和物价，以便找到更多的工人。但现在不一样了。随着全球市场的整合，有数以十亿计的工人可以参与生产，以满足美国消费者的需求。因此供应量得以增加，而不必提高零售价格。举个例子，iPhone5的零售价是650美元，制造成本是227美元。[46]不妨假设需求从每年2.2亿部增长到2.5亿部。这样的话，苹果没必要提高其产品的零售价。毕竟每部iPhone的利润有300多美元，即使代工制造商稍稍提高了生产费用，该费用也会被苹果公司的利润所吸收。因此，通货膨胀已经成为过去。在一个高度全球化的世界里，弹性的产品供应是新常态。无论如何，2017年美联储终于能完成其通胀目标：价格水平上涨2.1%。

名义工资与实际工资

名义工资和实际工资的重要性是存在争议的。在真实商业周期学派的模型中，实际工资与就业有关；而在凯恩斯的模型中，名义工资很重要，因为雇主设定的工资是以名义方式存在的，而员工不知道市场价格水平。这是一个信息不对称的问题，因为公司知道产品的价格和员工的工资，而员工无法知道老板正在采购的数百种产品的价格，从而没法计算他们的实际应得的工资，这超出了他们的能力范围。

人们都希望被公平相待，因此名义工资是下行无弹性的。没人愿意名义上被降薪，这事关公平与否。所以，即使实际工资有变动，名义工资也不应有变。此外，人们还有如抵押贷款或购车分期款等长期合同，所以即使物价水平普遍下降，这些支出仍会让实际工资水平保持不变。

奥巴马的刺激计划

奥巴马 2009 年 2 月的刺激计划（法案）对经济有什么影响？分析这样一个问题具有争议：仅仅知道经济的实际表现是不够的，因为有其他的力量在起作用。我们需要回答一个反事实的提问：如果没有这个政策，会发生什么？

在该法案通过前的三个月，失业率一直在以每月 0.5% 的速度增长。在 2 月的高峰时期，劳动力市场每月减少 80 万个就业机会，失业人数达到 1,400 万。[47]然而，在该法案通过后，失业率的增速立即放缓：3 月是 0.4%，4 月是 0.3%。这不可能仅仅是巧合。到了夏季，该增长率为 0.1%~0.2%，2009 年 11 月"止血带"已足见成效，"出血"结束。这是凯恩斯工程的一项重大成就。

以任何标准来衡量，79% 的失业率下降都是成就斐然的。尽管如此，那些在意识形态上与凯恩斯主义政策对立的人认为，失业人数的增长率必然会在自然市场的力量的作用下呈现下降，他们认为就业机会不太可能以每月 80 万人的速度无限期地减少下去。有人认为就算没有刺激手段，裁员也会突然停止，这种观点是不合常理的。

自由派经济学家毫不例外地支持经济刺激计划，只是抱怨规模太小。保罗·克鲁格曼写道："该刺激计划助推了经济衰退的终结，创造或挽救了数百万个就业机会，留下了重要的公共和私人投资遗产。"[48]

据美国国会预算办公室（一个独立的政府机构）估计，若没有刺激计划，2009 年美国国内生产总值将比实际低 1.4% 到 3.8%。[49]另据独立预测公司穆迪分析（Moody's Analytics）估计，刺激计划保住了 250 万个就业岗位。[50]尽管如此，保守党还是对这些数字表示质疑。经济学不像自然科学，意识形态在解释事实中起着重要作用，理性的观点无法克服意识形态。2010 年 1 月，官方失业率达到 10%，失业人数达到 1,530 万人。[51]但实际失业率为 16.5%，非裔和拉美裔失业率为 23%，这意味着近 2,500 万成年人失业，加上需要他们抚养的家眷，将有约 5,000 万人生活颠沛流离、陷入窘境。

第十三章

国际贸易：开放经济的宏观经济学

> 人们之所以有信仰，是因为他们被洗脑了。
>
> ——赫胥黎

国际贸易是宏观经济的重要方面之一。请记住第十章中的凯恩斯主义公式：GDP=$C+I+G+(X-M)$，其中 X 代表出口，M 代表进口，$X-M$ 是净出口。因此，贸易是 GDP 的重要决定因素，也是就业的重要决定因素，我们将分析其对经济的影响（特别是在出现失业和地方贸易逆差的情况下）。

比较优势理论

在主流经济学中，没有其他定理像"比较优势"那样根深蒂固。对于萨缪尔森和诺德豪斯来说，这不是一个定理，而是一个"真理"。[1]该理论认为，如果贸易双方专门从事具有比较优势的产品与服务的生产和出口，即他们能够以比竞争对手更低的价格生产这些商品和服务，那么双方都可以从贸易中获益。

然而，该定理具有误导性，因为它有诸多局限。这些局限是一般学生不知晓的，并且会造成不良后果。具体来说：

（1）这个定理实际上是关于易货贸易，而不是现代意义上的货币贸易的理论。由于货币的引入，带来了贸易赤字、信贷和汇率操纵的可能性，事情变得复杂了。

（2）若汇率不能使贸易账户达到平衡，该定理就不考虑贸易逆差导致失业的可能性。它假定那些因贸易而失去工作的人一定会在另一家公司找到工作。然而，如果贸易确实导致失业,该国可能根本不会受益,反而可能会有损失。

(3) 众所周知,并非所有人都能从贸易获益,有些人反而会有损失。[2]例如,非技术劳动密集型商品的相对价格下降将降低非技术劳动力的工资。这就是在美国劳动力市场发生的事情,因为制成品是廉价进口的。但是,这种再分配的伦理被忽视了,这个问题被搁置在总福利增加的框架内,即便如此,贸易不是帕累托最优这一问题也从未被提及。这就前后矛盾了,因为同一教科书的其他部分中,一些增加福利的政策正是因为不是帕累托最优而被禁止的;而在这个例子中,尽管这些政策不是帕累托最优,但仍然被提倡。

(4) 至关重要的是,收入再分配的政治和社会影响被忽视了。这等于忽视了显而易见的情形,让事实与愿望相反,因为它可能导致大规模的社会重组以及后果严重的政治运动(如特朗普主义运动)。

(5) 该定理是为了解释两个国家交易由两种要素生产的两种货物。然而,它不适用于多个国家、多种商品和诸多生产要素的情况。换句话说,该定理根本不适用于真实世界,因为真实世界通常是两个以上国家用两种以上的要素生产两种以上的商品。

(6) 该定理假定交易的货物是在完全竞争条件下生产的,不考虑大多数交易货物是由寡头垄断生产这一情况。这意味着利润将可能转移到其他国家。

(7) 自由贸易不是经济增长的良方。该定理只是从静态框架考虑交易。而证据表明,相比发达国家,自由贸易更有助于欠发达国家。

总而言之,比较优势理论在应用时有许多相关的注意事项,它们可能会将所谓的收益转化为已产生的损失。然而,经济学家和政策制定者却假设可以机械地应用而不用考虑它的致命弱点。

关税对福利的影响因不充分就业而加剧

根据比较优势理论,关税降低了福利。萨缪尔森和诺德豪斯提供的加征关税后果的典型例子如下:假设服装的初始价格为每单位 4 美元,国内产量为 100 单位,消费为 300 单位,因此进口 200 个单位。(见图表 13.1)在征收每单位 2 美元的关税后,国内价格上涨至 6 美元,国内产量增加至 150 个单位,国内消费下降至 250 个单位,因此进口量下降至 100 个单位。他们的结论是"关税的整体社会影响是……生产者获利 250 美元，政府获利 200 美元，消费者损失 550 美元。因此，净社会成本（平均计算每一美元）是 100 美元。"[3]

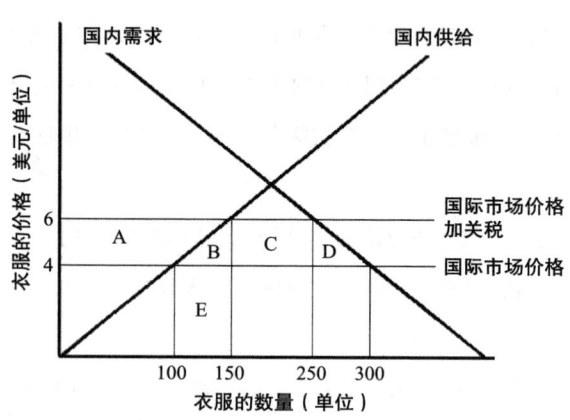

图表 13.1 关税对国内生产和消费的影响

这些数量的具体计算如下：梯形 A 的面积等于生产者的收益：（2 美元×100）+1/2（2 美元×50）= 250 美元。其中，第一个时期是矩形区域（价格的增加乘以最初产生的数量）。第二个时期是紧邻矩形的三角形区域，其面积是产量增加（50）乘以关税（2 美元）除以 2。然而，生产者的收益是以消费者付出更高价格购买同样产品为代价的。因此，250 美元是从消费者转移到生产者的，而不是净收益。C 区是政府关税收入，这部分也会转嫁给消费者，因此既不是损失也不是收益。三角形 B 的面积是 1/2（2 美元×50）= 50 美元。这是其他经济领域竞争淘汰下来的劳动力和其他资源的价值，因受吸引来生产服装而不是其他产品，尽管经济体更适合生产其他产品。将资源转移到服装生产中是低效的，因为经济体可以更便宜地从国外获得同种同数量的服装。因此，B 是对消费者的净损失。此外，面积 D（与 B 的大小相同）也是消费者效用的净损失，因为相比之前情况，人们这时对衣服的消费更少了。因此，关税引入了世界价格和国内价格之间的扭曲，导致净亏损（也称"无谓损失"）100 美元（50 美元+50 美元）。

但是，这一标准模型中有许多隐藏的假设。例如，在主流教科书的微观经济学部分，经济学家认为一个人的效用不应该与另一个人的效用相比较。然而在宏观经济学部分，他们悄悄地这样做了：他们将生产者获得的收入与消费者损失的收入进行比较。但收入并不能被当作相关的比较单位，除非它们首先被转换为效用，因为一美元对穷人产生的效用大于对富人的效用。然而，经济学家发现，在这里"平等地计算每一美元"[4]很方便。因此，这是微观经济学与宏观经济学之间的矛盾。人们将不得不考虑这些不同用途的美元产生了多少效用。因此，也应考虑到收益和损失的分配。

模型里从未提及过对充分就业的假设。然而，如果考虑失业，B 区就不会是损失，而是 50 美元的工人收益（被征收关税后）。此外，E 区也是收益，因为这些美元随后会累积给以前闲置的工人，因此它们不必从其他经济领域转移。即收益是 4×50 美元 = 200 美元；这是从外国工人转移到国内工人的收益。因此，国内工人的总收益是 E+B = 50 美元+200 美元 = 250 美元，失业的存在颠倒了整个计算思路：它将造成的 100 美元的社会损失转换为更大的实际收益（即 250 美元−100 美元 = 150 美元）。[5]在失业的情况下，国内经济增加 150 美元也会产生乘数效应，因此实际收益更大。[6]

另一个被忽略的问题是损失可以分散在许多消费者中，但收益集中在少数工人中。假设所示案例中的每一美元的收益或损失代表 1,000 美元，那么 100 美元代表了 10 万美元，250 美元代表了 25 万美元。如果由于关税造成的 10 万美元损失在百万消费者之间分配，那么每人 10 美分的损失将对他们的效用产生微不足道的影响。相比之下，如果将工人的 25 万美元收益分配给 5 名工人，那么每名工人 5 万美元的收益将意味着他们的实际生活和效用水平的大幅提高。因此，从效用来衡量，用成本—效益计算结果甚至可以得出更有利于加征关税的推断。

痴迷于全球化的人们忽略了国际贸易理论中的一些重要方面，例如对工资具有重要意义的"要素—价格均衡"。该定理意味着在相互交易的国家之间彼此存在工资趋同的倾向。[7]因此，非技术劳动者工资在劳动密集型国家将会上升，但在美国这类技术密集型国家将会停滞或下降。这正是美国男性非技术工人工资下降的原因。（见图表 13.2）事实上，受影响最严重的地区大多是那些与劳动密集型国家有贸易的地区。[8]显然，这种发展在伦理和政治上有许多重要影响。

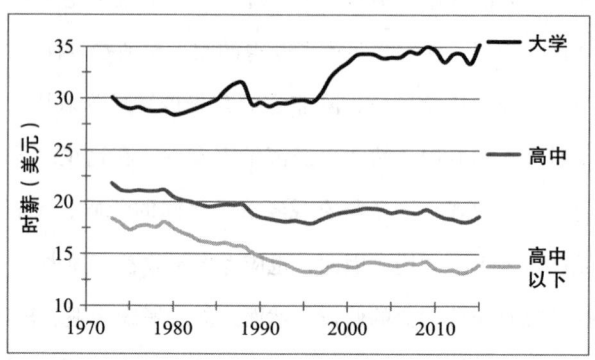

图表 13.2 按学历划分的男性时薪
资料来源：经济政策研究所，《工资数据》（https://www.epi.org/data/#?subject=wage-education.）

如果关税降低，而不是如上例所示的增加，则结果是对称性的。如果有失业存在，降低关税将导致社会有（B+E-B-D）的净损失，在上述例子中达到150美元。可以肯定的是，经济学家认为，因取消关税保护而失去工作的工人能在其他经济领域找到工作。在这种情况下，净收益将保持100美元，因为B区和E区不会被视为损失。在20世纪50年代，当工作机会充足时，事实可能就是这样，但现在已不再如此。在大崩溃10年之后，失业期的平均长度仍为23周。[9]那些从事过低技能职业的、仅有高中教育程度的下岗工人如何在不断扩大的IT领域找到工作？他们至多能在沃尔玛超市找一份工作，领一份微薄的工资，被迫成为领取食品补助券的贫困工薪阶层的一员。难道不应该从贸易收益中减去那部分因外国产品流入而导致下岗者的工资损失吗？

尽管如此，人们常常认为自由贸易应得到认可，因为获益者的收益高于受损者的损失，而后者可能得到补偿。然而，这对受损者来说几乎没有什么安慰。总的来说，他们并不能得到完全的补偿。因此，当出台一项有损于一部分人的政策时，即便该政策对社会其他人有益，我们也应该考虑这是否符合伦理。

总之，简化标准贸易分析会忽视在应对贸易自由化导致的工厂停工和工资重组等后果时，来自社会、政治和伦理层面的挑战。人文经济学不仅规定"美国作为一个整体"从贸易中受益，还规定在美国没有人的利益因国际贸易而受到损害。换句话说，失败者应该得到胜利者的全面补偿，这样交易将是帕累托最优的。如果没有实质性的保护,"亚洲四小龙"就无法与技术先进的国家竞争,它们的增长也不复存在。

自由贸易不是增长的引擎

自由贸易不是增长的良方。贸易的比较优势和收益在特殊情况下与静态意义上的福利有关,而与经济发展无关。原因是降低关税可以提高消费者的福利,但对经济增长没有任何意义。(见图表 13.1)虽然纺织品的生产减少了,但并不意味着另一产业会扩张。因此,长期增长是另一个问题,它取决于一些通常的因素。(见第十一章)没有哪一个发展中国家——包括如 19 世纪的德国和美国,或者 20 世纪的日本、韩国、新加坡——能够在不保护其经济不受最先进国家影响的情况下赶超发达国家。[10] 换句话说,历史记录表明,自由贸易几乎不是发展中经济体开展追赶型增长的模式。①

即使国际贸易可以增加福利,也可以不导致失业,并且倘若受损方完全得到了获益者的补偿,那么比较优势定理中所谓自由贸易能加速经济增长的预测就失去意义了。这还取决于收益是用来消费还是投资。有些国家能够将收益转化为增长,因为他们用利润去投资,而美国人则购买了没有持久增长效应的消费品。几十年前购买的廉价衬衫不再存在,而那些国家的资本投资却仍在产生回报。

保护幼稚产业

在经济发展的早期阶段,一个国家通常通过对幼稚产业进行补贴或通过对这些产业采取关税保护来促进产业增长。例如,假设计算机刚刚在 A 国被发明,某企业可以用 100 美元来生产。制造过程中,这家企业积累了关于如何更便宜地制造计算机的知识——这被称为"干中学"——到第二年,生产成本只需要 95 美元。现在,B 国的企业看到了机会,但它们没有相关实践和具体知识,因此必须以 100 美元的高成本来生产。在此案例中,A 国的生产者享有"先发优势",而在 B 国只有在政府提供 5 美元的补贴,或对计算机征收 5 美元关税的情况下,才会生产计算机。"先发优势"意味着追随国不得不去追赶,并且自由贸易不会对它们有利。在这种情况下,B 国永远无法去

---

① 此处主要是针对一些发展中国家在早期的进口替代政策而言。

生产没有政策保护的计算机产品。

贸易不平衡造成不充分就业

在现实世界中,货币和政府借款的存在意味着出口和进口不必像在经济学课堂上讲的那么均等:自 1976 年以来美国的国际收支持续负增长。(见表 13.1)赤字上限在 1980 年放开后,开始出现了普遍存在的预算赤字。[11] 随后出现了两个转折点:即 1994 年北美自由贸易协定(NAFTA)生效[12] 和 2001 年中国加入世界贸易组织(WTO)。随之而来的是,赤字几乎翻了一番,然后在 2002 年以后再增加一倍以上。2006 年,赤字达到 7,610 亿美元的峰值,并在经济衰退期后稳定下来,也超过 5,000 亿美元[13]。(见图表 13.3)

表 13.1 美国平均年度经常账户余额(单位:10 亿美元,以 2017 年美元计算)

	价格	
	现价	2017 年不变价
1960—1979	−3	−3
1980—1993	−76	−164
1994—2001	−196	−288
2002—2009	−600	−740
2010—2017	−513	−540

来源:美国人口普查局,《对外贸易历史统计》(https://www.census.gov/foreign-trade/statistics/historical/index.html.)

这一发展意味着,一直以来美国每年向国外转移超过 5 万亿美元,而不是将这些钱用于国内消费。这种持续的赤字一直以来消减着本土就业:因为美国进口了自己可以生产的产品,而就业机会被出口到国外,这样美国工人要么被列入失业名单,要么因社会保障问题而退休,要么入狱,要么接受降薪,甚至有许多人转向吸毒或自杀。[14] 经验法则得出,每 100 万美元的赤字会摧毁美国的 5 个就业岗位,这意味着 5,000 亿美元的净进口会损失 250 万个就业岗位。因此消除赤字可使得估算的 1,400 万未充分就业人口减少近 18%。

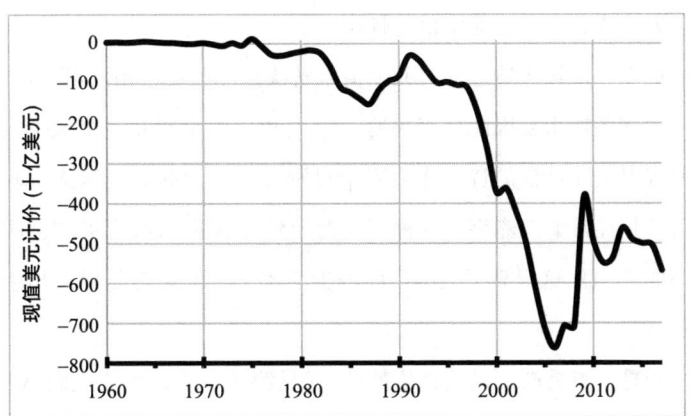

图表 13.3 美国商贸和服贸平衡
来源：见表 13.1

因此，一般做法应该是降低关税、逐步淘汰旧行业，以便下岗工人可以被正在扩大的产业吸收。或者让失业者接受再培训，或者失业者可以从获益者那里得到全额补偿，如此种种，从而使出台的政策实现帕累托最优。简而言之，输家应该得到充分的补偿。

与此同时，2017 年，累计贸易逆差总额达 15 万亿美元，对世界其他经济体产生了刺激，这让美国经济消耗了大量购买力。（见图表 13.4）[15] 低价进口消费品的利益是否超过不充分就业、工资停滞或下降最终导致政治上的不满和特朗普主义的后果给社会

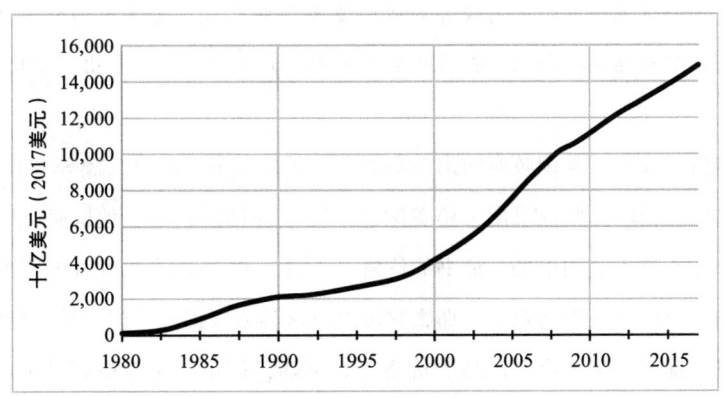

图表 13.4 1980—2017 年美国累计国际收支赤字变化图（以 2017 年美元计算）
来源：见表 13.1

结构带来的巨大成本，这一点非常值得怀疑。

根据传统观点，市场应通过使美元贬值来解决国际收支平衡问题。但这没有实现，因为美元是一种储备货币，因此外国央行、个人和公司希望在一个缺少安全资产的不稳定的世界拥有以美元计价的资产作为安全投资品。这意味着美国无法轻易使其货币贬值，从而消除其经常账户赤字。这种不平衡导致了大量的政府借款，所产生的利息将无限期地增加。[16]虽然这提高了美国目前的生活水平，但它却是以未出生的几代人的利益为代价的。

应该记住的是，贸易政策是路径依赖的。(见第八章) 因此，人们不能简单地扭转全球化的时钟，然后征收进口关税以实现平衡贸易。原因是对方可以而且很可能会进行反击，从而减少美国的出口并引发报复性的贸易战，这最有可能导致两败俱伤。但是，确实存在一种政策工具，可以实现贸易平衡而不存在惩罚性措施：发放进口证书。

消除贸易逆差的唯一安全途径

巴菲特恳求政策制定者发放进口证书来"停止这种以资产换取消费品的交易"。[17]这种巧妙的方式可以解决赤字问题，而不必专门挑出某单个国家，或对某单一商品征收关税。他警告说：

> 美国的贸易逆差对国内经济的威胁要大于联邦预算赤字或消费者债务，并可能导致政治动荡……现在，世界其他地方拥有的资产比我们多出3万亿美元。

巴菲特的建议是，美国政府向出口企业颁发进口证书，出口金额等于其出口价值。反过来，出口商会将这些证书出售给美国进口商或外国出口商，他们必须以适当的金额购买证书才能进入美国市场。证书的价格会上涨，直到贸易平衡为止。[18]如果美国无法使其货币贬值以重新平衡贸易，那么它可以以这种方式提高外国产品的价格。

使用进口证书，美国出口产品的价格也会下降，使出口企业更容易出口产品，从而增加就业机会。隐晦点说，这就像进口商支付的补贴。此政策创造的250万个美国就业岗位也将产生额外的税收收入，从而缓解预算赤字。诚然，进口商品价格会有上涨，但鉴于有很多人回到了自己的岗位上，这点价格上涨也许是值得的。此外，这点损失也将在整个人口中被稀释，而收益将被集中在未充分就业者的身上，他们也是真的需要财富上升的群体。[19]虽然增加关税会给其他国家提供反击的机会，但有进口证书存在，反击就是徒然的。恰恰相反，它会促使外国人购买我们的产品，因为他们购买的产品越多，他们就可以卖得越多。因此，发放进口证书的办法比加征关税更可取。

2016年，美国进口额为2.7万亿美元，比2.2万亿美元的出口额高出约23%。[20]平衡的贸易政策可以在几年内分阶段实行，例如，在初期，规定每价值1美元的出口可以获得价值1.15美元的证书。这将使赤字减少1,700亿美元至3,300亿美元，创造约850,000个就业岗位。[21]同时将消除三分之一的贸易逆差，刺激经济的同时还不会给政府带来任何损失。我们最终会在三年内消除所有赤字，同时大幅度推动就业市场和经济的发展。

自巴菲特撰写下这些内容以来，外国持有的美国债券已上升到18万亿美元的规模。[22]当然，美国也拥有外国债券，如此一来，美国国际净债务为8万亿美元。但它在美国的分布是不均衡的。美国三分之一的负债（6.2万亿美元）曾是美国国债。[23]外国资产并非由在美国的广大公众持有。因此，在2017年，每个典型的纳税人欠外国人约2万美元，但他们根本没有外国资产。

而且，外债非常集中：比如日本拥有价值1.1万亿美元的美国债券，我们必须长期支付这些国债利息。这些巨额储蓄还使美国债权国的企业能够收购美国企业，包括加州DNA测序公司"完整基因公司"（Complete Genomics）等高科技公司，这意味着我们正通过购买这些债权国的消费品来向它们出让所有权，显然这些公司的利润将不再归于美国公民。这对经济的未来并不好。

新贸易理论

大卫·李嘉图的旧贸易理论及其扩展被保罗·克鲁格曼否定。尽管后者获得了诺贝尔奖，大多数经济原理教科书还是未将他的观点纳入考虑。[24]现代贸易模式是全新的内容。不同于基于要素禀赋优势的商品交易（如葡萄牙用葡萄酒交换英国纺织品——李嘉图的著名案例），如今大多数先进的工业化国家基本上交易相同的产品：大众汽车在法国销售，而雪铁龙汽车在德国销售。这种贸易的动机不是比较优势，而是规模经济、质量、样式、品牌、专利权或消费多样性。如果这两种车是接近的替代品，也即如果驾驶它们几乎没有什么区别，那么两种车都会在这两个国家找到市场。此外，这些商品不是由李嘉图所假设的完全竞争市场生产的，而是由寡头垄断生产的。别人不被允许生产带有大众标志的汽车，完全竞争理论不适用于品牌产品。这意味着这里考虑的利润在旧贸易理论中不存在，而它们却是至关重要的，因为它们是税收、未来创新和增长的源泉。

此外，还需要考虑生产中的规模经济和先发优势。一旦这些品牌成立，它们就会形成垄断，产生的利润也不容易被竞争。因此，尽管比利时在生产歌帝梵（Godvia）巧克力方面没有特别的比较优势，但是一旦它们生产出了这种巧克力——通过拥有种植可可豆的殖民地等历史偶然事件——它们所建立的贸易根基和声誉就很难被竞争稀释。其他企业可以生产相同质量的巧克力，但不具备吸引消费者的声誉，因此歌帝梵将保留其垄断利润。由于占据先发优势，这些企业进行生产的单位成本比刚刚进入市场的企业更低，而这些企业会对竞争企业进入市场设置障碍，就像前面提到的幼稚产业那样。

国内市场的规模也很重要。国内市场越大，企业生产的数量就越大，单位生产成本就越低。因此，其竞争优势——较低的单位成本——不是由要素或资源禀赋产生的，而是由生产中的规模经济效应带来的。就高档汽车而言，其在德国有庞大的国内市场，这为宝马、奔驰、保时捷和奥迪提供了比较优势，从而利于它们在国际汽车市场的高品质市场竞争中取得成功。

收益递增技术也显著改变着关税的静态分析。随着关税的增加，（见图表13.1）企业增加了国内服装产量，并且按照传统观点，减少了福利，到此分析就结束了。然而，如果商品生产是伴随着规模收益的增加，更大的国内产量可能意味着成本的下降，从而根据成本下降的大小改变计算的结果。简而言之，新的贸易理论意味着贸易政策，如补贴、关税或进口证书等，仍有一定的改进空间。众所周知，有些国家不是通过自由贸易成为经济强国的。相反，它们保护了国内产业，同时受益于全球化提供的开放商品。这与处于类似经济发展阶段的其他国家没有什么不同，如英国、德国和美国在成为技术领先国家之前都是保护主义者。

产业政策和政府投资也有助于帮助国内企业实现规模经济。当然，有理由怀疑政府机构在设计和执行这类促贸政策时的敏锐性。尽管如此，自由贸易的理论案例不再是绝对的；相反，克鲁格曼的新贸易理论得出的结论是由其背景决定的。留下的问题是：我们可不可以过渡到一系列促进真正充分就业的体制，它们要包括比现有政策灵活得多的贸易政策。如果想要创造一种更加平衡的方法来解决我们面临的经济问题，那么这些问题必须在学术和政治上列入议程。

第十四章

2008 年金融危机

那些忘记过去的人注定要重蹈覆辙。

——乔治·桑塔亚纳

21 世纪初期，美国经济经历了自大萧条以来最严重的经济危机。2008 年的股市暴跌最终演变为一场危机，动摇了自由民主的基础。2008 年，建立在错误教条和狂妄自大基础上的"纸牌屋"垮台，成为与 1929 年股市暴跌同等严重的分水岭事件。这是由互联网泡沫、全球化海啸和次贷危机共同造成的。此外，恐怖主义和随后对伊拉克与阿富汗的入侵，耗费了美国的大量资金。"这是考验人类灵魂的时代。"[1] 不幸的是，我们没有为这些挑战做好准备，我们缺乏领袖、缺乏罗斯福总统那样带领国家走向更安全海岸的远见卓识。

谈到 1929 年，凯恩斯的话即便是现在听起来也很有道理：

> 今天我们卷入了一场巨大的混乱之中，像是一台精密仪器运行出了错，而我们对其了解甚少。其结果是，我们的财富可能会在一段时间后，也可能在稍长一段时间后消耗殆尽。[2]

这种描述经济衰退的方式多么富有诗意！如今，我们也陷入了"巨大的混乱"，我们也在经济政策上犯了错，我们仍然不理解或不愿意承认新经济的运行方式。是的，我们一直在浪费生产力，并将在很长一段时间内继续这样做。我们的时代需要凯恩斯，

第十四章　2008 年金融危机

但还没发现这样的人。

问题远没那么简单，到了 21 世纪，人们对"大萧条"的记忆已经消失，因此"非理性繁荣"的积累没有得到重视。这种经历不再被认为是有意义的，尽管金融界泰斗、1987 年始任美联储主席的格林斯潘（他创造了上述短语）在 1929 年还只是一个蹒跚学步的孩子。不管怎么说，我们都以为我们现在已经非常聪明老练，而过去发生的事已无关紧要了。

1929 年与 2008 年的金融危机伤人无数，非常严重：数百万人饭碗不保、流离失所、财产尽失、梦想破灭。财富被摧毁、养老金损失、储蓄枯竭，甚至那些还有工作的人也很焦虑。如果不考虑 2008 年的混乱，就很难理解特朗普主义的兴起。同样，1929 年的灾难也带来了新政——一系列革命性的政策。因此，这些金融危机是催化剂，它们创造了分水岭时刻，历史就这样突然、迅猛、出乎意料地发生了逆转。

具有讽刺意味的是，在这场危机来临之前，大量问题就已经积累——而对主流观察家来说，这一切似乎都很好。例如，诺贝尔经济学奖得主、宏观经济学家罗伯特·卢卡斯（Robert Lucas）在 2003 年向美国经济协会发表的主席致辞中骄傲地宣称："避免经济萧条的核心问题已解决，现实的目标可以实现。"[3]我们没什么好担心的，经济学家知道他们在做什么。一年后，伯南克以同样傲慢自大的底气宣称，"大缓和"的新时代已到来。[4]明确宣告了自 20 世纪 80 年代中期以来，由于需求管理和货币政策的改善，经济周期的变动趋于缓和。[5]金融危机前的平静让主流经济学家误以为经济周期不再对就业和福利有实质性威胁。[6]可他们完全错了，即使他们视而不见，世界经济史上最大的危机之一当时就在他们眼前：这样的"大缓和"仅仅持续了三年。《圣经》确实警告过我们："骄者必败，狂者必倒。"[7]

前情提要

格林斯潘主席在任期内成功地克服了几次危机。针对 1994 年的比索危机，格林斯潘、财政部长罗伯特·鲁宾（Robert Rubin）和拉里·萨默斯为墨西哥协调了 500 亿美元的紧急援助。1997 年的亚洲危机也源于美元短缺，从泰国到韩国等多国经济体的货币当时正不断贬值，国际货币基金组织对它们给予了支持。然而，在随后的经济衰退中，石油价格下跌迫使俄罗斯政府于 1998 年破产，从而导致大量投资于俄罗斯的美国对冲基金公司，长期资本管理公司（Long-Term Capital Management）以失败告终。格林斯潘再次组织了 36 亿美元的财务救助计划。所有这些举措都突显了他的名声，华尔街称之为"格林斯潘对策"，也就是说：不必担心，如果有什么不测，我们还有格林斯潘呢。[8]

因此，1999 年《时代》杂志让格林斯潘、鲁宾和萨默斯这三位登上封面，并称他们为"拯救世界委员会"，让他们看起来光辉伟岸，所向披靡。[9]报道他们的文章满是赞词，但也表达了一些对他们的保留看法："通过一个接一个手段抵御经济崩溃、保护经济政策不受政治干预，这三个人保护了美国的市场经济，使美国的经济增长受到积极影响。投资者的兴奋也许是妄想，但在这个过程中他们很高兴。"注意，"妄想"一词用得很微妙，难免会让人想到这一切都是一种错觉。作者引用了萨默斯颇为自负的一段话："我们始终认为，你不能废除经济学的定律，即便它不好用。"当然，他们忘记了信息不对称的重要作用，约瑟夫·斯蒂格利茨、乔治·阿克洛夫和迈克尔·斯宾塞因为研究该理论获得了诺贝尔奖。他们的研究表明，在现实中，金融市场中经常出现的信息不对称是低效的。但这也是"经济学定律"中必然的一部分，即使格林斯潘三人小组对此不以为意，但信息不对称当时已埋伏于次贷危机的"慢跑道"上了。

长期资本管理公司的破产带来的另一个信号本应是告诉人们金融计量及其计算机程序是容易犯错的，也就是说，我们以为的资金管理者的老练其实具有欺骗性。毕竟，两位诺贝尔奖获得者都是董事会成员，他们提出了布莱克-斯科尔斯-默顿衍生产品定价模型（Black-Scholes-Merton model）。该模型在课堂中运行良好，但在现实世界中并不总是如此，它曾造成高达 36 亿美元的损失。但这一结果并没有引发人们对数学模型的怀疑，而是增强了对"格林斯潘对策"的信心。

紧跟其后的是互联网泡沫。一般而言，股票的基本价值表现为股东从当前到之后所有持有股票时间里所期望获得的股息的贴现价值。问题是投资者不知道未来的股息，只知道过去的股息。因此，投资者利用过去的收益作为衡量当前价格的参考。市盈率是衡量股票基本价值的指标。罗伯特·席勒认为，最好的参考变量是当前价格与过去 10 年的平均收益之比。

然而，以这种方式计算互联网公司的价值是不可能的，因为它们还没有任何利润。

但它们的未来充满希望,"新经济"模式令人兴奋,其中一些公司将成为下一批赚取巨额利润的颠覆性高新企业。因此,对它们未来会盈利的猜测占据了上风。凯恩斯主义的"动物精神"、乐观主义和悲观主义的起起落落助长了投机狂潮,导致股票价格从 1995 年开始飙升。[10]138 年(1880—2018)的平均市盈率为 16.8,(见图表 14.1)这些投资的回报率为:$1/16.8 \approx 5.9\%$。而在互联网泡沫的顶峰时期,市盈率曾达到 43,几乎是 19 世纪平均水平的 3 倍,意味着当时回报率仅为 2.3%,这是一个明显的泡沫迹象。[11]毋庸置疑,一些公司确实成为了标志性企业。然而,泡沫破裂还是导致了数百家公司破产。[12]

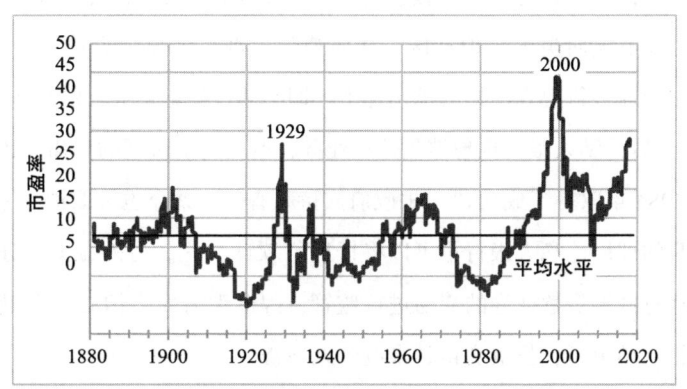

图表 14.1 标准普尔 500 指数股票的市盈率
来源:罗伯特·席勒的在线数据(http://www.econ.yale.edu/~shiller/data.htm)。

随后出现了经济衰退。但随着格林斯潘降低利率,经济活动加速,这场衰退仅持续了 8 个月。经济发展相对平安无事,格林斯潘名不虚传。但一切都不太乐观,格林斯潘当时正把金融市场引向一个毁灭性的循环。[13]

金融创新

西方文化满着创新。金融创新提供了新的令人兴奋的投资机会。在非理性繁荣中,我们往往容易忘记,创新也有破坏性的成分(这也是熊彼特所强调的)。[14]因此,监管者严格遵循公认的做法进行宽松管制与金融创新。

金融创新一个比较重要的发展是抵押贷款证券化的增长。在旧的抵押贷款融资模式中,是由银行来提供购房贷款。银行深知30年内必须依靠购房者的分期付款,他们会非常仔细地审查借款人。借款人是否有良好的信用记录、工作、资产等都是银行要考虑的因素。这种抵押贷款模式的缺点是,银行可用资金的数量受限于当地的储蓄水平。因此,抵押贷款市场迫切需要通过创新来解决这一信贷限制。

从1968年开始,由城乡住房发展部门发起的政府性全国抵押贷款协会(GNMA)开始汇集一批抵押贷款,并发行了一种称为抵押贷款证券的新型债券。从此,证券化开始了。很快,房利美和房地美——政府另外成立的两家机构[15]——开始提供这种证券。这是件好事,因为它为投资者提供了新的、安全的投资机会,让他们有更多的现金,并使资金能够流向美国各地社区,从而消除了俄亥俄州阿克伦等地的信贷短缺。这些机构要求当地银行遵守严格的承销标准,即必须严格记录买方的收入。

然而10年后,私人银行也想涉足这项业务,但受到了法规的阻碍,因此他们游说国会,并在1984年取得了成功。[16]里根政府支持私有化,禁令也被取消——只要评级机构给债券最高的评级,私人银行也可以将抵押贷款证券化。另外,美国证券交易委员会(SEC)将对抵押贷款证券的交易进行监管,因此无需太多担心。[17]长达半个世纪的单一化的银行业结束了,投资变得越来越令人兴奋。

但是,这些私人银行无法与得到美国政府全额信贷支持的机构竞争。房利美或房地美只接受优质抵押贷款,他们的借款人有可靠的信贷和体面的收入。他们不接受借款人信用评级低于640的次级抵押贷款。由此,私人银行将找到一个利基市场,为自己创造商机。

然而,谁会将数百万美元投资于高风险抵押贷款证券呢?这使银行业进入了金融工程的下一个创新:它们可以通过将债券分成若干份(也称为"层"或"片")来确保至少一部分债券的安全。最初,只有两部分,顶层和底层;后来有更多的层次,在后面我们将要举的例子中有多达19层。所有抵押贷款(包括在抵押贷款系统中的其他贷款)的收入将被汇集起来,并按重要性排序,最上层的部分将首先得到支付,余下的钱,不管是多少则会支付给最底层的投资者。因此,由于所有的借款者不会同时停止还贷,最上层成为对安全交易的赌注,他们还支付了最低的利率。而底层部分需要

第十四章 2008年金融危机

承担更高的利率,因为投资者为此承担了更高的风险。

例如,一个抵押贷款证券可以包含多达4,500份抵押贷款,抵押品价值9.5亿美元。其顶层部分价值约7亿美元,这一部分将获得信贷机构的A级评定并支付最低的利息。尽管有多达1,000名抵押人(借款人)可能会停止还贷,但最高级的投资者仍将收到他们到期的全部款项。[18] 4,500笔抵押贷款中有1,000多笔违约,这是不太可能发生的。因此,尽管抵押贷款证券有风险资产,但其顶部被视为安全投资。因此金融工程师就像炼金术士——他们都从次贷中炼出了"黄金"。

来自世界各地的投资者购买了由美国工程师创建的资产证券化产品。上述例子中的抵押贷款证券由花旗集团创建,投资者来自中国、德国、法国和意大利。然而,随着市场的发展,信息不对称的影响开始显现出来。作为抵押贷款的发起人,地方银行意识到仔细审查借款人是多余的,因为它们对30年的抵押贷款支付不承担责任。相反,它们会立即将抵押贷款出售给雷曼兄弟。因此,借款人是否能够偿还贷款并不重要,当抵押贷款证券到达外国的投资者手中时,他们不知道阿克伦市在哪里,更顾不上考虑房屋价值是否得到了正确评估,或者借款人是否真的拥有如文件上说的公司。因此,工程师们向系统中注入了大量的信息不对称。信息不对称也助长了信息欺骗。欺诈变得司空见惯,并将被证明是这项金融工程的致命弱点。

1994年,又有了一项新的创新——信贷违约掉期(CDS),这是一份为业主提供违约担保的合同。假设高盛投资了100万美元从雷曼兄弟手中购买抵押贷款证券,高盛信任拥有150年历史的雷曼兄弟,但如果高盛想要稳妥,它可以从美国国际集团购买保险,以消除雷曼兄弟违约时的任何风险。在这种不太可能有风险的情况下,美国国际集团将以100万美元的价格交换高盛集团的证券。

为了避开各个保险部门对合同的监管,保险合同被称为互换合同。毕竟,保险合同就像一个交换。如果你把你的车也算进来,你可以拿它在保险公司换成现钱。但是,你要确保在有需要的情况下,你的保险公司有足够的准备金来支付。这就是保险监管部门的目的,它提供了约束以避免欺诈。

但是,信贷违约掉期当时是一种新的保险形式,企业可以在没有监督的情况下出售它们。毕竟这只是一个互换合同,而不是保险。2000年,国会甚至禁止了对信贷违约掉期的监管。显然，这是一个重大错误，因为信贷违约掉期是2008年灾难传播的重要途径。这种保险合同的存在也推动了次级抵押贷款渠道的形成，因为它使次级抵押贷款看起来比实际更安全。然而，一旦雷曼兄弟破产，出售价值790亿美元信贷违约掉期的美国国际集团本应支付违约债务，[19]但由于没有足够的现金，整个系统面临崩溃的威胁。因此，为了避免灾难，美国国际集团获得了1,860亿美元的援助款，而这些都是纳税人的钱。

格林斯潘的泡沫：双重问题

关于"泡沫"的讨论在正统经济学中是不存在的。有效市场理论武断地将该议题排除在外，因为该理论认为，如果每个投资者都是理性的，那么市场就会平稳运行，泡沫就不会滋长，市场也不会崩溃。基于常规的情绪或羊群效应的投机过程不会失控，也没有人在利用信息不对称。相反，市场提供了投资者想要的东西。如果有人想为房子付保险费，我们谁又能反对？因此，银行、美联储和学者不会将泡沫、金融不稳定当作主流宏观经济模型的一部分来预测经济发展。第十章讨论了这种实际经济周期模型。使用这些教科书里的模型的经济负责人没有参透经济，所以也无法实时解释真实经济。1929年和1987年华尔街崩溃的事实被一带而过，华尔街大咖依然被认为是经验丰富、值得信赖的。

泡沫是一种资产价格远远高于其基本价值的东西。泡沫的一个特点是，它往往包含一定程度的新奇感，而投资者对此没有太多经验。如今很难让投资者对一项已经存在一段时间的资产感到兴奋，但对于一个全新（如20世纪90年代互联网股票的泡沫形成前）的投资机会来说，这样的投资交易相对容易达成。

"基本价值"的概念在正统经济学中并不存在。正统经济学认为，每样东西的价值都是由人们愿意为之付出的钱来定义的。因为人们不能在经济学教科书中犯错，所以只存在"市场价值"的概念。然而，即使是像格林斯潘这样的市场狂热分子也悄悄地提到了1996年的非理性繁荣。然后，在2005年，由于房地产市场过热，就连他也注意到市场上出现了一些"泡沫"，并指出"房屋投机活动有所增加"。为此他说，全国各地存在"许多地方性泡沫"。[20]尽管如此，他并没有认真对待这场"国家泡沫"造成的威胁，因此也没有采取任何措施。

然而，在行为金融学中，市场是可能犯错的。罗伯特·席勒因在这一领域的开拓性贡献而获得诺贝尔奖。[21] 2009 年，他认为标普股价指数 55% 的下跌是由于"投机热潮"，他补充道：

> 心理学真的很重要……你不能忽视心理学，不幸的是，经济学界倾向于依赖新近的理论（如所谓的有效市场假设，即市场能有效地整合所有信息并以精确的方式工作），我认为这是经济思想史上最明显的错误之一。这不是有效市场。[22]

"最显著的错误"，是在房地产泡沫形成过程中依赖有效市场理论。[23] 许多经济学家曾支持格林斯潘的观点，即刺破泡沫不在他的职责范围内。可以肯定的是，美联储的任务是"促进就业最大化，维持稳定价格和长期适度利率"。然而，有争议的是，保持金融体系的稳定和完整是否应被视为美联储任务中重要的一部分，因为如果金融失控，失业率无疑会飙升，而价格和长期适度利率将变得无法维持。因此，刺破泡沫应该是美联储议程中不可或缺的一部分。当然，格林斯潘和伯南克有办法阻止房地产市场过热。例如，他们可以强制执行法律，不允许证券承销标准发生恶化，他们可以停止掠夺性贷款，他们可以起诉欺诈性抵押贷款经纪人，等等。他们本可以做很多事情。[24]

我们如何判断价格是否不合理？诚然，对于一些投资来说，这样做是不可能的。例如，我们不知道比特币的合理价格是多少。然而，房子与它不同，因为房子提供了一种真正的服务，其价值是人们为生活在那里而支付的租金。因此，人们可以将房价与租金进行比较，以确定它们是否与基本价值相符。经验证据表明，房价与基本价值的确不符。（见图表 14.2）房价—租金比在 1998 年"起飞"，首先增长了 1%，然后在接下来的三年中每年都以 3% 的速度增加。在之后的四年里，它分别增长了 4%、6%、8% 和 10%。在房价达到最高值的 2006 年，房价—租金比已经上涨了 41%，意味着房价远远超出了房子的基本价值。价格严重脱离基本价值，没有任何经济意义，应引起华尔街的分析师和美联储的博士的注意。

房价与收入的比较也得出了类似的模式。到 2006 年，房价的增长比名义收入的增长多出了 22%。（见图表 14.2）因此，对于任何思想开放的人来说，国家层面的泡沫应该是显而易见的。美联储有由 1,000 名博士级经济学家组成的智囊团，他们的工作是在高速计算机上运行错误的模型。总之，他们拥有的常识并不总是有效。

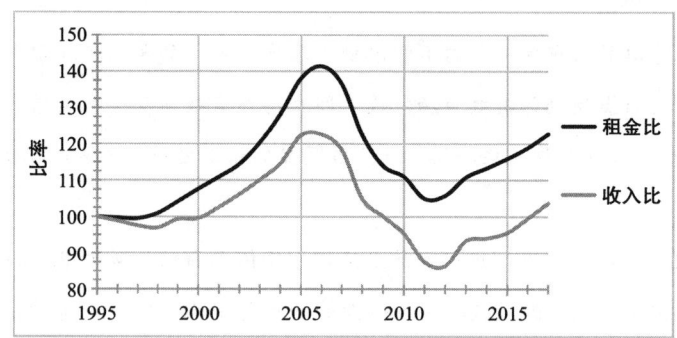

图表 14.2　美国房价-租金比和房价-名义收入比。指数（1995 年 = 100）
来源：OECD 统计，"分析性房价指标"（http://stats.oecd.org/index.aspx? DatasetCode = HOUSE_PRICES.）

聋子的耳朵不听劝

1998 年，商品期货交易委员会（CFTC）主席布鲁克斯利·波恩试图独自一人对衍生品进行监管，但没有成功。[25]当她上任时，信贷违约掉期是全新的金融衍生品，而且在不断增长，她足够机敏地认识到它们是期货合约，应该属于她的监管范围。然而，她遭到了强烈的反对。当她在国会作证，被问到"你想保护什么"时，她回答说："我们正在努力保护美国民众的钱袋子。"[26]她本可以成为美国金融界的圣女贞德①。然而，格林斯潘怒气冲冲，散布谣言说她"暴躁、固执、不讲理"。[27]格林斯潘与高盛前联席主席、时任克林顿政府财政部长的罗伯特·鲁宾勾结在一起，结果当然是波恩被迫出局（至少她没有遭受圣女贞德的命运）。克林顿没有支持她，反而签署了 2000 年《商品期货现代化法案》，禁止商品期货交易委员会对信贷违约掉期进行监管，这是走

---

① 圣女贞德，15 世纪英法百年战争期间的法兰西传奇式民族英雄，后被英格兰当局以"异端"和"女巫"罪判处火刑而遇害。

向崩溃的又一步。难怪《时代》杂志将格林斯潘、鲁宾和萨默斯二人称为"搞定经济问题的自由市场派政治局"。[28]他们赢得了战斗,却让金融市场走向失控。

尽管如此,希拉·贝尔(Sheila Bair)(2006年至2011年关键时期担任联邦存款保险公司主席)与波恩却是金融危机中仅有的两位英雄。在那10年为三届政府服务的官员中,似乎只有这两名女性真正拥有财政常识。2009年,她们两人都获得了"约翰·F. 肯尼迪勇气奖",以表彰"她们对当前全球金融危机做早期预警时表现出的政治担当"。根据肯尼迪总统的女儿卡罗琳·肯尼迪(Caroline Kennedy)的说法,"波恩认识到,所有美国人的金融安全都被贪婪、疏忽和来自强大的利益集团的反对置于危险之中"。[29]

巴菲特在2002年向股东们提交的年度报告中发出了下一个严重警告:"衍生品是大规模杀伤性金融武器,具有潜在的、致命性的危险。"衍生品是从另一个基础金融工具中获得价值的合同。抵押贷款证券也属于此类,它们的价值来自基础抵押贷款。[30]

在经济学家中,迪安·贝克(Dean Baker)是第一个认识到房地产泡沫的人。[31]到2002年,房价上涨了30%。如果收入也有所增加,人们就可以理解为住房需求的增加,但收入并没有增加。相反,实际家庭收入却在下降。(见图表7.2、9.4、14.6)因此,房价的急剧上涨在经济意义上讲不通。(见图表14.2和14.3)。1998年6月至2005年10月期间,平均房价(以套为单位)翻了一番,中位数从152,500美元增加到240,900美元,增长了近60%。

2004年,发行量达100万份的《纽约客》杂志(The New Yorker)发表了一篇题为《吹泡泡》的文章,报道称"即使格林斯潘的一些同事也担心,一个泡沫已经分裂出另一个……但格林斯潘拒绝考虑这样的灾难。最近在国会山,他坚持认为'经济似乎已步入正轨'"。[32]"房地产泡沫"更多地是大众在讨论。2005年,芝加哥大学商学院的拉古拉迈·拉詹(后来担任印度储备银行行长)在金融机构内部发出了一个重要警告,在怀俄明州杰克逊霍尔召开的一个为纪念格林斯潘即将退休美联储研讨会上,拉詹对风险的累积效应发出警告,并警示金融创新的本质是骗人的。他谈到了反常发展使得管理者有了"冒险动机,而投资者对风险并不知情……第二种反常行为是鼓动

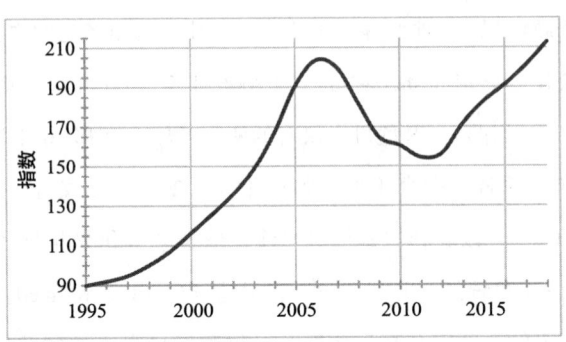

图表 14.3 全国房价指数（1999 年 = 100）
来源：S&P 道琼斯指数有限责任公司，S&P/Case-Shiller 美国国家房价指数 [CSushpinsa]，检索自圣路易斯联邦储备银行（https：//fred. stlouisfed. org/series/CSUSHPINSA，March 23，2018.）

其他投资管理者一起选择投资，因为羊群效应给管理者提供了保险，并使其表现不会比同行差，但羊群效应会使资产价格偏离基本面。"[33]换句话说，如果信息不对称，这种危险会持续累积，虚假的信息会导致对风险的错误定价。此外，群体思维会导致功能失调的体制化行为，进而最终导致泡沫。

"事实上，"拉詹继续说，"数据表明，尽管金融市场不断深化，但银行可能不会比过去更安全。此外，它们现在所承担的风险只是它们所创造的风险的冰山一角。它们（银行）有可能创造出更大（尽管目前还好）的灾难性崩溃。"拉詹发言时，台下坐着的，除了有格林斯潘、伯南克、时任纽约联邦储备银行行长的蒂莫西·盖特纳以及后来奥巴马政府下的救市计划的总设计师外，还有来自美国《金融时报》和《华尔街日报》等主要金融媒体的记者，澳大利亚、丹麦、中国和以色列等外国央行行长，花旗等主要银行首席经济学家以及来自经济研究机构和学术界的几十位知名专家学者。[34]但拉詹义正词严的警告被置若罔闻。

随后在 2006 年，努里埃尔·鲁比尼提出，房地产市场正在经历一场"丑陋和严重的萧条"，经济衰退即将来临。[35]但这些早期警告都没有被认真对待。正如花旗集团首席执行官查尔斯·普林斯（Charles O. Prince）在 2007 年 7 月调侃的那样，"只要音乐在播放，你就必须起床跳舞。"[36]而这个音乐在此后还要播放几个月。

对伯南克的采访可以表明美联储的思维定式。2005年，当一位记者问及可能出现的房地产市场泡沫时，他回答说："毫无疑问，房地产价格稍微上涨了一点儿。"他不仅误导了公众对于自1998年以来房价成倍增长的看法，他还开始合理化这种现象："重要的是基本面也非常强劲。我们的经济、就业、收入不断增长；我们的抵押贷款利率非常低；我们的人口统计数据支持住房增长；我们在某些地方的供应受到了限制。因此，可以理解，价格会有一点儿上涨。我不知道价格到底应该定在哪里，但我认为公平的说法是，所发生的一切都是由经济实力支撑的。"[37]

这是1984年之后20年的又一官方说辞。伯南克知道，房价的上涨幅度远远超过了他所说的"一点儿"，而是整整翻了一番。他一定知道收入没有增加，也没有人口统计数据支持房产泡沫。但他也一定意识到了，如果他越过派系界限，他将犯下"思想错误"，而不会成为格林斯潘的继任者。

当另一位记者在2005年7月问他最坏的情况时，他极不诚恳地回答说："我并不赞同你所说的最坏情况，因为这不太可能发生。我们从未在全国范围内出现过房价下跌的情况"，(他难道不知道在"大萧条"时期确实出现过下跌？)"因此，我认为有可能的是，房价增长放缓，并趋于稳定，这可能会稍微减缓消费支出。但我认为这不会使经济太偏离充分就业目标。"[38]请注意，他对经济形势的看法大错特错了。他提到了充分就业，要知道当时有760万人真的失业，另有900万人未就业。[39]他的误导性声明使许多人在2005年至2007年投资房地产时极具安全感，随后却在金融危机中损失了大把钱财。尽管如此，伯南克还是成为了格林斯潘的继任者，甚至在2010年被奥巴马总统重新任命，得以连任。

明斯基时刻：2008年大崩溃

海曼·明斯基直截了当地预见了这场灾难。[40]几十年来，明斯基一直强调金融体系内在不稳定，并警示人们债务积累的风险，以及金融危机的内生本质，却未被重视。[41]他敏锐地察觉到债务周期在商业周期和金融危机中的作用。相反，在传统的宏观经济模型中，金融业的问题往往被忽略，因此，诸如杠杆、债务和违约等概念或是被完全忽略，或是被看作附带的市场现象。

明斯基的分析框架包括贷款合同,这些合同承诺公司可以从未来预期利润中预支一部分资金。问题是,未来的利润在多大程度上能被正确预测,如果预期的利润没有实现会发生什么。[42]明斯基很有先见之明,他说道:

> 投机和庞氏金融的比重越大,经济就越可能是一个偏差被放大的系统。金融不稳定假设的第一个定理是,在某些融资结构状态下,经济会稳定;在另一些融资结构状态下,经济会不稳定。金融不稳定假设的第二个定理是,在漫长的繁荣期中,经济体系中的融资结构会从有助于经济稳定的状态转向加剧经济动荡的状态。

泡沫破灭后,资产价格下跌,企业的净值将迅速蒸发。因此,现金流不足的单位将被迫通过卖出头寸来制造头寸。这很可能导致资产价值的崩溃。系统性风险意味着一个公司的破产会导致其他公司破产,从而导致雪球效应和整个经济的失控。这正是崩溃的确切情景。

明斯基的另一个论点是稳定导致不稳定。乍一看这没有道理,然而,他指出,长期的稳定使企业家能够学会如何通过创新,在监管权外建立新的商业模式来规避监管,然后强化这一过程,用稳定性欺骗监管者并使其变得自满。这就为资金管理者留下空间,让他们得以破坏监管机构,从而获得风险投资的机会。这就是在格林斯潘监督下所发生的。1935年至1980年间的45年被称为无聊的银行业时期。[43]所有的稳定因素都在发挥作用,促进了半个世纪的经济稳定增长。例如,1933年的《格拉斯-斯蒂格尔法案》(Glass-Steagall Act)禁止商业银行投资股票市场,因此银行不能用他人的钱进行投机。这是有道理的。由于银行存款是由政府支持的,所以允许银行通过第三方支持的存款进行投机来承担过度风险的这一做法是轻率的。但是,稳定措施误导了政府,使之变得自负。从里根政府开始,监督措施被放松了。

当然,从短期来看,监管总是代价高昂,它的有益效果只有在长远的将来才能看到。这为银行家们鼓吹放松监管提供了强有力的措辞。从里根政府开始,他们成功地废除了保护系统稳定的法规。在政府监管变得更加宽松的同时,金融部门进行了创新,影子银行体系蓬勃发展,超过了现行的监管范围。当时的一切进展顺利,像波恩这样的反对者被迫悄然无声地消失了。

明斯基还强调,"兴奋的"繁荣是金融不稳定的主要因素。[44]兴高采烈地放贷意味着,放贷人和借款人在判断他们所签约的贷款时,都犯了系统性错误,低估了违约概率。他们的期望是有偏差的。这一理论框架源自历史记录,而不是理想化市场的先验理论,在流行的理性代理人模型中显得格格不入。

因此,明斯基的观点被主流经济学家和决策者草率地驳斥了。[45]然而,他的模型准确地预测了随后发生的事情。随着金融业的发展,稳定性正在欺骗监管者,正如明斯基预测的那样,风险绕过了监管。在政府放松监管的同时,影子银行系统也进行了革新,创造了新的金融产品。这些创新的目的不是为了提高实体经济的生产率,即提高投资效率(并提高 GDP),而是为了寻租(获得更大的利润份额)。此外,这些创新为宏观经济注入了严重的信息不对称问题和系统性风险。

另一个主要问题是,购买这些全新的金融工具的投资者没有评估相关风险的经验,衰退期波动的相关历史证据不存在。因此,在轻松赚钱的快乐岁月里,风险被错误定价。整个金融体系结构的设计不适合在没有充分监督的情况下接受这种方式的创新。

因此,金融业的丰厚利润是具有欺骗性的,尽管它们的收益直接而明显,但背后的相关风险成本却是无形的、不透明的、不确定的。极其丰厚的利润以奖金的形式支付给了管理人员。在这样的条件下,坚持做一个谨慎的银行家几乎不可能。此外,这些投行的杠杆率很高,为了维持业务,他们不得不不断地举债。当他们的系统性故障变得明显时,定价风险、信贷流动冻结以及面临破产威胁等诸多方面的问题就暴露出来了。因此,这是一种基于定价失误的风险业务模型,具有许多隐藏的危险触点,暴露在负外部性(即诸多系统效应)的冲击下。

投机行为不仅限于投资银行,还有大量的消费者承担了过度的风险,从而成为房地产市场掠夺性贷款的牺牲品。[46]掠夺性措施包括可以提供仅为三个月的短期低利率。[47]总之,风险无处不在,它们难以捉摸、定价过低。因此,影子银行系统非但没有分散风险,反而还将其放大了。

因此,2008 年的崩溃完全符合明斯基的金融不稳定模型。现有的规章制度没有及时更新以跟上新的商业惯例。《格拉斯-斯蒂格尔法案》本身被认为是过时的和多余的，于1999年被废除。根据当时主导的经济信条，金融市场可以自我调节，不需要监督。任何敢于提出建立新机构以跟上金融业发展的人都遭到了诋毁。[48]

导致危机的31个因素

1. **格林斯潘的意识形态**是罪魁祸首。他负责金融部门，是世界上最强大的经济"沙皇"。他本应该以可持续金融的名义统领失控的金融家，但他不相信监管，而是过于相信有效市场假说和市场的自我调节机制。他忽略了委托人—代理人问题、道德风险、系统效应、信息不对称、承销欺诈、掠夺性贷款和风险定价误判，这是很严重的疏忽。

2. **金融创新**（抵押贷款证券和信贷违约掉期）引入了没有相关经验的投资者。明斯基将这些创新称为"替代"，即它们是新的、令人兴奋的、有吸引力的，它们激发着投资者的想象力。他认为泡沫是以替代方式开始的。这些衍生品并没有得到很好的理解，但却变得十分流行和广泛。

3. 新兴的**影子银行体系**很大程度上超出了监管者的视野。相对于美联储旗下的商业银行，影子银行增长飞快。1990年影子银行系统拥有商业银行一半的资产，但到了2000年，影子银行和商业银行旗鼓相当，而在危机前夕，影子银行的资产甚至比商业银行多出3万亿美元（分别为13万亿美元和10万亿美元）。[49]这些对冲基金、投资银行、货币市场共同基金和抵押贷款机构是像银行一样行事的金融机构，但不受银行业的监管，不享受联邦储备系统的安全网保护，也不能向美联储借款。

这次危机摧毁了五家大型投资银行，或者至少摧毁了它们的商业模式。这种商业模式是错误的，因为银行需要每天流入数百万美元来维持日常运营。例如，在2007年底，贝尔斯登需要连夜借700亿美元为业务融资。[50]由于缺乏透明度，当信贷流入突然停止时，这些银行就会面临信任危机。这类似于传统的银行挤兑，只是客户没有在出纳员窗口排队，而是在网上点击了"退款"按钮。

4. **忽视系统性风险**是格林斯潘和伯南克犯下的不可原谅的错误。系统性风险具有放大作用和负外部性。一家银行的错误可能导致流动性或偿付能力危机，从而影响其他银行。这也有传导蔓延的因素在里面。另外,一家大公司的破产可能导致其他公司的资产价值损失,以及导致恐慌、传统的银行挤兑和一连串的倒闭破产。历史上有很多这样的故事。然而美联储对这种威胁却无动于衷。

例如,伯南克在2007年5月评论道:

> 重要的是,我们没有看到次级市场问题对银行或储蓄机构造成更大、更严重的溢出效应,大部分陷入困境的放贷方(银行)不是存款有联邦担保的机构……我们不希望次贷市场对经济体中的其他行业或金融体系造成重大溢出。[51]

在伯南克看来,我们不需要担心像雷曼兄弟这样的银行,因为它们没有联邦存款保险。这是多么天真的观点。

伯南克对美国国际集团出售信贷违约掉期造成的系统性风险知之甚少。他完全忽视了影子银行与商业银行之间的重要关联。雷曼兄弟破产了,美国国际集团将成为下一家破产的公司,因为许多商业银行都有信贷违约掉期保险单,这将拖垮整个系统。[52]因此,在雷曼兄弟破产的第二天,伯南克就拨款860亿美元以拯救美国国际集团,后来又拨了1,000亿美元。

5. 然而,**群体思维**认为格林斯潘的观点是政治正确的,而难以容忍内部的反对声音。群体思维导致群体动力失调是一种常见现象。因此,格林斯潘可以宣称"没有人看到危机的来临。"[53]当然,他选择了倾听,而他所倾听的人完全知道他的立场和底线。他没有听鲁宾尼的警告:"经济衰退将很'难看'";拉詹在杰克逊霍尔的演讲他也没听进去,尽管那时他在观众席上;他读过罗伯特·席勒2005年的警告:"房地产市场正处于前所未有的泡沫的阵痛之中,这场泡沫可能会结束得很难看。"[54]那么,格林斯潘说没有人看到危机的到来究竟是什么意思?

6. **互联网泡沫**与次贷泡沫是"恶性循环"。格林斯潘走出互联网泡沫的方式给我们带来了房地产泡沫。互联网泡沫在2001年的经济衰退中达到顶峰。依照标准的政策路径,格林斯潘将利率从2000年夏季的6.5%降至2002年年底的1.25%。[55]这产生了预期的效果,经济衰退很短暂,8个月内就结束了(尽管当时还面临着来自9·11的冲击),格林斯潘的魔法再一次灵验。问题在于,美联储认为次贷泡沫将会像互联网泡沫一样容易处理。[56]

这个推论是错误的,因为两个泡沫完全不同。互联网股票的所有权仅限于风险投资家、对冲基金和投资银行。相比之下,有多达7,300万个家庭持有抵押贷款,房价的下跌对他们产生了难以置信的影响。因此两个泡沫的经济结果对人口的影响程度是不同的。此外,1997年至1999年网络公司的首次公开募股总额为270亿美元,而次级抵押贷款总额为3.5万亿美元。[57]作为抵押贷款证券的信贷违约掉期并没有为网络股提供保险,这意味着相比次贷泡沫,互联网泡沫中的系统效应并不是很强。美联储的经济学家忽视了二者的差异,犯下大错。

7. 2003年,格林斯潘将利率进一步调低至1%,这可以说是他的一次重大失误。这么做毫无根据,因为到2003年夏天,实际GDP已经以每年3.2%的速度增长。(见图表14.4)[58]而且,他将这么低的利率水平又保持了一年!这是一个悲剧性的错误,它导致了经济过热,到2003年年底,GDP增长速度为4.4%,[59]低利率对已经处于大泡沫阵痛中的房地产行业产生了巨大影响。这就是次贷危机真正爆发的时间点。因此,格林斯潘促成了次贷危机的爆发。在掌管世界金融体系16年之后,他犯下了严重的错误,后果惨痛。因此,2004年成为了次贷失控的分水岭。

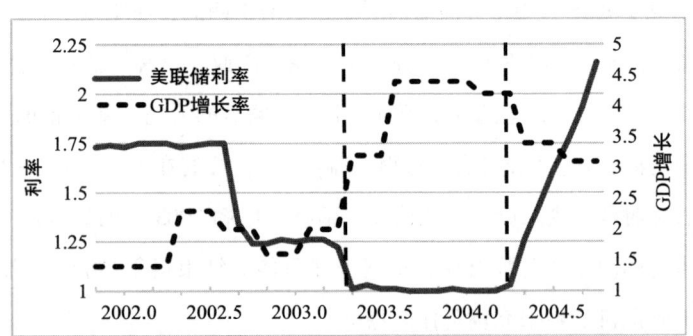

图表14.4 美联储利率和GDP增长

来源:圣路易斯联邦储备银行,"有效联邦基金利率",联邦基金系列;"实际GDP按季度与上年同期比较(%),季节性调整",A191RO1Q156NBEA系列

8. **信用评级机构**以不恰当的方式激励着金融走入歧途。信用评级机构掌握着审批权,它们将次级抵押贷款转变为 AAA 级抵押贷款证券。这些贷款是由银行支付的,如果不给予这些银行高评级,它们可能会转向这些信用评级机构的竞争者。由于尽职调查会降低利润,这些机构没有理由拒绝银行的要求,毕竟他们无需为评级担保什么。因此,直到雷曼兄弟破产迫在眉睫,它的评级才被下调。[60]从 2000 年到 2007 年,穆迪将大约 45,000 种与抵押相关的证券评为 AAA 级。仅在 2006 年,穆迪每个工作日就要给 30 种的抵押相关的证券盖上 AAA 级批准印章。没有人在监督这些市场监视者,结果是灾难性的:当年评级为 AAA 的抵押贷款证券中,83%最终被降级。[61]

9. 人们通常**对定量金融**和金融分析师**有过分的信心**,就算后者没有在危机中经受考验也是如此。华尔街的分析师中不少拥有哈佛大学和麻省理工学院的物理学博士学位,并建立了看起来非常有效的复杂计算机模型。如果这样,何苦再找人分析?成熟的数学家和金融工程师理应能够用他们的计算机模型计算概率和管理风险,然而他们缺乏经验,对体系的脆弱性不敏感,对金融史所知寥寥。因此他们忽视了金融恐慌的可能性。

10. 每年 5 万亿美元的**贸易逆差**给世界其他国家带来了大量美元,这些美元又回流至美国金融体系,这也增加了美联储实施宽松货币政策的概率,导致了储蓄过剩。

11. **轻松信贷**:明斯基的泡沫模型中,资本驱动资产,资产价格上涨。这不仅是因为低利率,还因为亚洲储蓄过剩将大量资金回流到美国银行系统,增加了信贷的过剩供应,导致了资产膨胀。

12. 由于资金充裕,银行**降低承销标准**,以便找到足够的新客户来满足其利润目标。它们没有其他办法从资金过剩中获利,因此承销标准恶化,欺诈行为激增。

13. 2004 年**次级贷款**的扩大是一个大问题。直到 2003 年,次级抵押贷款还只占抵押贷款市场的 7%到 10%,这或许还是可控制的水平。但到了 2004 年,次贷跃升至 21%,这一水平维持了两年之久。从 2004 年至 2006 年,三年受理的次级抵押贷款总价值高达 1.8 万亿美元,⁶²这是前所未有的不祥之兆。因此,金融部门已经"越过卢比孔河"①。

14. **掠夺性贷款**火上浇油,通过错误承诺与财富引诱来蒙骗消费者。美国国家金融服务公司甚至不在乎被说成欺诈,他们的营销广告也暗示了这一点。广告中,主播保证:"所有的贷款申请我们都会批准。就算是已经被三家以上的银行拒绝过的,连收入记录都找不到的企业主来跟我们借钱,都没有问题。"⁶³华盛顿互惠银行的广告还吹嘘说,他们的放贷人"制定自己的审批规则",⁶⁴或者他们有"灵活的贷款规则",广告画面中,放贷职员双手比划着做出象征"破例"的动作。⁶⁵

创新包括以 1%开始的可变利率抵押担保和"忍者贷款"(即对"无收入、无工作、无资产"的三类人群发放贷款),它们都是没有文件证明的贷款,意味着收入是虚构的,贷款能否及时偿还也存在疑问。这些创新就是欺诈行为,但格林斯潘不以为然,因为他相信市场会将这种风险定量到他们的模型中。伴随着可选择可调整利率抵押贷款(即债务人可按自己的意愿选择付更少的月供)的出现,承销标准进一步恶化,余款将加到未偿贷款中。格林斯潘是这些创新的真正鼓励者,他说:"如果放贷者可以提供比传统固定利率抵押贷款更多的抵押替代品,美国消费者可能会受益。"⁶⁶他在 2005 年对掠夺性贷款进行了一次过于乐观的推测,并断言:"随着技术的进步,从理论上讲,放贷人利用信用评分模型和其他技术有效地将信贷扩展到了更广泛的消费者群体。"⁶⁷

15. 所有这些都造成了巨大的**房价泡沫**。我们知道房价远高于其基本价值,因为房价涨速比房租涨速快近 41%。(见图表 14.2) 1999 年至 2005 年期间,当家庭实际收入中位数比 6 年前还低 1,730 美元时,房价却翻了一番。(见图表 14.5)⁶⁸(在 2006 年 6 月达到顶峰之前,房价继续上涨了 14%。)这违背了常识。在收入不景气的时候,物价不应该上涨。这明显是一个基于正反馈循环和承销标准恶化的泡沫,(见图表 4.12)而格林斯潘和伯南克的观点与这正相反。事实证明,房价在 2006 年第二季度达到峰

---

① 在西方,"越过卢比孔河"(Crossing the Rubicon)是一句流行的习语,与"破釜沉舟"意思相近。这个习语源自公元前 49 年,凯撒破除将领不得带兵渡过卢比孔河的禁忌,带兵进军罗马与格奈乌斯·庞培展开内战,并最终获胜。

值，随后就暴跌，到 2010 年平均每季度下降 2.4%，累计下降了 30%。[69]

16. 正如明斯基警告的那样，因为美联储对监督望而却步，**这种平静的错觉充满欺骗性**。银行家们很老练，可以自己管理自己。同时，银行家们还进行了创新，结果使系统变得更脆弱。根据国际货币基金组织的说法，这是危机的主要原因之一。[70]

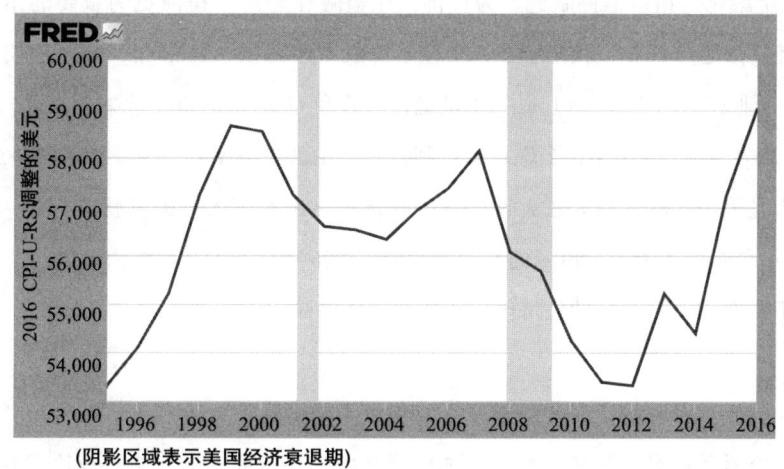

(阴影区域表示美国经济衰退期)

图表 14.5 美国家庭实际收入中位数
来源：圣路易斯联邦储备银行，MEHOINUSA672N 系列

17. 格林斯潘的思想导致了**管制的放松**，对文件中法规的执行变得松懈，对银行和银行家变得过度信任。该思想从里根政府开始，一直在历届政府延续。例如，里根允许私人银行将抵押贷款证券化，并允许他们发放可变利率抵押贷款。他解除了对储蓄银行的管制，允许他们进入商业银行业务。克林顿解除了州际银行业的禁令，这导致了"大而不能倒"的银行的出现。他还废除了《格拉斯-斯蒂格尔法案》，认为放弃"过时的法律"是一件无比高兴的事。

18. **高债务负担**也是个问题，因为它让人们在危机中回旋的余地受限。[71]美国政府的负债并没有像纳西姆·塔勒布（Nassim Taleb）所设想的那样，催生出一个"黑天鹅稳健"（Black-Swan Robust）社会——一个能够承受不虞之患，如经济衰退、金融危机或其他祸败的社会。在经济衰退中，一个人若没有足够储蓄，则很难履行合同，这将导致破产、止赎或房产被收回。2001 年至 2007 年期间，每户家庭的抵押贷款债务从

9.2 万美元上升到 15 万美元，这在家庭收入下降或停滞的时候是一个沉重的负担。[72]

同样，在国家层面上，债务占 GDP 的比率不断上升，这意味着很难通过立法来刺激经济、克服经济衰退的不利因素。里根-老布什政府时期，国家债务翻了一番，从占 GDP 的 30% 增加到 60%。[73] 到 2017 年，这一数字超过了 100%，令人震惊。

19. **金融化**是指以牺牲制造业为代价，让金融在经济中扮演更为重要的角色。[74] 这意味着经济缺乏多样化，相当于在一个篮子里放太多鸡蛋。1980 年，金融业仅占 GDP 的 4% 和企业利润的 17%；但到了 21 世纪初，其在 GDP 中的重要性翻了一番，份额达到 8%。2001 年至 2007 年，金融在企业利润总额中的份额平均达到 27%。[75] 这昭示着问题的出现是因为金融部门无法吸收从制造业转移出来的工人并提供就业机会：金融部门 2016 年只雇用了劳动力市场的 5.3%，相比 2006 年还有 0.3% 的下降。[76]

这不是在创造一个好的经济体。金融业就像一颗封闭的蚕茧：

> 大型金融机构的资金只有大约 15% 用于新的商业投资项目，其余的资金存在于一个封闭的交易循环中：金融机构旨在促进参与股票、债券、房地产和其他资产的交易，这些资产主要丰富了拥有 80% 资产基础的 20% 的人口。这无助于经济增长，但却拉大了贫富差距……我们应该开始讨论如何建立一个真正为社会服务的金融体系。[77]

20. **从众心理（羊群效应）**意味着投资者在定价风险下会跟随同行的决定。竞争意味着一场彻底的比赛。正如凯恩斯所说，对于投资者来说，"因循而败强于非常规之赢"。鲁比尼解释说："当你的华尔街同事都声称经济形势一片大好时，谁会愿意伸长脖子大呼经济即将衰退呢？如果你跟着羊群走，即便你错了，你也可以躲在羊群里，因为每个人都错了……这便牵扯到一个需要考虑的利益冲突——关于将头伸出羊群的成本与收益。"[78] 承担过多风险的资金经理在一段时间内获得了非凡的回报，而他们的客户并不知道这些不是纯粹的回报，而是他们承担的尾部事件的无形风险的回报。[79] 承担较小风险的竞争对手不可能继续经营下去，因为他们会让人觉得投资业绩不佳，而非判断更谨慎。羊群效应也意味着投机热情具有感染性，诱使人们假设房价将无限期上涨。因此，许多人在铤而走险，轻许承诺。

21. 风险定价的误判。风险是无形的，因此很难对低概率事件（如主要银行的违约）进行定价。雷曼兄弟违约概率分布的左尾大于定量估计值，这也被称为"肥尾"。根据信贷违约掉期的价格，2005 年市场估计雷曼兄弟违约的概率为 1/500（0.2%），即一个千年内会发生两次，而三年后雷曼兄弟就破产了。这样看来，他们似乎考察的不是一个有效的市场。2008 年 3 月，就在贝尔斯登倒闭之前，市场仍在估计雷曼兄弟破产的可能性为 1/200（0.5%），这是严重的误判。[80]

22. 杠杆失控。美国证券交易委员会（SEC）的会议录音记录为揭露当局对金融稳定潜在威胁的漠不关心提供了很好的证据。2004 年，美国证券交易委员会对管理美国五大投资银行的规则做出了决定性的改变。五大投行请求通过使用自己的计算机模型来评估风险，而不是使用美国证券交易委员会主席威廉·唐纳森（William Donaldson）的现有规则来提高杠杆率。

会议开始时，威廉·唐纳森发表了一份教条意味十足的声明：

> 如果我们明智地这样做，并且和其他监管机构相互倾听、相互学习，我们将利用最佳的可用工具来管理影响市场健康的风险，允许金融服务市场继续发展，而这一切都可以帮到投资大众。

哈维戈·德施密德委员的发言似乎有所保留：

> 真的有保护吗？……我的意思是，这几家都是大的投资银行……但这意味着如果出了什么问题，将会非常混乱（众人笑），如果资本市场暴跌，我们是否会感到安全？我们真的会为投资者提供保护吗？

市场监管部主任安妮特·纳扎雷斯回答说："我们将每月与这些公司会面……我们希望你知道这里有许多早期警告，也有对我们认为有问题的活动进行限制的能力。"哈维戈再次思考片刻后，又说："这意味着我们需要比之前更为复杂的合规性检查和对风险的理解。一位员工说：

> 我们显然还要依赖这些公司，它们处在前线。它们将不得不制定整体风险预控框架。我们首先要阅读这些文件，而这些公司则必须向我们解释框架中的观点，这些观点要说得通。然后除了批准它们的模型和风险控制系统之外，我们还要完成审查过程。所以，我是说，这是一项大事业。我是不会一个人去做的。（众人再次久笑）

"我……我……我很乐意支持这一提议。"罗埃尔·坎波斯委员说。随后，他补充道，"我为未来祈祷。"[81]提案获得一致通过。"由此一来，五大独立投资公司脱缰而出。"[82]此后，美国证券交易委员会便依赖这些公司实行自我监管。当然它们不能胜任这项任务，随之而来的是杠杆率大幅上升：摩根士丹利从22升至33，贝尔斯登从27升至33，雷曼兄弟从22升至32，美林从16升至32，高盛从18升至24。

这意味着它们自己的资金占总投资份额甚少（3%），（更糟的是，它们的会计隐瞒了投资风险。）这样，资产价值下降仅3个百分点就会让它们的资产蒸发，甚至会破产。显然这是一种风险极高的商业模式，而且容易出现银行挤兑。因此随着它们的资产负债表恶化（即资产价值暴跌），投资者越来越不愿意向它们提供日常经营所需的资金。只有在政府的支持下它们的系统才得以保存。美国证券交易委员会会议草率地处理风险管理，对其中问题的不屑一顾在很大程度上促成了不稳定的影子银行系统。毕竟次贷在2004年已经成为大问题，那一年是美国的分水岭。

23. **全球化**以三种方式放大了问题：（1）储蓄过剩的让全球大量流动性资金注入美国金融体系；（2）美国贸易逆差增加成为储蓄过剩的主要来源；（3）为华尔街金融工程师包装的一揽子产品提供了一个全球化市场。当证券到达投资者手上时，信息已经完全失真了。例如，挪威的八个小城市（大部分位于北极圈以上）通过对经纪人出售的高杠杆、高风险和复杂的花旗银行债券进行投机，共损失7,500万美元的投资。投资获得收益的可能性很小，遭受损失的可能性却很大，投资损失与收益完全不成比例，而投资者对此一无所知。风险明显被误判，投资者容易上当受骗，文件被严重误译,经纪人成了利用信息不对称的机会主义者。[83]

24. **道德风险**被不断累积。市场对"格林斯潘对策"怀揣过分的信心。正如约翰·卡西迪所指出的那样,"鉴于格林斯潘在推动和延长2000年破灭的股市泡沫方面所扮演的角色,他身边的人对他的尊重似乎有点过头了……"[84]这样的想法后来得到印证,2008年3月,在由伯南克掌舵的美联储补贴了贝尔斯登公司290亿美元的损失后,贝尔斯登被摩根大通收购。这也是雷曼兄弟六个月后的破产导致市场措手不及,造成严重破坏的原因之一。道德风险泛滥,在意识到自己误判了风险、对美联储过分信赖后,金融家们惊慌不已。

25. **缺乏历史视角**也是一个问题,它导致了绝对的盲从。华尔街忘记了过去,因此注定要重蹈覆辙。他们被计量经济学、复杂的数学、利润金额和格林斯潘的自信心所吸引。他们比以前的分析师要聪明得多。除了少数例外,大型金融机构的首席执行官,如迪克·富尔德(雷曼兄弟)、杰米·戴蒙(摩根大通)、肯·路易斯(美国银行)、约翰·塞恩(美林)或劳埃德·布兰克费恩(高盛)都是"婴儿潮"一代①,他们的性格里带着那段时期特有的印记,与20世纪30年代的经济衰退无关。当然,华尔街的大多数交易员和基金经理要年轻得多,他们会说"大萧条"是另一个星球的事。对他们而言,历史完全无关紧要。然而,历史就这样重演了。

26. **傲慢**无处不在,心理偏见难以改变。华尔街和华盛顿很多人都有这种毛病。这一点在伯南克的"大缓和"宣言中得到了体现,在金融工程师们日益老练的手段中得以证实,从迪克·富尔德2007年因雷曼兄弟股价被空头做空而失控的愤怒中得到了揭示。富尔德说:"我想捏扁这些做空者……狠狠地捏扁他们……我并不想伤害他们。请别误解,这不是我,我是很温柔有爱的,但是,我此刻真实的想法是……我真想伸出手掏出他们的心脏,在他们死之前吃掉。"[85]就是这样的人在负责我们的金融系统。[86]

27. **文化**也起了作用。一个习惯贪婪的文化容易出现一系列的不稳定。贪婪很不好,它会蒙蔽投资者的双眼、助长非理性繁荣的精神,它超出了想赚钱的正常尺度,是一种过分的自私,也就是极端的自我中心。因为贪婪没有道德限制,通常危及他人,

---

① 婴儿潮一代指美国二战后的1946年至1964年间出生的婴儿群体。

存在不稳定性，因此是有害的。也难怪人们常将贪婪的欲望视为一种罪孽。

28. **收入不平等**也起了作用。信用评级低的贫困人群助长了银行提供掠夺性抵押贷款的动机。中产阶级已经有了抵押贷款，而被排除在"美国梦"之外的穷人就这样被操纵了，他们甚至还认为这种金融是一生中难得的让梦想照进现实的机会。与此同时，前1%最富收入群体拥有的大量过剩现金，可被用于金融部门的投机活动，也吹大了正在膨胀的资产泡沫。

29. **公司治理**是助长危机的一个因素，因为董事会对金融机构的监管松懈，他们没能发现委托人—代理人问题。薪酬结构促使首席执行官为了奖金寻求高收益产品，而很少关注不断累积的风险。即使在公司破产的时候，首席执行官们的财务状况也很好。正如丹尼尔·卡尼曼所指出的，这些公司正在自掘坟墓，但它们的首席执行官并没有。[87]这些首席执行官从上涨的行情中大赚特赚，却让股东和纳税人为下跌买单。例如，全国金融公司的首席执行官安杰洛·莫西洛，在公司陷入困境时，他的净资产仍为6亿美元，雷曼兄弟的迪克·富尔德净资产为2.5亿美元，美林的约翰·塞恩的净资产为1亿美元。[88]查尔斯·普林斯带领花旗集团走向了崩溃的边缘，也不妨他赚了约4,000万美元。他们都保持着前1%的巨薪地位，没有一个最终沦为中产阶级，更不用说贫困了。

30. "**旋转门**"喻指金融高管被任命为政府高官后，再"下海"到私营公司。这难免会带来一个问题，即官员不会对金融及其社会角色形成较为独立的观点。恰恰相反，他们是站在华尔街而不是老百姓的角度看问题。这将导致市场认知出现偏差，一直偏离到最终以企业的世界观来主导市场。"旋转门"也为政府官员提供了强有力的激励，让他们在展望未来或制定政策时，考虑能让他们"下海"的企业的利益。

这也是奥巴马的第一任财长蒂莫西·盖特纳所遵循的策略。得益于对金融业的不懈支持，他获得了丰厚的回报。从财政部离任后，他直接"下海"到一家私人股本公司工作，成了百万富翁。还有伯南克，他离开美联储后，也从金融部门捞了数百万美元。

31. **媒体**也扮演了不光彩的角色，它们没有将经济泡沫告知民众。比如，它们没有告知民众在收入未变的情况下，房价已翻了一番，也从没讲过泡沫不会一直持续。

总之，这 31 个因素共同导致了这场金融危机。难怪这场危机如此强大。我们不应该把这些因素中的任何一个单独作为始作俑者，基于单一因素的解释不符合这样的数据、事实和模式。2008 年的危机是由上述所有因素导致并放大的，它们交织成为"戈耳迪之结"①。

一些极右翼评论员想把危机归咎于两家政府支持的抵押贷款机构房利美和房地美，这是没有根据的，虽然它们也参与了这场狂热的投机，但并不是次贷市场上最大的参与者，它们对金融危机不负主要责任。相比之下，国家金融服务公司、华盛顿互惠银行或美利凯斯特抵押公司才是。房利美和房地美也不对信贷违约掉期的利差负责。可以肯定的是，它们确实赶上了潮流，但还不算是罪魁祸首。私营企业才是万恶之源。[89]次贷在 2004 年至 2006 年达到顶峰，在这三年中，相对于私营企业，房利美和房地美在这一细分市场的份额有所下降。[90]如 2006 年，84%的次级抵押贷款由私营企业发放。

除了房利美和房地美，这些讨厌政府的人还把 1977 年通过的《社区再投资法》作为危机的起因。[91]但是，该法案只规定银行也应投资于它们开设网点的社区，"只要银行的这些活动对它们自己的金融安全和健康发展没有负面影响。"[92]国会担心的是银行变为贫困社区的福利所，而不是从贫困地区吸取资金的投资助力者。[93]但该法案并没有诱使它们进行欺诈，也没有诱使它们发放次级抵押贷款，更何况，像国家金融服务公司这样的危机源头也不在该法案的保护范围之内。上述观点一定来自不拿证据说话的理论家们。危机的根源可以在 1984 年实施的《二级抵押贷款市场增强法》中找到，该法案批准私人银行将抵押贷款证券化。

金融危机调查委员会正确地意识到了这一点，不仅指责了格林斯潘，还更严厉地指责了伯南克："美联储未能阻止有害的抵押贷款的流动，这本可以通过制定一套审慎的抵押担保标准来实现。美联储是唯一有权这样做的单位，然而它并没有这样做。"其他人当然也犯了错误：

> 大量金融机构从事制造、购买和出售他们从未审查或不愿意审查或明知有缺

---

① 戈耳迪之结源于古希腊传说故事，是一个谁也解不开的、非常复杂的死结，喻指难题。

陷的抵押证券，大大小小的私人公司依赖着数百亿美元的资金池，而其中的细节每时每刻都在变化。一切风险都落到了次级抵押贷款证券身上，大部分公司和投资者都盲目地依赖信用评级机构作为风险的仲裁者。[94]

该调查委员会得出结论："我们的财务总监和账务系统的管理人员忽视了警告，未能质疑、理解和管理对美国公众福祉至关重要的系统中不断变化的风险。它们酿成大祸，而非小磕小绊……用莎士比亚的话说，'星星（命运）没错，错在我们'"。[95]

救市：奥巴马错失良机

大萧条紧随次贷泡沫之后，随之而来的是人们收入的大幅下降、失业人数的增加、止赎的大幅上升以及生活坠入深渊。2006年至2009年，住房投资减少了一半，使总需求减少了4,000亿美元。有形资产（包括住房）的净投资进一步下降，下降了78%，即6,140亿美元。[96]这是自上一次1929年至1933年的"大萧条"以来，美国从未见过的重大灾难。

截至2008年9月，五大投行都已成为历史：雷曼兄弟破产；贝尔斯登被摩根大通接管，美联储为此提供价值290亿美元的财政援助；汉克·保尔森（Hank Paulson）执意要求美国银行的管理层接管美林，并用200亿美元超级机密的"特殊"贷款使这笔交易甜蜜达成；[97]而高盛和摩根士丹利则通过转为传统银行来讨得美联储的保护，并在纳税人数十亿美元的帮助下保持偿付能力。[98]高风险的商业模式终结了这些巨型投行。

保守派人士保尔森很快就放弃了他做高盛的首席执行官时倡导的自由放任原则，并在拯救华尔街时（为他和他的朋友们的利益服务）倾付了全国之力。[99]用斯蒂格利茨的话说，资本主义经济体系服务老百姓，而华尔街明显不是这样。毕竟，大街上的每一个人都必须自力更生，贫穷不会得到任何怜悯，而华尔街则依靠企业福利与互助、依靠着纳税人的慷慨渡过难关，全社会在替它买单。保尔森和伯南克通过救助华尔街支撑了脆弱的金融行业，许多经济学家，如西蒙·约翰逊、努里埃尔·鲁比尼和纳西姆·塔勒布都认为，这增加了道德风险。[100]

第十四章 2008年金融危机

通过购买价值3.6万亿美元的有害的高风险资产，美联储救活了华尔街，把它从崩溃边缘拉了回来，但这样做的方式忽视了美国经济和社会面临的结构性问题。同时，它给制度引入了更多的道德风险，而那些"大而不能倒"的投行则变得"更大而更不能倒"。这样做的结果是，美联储破坏了熊彼特式的"创造性破坏"逻辑，这种逻辑被认为是能为经济体淘汰低效率公司。美联储还导致社会内部出现更多的不满，甚至使得政治体系失常、社会契约（维系社会团结）变得不牢固。由于救助不附带任何条件，高管依然拿到了奖金，这导致了财富从中产阶级再分配到人类历史上收入最高的1%群体。从长远来看，这种制度的可持续性值得怀疑，其带来的不信任、两极分化和社会不满程度有增无减。失业和不充分就业普遍存在，[101]900万家庭放弃自己的房产，奥巴马、国会、美联储和财政部承诺的帮助普通民众的政策目标化为泡影。这场骗局太过分了。如果你真的想帮助某人，最好是直接帮助他们，而不是把责任转交给银行等第三方。

2008年大崩溃前的结构性问题包括严重的贸易失衡、普遍存在的预算赤字、教育机会缺失导致的劳工技能不匹配、高昂的医疗成本、糟糕的基础设施、停滞不前的工资水平、学生贷款的增加、政府腐败、社会不平等和全球变暖等。这些因素严重影响了未来的经济增长和生活水平。此外，随着不平等的加剧，穷人们试图通过举债来追上邻居的生活水平，因此家庭的资产负债表状况不佳。所以，互联网泡沫和大崩溃时期里的增长是在外国出资担保下的经济幻象。

然而，奥巴马政府忽视了这些结构性失衡，并致力于尽快克服危机。他们没有意识到，只有在危机中人们才能克服这种复杂经济中固有的惯性，而这种惯性与既得利益者联系密切。一旦华尔街复苏了，政府将无法再对其结构性问题进行改革；无法再说服华尔街的大堂经理们。当银行家们跪地求救的时候，奥巴马政府本可以改革，毕竟它承诺过要改革；但等到银行家们复活之后，就为时已晚了。

我们必须记住：在美国，有钱能使鬼推磨。因此，政府难以在正常情况下进行改革；只有在危机中才能开展直面既得利益集团阻力的改革。遗憾的是，2008年的危机没能变为良机。[102]而且，奥巴马没有为教育和基础设施做任何事，这两个最紧迫的瓶颈阻碍了长期的经济增长。此外，由于未能充分支持"绿色产业"，政府和国会使经济陷入停滞。

在一篇有趣的文章中，杰弗里·萨克斯（Jeffrey Sachs）将这场危机总结为长期错位的宏观经济政策的高潮：

> 2008年的崩溃暴露了宏观经济决策核心的深层次失败……老旧政体拥护者希望一些肤浅的修复能让我们重新上路，这是不可能的。可持续的、广阔的社会繁荣需要对全球宏观经济进行治理，在宏观经济科学层面上做基本改进……它需要新的思维方式。而像往常一样的操作可能会导致结果更具灾难性……[103]

这种灾难性的结果还会增加人们本已经很强的挫折感，而这原本是可以避免的。

值得称道的是，"盖特纳-伯南克-萨默斯"三人组的确阻止了经济的自由落体，但相应的代价是错过彻底改革的良机、错过解决结构性问题的时机，让实现稳固复苏的前景变得遥遥无期。虽然GDP一直在增长，但人口也在增长，因此人均GDP要花7年时间（2007—2014年）才能恢复到危机前的水平。[104]此外，2016年家庭实际收入中位数仅比1999年的水平高出374美元，每年增长22美元。（见图表14.5）自2000年以来，非裔的家庭年收入甚至下降了117美元。（见图表14.6）[105]难怪所谓的复苏更像持续的衰退，或者克鲁格曼所说的"经济不景气"，[106]再或者萨默斯尖酸的说法："常态停滞"[107]。

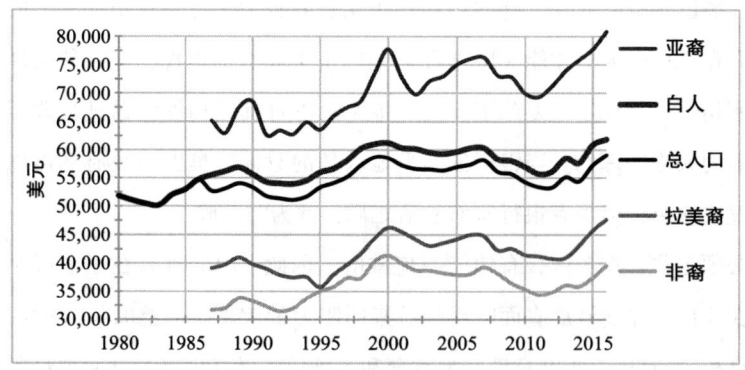

图表14.6 按种族划分的家庭收入中位数（以2016年美元计算）
来源：美国人口普查局（表H-5），https://www.census.gov/data/tables/time-series/demo/income-poverty/historical-income-households.html

国有化：美国需要一位新总统

我们本可以不救助银行家，而只救助银行，并在救助方案上附加足够的条件，以便使纳税人也可以拥有好处，而不仅仅是坏处。我们本来还可以救助大众，例如，通过帮助房主再融资或帮助他们支付抵押贷款，不让 900 万家庭被驱逐出住所。

波士顿联邦储备银行有一项提案："我们建议出台一项政府付款共享计划，这项计划将与房主现有的抵押贷款共同运作，并在房主失业时大幅减少月供。"[108]该计划的成本仅为每年 250 亿美元，与华尔街救市资金相比可谓微不足道。要知道，2009 年 3 月，在真正的救助行动开始之前，仅贝尔斯登一家就花费了美联储 290 亿美元。

雷曼兄弟垮台前几个月从美联储拿了数十亿美元的秘密贷款，[109]美联储对该投行的秘密支持资金总额达 1.2 万亿美元，[110]超过了国会花费 7,000 亿美元打造的"问题资产救助计划"，该计划如今被调侃为"现金换垃圾"方案。[111]

为什么只向银行提供零利率的贷款？为什么不给房主或学生提供零利率融资方案？简言之，若是旨在使救助更加公平，有太多事情可以做了。因此美联储不仅要帮助华尔街，也要帮助大街小巷的平民，美联储有启动此类紧急计划的权力。《联邦储备法》第 13 章第 3 款规定"关于个人、合伙人和企业的折扣：在特殊或紧急情况下，董事会……可以授权一些贴现票据、汇票、即期汇票"。[112]说美联储缺乏帮助小人物的工具是完全错误的。他们在紧急情况下拥有广泛的权力——没有人会否认 2008 年的危机是紧急情况。毕竟，上面规定中的"个人"就包括千千万万的房主和学生。

让银行家来"帮助美国人民"是空想。即使是保守党的格林斯潘也曾考虑将这些破产的大银行国有化："可能有必要暂时国有化一些银行，以便有序、迅速地开展重组。"[113]斯蒂格利茨也提倡这一想法，[114]克鲁格曼[115]和鲁比尼也是如此：

> 你接管银行，把它们洗干净，然后再迅速地卖给私营部门，很明显这是暂时的手段……政府拨出数万亿美元试图拯救这些金融机构并将更多的钱投到坏账上，这一想法并不具有吸引力，因为那样的话，财政成本要大得多……国有化看起来还挺务实的……这项提议比"僵尸银行"替代方案对市场更有利。[116]

在危机中，银行和个人都希望杠杆率降低一些，这样在去杠杆化过程中可以减轻还债负担。这种对去杠杆的希望是金融危机之后出现的。因此在2008年次贷房地产泡沫破裂后，那些负债累累的个人以及大多数金融机构需要偿还债务来扭转金融杠杆，以使资产负债表正常。银行去杠杆化所需的几乎所有现金都由政府提供。去杠杆化加剧了经济衰退，因为这意味着银行不再放贷，而是利用政府补贴来改善投资组合，结果是信贷紧缩和经济增长的放缓。

国有化将带来巨大的优势。政府本可以分解大银行，这样就不会出现"大而不能倒"的问题，因此也不会有更多的系统性风险；不存在没有任何附带条件的华尔街救助，因此也不会产生奖金带来的道德风险问题，也不存在止赎问题。而且，最重要的是，奥巴马总统本可以通过行政指令要求银行重新发放贷款，重组负资产按揭贷款，并终止房主驱逐政策，这些政策在近期还没有出现过。然后，纳税人就可以分摊高管的奖金，我们也可以让愿意救助大众的人来当负责人。国有化银行不应该以零利率向银行提供贷款，[117]而应该以接近零的利率为陷入困境的抵押贷款再融资。这样一来，抵押担保债务可能不再有危害，而是只会带来少量的止赎。并且，与之相关的所有问题都可以得到缓解，社会中的不满情绪也会逐渐减少，"茶党"① 也不会有太多风凉话了。

所有人都将受益于接近零利率的融资，而不只是银行一方。这样一来，经济衰退会缓和得多，而且不会持续太久。假设政府每年向800万名房主各提供20,000美元的贷款支持他们的抵押贷款，那么每年的援助总额将只有1,600亿美元，与美联储"印刷"的3.6万亿美元相比是一个很小的数额。当房主们重新找到工作或卖掉房子时，对普罗大众的经济救助也会得到相应回报。这对大街上的普通人以及整个经济而言，都会产生比救助华尔街精英更大的好处。我认为这将是克服危机、面对挑战并使经济走上正轨的第一步。[118]

这一战略意味着金融行业可以被有效监管，《格拉斯-斯蒂格尔法案》可以被重新使用。金融行业的大部分利润，每年累积起来的数千亿美元应给谁？——山姆大叔！

---

① 茶党指参加茶党运动（一个2009年年初在美国兴起的财政保守政治运动）的成员，他们呼吁降低税收，通过减少政府支出来减少美国的国债和联邦预算赤字。

而不是像杰米·戴蒙和劳埃德·布兰克费恩这样的人。再加上对金融交易征收重税，"饥饿的野兽"就不复存在了。人们不再屈从于投行经理，每个人都可以试着穿上"金融领主"的靴子，而且会觉得很合脚，很舒服。奥巴马总统不仅会被民众夸奖为面带善意的耀眼的资本骑士，而且还会有很多人乐意并能够为他舞动骑士的长矛。民主党本可以避免2010年的惨败以及随而之来的功能失调的国会和"特朗普主义"的最终胜利。

伯南克意识到这样的设想是可行的。美联储的一份内部备忘录总结说，帮助房主将是一个可行的选择："该计划的成本适中，而且收益不仅有助于参与计划的房主，也有助于房地产业、金融市场和整个经济。"[119]然而，他发现把数万亿美元转移给那些因贪婪而陷国家于困境的金融家要方便得多。危机发生十余年后我们发现，无论从政治还是经济上来看，救助大街小巷的普罗大众，都比只救助华尔街要好得多。毕竟，在我写本书的时候，美国的失业率仍处于高位状态，而2017年的进一步减税重复了里根经济学的错误。如果2008年的金融危机不是一场白白"浪费"的危机，所有这些都本可以避免。

总之，为了实施刻不容缓的基本结构改革，国家需要一个坚定而自信的领导人，背后有由富有创造力的专家、银行家或共和党人组成的团队支持。对这些人来说这类改革一定游刃有余。美国经济深层次的结构性失衡问题无法被当作"绅士运动"轻易解决。经济是有路径依赖的，它的制度以及它所嵌入到社会、文化和政治进程中的驱动力是不容易改变的。有了上述政策和战略，我们就可以从涡轮式的资本主义转变为真实的资本主义，而不必为过去犯下的一大堆错误担惊受怕。

最后，我们需要一位有模有样的总统———一位不仅有着林肯的力量、罗斯福的自信还有着勒布朗·詹姆斯（LeBron James）的政治才干的领导人——坐到我们的总统办公室中。

第十五章

结论：真实世界的经济学基础

我们或者要民主，
或者将财富集中在少数人手中，
但我们不能两者兼得。

——路易斯·布兰代斯[1]

虚拟市场与真实市场

本书探讨了虚拟市场与真实市场之间的区别。当主流教科书为"看不见的手"唱赞歌时，本书采用一种实证方法来分析它在真实世界中的实际应用效果——而不是仅仅在课堂上对理论模型的比比画画。[2]因此，我们将经济学原理置于应用的基础之上，并强调那些与有关理论存在明显不同的真实市场的方方面面。我们发现，如果没有精心设计的制度和激励结构，实际市场就会效率低下且不稳定，还会积累并扩大社会的不平等。如果没有足够的监督和监管结构，真实市场可能会变得危险、不稳定甚至混乱。

这在当今的全球经济中尤为明显。在经济全球化过程中，经济体系的复杂程度对人们的驾驭能力构成了重大挑战。这反过来意味着，不稳定发展的可能性太多，包括不完全信息、机会主义行为、异质认知能力、外部性、安全性、不存在的市场、交易成本、不确定性、可持续性、"大而不能倒"的寡头垄断、对儿童的保护、权力失衡、不合理性的判断以及财富和收入分配不均。这些正是在主流入门教科书中较少提及的问题，但却是本书重点探讨的议题。

另外，主流教科书甚至没有提到一些诺贝尔奖得主的重大理论突破，如经济学家赫伯特·西蒙（1978年，有限理性与满意准则）、阿马蒂亚·森（1998年，福利经济学）、乔治·阿克洛夫（2001年，信息不对称）、迈克尔·斯宾塞（2001年，信号传递）、约瑟夫·斯蒂格利茨（2001年，信息经济学）、丹尼尔·卡尼曼（2002年，行为经济学）、保罗·克鲁格曼（2008年，新贸易理论）、奥利弗·威廉姆森（2009年，交易成本）、罗伯特·席勒（2013年，行为金融）和理查德·塞勒（2017年，行为经济学）。如果没有这些人的观点，经济学教科书就会不负责任地引导学生们错误地认为：如果市场只靠自己的机制运作，那么它的运作就会完美无缺。

一些观点声称，由于上述内容太复杂或太新疑，不能在经济学入门课程中谈论。这是一个借口。因为没有这些内容，学生们会对真实市场的实际运行方式以及它们分配产品的方式产生误解。本书表明，如果没有对这些内容的详细阐述，标准的经济学课程就达不到理查德·费曼所说的"心口如一"（utter honesty）。[3] 从而让错误的经济学理论导致错误的经济政策，进一步使经济体陷入困境。

美国当前经济状况的真相

1. **GDP 增长乏力**是新的常态。21 世纪的人均 GDP 增长率为 1.1%，而 20 世纪最后 30 年为 2.0%~2.2%。（见图表 15.1）

2. 对比其产出能力，美国每年实际**少生产了 1 万亿美元的产品**，尽管这一点主流经济学家不愿承认。这意味着，每个成年人和儿童每年生产力损失了近 4,000 美元。图表 15.2 的虚线是 2008 年金融危机前 25 年的增长趋势延伸，它表示经济的潜在产出。经济衰退结束后，GDP 增长完全与这条虚线平行，表示有超过 1 万亿美元的差额。

起初，官方给出的潜在 GDP 非常接近这条虚线，但随着时间的推移，官方统计人员降低了潜在 GDP，使其接近真实 GDP。效率低下问题就这样消失了。效率低下问题之所以会消失，并不是因为 GDP 像前几次大衰退后那样加速增长了，而是因为统计人员人为对 GDP 做了改动，直至潜在 GDP 与真实 GDP 的差距消失。官方确实有合理的解释：失业的人不能出去工作，因此可以推断，他们的技能有所贬值，或许他们正在

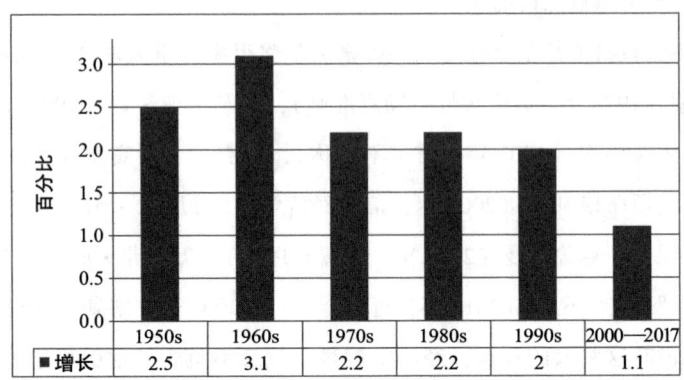

图表 15.1 美国人均真实 GDP 增长率
来源：经济分析局，人均产出和收入系列表 7.1（https：//www.bea.gov/iTable/iTable.cfm？reqid＝19&step＝2#reqid＝19&step＝3&isuri＝1&1921＝survey&1903＝264.）

领取残疾补助金，又或许他们已经不再有早晨准时起床的习惯。

当然，这些都是无效的合理化，因为不在官方劳动力统计数据中的 490 万人表示，如果有机会，他们愿意工作。还有 250 万兼职人员想有全职工作，但却不能实现。（见表 11.1，第 7~9 行）[4] 当然，说不存在效率低下问题会让经济表现看起来更好。除此之外还要注意，在经历了 1982 年、1991 年或 2001 年那样的经济衰退期之后，真实 GDP

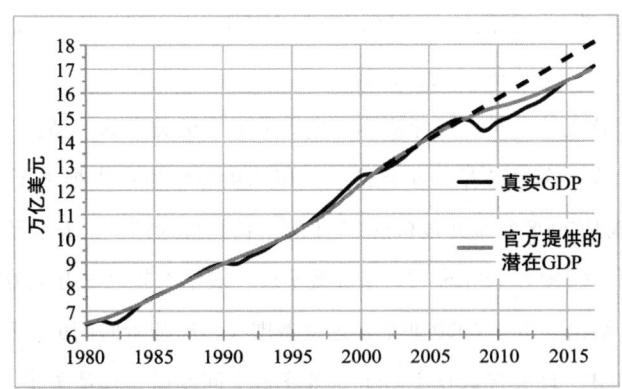

图表 15.2 真实 GDP 和潜在 GDP，2009 年价格
来源：圣路易斯联邦储备银行，GDPCA 和 GDPPOT 系列数据

又回到了潜在的水平。当时的统计人员没必要降低潜在 GDP。而这次明显不同——真

第十五章 结论：真实世界的经济学基础

实 GDP 与潜在 GDP 存在差距会是个新常态。

3. **生产率下降**意味着在可预见的未来，GDP 增长乏力将始终伴随着我们。（详见第十一章）2014 年，生产率以每年 0.2% 的速度增长。[5]甚至即将到来的创新产品也不太可能改善普通人的生活质量。

4. 因官方的定义过于机械化，使得官方失业率其实远不及实际。（见表 11.1）真正的问题是**普遍存在的非就业**和不充分就业导致了不公正的劳动力市场，其中至少 10% 想要工作的人被排除在全职机会之外。（见图表 11.3）究其原因，部分是由于经济没有产生足够的全职岗位：金融危机期间，兼职岗位的数量增加了 250 万，之后仍保持在这一水平。（见表 11.1，第 7 行）非就业人数如此之多也是由于 490 万名成年求职者尽管想工作，却因受挫而放弃，完全退出了劳动力市场。[6]此外，工作机会的缺乏对少数族群影响最大，他们的不充分就业率通常是白人的两倍。

5. 大范围的**工资停涨或下降**导致人们生活沮丧，并造成财富分配冲突。这表现在家庭收入与 1999 年基本相同，（见图表 14.5 和 14.6）即使是有大学学历的人也是如此；（见图表 9.4）自 1973 年以来，男性工资没有变化，（见图表 7.2）且高中或以下学历人群工资实际上有所下降；（见图表 13.2）在 20 世纪八九十年代，受过大学教育的女性

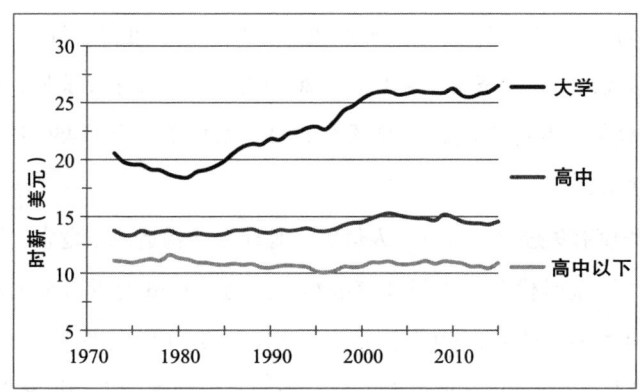

图表 15.3 按学历划分的女性时薪

资料来源：经济政策研究所，《工资数据》（https：//www.epi.org/data/#? subject = wage-education.）

在所有人口中的表现最好；但到了21世纪，她们的工资增长也陷入停滞，（见图表15.3）不过好在至少那些没有大学学历的女性收入还没经历下降。唯一一个收益明显增长的人群是企业高管和前1%分位收入群体。（见图表7.8）

6. **长久停滞**成为新常态。克林顿和奥巴马执政时期的财政部长与经济顾问萨默斯认为，美国经济在21世纪的表现"有点奇怪"。此外，金融危机爆发前，人们从房屋净值中取款，消费者被超于实际的富裕感冲昏头脑，积累了大量草率的贷款，债务激增。尽管如此，真实的经济增长绝非像人们在金融繁荣期预想的那样迅速。

萨默斯指出，尽管所有这些因素本应推动总需求，但"产能利用并没有受到任何巨大压力，失业率并没有明显下降，通货膨胀完全没有发生变化。所以，不知何故，即使是一个巨大的泡沫也不足以产生任何超额的总需求"。克鲁格曼认为，萨默斯的论点是一个"非常激进的宣言"。萨默斯的话中话是，"为了实现近乎充分的就业，我们的经济体可能需要泡沫。在没有泡沫的情况下，经济……将继续停滞不前"。[7]总之，萨默斯是在暗示美国经济除非有不稳定的金融支持，否则只能表现平平。

萨默斯的观点是，距离经济在可持续金融支持下稳健增长已经过去20多年了。[8]20世纪90年代的扩张以互联网泡沫告终。在短暂的经济衰退后，经济增长有所回升，但美联储宽松的货币政策，包括低利率、宽松货币、较低的承销标准和掠夺性贷款，再次推动了经济增长，并以1929年以来最严重的危机告终。此外，即使在2008年金融危机之前的泡沫经济中，经济增长速度也比20世纪的最后几十年要慢，萨默斯的论点也在GDP增长放缓中得到了证实。（见图表15.1）增长率下降了45%到50%，这就是长期停滞的新常态。[9]

7. **不平等程度有失公允**、难以令人信服，对社会结构造成了危害，达到了"强盗男爵"统治的"镀金时代"以来最离谱的程度。超级富豪的胃口是无法满足的。前1%收入群体的年均税后收入为90万美元，占总收入的20%。（见表7.3）前20%收入群体的收入占总收入的一半。（见图表7.5a）即使是保守党大人物格林斯潘也意识到，不平等程度简直不可理喻，而且担心"这一体制将无法支撑"。[10]他的担心在2016年大选中变为现实：该体制无法抵挡特朗普的民粹主义，最终瓦解。

8. 美国经济有20万亿美元的规模，但却**不尽人意**。无论人们选择什么样的标准来衡量，如人均期望寿命、生活满意度、儿童福利、贫困、教育成就等方面，其他发达国家都做得更好。那些税赋较高，但人们对自己的健康保险和大学教育担忧较少，有一套国民安全网络以应对不时之需的国家生活质量最高。（见图表2.2）

美国人民仍未实现精神上的繁荣。在美国，服用抗抑郁药的人的数量之巨大，史上少见；还有230万人被关进监狱；约13%的人口生活在贫困中，这与20世纪60年代末差不多；家庭收入中位平均数几乎与20世纪末相同。（见图表14.5）当下，典型的美国人是这样的——超重、深度负债、无法管理自己的财务甚至最不能控制胃口。

因此，美国经济状况不佳已是不争的事实，原因是它面临着很多"打头风"。

美国经济挑战重重

美国经济面临14项挑战，这些挑战导致了当前经济的不景气，而且没有迹象表明这些问题有解决的可能，因此它们将继续限制经济向大多数人提供高质量的生活。这些挑战如下：

1. 普遍存在的预算赤字使政府捉襟见肘，让政府即使想解决经济面临的任何结构性问题也无法落实。这也意味着国债的利息支付将继续以滚雪球的方式增加。2018年，国债平均利率为2.3%，但如果上升到5%左右的常态水平，国债就会变为经济不稳定因素。2016年到2018年国债利率已经翻了一番。[11]所以我们在继续冒险。

这尤其令人不安。因为截至2017年，外国人持有价值23.7万亿美元的各种美国证券，这些证券的利息不得不一直支付下去。[12]这意味着后代的可支配收入将越来越少。[13]

2. 私人债务过多，包括学生债务（截至2017年为1.5万亿美元）和信用卡债务（0.9万亿美元）。这意味着总需求在未来将受到抑制，因为负债者不得不削减开支。

3. 储蓄率低得可以忽略不计。这意味着在经济衰退期间，人们将没有足够的储蓄来维持偿债能力，这增加了系统的脆弱性。也就是说，美国不是一个"稳健的黑天鹅"社会。另外，低储蓄率也意味着人们没有充分的退休保障。

4. 每年5,000亿美元的持续的**贸易逆差**意味着我们将继续出口"工作岗位"，并将阻碍自身的全面经济增长。

5. 我们不得不感激中国为大部分联邦债务提供资金支持。但这样做能持续多久？而且，如果有一天中国收紧了货币政策，那么利率就会上升，美国的还债能力也会变得不确定。

6. 全球范围内代价**高昂的军事承诺**，将继续从国内生产性花费中消耗数万亿美元。

7. 美国的经济发展已经**进入新阶段**，需要创造性的想法来应对它所面临的挑战。然而，由于我们很难意识到已经进入了新的历史时期，且当下的政治制度不愿接受新鲜思想，这些创造性的想法也就变得遥不可及。

8. **主流经济学家**无法提出一个可行的政策组合，让经济回到稳定的包容性增长的道路上。从学术层面看，经济学家的政策建议在意识形态上存在过多的分歧：保守派政治家将求助于马蒂·费尔德斯坦（Marty Feldstein）、格伦·哈伯德（Glen Hubbard）或格雷格·曼昆（Greg Mankiw），而激进派则求助于约瑟夫·斯蒂格利茨或保罗·克鲁格曼，以不同的思想得出的政策建议将大相径庭。照此来看宏观经济学尤其处于危机之中。

9. **金融行业就像蚕茧**，与实体经济脱钩了。在没有创造体面的就业或真实投资的情况下，金融业却获得了可观的利润，这是个大问题。

10. **GNP 增长与就业脱节**，至少与全职中产阶级就业脱节。有以下几个原因：第一，技术性不充分就业；第二，全球化大环境下，低技能工人必须与来自全球的低薪工人竞争；第三，工人没有体制性支持；第四，教育机会非常有限，很大一部分人不具备新经济所需的技能。

11. 总体而言，**中小学教育体系乏善可陈**，不足以使下一代人能够适应信息技术革命的要求。此外，大学教育又非常昂贵，它的价格足以将大部分穷人排除在市场之外。因此，市场对 IT 专业人员的巨大需求并未得到满足。若缺乏资金使教育系统达到一定水准，意味着就业问题将继续存在。类似于二战后采用帮助退伍军人的《退伍军人法案》也没有再出现。

12. **基础设施正在变得过时**，且目前尚未升级。这将继续影响经济，因为基础设施是发展的命脉。然而基础设施投资的回报不足以吸引私人投资者，税收减免后，联邦政府也没有足够的资金进行必要的投资。

13. **全球变暖**是一个主要威胁，未来人们付出的代价将越来越高，生活水平将会下降。

14. **政治僵局**意味着上述问题都不会得到妥善解决。

以上为14种强劲的"打头风"，人们可以从中判断，没有理由认为未来的经济将比过去更加具有社会包容性或将能够满足大多数人口的需求。我们需要一个"为了99%"的人口服务的经济。[14]这也意味着收入分配不是一个偶然现象，它比迄今为止人们所认为的要重要得多，平均收入不是生活质量的关键决定因素。不平等是市场经济的核心问题，对它的忽视会给国家政治带来灾难性的后果。

炒作"经济增长"既不恰当，也有欺骗性。重要的是要认识到，经济增长的大部分成果都被前1%的人口或约125万家庭拿走了！他们的平均税后收入约为90万美元（2011年），与收入最低的20%的家庭（2,500万家庭）的18,000美元的平均收入形成鲜明对比。（见表7.5）[15]这些事态的发展预示着美国或全球的未来难以稳定。

如何结束当前的不景气境况并恢复到"正常"的增长水平？首先需要面对宏观经济僵局，这意味着在可预见的未来，高水平的非就业和不充分就业将一直伴随着我们。另外，随着贸易战的临近，真正具有包容性的复苏前景正变得暗淡。

面对经济困境，2017年12月的减税政策完全是一个错误的药方：它会显著增加百万富翁的财富，但不能解决上述14个问题中的任何一个；相反，它还会使局面恶化。原因不言而喻——金钱产生权力，而大量的金钱产生更多的政治权力，这意味着寡头政治对政治体的控制将继续增加；税收减免还意味着政府将没有资金来应对任何不利因素，而私人资金并不会投资到基础设施、教育、可再生能源、健康以及其他经济摆脱困境所需要的项目上。[16]

本书强调了主流经济理论的诸多弱点，同时呼吁一种面向人文经济学的范式转换。在人文经济学中，人是有价值的，生活质量是有价值的，经济不由贪婪驱动。市场不是不好，而是需要一套合适的制度和文化来正常运作，让参与者过上无忧无虑、体面的生活。在经历了史上最严重的经济崩溃之后，市场机制居然仍被认为是有效率的，这种观点居然仍在被教给学生，可见主流经济学家们对真实世界的证据是多么麻木。

因此，我们需要对经济学学科进行改革，使其以实证分析——而不是以写在大学黑板上的理论推演——为基础。我希望这本书能对创建一种全新的、能够为新资本主义制度提供基础的经济学方法做出一点贡献。

注 释①

第一章

1 约瑟夫·斯蒂格利茨注意到，入门教科书中传达的观点差异不大。See Stiglitz, "On the Market for Principles of Economics Textbooks: Innovation and Product Differentiation," *Journal of Economic Education* 19（1988）2: 171-182; here, p. 172.

2 Fora. tv, Nassim Taleb and Daniel Kahneman, "Reflection on a Crisis," @ 18 minutes. http://library. fora. tv/2009/01/27/Nassim_Taleb_and_Daniel_Kahneman_Reflection_on_a_Crisis

3 "Waxman to Greenspan: Were You Wrong?" YouTube video, 5:05, posted by "NancyPelosi," October 23, 2008. www. youtube. com/watch? v=txw4GvEFGWs.

4 意识形态是一种没有经验基础的信仰体系，可以证明社会、经济或政治抱负及政策的合理性。因此，它不接受经验主义的反驳。

5 On Brooksley Born, see the outstanding PBS documentary, Frontline: The Warning. www. pbs. org/wgbh/frontline/film/warning/. 她因管理金融衍生品的积极表现获得了2009年的"约翰·肯尼迪勇气奖"。

6 Wikipedia contributors, "Frankfurt School," Wikipedia: The Free Encyclopedia.

7 Mark A. Lutz and Kenneth Lux, *Humanistic Economics: The New Challenge*（New York: Bootstrap Press, 1988）; GeorgeP. Brockway, The End of Economic Man: An Introduction to Humanistic Economics（New York: W. W. Norton, 1991）.

8 Deirdre McCloskey, *The Secret Sins of Economics*（Chicago, IL: Prickly Paradigm Press, 2002）.

9 Donald N. McCloskey, "The Rhetoric of Economics," *Journal of Economic Literature* 31（1983）2: 482-504.

10 Wikipedia contributors, "South Sea Company," Wikipedia: *The Free Encyclopedia*.

11 获得诺贝尔经济学奖的罗纳德·科斯（Ronald Coase）首先将理论模型称为"黑板经济学"。*The Firm, The Market, and the Law*（Chicago, IL: The University of Chicago Press, 1988）, p. 19.

12 www. incomebyzipcode. com/弗吉尼亚州劳登县是美国最富有的县。大部分最富裕的县都位于华盛顿特区的郊区，原因显而易见。

---

① 为方便读者核查文献来源，"注释"部分我们只翻译了观点性的内容。

13 Edmund Phelps, *Mass Flourishing*: *How Grassroots Innovation Created Jobs*, *Challenge*, *and Change* (Princeton, NJ: Princeton University Press, 2013), p. 273.

14 Martin Feldstein, "The U. S. Economy is in Good Shape," The Wall Street Journal, February 21, 2016.

15 40%的人认为自己在"挣扎",4%的人认为自己在"受苦"。www.gallup.com/poll/151157/life-evaluation-weekly.aspx.

16 "多么自私……可以假设,人的本性中有一些准则,这让其对他人的命运感兴趣,并从他人的幸福中获取自己需要的快乐。尽管除了这种快乐以外,他从中得不到任何其他东西。"Adam Smith, *The Theory of Moral Sentiments* I. I. 1 (London: A. Millar, 1790 [first published in 1759], available at Library of Economics and Liberty).

17 John Maynard Keynes, *The End of Laissez-Faire*: *The Economic Consequences of the Peace* (London: Hogarth Press, 1926).

18 Gallup, Inc., "U. S. Life Evaluation." www.gallup.com/poll/151157/life-evaluation-weekly.aspx.

19 有些人在"选择"父母方面比其他人更幸运。本书作者说:"收入不平等在出生时就存在了,统计数据已经证明了这一点。"PBS Newshour. www.pbs.org/newshour/making-sense/plight-african-americans-u-s-2015/.

20 Sigmund Freud, *The Unconscious* (London: Penguin Classics 2005); First published as Das Unbewusste in 1915.

21 David Cay Johnston, *Free Lunch*: *How the Wealthiest Americans Enrich Themselves at Government Expense and Stick You with the Bill* (New York: Portfolio Books, 2007); David Cay Johnston, *The Fine Print*: *How Big Companies Use "Plain English" to Rob You Blind* (New York: Portfolio Books, 2012).

22 David Cay Johnston, *Perfectly Legal*: *The Covert Campaign to Rig Our Tax System to Benefit the Super-Rich—and Cheat Everybody Else* (New York: Portfolio Books, 2003).

23 See the journal Real-World Economics Review.

24 Stephen A. Marglin, *The Dismal Science*: *How Thinking Like an Economist Undermines Community* (Cambridge, MA: Harvard University Press, 2010).

25 Robert H. Frank and Philip J. Cook, *Winner-Take-All Society* (New York: Free Press, 1995).

26 B. F. 斯金钠(B. F. Skinner)在他的《瓦尔登湖第二》(*Walden Two*)一书中回答了"美好生活是什么"的问题,他说:"那是一种拥有友谊、健康、艺术的生活;是一种工作和休闲之间的良性平衡;是尽量减少不愉快并对社会做出贡献的感觉。"Wikipedia contributors, "B. F. Skinner," Wikipedia: *The Free Encyclopedia*.

27 在教皇约翰·保罗二世(Pope John Paul II)的"社会经济通谕"[*Centesimus annus*(1991)]中,私人财产和工会组织都包含在基本人权之中。

28 "What Is Wellbeing?" Canadian Index of Wellbeing, available at https：//uwaterloo. ca/canadian-indexwellbeing/wellbeing-canada/what-wellbeing.

29 Shortcomings of GNP accounting is in Joseph E. Stiglitz, Amartya Sen, and Jean-Paul Fitoussi, *Mismeasuring Our Lives. Why the GDP Doesn't Add Up* (New York：New Books, 2010).

30 大卫·施（David Shi）称："卡特完全忽视了这样一样事实，那就是国家的主导机构——公司、广告和流行文化——在促进与维持享乐主义伦理方面发挥的重要作用。" David Shi, *The Simple Life：Plain Living and High Thinking in American Culture* (Athens, GA：University of Georgia Press, 2007), p. 272.

31 艾森豪威尔关于军事工业综合体建设的警告："我们必须防止由军事工业综合体……带来的不确定影响。错位力量上升导致灾难发生的可能性是存在的，并将持续存在。我们绝不能让这种组合的重重压力危及我们的自由和民主进程。" YouTube video, 2：31, posted by "RobUniv," August 4, 2006.

32 "如果没有对意志和欲望的控制力，（健康的）社会就不可能存在。而且这种控制力越小，健康的社会就越不可能存在。那些不节制的人，其激情如同羁绊，不可能让他们得到自由。这一点是万物永恒结构所注定的。" Edmund Burke, *Letter to a Member of the National Assembly* (London：J. Dodsley, Pall-Mall, 1791), pp. 68-69.

33 George Akerlof and Robert Shiller, *Phishing for Phools. The Economics of Manipulation and Deception* (Princeton, NJ：Princeton University Press 2015).

34 Ernst F. Schumacher, Small Is Beautiful：Economics as If People Mattered (New York：Harper Torchbook, 1973).

35 www. rethinkeconomics. org/.

36 www. newweather. org/wp-content/uploads/2017/12/33-Theses-for-an-Economics-Reformation. pdf; www. newweather. org/category/projects/the-economics-reformation/; www. rethinkeconomics. org/.

37 www. ineteconomics. org/; https://icape. org/.

38 W. Brian Arthur, external professor, Santa Fe Institute, http://tuvalu. santafe. edu/~wbarthur/.

39 "Aims and Scope," Capitalism and Society, *A Journal of the Center on Capitalism and Society*. www. degruyter. com/view/j/cas.

40 斯蒂格利茨在2008年11月的一次演讲中谈道："今年9月证明了市场原教旨主义是失败的……我们都知道这些想法存在缺陷，自由市场意识形态不起作用……美国确实有一个关于社团主义和企业福利主义的系统……却以自由市场经济为幌子。这种混合物从根本上是有缺陷的、不合逻辑的，从一开始就显得很无知，它已被证明无法发挥作用。" Joseph Stiglitz, "Market Fundamentalism Is Dead," YouTube video, posted by "ForaTV," November 10, 2008. www. youtube. com/watch? v = x_

2-Tv2GPs0.

41 麦克洛斯基教授用"文化野蛮"和"历史无知"来谴责主流经济学家。McCloskey, *Secret Sins*.

42 Deirdre McCloskey, *The Secret Sins of Economics* (Chicago, IL: Prickly Paradigm Press, 2002).

43 Jeffrey Madrick, *Seven Bad Ideas: How Mainstream Economists Have Damaged America and the World* (New York: Knopf, 2014).

44 Richard Feynman, "Cargo Cult Science," *Engineering and Science* 37 (1974) 7: 10–13.

45 George De Martino, *The Economist's Oath. On the Need for and Content of Professional Economic Ethics* (Oxford, UK: Oxford University Press, 2011).

46 Herbert Simon, "Rationality in Psychology and Economics," in *Rational Choice: The Contrast Between Economics and Psychology*, ed. Robin M. Hogarth and Melvin W. Reder (Chicago, IL: University of Chicago Press, 1986); Amos Tversky and Daniel Kahneman, "Judgment under Uncertainty: Heuristics and Biases," *Science*, *New Series* 185 (1974) 4157: 1124–1131.

47 B. F. 斯金纳认为,忘记一样东西比学习一样东西需要花更多的时间。See his *Science and Human Behavior* (New York: Free Press, 1965), pp. 62–71.

48 Dani Rodrik, "Straight Talk on Trade," Project Syndicate, November 15, 2016. www. project-syndicate. org/commentary/trump-win-economists-responsible-by-dani-rodrik-2016-11? barrier=accessreg.

49 Richard Easterlin, "The Economics of Happiness," *Daedalus* 133 (2004) 2: 26–33.

50 YouTube Video, "Bernanke was Wrong." www. youtube. com/watch? v=INmqvibv4UU&t=2s.

51 奥斯卡获奖纪录片《监守自盗》(*Inside Job*) 讲述了经济学家在金融危机中的作用。

52 Ronald Reagan, Inaugural Address, January 20, 1981, The American Presidency Project. www. presidency. ucsb. edu/ws/? pid=43130.

53 Paul Samuelson and William Nordhaus, *Economics*, 19th ed. (New York: McGraw-Hill/Irwin, 2009), p. 221.

54 Kenneth Arrow, "Uncertainty and the Welfare Economics of Medical Care," *American Economic Review* 53 (1963) 5: 141–149.

55 Stephanie Clifford, "Even Marked Up, Luxury Goods Fly Off Shelves," *The New York Times*, August 3, 2011.

56 Danny Yagan, "Capital Tax Reform and the Real Economy: The Effects of the 2003 Dividend Tax Cut," *American Economic Review*, 105 (2015) 12: 3531–3563.

57 John Komlos, "Growth of Income and Welfare in the U. S., 1979–2011," *NBER*

working paper, 2016, no. 22211. www.nber.org/papers/w22211.

58 Joseph Stiglitz, *Rewriting the Rules of the American Economy: An Agenda for Growth and Shared Prosperity* (New York: W. W. Norton 2015).

59 Ashley Parker, "For Romney, a Four-Car Garage with Its Own Elevator," *The New York Times*, March 27, 2012.

60 John Komlos, "How Raising Taxes on the Rich Could Prevent Mass Shootings," PBS Newshour, September 2, 2015. www.pbs.org/newshour/making-sense/face-mass-murders-case-universal-mentalhealth-insurance/.

第二章

1 "在过去的25年，我们把'自由'市场作为一种意识形态来崇拜，而没有把它作为人类社会进化的自然产物，和一套用以建立一个公正与公平社会的经济工具。在这种意识形态的迷思和快速致富的虚假承诺下，美国人的节俭、谨慎和社区关怀这些移民价值观，也就是传统意义上'美国梦'的基础，被一种'全能'的私利所劫持。"Peter C. Whybrow, "Dangerously Addictive: Why We Are Biologically Ill-Suited to the Riches of Modern America," *The Chronicle of Higher Education*, March 13, 2009.

2 普林斯顿大学政治哲学家罗伯特·乔治（Robert George）在和科尔内尔·韦斯特（Cornel West）的一次对话中谈到，"我们一定不能盲目崇拜市场"。"Bloggingheads TV", December 15, 2010. https://bloggingheads.tv/videos/2822?in=23:48&out=38:52@32 minutes.

3 关于西弗吉尼亚州的残疾人住宿生活中的令人心碎的故事，请阅读：Terrence McCoy, "After the Check is Gone," *The Washington Post October* 6, 2017.

4 Lawrence Summers, "Why Isn't Capitalism Working?" Reuters, January 9, 2012. 拉里·萨默斯曾是哈佛大学校长，在奥巴马总统任职时期担任国家经济委员会主任。

5 John Komlos, "Income Inequality Begins at Birth and These Are the Stats that Prove It," PBS Newshour, May 4, 2015. www.pbs.org/newshour/making-sense/plight-african-americans-u-s-2015/.

6 Robert Reich, *Aftershock: The Next Economy and America's Future* (New York: Knopf, 2010).

7 John Komlos, "How Reaganomics, Deregulation and Bailouts Led to the Rise of Trump," PBS Newshour, April 25, 2016. www.pbs.org/newshour/making-sense/column-how-reaganomics-deregulation-andbailouts-led-to-the-rise-of-trump/.

8 Thomas Pikkety, *Capital in the Twenty First Century* (Cambridge, MA: Harvard University Press, 2014).

9 设想一个社会，这一社会中的两个人收入分别为10和1；再设想另一个社会，这一社会中的两个人收入都是5。前一个社会的平均收入较高，但您认为哪个社会的生活质量会更高呢？

10 United Nations Office on Drugs and Crime, Statistics. https：//data. unodc. org/.

11 "HuffPost Graphics, " There Have Been 153 Mass Shootings in 2017," https：//twitter. com/HuffPostGraphic/status/875019850061664258.

12 两者分别为7.4‰和2.2‰。

13 Bureau of Justice Statistics, "Correctional Populations in the United States," www. bjs. gov/index. cfm？ ty=pbdetail&iid=5870.

14 Christopher Hartney, "US Rates of Incarceration：A Global Perspective," www. nccdglobal. org/sites/default/files/publication_pdf/factsheet-us-incarceration. pdf. In many states, ex-felons are denied theright to vote.

15 Juliet B. Schor, *The Overspent American*：*Why We Want What We Don't Need* (New York：Harper Perennial, 1999).

16 BankruptcyAction. com. "Business and Non-Business Filings. " www. bankruptcyaction. com/USbankstats. htm; Al Krulick, "Bankruptcy Statistics. " www. debt. org/bankruptcy/statistics/.

17 根据全国房地产经纪人协会的统计，这个数字包括那些取消抵押品赎回权，将房屋交给贷方或亏本出售房屋的人。Laura Kusisto, "Many Who Lost Homes to Foreclosure in Last Decade Won't Return—NAR," *Wall Street Journal* April 20, 2015. www. realtytrac. com/mapsearch/foreclosures as well as on the website of U. S. Courts www. uscourts. gov/sites/default/files/data_tables/bf_f_0331. 2017. pdf.

18 Organization for Economic Cooperation and Development (OECD), Growing Unequal？ IncomeDistribution and Poverty in OECD Countries (Paris：OECD, 2008); OECD, Divided We Stand：*WhyInequality Keeps Rising* (Paris：OECD, 2011).

19 National Center for Health Statistics, "Advance Report of Final Divorce Statistics, 1988," *Monthly Vital Statistics Report* 39 (1991) 12, suppl. 2.

20 U. S. Census Bureau, Data, Historical Families Tables, Table FM-1, "Families by Presence of Own Children under 18：1950 to Present. " www. census. gov/data/tables/time-series/demo/families/families. html.

21 U. S. Census Bureau, Data, Historical Families Tables, Table FM-3, "Average Number of Own Children Under 18 Per Family by Type of Family：1955 To Present. " www. census. gov/data/tables/time-series/demo/families/families. html.

22 在纽约、芝加哥和克利夫兰等十几个大城市，平均有三分之一的非裔儿童都生活在贫困社区。Nancy McArdle, TheresaOsypuk, and Dolores Acevedo-Garcia, "Disparities in Neighborhood Poverty of Poor Black and White Children," *Diversity Data Briefs* 1 (2007).

23 大约一半的非裔青年从高中毕业。辍学者中有一半在他们 35 岁左右时入狱。"Why Are 1 in 9 Black Men in Prison?" NAACP of Otero County, New Mexico, March 27, 2008.

24 UNICEF Innocenti Research Centre, *Child Well-Being in Rich Countries. A Comparative Overview* (Florence, Italy: The United Nations Children's Fund, 2013), Report Card 11.

25 Childhelp, "National Child Abuse Statistics & Facts." www. childhelp. org/child-abuse-statistics/.

26 Centers for Disease Control and Prevention, "Child Abuse and Neglect Prevention." www. cdc. gov/violenceprevention/childmaltreatment/index. html.

27 Christopher P. Howson, Mary V. Kinney, and Joy E. Lawn, eds. , *Born Too Soon: The Global ActionReport on Preterm Birth* (Geneva: WHO, 2012).

28 "我们认为,美国青少年生育率如此之高是因为潜在的社会和经济问题。这也反映在一群决定通过辍学来"逃离"社会主流的女孩身上。她们在年轻时选择成为单身母亲,而不是为自己的个人发展投资,因为她们觉得自己几乎没有进步的机会。" Melissa S. Kearney and Phillip B. Levine, "Why Is the Teen Birth Rate in the United States So High and Why Does It Matter?" *Journal of Economic Perspectives* 26 (2012) 2: 141–166.

29 "Commonwealth Fund Affordable Care Act Tracking Survey, February to March 2018." www. commonwealthfund. org/publications/surveys/2018/may/commonwealth-fund-affordable-care-acttracking-survey-february-march.

30 Kelsay Avery, Kenneth Finegold, and Amelia Whitman, "Affordable Care Act Has Led to Historic, Widespread Increase in Health Insurance Coverage," Issue Brief, Department of Health &Human Services, September 2016. https: //aspe. hhs. gov/system/files/pdf/207951/ChartpackACAHistoricIncreaseCoverage. pdf.

31 低食品安全是指"食物的质量、种类或可取性降低,几乎没有或完全减少食物摄入量的迹象(通俗一点来说就是指总是觉得吃不饱)"。极低的食品安全是指"饮食模式紊乱和食物摄入量减少的多重迹象"。U. S. Department of Agriculture, "Interactive Chart: Food Security Trends." www. ers. usda. gov/data-products/food-security-in-the-united-states/interactive-chart-food-security-trends/;"Definitions of Food Security" www. ers. usda. gov/topics/food-nutrition-assistance/food-security-in-the-us/definitions-of-food-security.

32 Mark Olfson et al. , "National Trends in the Outpatient Treatment of Depression," Journal of the American Medical Association 287 (2002): 203–209; Steven C. Marcus and Mark Olfson, "National Trends in the Treatment for Depression from 1998 to 2007," *Archives of General Psychiatry* 67 (2010): 1265–1273.

33 Anxiety and Depression Association of America,"Depression," https：//adaa. org/understandinganxiety/depression.

34 Paul E. Greenberg et al.,"The Economic Burden of Adults with Major Depressive Disorder in the United States, 2005 and 2010," *Journal of Clinical Psychiatry*, 76（2015）2：155-162, here p. 159.

35 See the website of the organization Mental Health America.

36 Josh Katz,"Drug Deaths in America Are Rising Faster Than Ever," *The New York Times*, June 5, 2017.

37 Anne Case and Angus Deaton,"Mortality and Morbidity in the 21st Century," *Brookings Papers on Economic Activity*, March 23-24, 2017.

38 U. S. Department of Housing and Urban Development,"The 2016 Annual Homeless Assessment Report to Congress," November 2016. www. hudexchange. info/resources/documents/2016-AHARPart-1. pdf.

39 然而，并非所有人都住在大街上，有些人住在避难所、汽车旅馆或寄住在别人家。Marisol Bello,"Child Homelessness Up 33% in 3 Years," USA Today, December 13, 2011. 每年约有160万人住在避难所。See U. S. Department of Housing and Urban Development, Press Release "Annual Homeless Assessment Report to Congress," July 9, 2009, https：//archives. hud. gov/news/2009/pr09-108. cfm；"About Homelessness," The National Alliance to End Homelessness. 2010年，居住在避难所的流浪汉家庭（父母和孩子都无家可归的）的数量从13万户增加到17万户。See Michael Luo,"Number of Families in Shelters Rises," The New York Times, September 11, 2010.

40 换句话说，他们的净资产超过10亿美元。Katie Sola and Emily Canal,"Here Are the States with the Most Billionaires," *Forbes*, March 5, 2016.

41 U. S. Internal Revenue Service,"SOI Tax Stats—Individual Statistical Tables by Size of Adjusted Gross Income, Tax Year 2014," table 1. 1, 2014. www. irs. gov/uac/soi-tax-stats-individual-statistical-tables-bysize- of-adjusted-gross-income#_grp1.

42 此外，至少有800万户家庭的净资产超过100万美元。Wikipedia contributors,"Millionaire."

43 World Bank,"Gini Index," https：//data. worldbank. org/indicator/SI. POV. GINI? locations＝US.

44 排名自2010年以来持续下降。Wikipedia contributors,"Programme for International Student Assessment；""An International Education Test," *The New York Times*, December 7, 2010.

45 Editorial,"48th Is Not a Good Place," *The New York Times*, October 26, 2010.

46 教育部长阿恩·邓肯（Arne Duncan）表示，这应该是一次"警告"。Sam Dillon,"Top Test Scores from Shanghai Stun Educators," *The New York Times*, December

7, 2010.

47 "野兽"是对美国联邦政府的蔑称。该策略的基础是，如果税收减少，那么增加的赤字将对支出产生下行压力。格林斯潘在1978年的国会证词中首次阐述了这一策略，但其名称是在后来的里根政府时期被命名的。该策略是有害的，因为它没有考虑到政府可能无法削减支出，从而导致政府持续赤字。Bruce Bartlett, "Tax Cuts and 'Starving the Beast': The Most Pernicious Fiscal Doctrine in History," *Forbes*, May 7, 2012.

48 John Kenneth Galbraith, The Affluent Society (New York: Houghton Mifflin, 1958); Lester C. Thurow, "Galbraith, John Kenneth (1908–2006)," in *The New Palgrave Dictionary of Economics*, 2nd ed., ed. Steven N. Durlauf and Lawrence E. Blume (Basingstoke, UK: Palgrave Macmillan, 2008).

49 它从前一年的第31位上升到第25位。"The Best and Worst Places to Be a Mom," PBS NewsHourvideo, May 8, 2012.

50 Jennifer Saranow Schultz, "Top Consumer Complaints in 2009," The New York Times, July 27, 2010.

51 Bureau of Justice Statistics, "Press Release," September 27, 2015. www.bjs.gov/content/pub/press/vit14pr.cfm.

52 Wikipedia contributors, "I-35W Mississippi River Bridge," Wikipedia: The Free Encyclopedia; Paul Krugman, "America Goes Dark," *The New York Times*, August 8, 2010; Bob Herbert, "The Corrosion of America," *The New York Times*, October 26, 2010; Walter Euken, *The Foundations of Economics: History and Theory in the Analysis of Economic Reality* (Berlin: Springer, 1950).

53 John Komlos, "Growth of Income and Welfare in the U.S., 1979–2011." *NBER working paper*, 2016, no. 22211. www.nber.org/papers/w22211.

54 这句话据传出自亨利·戴维·梭罗（Henry David Thoreau），出处存在争议。这句话也是共和党政治家口号的主要内容。Joshua Gillin, "Mike Pence Erroneously Credits Thomas Jefferson with Small Government Quote," POLITIFACT, September 21, 2017.

55 "Franklin D. Roosevelt's Address Announcing the Second New Deal," http://docs.fdrlibrary.marist.edu/od2ndst.html.

56 Joseph Stiglitz, *Freefall: America, Free Markets, and the Sinking of the World Economy* (New York: W. W. Norton, 2010).

57 从1999年到2008年，金融部门花费了27亿美元用于游说，而与该行业有关联的个人和委员会在竞选捐款方面的支出超过10亿美元。Sewell Chan, "Financial Crisis Was Avoidable, Inquiry Finds," *The New York Times*, January 25, 2011.

58 Simon Johnson, "The Quiet Coup," The Atlantic, May 2009.

59 最高法院在2010年公民联合会的决定中，通过令人难以理解的扭曲金钱的概念而加剧了这一趋势。它解释了第一修正案，暗示公司可以在政治竞选上花费无限量的资金。这一决定使得大笔资金在选举过程中发挥了更大的作用。

60 Chris Mooney, The Republican War on Science（New York：Basic Books, 2005）; Andrew C. Revkin, "Climate Expert Says NASA Tried to Silence Him," *The New York Times*, January 29, 2006.

61 U. S. Department of the Treasury, "Bureau of Consumer Financial Protection."

62 从道德角度来看，有些市场太令人反感，这些道德约束与技术带来的约束同样重要。Alvin Roth, "Repugnance as a Constraint on Markets," *Journal of Economic Perspectives*, 21（2007）3：37-58.

63 "在抵御飓风'哈维'以及为一些维修提供资金支持时，每个人都求助于政府，就像他们在2008年经济危机之后所做的那样。同样具有讽刺意味的是，这种情况现在依然发生在这个政府和集体行动经常受到指责的国家。美国银行业巨头还敦促新政府缩小政府规模，并支持取消禁止某些危险法规和反社会活动的法规，而在自己有需要的时刻又求助于政府，这一点同样极其讽刺"。Joseph Stiglitz, "Learning from Harvey," *Project Syndicate*, September 8, 2017.

64 Kenneth Arrow, "Uncertainty and the Welfare Economics of Medical Care," *American Economic Review* 53（1963）5：141-149.

65 Angus Deaton, "Income, Health, and Well-Being Around the World：Evidence from the Gallup World Poll," *Journal of Economic Perspectives* 22（2008）2：53-72, p. 68.

66 Federal Reserve Bank of St. Louis, "Corporate Profits After Tax," https：//fred. stlouisfed. org/series/CPATAX.

67 以色列的医疗系统效率更高。以色列的人均寿命比美国长3.2年，但每年只花费相当于美国28%的医疗保健费用，或者说比美国每年为所有成年人及儿童花费的还少7,000美元。"Average Life Expectancy in North America For Those Born in 2017, by Gender and Region（in Years）".

68 See source in Figure 2.5 and Statista, "Average Life Expectancy in North America For Those Born in 2017, by Gender and Region（in Years）".

69 Ralph Nader, *Unsafe at Any Speed. The Designed-In Dangers of the American Automobile*（New York：Grossman, 1965）.

70 "Crib Information Center," U. S. Consumer Product Safety Commission.

71 Jeffrey Madrick, *Seven Bad Ideas：How Mainstream Economists Have Damaged America and theWorld*（New York：Vintage, 2015）; see also the "Heterodox Economics Newsletter. " McCloskey declares that "the progress of economic science has been seriously damaged" by ivory-tower economics; Deirdre McCloskey, Secret Sins.

72 "我们对古典经济学理论的批评，并不是为了寻找其分析中的逻辑缺陷，而是为了指出其默认假设很少或从未得到过满足，其结果是它无法解决真实世界的经济问题。" John Maynard Keynes, *The General Theory of Employment, Interest and Money* (London: Macmillan, 1936), chapter 24.

73 例如, 1964 年在费城密西西比州, 三名民权活动人士遭到残酷杀害。Mississippi Wikipedia contributors, "Murders of Chaney, Goodman, and Schwerner." 我强烈推荐这篇文章, 因为它详细描述了其中的残酷细节。

74 Karl Polanyi, *The Great Transformation: The Political and Economic Origins of Our Time* (New York: Rinehart, 1944).

75 Ariel Rubinstein, "A Sceptic's Comment on the Study of Economics," *The Economic Journal* 116 (2006): C1-C9.

76 Wikipedia contributors, "Thomas Aquinas," Wikipedia: *The Free Encyclopedia*.

77 Daniel Kahneman, "Maps of Bounded Rationality: Psychology for Behavioral Economics," *American Economic Review* 93 (2003) 5: 1449-1475, here p. 1450.

78 Nowak, M. A., Page, K. M., and Sigmund, K., "Fairness Versus Reason in the Ultimatum Game," *Science* 289 (2000) 5485: 1773-1775.

79 Steven Rappaport, "Abstraction and Unrealistic Assumptions in Economics," *Journal of Economic Methodology* 3 (1996) 2: 215-236.

80 这里指的不是国家, 而是经济思想学派。

81 Nick Wilkinson, An Introduction to Behavioral Economics: A Guide for Students (London: Palgrave/Macmillan, 2007); Binyamin Appelbaum, "Politicians Can't Agree on Debt? Well, Neither Can Economists," *The New York Times*, July 17, 2011.

第三章

1 Baruch Spinoza, Ethics, Part IV, "Of Human Bondage, or the Strength of the Emotions" (1677). 这就是萨默塞特·毛姆 (Somerset Maugham) 将他的书取名为《人性的枷锁》(*Of Human Bondage*) 的缘由。(New York: George H. Doran Co., 1915).

2 Wikipedia contributors, "Theodore W. Adorno," Wikipedia: *The Free Encyclopedia*.

3 Peter Gray, *Psychology*, 4th ed. (New York: Worth, 2002), p. 17.

4 Louis M. Augusto, "Unconscious Knowledge: A Survey," *Advances in Cognitive Psychology* 6 (2010): 116-141.

5 Juliet Schor, Born to Buy: *The Commercialized Child and the New Consumer Culture* (New York: Scribner, 2005).

6 Philip Kotler and Gary Armstrong, *Principles of Marketing*, 17th ed. (New York: Prentice Hall, 2017).

7 Andrea Dworkin and Catharine A. MacKinnon, *Pornography and Civil Rights: A New Day for Women's Equality* (Minneapolis, MN: Organizing Against Pornography, 1988); Matthew Hutson, "Lust Now, Pay Later: Keeping Up with Your Joneses," *Psychology*

Today, May 1, 2008.

8 Lara O'Reilly, "McDonald's Slapped Down for Focusing Its Happy Meal Advertising on the Toy and Not the Food," *Business Insider*, May 15, 2015.

9 Mike McIntire, "Selling a New Generation on Guns," *The New York Times*, January 26, 2013.

10 Hannah Rounds, "Average Household Credit Card Debt in America: 2017 Statistics." www.magnifymoney.com/blog/news/u-s-credit-card-debt-by-the-numbers628618371.

11 为满足学生学习如何过上幸福的生活的需要,耶鲁大学开设了一门相关课程。David Shimer, "Yale's Most Popular Class Ever: Happiness," *The New York Times*, January 26, 2018.

12 "大多数人长大后都会爱上自己的奴性。" Aldous Huxley, *Brave New World* (London: Chatto and Windus, 1931).

13 Judith Warner, "Dysregulation Nation," *The New York Times*, June 14, 2010.

14 "Mike Wallace Interviews Aldous Huxley," May 18, 1958, YouTube video, www.youtube.com/watch?v=HSx91KiNyFU; the transcript is at: www.cuttingthroughthematrix.com/articles/Mike_Wallace_interviews_Aldous_Huxley_May_18_1958.html.

15 Ernst F. Schumacher, *Small Is Beautiful: Economics as if People Mattered* (New York: Harper Torchbook, 1973). 他所说的"成就如此之少",是指它提供的满足感如此之少。

16 Peter Whybrow interview on Charlie Rose, March 18, 2005 and October 12, 2015. https://charlierose.com/videos/10351.

17 Whybrow, *American Mania*, book cover.

18 U.S. Department of Labor, Bureau of Labor Statistics, 100 Years of U.S. Consumer Spending: Data for the Nation, New York City, and Boston, August 3, 2006. www.bls.gov/opub/uscs/report991.pdf.

19 Lotfi A. Zadeh, "Fuzzy Logic and Approximate Reasoning," *Synthese* 30 (1975): 407-428.

20 Amartya Sen, *Commoditiesand Capabilities* (Amsterdam: North-Holland, 1985).

21 U.S. Census, "Poverty Thresholds, 2016." www.census.gov/data/tables/time-series/demo/incomepoverty/historical-poverty-thresholds.html.

22 George Akerlof and Robert Shiller, *Phishing for Phools: The Economics of Manipulation and Deception* (Princeton, NJ: Princeton University Press, 2015).

23 根据埃里希·弗洛姆的说法,这是"每个人都有的作为一个个体和人类展现的权利"。Erich Fromm, "The Automaton Citizen and Human Rights," a lecture in 1966. www.fromm-gesellschaft.eu/images/pdf-Dateien/2008a-1966-e.pdf. Erich Fromm, The

Sane Society (London: Routledge & Kegan Paul, 1956); Erich Fromm, *The Art of Loving* (New York: Harper &Row, 1956).

24 B. Toll and P. Ling, "The Virginia Slims Identity Crisis: And Inside Look at Tobacco Industry Marketing to Women," *Tobacco Control* 14 (2005) 3: 172-180.

25 "Honey, I Blew Up the Marlboro Man," *Tobacco Control* 1 (1992) 4: 300-303.

26 这个角色似乎不可战胜。然而,"扮演'万宝路男人'的三个演员均死于肺癌"。Katie Connolly, "Six ads that changed the way you think," *BBC News*, January 3, 2011

27 A. Hyland, et al., "Happy Birthday Marlboro: The Cigarette Whose Taste Outlasts Its Customers," *Tobacco Control* 15 (2006) 2: 75-77.

28 Douglas Galbi, "U. S. Advertising Expenditure Data," *Purple Motes*, September 14, 2008.

29 相比之下,机动车的产值为5,400亿美元。见美国商务部、经济分析局"收入和产品账户表":表1.2.5《按主要产品类型划分的国内生产总值》。https://bea.gov/iTable/iTable.cfm? ReqID=9#reqid=9&step=3&isuri=1&903=19.

30 反消费主义组织是个例外,如由凯乐·莱森(Kalle Lasn)创立的Adbusters,另外还有像娜奥米·肯(Naomi Klein)这样反对对消费主义上瘾的人。

31 Abraham Maslow, "A Theory of Human Motivation," *Psychological Review* 50 (1943): 370-396.

32 Thorstein Veblen, *The Theory of the Leisure Class: An Economic Study of Institutions* (London: Macmillan, 1899), p. 110. The Nature of Demand 55

33 Stephen A. Marglin, *The Dismal Science: How Thinking Like an Economist Undermines Community* (Cambridge, MA: Harvard University Press, 2010). Mihaly Csikszentmihalyi, *Flow: The Psychology of Optimal Experience* (New York: Harper, 2008). Martin Seligman, Flourish: *A Visionary New Understanding of Happiness and Well-Being* (New York: The Free Press, 2012).

34 United Nations, "Universal Declaration of Human Rights," Article 25. www.un.org/en/universaldeclaration-human-rights/.

35 泰科国际前首席执行官丹尼斯·科兹洛夫斯基(Dennis Kozlowski)为其妻子的生日派对花费了200万美元,但最终以欺诈罪入狱6年零6个月。Kia Makarechi, "What Happens After You Serve Your White-Collar Prison Sentence?" *Vanity Fair*, March 2, 2015.

36 "童年珍贵而短暂,"这些房子的建造者之一说。Kate Murphy, "Child's Play, Grown-Up Cash," The New York Times, July 20, 2011.

37 Robert Frank, "Baccarat Meets Bomb-Proof Glass on the High Seas," *The Wall Street Journal*, April 23, 2010.

38 自1997年以来,隆胸手术的数量增加了两倍。The American Society for Aesthetic

Plastic Surgery, "Cosmetic Surgery National Data Bank Statistics, 2016," pp. 10, 11, 23. www. surgery. org/sites/default/files/ASAPS-Stats2016. pdf.

39 Bruce C. Greenwald and Joseph Stiglitz, "Externalities in Economies with Imperfect Information and Incomplete Markets," *Quarterly Journal of Economics* 101 (1986): 229-264.

40 The Roosevelt Institute, "Stiglitz: The Invisible Hand is Invisible Because it Isn't There," http://rooseveltinstitute. org/stiglitz-invisible- hand-invisible-because-it-isnt-there-2/; Joseph Stiglitz, "There Is No Invisible Hand," *The Guardian*, December 20, 2002.

41 Joseph Stiglitz, *The Price of Inequality* (New York: W. W. Norton, 2012).

42 它对今天经济的适用性,与牛顿的运动原理对亚原子粒子的适用性差不多。

43 他仍然在康涅狄格州的格林威治保留着自己的豪宅。Celebrity Net Worth, "Richard Fuld Net Worth." www. celebritynetworth. com/richest-businessmen/wall-street/richard-fuld-net-worth/.

44 Peter Whybrow, "Dangerously Addictive. Why We Are Biologically Ill-Suited to the Riches of Modern America," The Chronicle of Higher Education, March 13, 2009; Peter Whybrow, The Well-*Tuned Brain*: *The Remedy for a Manic Society* (New York: W. W. Norton & Company, 2016).

45 Stephen LeRoy, "Is the 'Invisible Hand' Still Relevant?" FRBSF Economic Letter no. 14, May 3, 2010.

46 See his Nobel Prize lecture, "Information and the Change in the Paradigm in Economics," Stockholm University, Aula Magna, December 8, 2001. www. nobelprize. org/mediaplayer/index. php? id=507.

47 Simon P. Anderson, "Product Differentiation," in *The New Palgrave Dictionary of Economics*, 2nd ed. , ed. Steven N. Durlauf and Lawrence E. Blume (Basingstoke, UK: Palgrave Macmillan, 2008).

48 Ibid.

49 Elisabeth Leamy, "Generic vs. Brand-Name Gas: Are They Different?" ABC News Good Morning America, March 24, 2007.

50 Tibor Scitovsky, *The Joyless Economy*: *An Inquiry into Human Satisfaction and Consumer Dissatisfaction* (Oxford, UK: Oxford University Press, 1976); Shirley Lee and Avis Mysyk, "The Medicalization of Compulsive Buying," Social Science andMedicine 58 (2004) 9: 1709-1718.

51 Peter Whybrow, *American Mania*: *When More Is Not Enough* (New York: W. W. Norton, 2005); Peter Whybrow, "Dangerously Addictive. Why We Are Biologically Ill-Suited to the Riches of Modern America," *The Chronicle of Higher Education*, March 13, 2009.

52 Judith Warner, "Dysregulation Nation." *The New York Times*, June 18, 2010.
53 Wikipedia contributors, "Erich Fromm," Wikipedia: *The Free Encyclopedia.*
54 Peter Whybrow, *Get Satisfied: How Twenty People Like You Found the Satisfaction of Enough* (New York: Easton Studio Press, 2007).
55 "Homo Consumens," YouTube video, posted by "Q&A projects," www.youtube.com/watch?v=VeaWHrFrXF0.
56 Mike Wallace interview: Erich Fromm, May 25, 1958.
57 Ibid.
58 Ibid.
59 Ibid.
60 Aldous Huxley, interview with Mike Wallace.
61 Robin Marantz Henig, "Valium's Contribution to Our New Normal," *The New York Times*, September 29, 2012.
62 抗抑郁药的使用人数占比从1996年的5.8%（1,330万人）增加到2005年的10.1%（2,700万人）。Mark Olfson and Steven Marcus, "National Patterns in Antidepressant Medication Treatment," *Archives of General Psychiatry* 66 (2009) 8: 848-856.
63 Wikipedia contributors, "Antidepressant," Wikipedia: The Free Encyclopedia. 1990年至2003年间，抗抑郁药物的使用量增加了25%。Ramin Mojtabai, "Increase in Antidepressant Medication in the U.S. Adult Population Between 1990 and 2003," *Psychotherapy and Psychosomatics* 77 (2008) 2: 83-92.
64 E. J. Mundell, "US Antidepressant Use Jumps 65 Percent in 15 years," *Medical Reporter*, August 15, 2017.

第四章

1 *Metamorphoses* ($_{AD}$8), p. 203.
2 Richard Thaler, *Misbehaving: The Making of Behavioral Economics* (New York: W. W. Norton & Co., 2016).
3 这一定义来自心理学，许多经济学入门教科书没有给理性下定义，而是将其视为公理。
4 我在食品和药物管理局的网站上搜索"食物"，搜到了1,160条相关法规的链接。www.fda.gov/.
5 令我惊讶的是，我每个月的网费在我不知情的情况下一再上涨，也许这是我签署的合同细则中的一部分，但我不知道。我得出的结论是，无论何时签订合同，总会有某种方式的额外收费。
6 Jessica Sberlati, "Countrywide Commercial 3," YouTube, October 26, 2007.

7 卡尼曼表示,理性的假设是"不可能的",我们可以在他的主页上找到其讲座的链接,讲座的内容都很丰富。www. princeton. edu/~kahneman/.

8 Amartya Sen, "Rational Fools: A Critique of the Behavioural Foundations of Economic Theory," *Philosophy and Public Affairs* 6 (1977): 336.

9 著名的剑桥大学经济学家琼·罗宾逊(Joan Robinson)指出:"效用最大化是一种坚不可摧的形而上学的循环概念。"Christopher D. Carroll, "Punter of Last Resort," March 13, 2009. http://voxeu.org/debates/commentaries/punter-last-resort.

10 Robert Kurzban, *Why Everyone (Else) Is a Hypocrite: Evolution and the Modular Mind* (Princeton, NJ: Princeton University Press, 2011).

11 Peter C. Whybrow, "Dangerously Addictive: Why We Are Biologically Ill-Suited to the Riches of Modern America," *The Chronicle of Higher Education*, March 13, 2009.

12 Peter C. Whybrow, *American Mania: When More Is Not Enough* (New York: W. W. Norton, 2005).

13 Colin Camerer, George Loewenstein, and Drazen Prelec, "Neuroeconomics: How Neuroscience Can Inform Economics," *Journal of Economic Literature* 43 (2005): 9-64.

14 John Dickhaut, Kevin McCabe, Jennifer C. Nagode, Aldo Rustichini, Kip Smith, and Jose Pardo, "The Impact of the Certainty Context on the Process of Choice," *Proceedings of the National Academy of Sciences of the United States of America* 100 (2003): 3536-3541.

15 Camerer, Loewenstein, and Prelec, "Neuroeconomics."

16 John Conlisk, "Why Bounded Rationality?" *Journal of Economic Literature* 34 (1996) 2: 669-700.

17 Herbert A. Simon, *Models of Bounded Rationality* (Cambridge, MA: MIT Press, 1982).

18 经验法则是一种源于经验或习惯的过程,使人们能够找到一个满意的方法来处理特定问题(可能是类比法)。(1)当可用的信息太少时;(2)当没有足够时间考虑可能影响决策问题的重要方面时;或(3)当找到更好的解决方案不切实际或成本太高时,人们便会使用这一法则。这一过程类似于有根据的猜测或使用常识,但往往具有欺骗性,远非最佳方案,并且还可能导致刻板印象和偏见。

19 Herbert A. Simon, "A Behavioral Model of Rational Choice," *Quarterly Journal of Economics* 69 (1955): 99-118.

20 通过互联网,一些经过规划和比较的购物体验可能会有所改善。但与此同时,企业会收集有关消费者的大量信息,这些信息会让消费者受到操纵。后者的影响可能会超过前者。

21 Richard Thaler, *Nudge: Improving Decisions About Health, Wealth, and Happiness* (New Haven, CT: Yale University Press, 2008).

22 Richard Thaler, "Behavioral Economics: Past, Present, and Future," *American Economic Review* 106 (2016) 7: 1577-1600.

23 Daniel Kahneman, *Thinking, Fast and Slow* (New York: Farrar, Straus and Giroux, 2011).

24 Malcolm Gladwell, *Blink: ThePower of Thinking Without Thinking* (New York: Little, Brown, 2005).

25 Dan Ariely, Predictably Irrational: The Hidden Forces That Shape Our Decisions (New York: HarperCollins, 2008); Dan Ariely, *The Upside of Irrationality* (New York: HarperCollins, 2010). See his lecture on YouTube, "Dan Ariely: The Upside of Irrationality," www. youtube. com/watch? v = vsBqFayrDY.

26 维基百科列出了超过一百种的认知偏见。Wikipedia contributors, "List of Cognitive Biases," Wikipedia: *The Free Encyclopedia*.

27 Daniel Kahneman, "Maps of Bounded Rationality: Psychology for Behavioral Economics," *American Economic Review* 93 (2003) 5: 1449-1475, here p. 1450.

28 Nobel Prize, "Prize Lecture by Daniel Kahneman," www. nobelprize. org/mediaplayer/? id = 531.

29 神经营销公司 Neuro Focus 创始人兼首席执行官 A. K. 普拉迪普(A. K. Pradeep)说:"如果商品宣传想获得要成功,就需要到达消费者大脑的潜意识里,在那里,消费者对商品产生兴趣,会想要下单并认可品牌。" Natasha Singer, "Making Ads That Whisper to the Brain," *The New York Times*, November 13, 2010. Homo Oeconomicus Is Extinct 79

30 概率论中的"连接规则"指出,一个人同属于 A 类和 B 类的概率不会大于他只属于 B 类的概率。卡尼曼和特沃斯基用以下对一个人的描述证明了这一公理的错误:"琳达31岁,单身,直言不讳,非常聪明。她主修哲学,作为一名学生,她对性别歧视和社会公正问题深表关注,并参与了反核示威活动。"几乎每个人都认为"琳达是银行出纳员,并且积极参加女权主义运动"的概率高于"琳达是银行出纳员"的概率。之所以出现这种谬误,是因为我们倾向于将思想固定在对琳达女权主义本质的描述上,并直觉地认为她是女权主义的代表。对这一代表性特征的关注使我们忽视了一个明显的事实,那就是如果她是女权主义的银行出纳员,她也必须是一名银行出纳员。

31 有人可能会争辩说,比较两个不同的人的效用是不可取的。但是,人们也可以把这例子想象成凯茜一个人在两个不同时间点所面临的情况。此外,如果我们不应该假设人们具有可比性,那么为什么经济学中有这么多具有代表性的代理人模型呢?关于宏观经济学微观基础的所有文献都是基于这样一个观点,那就是如果存在一个典型的人,就可以有两个典型的人。此外,我们还汇总了不同人群的收入,以评估一个国家在某一时刻或某一时期的国民收入。同时,宏观模型使用具有代表性的公司，经济在方便的情况下会假设有一个典型的人可以代表整个社会，因此他们会比较个体间的效用函数，但是若不方便，他们会拒绝这样做。

32 这两个象限被忽视的原因是，在象限 2 中，价值函数意味着财富的损失会增加效用，象限 4 意味着财富的增加会降低效用，所以这两个象限是没有意义的。

33 损失厌恶解释了禀赋效应。

34 "NBR Interview with Daniel Kahneman: Your Mind and Your Money," www.youtube.com/watch?v=rZUylXXJbhE.

35 这是因为在 x 轴上-75 美元在-200 美元和+50 美元的中间。

36 已经使用大量不同数字组合重复了这一实验，只要涉及消极前景，人们就会寻求冒险："大多数受试者愿意接受 0.8 的风险，失去 4,000，而不愿意接受 3,000 的必然损失，尽管赌博的预期价值较低。" Daniel Kahneman and Amos Tversky, "Prospect Theory: An Analysis of Decisions Under Risk," *Econometrica* 47（1979）: 263-291, here p. 268.

37 这是历史上有记录以来最大的单笔交易亏损。然而，还有 20 笔交易损失超过 10 亿美元。Wikepedia Contributors, "List of Trading Losses."

38 William T. Dickens, "Cognitive Ability," in *The New Palgrave Dictionary of Economics*, 2nd ed., ed. Steven N. Durlauf and Lawrence E. Blume (Basingstoke, UK: Palgrave Macmillan, 2008).

39 因为欺骗性的银行业务，Capital One 被征收 2.1 亿美元的罚款。See Ben Protess and Jessica Silver-Greenberg, "Consumer Watchdog Fines Capital One for Deceptive Credit Card Practices," *The New York Times*, July 18, 2012.

40 Elizabeth Warren, "Fighting to Protect Consumers," The White House Blog, September 17, 2010.

41 Paul Taubman, "The Determinants of Earnings: Genetics, Family, and Other Environments: A Study of White Male Twins," *American Economic Review* 66（1976）5: 858-870.

42 Daniel J. Benjamin, David Cesarini, Christopher F. Chabris, Edward L. Glaeser, David I. Laibson, Vilmundur Guðnason, Tamara B. Harris, Leonore J. Launer, Shaun Purcell, Albert Vernon Smith, Magnus Johannesson, Patrik K. E. Magnusson, Jonathan P. Beauchamp, Nicholas A. Christakis, Craig S. Atwood, Benjamin Hebert, Jeremy Freese, Robert M. Hauser, Taissa S. Hauser, Alexander Grankvist, Christina M. Hultman, and Paul Lichtenstein, "The Promises and Pitfalls of Genoeconomics," *Annual Review of Economics* 4（July 2012）: 627-662.

43 Michael J. Zyphur, Jayanth Narayanan, Richard D. Arvey, and Gordon J. Alexander, "The Genetics of Economic Risk Preferences," *Journal of Behavioral Decision Making* 22（2009）: 367-377. 社会学属性也与遗传倾向有关。See Guang Guo, Michael E.

Roettger, and Tianji Cai, "The Integration of Genetic Propensities into Social-Control Models of Delinquency and Violence Among Male Youths," *American Sociological Review* 73 (2008): 543-568; Arthur J. Robson, "The Biological Basis of Economic Behavior," *Journal of Economic Literature* 29 (2001): 11-33; Arthur J. Robson and Larry Samuelson, "The Evolutionary Foundations of Preferences," in *Handbook of Social Economics*, ed. Jess Benhabib, Alberto Bisin, and Matthew O. Jackson (Amsterdam: North Holland Press, 2010), pp. 221-310.

44 Deirdre Barrett, Supernormal Stimuli: *How Primal Urges Overran Their Evolutionary Purpose* (New York: W. W. Norton, 2010); A. Knafo, S. Israel, A. Darvasi, R. Bachner-Melman, F. Uzefovsky, L. Cohen, E. Feldman, E. Lerer, E. Laiba, Y. Raz, L. Nemanov, I. Gritsenko, C. Dina, G. Agam, B. Dean, G. Bornstein, and R. P. Ebstein, "Individual Differences in Allocation of Funds in the Dictator Game Associated with Length of the Arginine Vasopressin 1a Receptor RS3 Promoter Region and Correlation Between RS3 Length and Hippocampal mRNA," *Genes, Brain and Behavior* 7 (2008) 3: 266-275. Hormone levels also have a role in our economic behavior. Terence C. Burnham, "High-Testosterone Men Reject Low Ultimatum Game Offers," *Proceedings of the Royal Society* B 274 (2007) 1623: 2327-2330.

45 William T. Dickens, "Behavioural Genetics," in *The New Palgrave Dictionary of Economics*, 2nd ed., ed. Steven N. Durlauf and Lawrence E. Blume (Basingstoke, UK: Palgrave Macmillan, 2008). 社会成果也是如此。Guang Guo, Michael Roettger, and Tianji Cai, "The Integration of Genetic Propensities into Social-Control Models of Delinquency and Violence Among Male Youths," *American Sociological Review*, 73 (2008) 4: 543-568.

46 Jonathan P. Beauchamp, David Cesarini, Magnus Johannesson, Matthijs J. H. M. der Loos, Philipp D. Koellinger, Patrick J. F. Groenen, James H. Fowler, Niels Rosenquist, Roy Thurik, and Nicholas A. Christakis, "Molecular Genetics and Economics," *Journal of Economic Perspectives* 25 (2011) 4: 1-27.

47 Jere Richard Behrman and Paul Taubman, "Is Schooling 'Mostly in the Genes'? Nature-Nurture Decomposition Using Data on Relatives," Journal of Political Economy 97 (1989) 6: 1425-1446; David Cesarini, Christopher Dawes, Magnus Johannesson, Paul Lichtenstein, and Björn Wallace, "Genetic Variation in Preferences for Giving and Risk Taking," *The Quarterly Journal of Economics* 124 (2009) 2: 809-842.

48 Whybrow, *American Mania*, op cit., p. 57.

49 Edward O. Wilson, "Evolution and Our Inner Conflict," The New York Times, June 24, 2012; Edward O. Wilson, *The Social Conquest of Earth* (New York: W. W. Norton, 2012).

第五章

1 "Eisenhower Warns Us of the Military Industrial Complex," YouTube video. www.youtube.com/watch?v=8y06NSBBRtY; James Ledbetter, "What Ike Got Right," *The New York Times*, December 13, 2010.

2 "The Military-Industrial Complex Rides Ever Higher," Tom Engelhardt, "Junta Lite: How Generals and Billionaires Took over Trump's Militarized America," *The Guardian*, March 1, 2017.

3 Alexandra Alper and Kirstin Ridley, "Barclays Paying ＄435 Million to Settle Libor Probe," *Reuters*, June 27, 2012.

4 经济学家也可以被财富所俘获,正如《监守自盗》这部获奖影片所生动描绘的那样。

5 Bill Moyers Journal, "Simon Johnson and Marcy Kaptur, interview," October 9, 2009.

6 Sewell Chan, "Financial Crisis Was Avoidable, Inquiry Finds," *The New York Times*, January 25, 2011.

7 Rick Claypool, "Pharmaceutical Industry Profits Exceed Industry'sSelf-Reported R&D Costs," *Public Citizen*, March 31, 2017.

8 Mike McIntire and Nicholas Confessore, "Groups Shield Political Gifts of Businesses," *The New York Times*, July 8, 2012.

9 "他们(即大公司工作的说客)扼杀了劳动法的一项重要改革,同时取消了监管,降低了他们的税收,并帮助推动公众舆论支持减少政府对经济的干预。" Lee Drutman, "How Corporate Lobbyists Conquered American Democracy," *The Atlantic*, April 20, 2015.

10 Ibid.

11 众议院金融服务委员会(House Financial Services Committee)主席、阿拉巴马州众议员斯宾塞·巴赫斯(Spencer Bachus)在一份公开的弗洛伊德主义声明中,对《伯明翰新闻报》(*Birmingham News*)表示:"华盛顿和监管机构都在为银行服务。"他表达得再清楚不过了:出于各种各样的意图和目的,金融部门已全面俘获华盛顿。Editorial, "How to Derail Financial Reform," *The New York Times*, December 26, 2010.

12 David Cay Johnston, "How Corporate Socialism Destroys," Reuters, June 1, 2012.

13 Lee Drutman, "How Corporate Lobbyists Conquered American Democracy," *The Atlantic*, April 20, 2015.

14 Charles Wright Mills, *The Power Elite* (Oxford, UK: Oxford University Press, 1956); G. William Domhoff, *Who Rules America*? (Englewood Cliffs, NJ: Prentice-Hall, 1967).

15 Lee Drutman, *The Business of America is Lobbying: How Corporations Became Politicized and Politics Became More Corporate* (New York: Oxford University Press, 2015).

16 Peter Lattman and Azam Ahmed, "Rajat Gupta Convicted of Insider Trading," *The New York Times*, June 15, 2012.

17 Stephanie Clifford and Colin Moynihan, "Martin Shkreli Is Found Guilty of Fraud," *The New York Times*, August 4, 2017.

18 Joseph Stiglitz, "There Is No Invisible Hand," *The Guardian*, December 20, 2002.

19 Franklin D. Roosevelt, "Speech Before the 1936 Democratic National Convention" (Philadelphia, PA, June 27, 1936). www.austincc.edu/lpatrick/his2341/fdr36acceptancespeech.htm.

20 Joseph Stiglitz, "America's Socialism for the Rich," *The Economists' Voice* 6 (2009) 6: 1-3.

21 Samuel Bowles, "Endogenous Preferences: The Cultural Consequences of Markets and Other Economic Institutions," *Journal of Economic Literature* 36 (1998) 1: 75-111.

22 Geoffrey M. Hodgson, "Veblen, Thorstein Bunde (1857-1929)," in *The New Palgrave Dictionary of Economics*, 2nd ed., ed. Steven N. Durlauf and Lawrence E. Blume (Basingstoke, UK: Palgrave Macmillan, 2008).

23 "How many people ruin themselves by laying outmoney on trinkets of frivolous utility?" Adam Smith, *The Theory of Moral Sentiments* (London: A. Millar, 1759), IV.I.6. www.econlib.org/library/Smith/smMS.html.

24 Robert Frank, *Choosing the Right Pond: Human Behavior and the Quest for Status* (New York: Oxford University Press, 1985); Robert Frank, "The Demand for Unobservable and Other Nonpositional Goods," *American Economic Review* 75 (1985) 1: 101-116; Richard Easterlin, "The Economics of Happiness," *Daedalus* 133 (2004) 2: 26-33.

25 Veblen, *Theory of the Leisure Class*, p. 110.

26 James Duesenberry, *Income, Saving, and the Theory of Consumer Behavior* (Cambridge, MA: Harvard University Press, 1949).

27 正常商品是指只要相对价格保持不变,消费量就随收入增加而增加的商品。

28 Federal Reserve Bank of St. Louis. Personal Saving Rate. https://fred.stlouisfed.org/series/PSAVERT.

29 Solomon Asch, "Opinions and Social Pressure," *Scientific American* 193 (1955): 31-35; Harvey Leibenstein, "Bandwagon, Snob, and Veblen Effects in the Theory of Consumers' Demand," *Quarterly Journal of Economics* 64 (1950) 2: 183-207.

30 Robert H. Frank, "Consumption Externalities," in *The New Palgrave Dictionary of Economics*, 2nd ed., issuer, upon receipt of payment, to apply amounts in excess of the

minimum payment amount first to the balance bearing the highest rate of interest, and then to each successive balance bearing the next highest rate of interest, until the payment is exhausted."

31 Arthur J. Robson, "The Biological Basis of Economic Behavior," *Journal of Economic Literature* 29 (2001): 11-33.

32 Federal Reserve Bank of St. Louis, "Average Annual Hours Worked." https://fred.stlouisfed.org/series/AVHWPEUSA065NRUG.

33 1929年西班牙哲学家奥特加·伊·加塞特（José Ortega y Gasset）在《民众起义》(*The Revolt of the Masses*) 中写道："任何一个人，如果他和所有人都不一样，也不像所有人一样思考，都有被消灭的风险。"（New York: W. W. Norton, 1994）

34 Nellie Bowles, "To Fit into Silicon Valley, Wear These Wool Shoes," *The New York Times*, August 11, 2017.

35 The Shulman Center for Compulsive Theft, Spending & Hoarding, "Shopaholics Anonymous." www.shopaholicsanonymous.org/; Wikipedia contributors, "Shopaholic."

36 Solomon E. Asch, "Opinions and Social Pressure," *Scientific American* 193 (1955): 31-35.

37 Robert H. Frank, "Positional Externalities Cause Large and Preventable Welfare Losses," *American Economic Review* 95 (2005) 2: 137-141.

38 Joseph Henrich, Steven Heine, Ara Norenzayan, "The Weirdest People in the World?" *Behavioral and Brain Sciences* 33 (2010): 61-135; Ernst Fehr and Simon Gächter, "Altruistic Punishment in Humans," *Nature* 415 (2002) 6868: 137-140.

39 "Wal-Mart Worker Killed in Black Friday Stampede," www.youtube.com/watch?v=f5EU4GRudvc.

40 Sharon R. Cohany and Emy Sok, "Married Mothers in the Labor Force," *Monthly Labor Review* 130 (2007) 2: 9-16.

41 Max Weber, *The Protestant Ethic and the Spirit of Capitalism* (London & Boston, MA: Unwin Hyman, 1930. Originally published in 1905).

42 Luigi Guiso, Paola Sapienza, and Luigi Zingales, "Does Culture Affect Economic Outcomes?" *Journal of Economic Perspectives* 20 (2006) 2: 23-48.

43 Daniel Bell, *The Cultural Contradictions of Capitalism* (New York: Basic Books, 1976), pp. 21-22.

44 Ibid., p. 51.

45 Christopher Lasch, *The Culture of Narcissism: American Life in an Age of Diminishing Expectations* (New York: W. W. Norton, 1979).

46 Robert H. Frank, *Luxury Fever* (Princeton, NJ: Princeton University Press, 1999).

47 Christopher Lasch, "The Narcissist Society," *The New York Review of Books*, September 30, 1976.

48 Christophe Hayes, *Twilight of the Elites* (New York: Crown, 2012).

49 James Galbraith calls this the "corporate republic" in *The Predator State: How Conservatives Abandoned the Free Market and Why Liberals Should Too* (New York: The Free Press, 2008).

50 Golnaz Tabibnia and Matthew D. Lieberman, "Fairness and Cooperation Are Rewarding: Evidence from SocialCognitive Neuroscience," *Annals of the New York Academy of Sciences* 1118 (2007): 90-101.

51 Peter Corning, *The Fair Society: The Science of Human Nature and the Pursuit of Social Justice* (Chicago, IL: University of Chicago Press, 2011).

52 一张机票的价格从547美元涨到3,200美元。Justin Sablich, "Airlines Face Criticism Amid Irma Price-Gouging Complaints," *The New York Times*, September 9, 2017.

53 Andrew Pollack, "Drug Goes from $13.50 a Tablet to $750, Overnight," *The New York Times*, September 20, 2015.

54 The price of EpiPen, an anti-allergy injection, soared from $103 to $608. Ben Popken, "Mylan Execs Gave Themselves Raises as They Hiked EpiPen Prices," CNBC News, August 23, 2016.

55 Colin F. Camerer, "Behavioural Game Theory," in *The New Palgrave Dictionary of Economics*, 2nd ed., ed. Steven N. Durlauf and Lawrence E. Blume (Basingstoke, UK: Palgrave Macmillan, 2008).

56 John Rawls, *A Theory of Justice* (Cambridge, MA: Harvard University Press, 1971).

57 Sally Holmes, "$133 Million in Bras: The Complete Evolution of the Victoria's Secret Fantasy Bra," *Elle*, November 28, 2016.

58 全球有14万人的资产在5,000万美元或以上,其中一半人来自美国斯科特。Scott Shane, Spencer Woodman, and Michael Forsythe, "How Business Titans, Pop Stars and Royals Hide Their Wealth," *The New York Times*, November 7, 2017.

59 同样,当它采用卡尔多–希克斯标准来执行经济政策时,它含蓄地假定效用水平可以在个体之间进行比较。

60 "修订《贷款实情法案》(Truth in Lending Act),以在开放式消费者信贷计划下建立与扩大信贷有关的公平而透明的做法," U.S. Congress, House, *Credit Card Act of 2009*, HR 627, 111th Congress, 1st session, January 6, 2009. 该法案以各种方式保护消费者免受信用卡公司的欺骗。其中一个例子是,要求发卡机构在收到付款后,首先要将超过最低付款金额的部分,按余额去抵扣最高利率的那部分贷款,然后再将其应用于下一个最高利率的贷款,直到付款用尽。

61 James Kwak, "When a 79.9% APR Is Good?" *The Baseline Scenario*, January 8, 2010.

62 Thomas Nagel, *The Possibility of Altruism* (Oxford, UK：Clarendon Press, 1970), p. 79.

63 在进化生物学中，利他主义的定义是一个有机体以牺牲自身为代价来提高另一个有机体的生殖成功率。

64 James Andreoni, William T. Harbaugh, and Lise Vesterlund, "Altruism in Experiments," in *The New Palgrave Dictionary of Economics*, 2nd ed., ed. Steven N. Durlauf and Lawrence E. Blume (Basingstoke, UK：Palgrave Macmillan, 2008).

65 Ernst Fehr and Bettina Rockenbach, "Human Altruism：Economic, Neural, and Evolutionary Perspectives," *Current Opinions in Neurobiology* 14 (2004) 6：784-790.

66 Ernst Fehr, Helen Bernhard, and Bettina Rockenbach, "Egalitarianism in Young Children," *Nature* 454 (2008)：1079-1083.

67 Dharol Tankersley, C. Jill Stowe, and Scott A. Huettel, "Altruism Is Associated with an Increased Neural Response to Agency," *Nature Neuroscience* 10 (2007)：150-151; Golnaz Tabibnia and Matthew Lieberman, "Fairness and Cooperation are Rewarding：Evidence from Social Cognitive Neuroscience," *Annals of the New York Academy of Sciences* 1118 (2007) 1：90-101.

68 Smith, *The Theory of Moral Sentiments* (1759).

69 可以肯定的是，也有利己的互惠，我们也可以从相信自己是利他主义者中获得快乐。

70 Smith, *The Theory of Moral Sentiments* I. I. 1; Alexander J. Field, *Altruistically Inclined? The Behavioral Sciences, Evolutionary Theory, and the Origins of Reciprocity* (Ann Arbor, MI：University of Michigan Press, 2002).

71 实验表明，女性比男性更无私。Rachel Croson and Uri Gneezy, "Gender Differences in Preferences," *Journal of Economic Literature* 47 (2009) 2：1-27.

72 Aldo Rustichini, "Introduction. Neuroeconomics：Present and Future," *Games and Economic Behavior* 52 (2005)：201-212.

73 Edward O. Wilson, "Evolution and Our Inner Conflict," *The New York Times*, June 24, 2012.

74 "房地产泡沫的破灭将导致1.3万亿~2.6万亿美元住房财富的损失，" Dean Baker, "The Run-up in Home Prices：A Bubble," *Challenge* 45 (2002) 6：93-119.

75 这就是所谓的"买家悔意"。

76 "Ripoff Report," has thousands of stories about scams：www.ripoffreport.com/reports/specific_search/internet.

77 郭庚信（James Kwak）对他在"更多电信黑幕"中在Verizon移动宽带服务的经历的描述，*Baseline Scenario*, August 18, 2010.

78 Joseph Stiglitz, *Information and Economic Analysis*, vol. 1, *Selected Works of Joseph E.*

Stiglitz (Oxford, UK: Oxford University Press, 2009).

79 Joseph Stiglitz, "Information and the Change in the Paradigm in Economics," *American Economic Review* 92 (2002) 3: 460-501, at p. 461.

80 人工智能将能够在不久的将来利用社交网络跟踪我们的情绪,并利用这些信息更有效地操纵我们。Fabon Dzogang, Stafford Lightman, and Nello Cristianini, "Circadian Mood Variations in Twitter Content," *Brain and Neuroscience Advances*, 2017.

81 George Akerlof, "The Market for 'Lemons': Quality Uncertainty and the Market Mechanism," *Quarterly Journal of Economics* 84 (1970): 488-450; George Akerlof, "Behavioral Macroeconomics and Macroeconomic Behavior," *American Economic Review* 92 (2002) 3: 411-433.

82 Joseph Stiglitz, "The Revolution of Information Economics: The Past and the Future," National Bureau of Economic Research Working Paper No. 23780, September 2017.

83 Joseph Stiglitz, "The Invisible Hand and Modern Welfare Economics," National Bureau of Economic Research Working Paper No. 3641, March 1991.

84 Avner Offer, "A Warrant for Pain: Caveat Emptor vs. the Duty of Care in American Medicine, c. 1970-2010," *Real-World Economics Review* 61 (2012): 85-99.

85 Michael Spence, "Job Market Signaling," *Quarterly Journal of Economics* 87 (1973) 3: 355-374.

第六章

1 Book I, chapter V, *An Inquiry into the Nature and Causes of the Wealth of Nations*, ed. Edwin Cannan (London: Methuen, 1904).

2 Alfred Chandler, *The Visible Hand: The Managerial Revolution in American Business* (Cambridge, MA: Belknap Press, 1977).

3 美国国防部有大约 200 万名雇员。

4 Wikipedia contributors, "2012 JPMorgan Chase Trading Loss."

5 Dominic Rushe, "London Whale Scandal to Cost JPMorgan $920m in Penalties," *The Guardian*, U. S. edition, September 19, 2013.

6 Wikipedia contributors, "Ina Drew."

7 例如,北卡罗莱纳大学教堂山分校提供虚假课程,以减轻运动员的学业负担。David Ridpath, "North Carolina's Latest Attempt at Deflecting Academic Fraud Allegations As Expected," *Forbes*, May 25, 2017.

8 怀特(Whyte)强调,在企业伦理中,我们的个性常屈从于群体意识形态。为了保持和提高我们在组织中的地位与收入,从众思维成为一种合理遵从。

9 "(伯南克)很少挑战格林斯潘。如果伯南克不点头,他就进不去那个俱乐部……格林斯潘先生在运营一个高效的组织,他不喜欢人们滔滔不绝地谈论自己的观点。"

John Cassidy, "Anatomy of a Meltdown," *The New Yorker*, December 1, 2008.

10 她是州长的千金，2007 年，西弗吉尼亚大学授予她一个伪造的 EMBA 学位，后来被撤回。Wikipedia Contributors, "Heather Bresch."

11 Paul Samuelson and William Nordhaus, *Economics*, 19th ed. (New York：McGraw-Hill/Irwin, 2009)，参见该书第 164 页。当然，在第 169 页，他们承认这类公司"很难找到"。在第 187 页，他们说这类公司极少。是否应该将这种不一致的内容包含在初学者的教科书中，这个问题还有待解决。

12 截至 2017 年夏季，未偿信用卡债务达到创纪录的 1 万亿美元。Jessica Silver Greenberg and Stacy Cowley, "A Boom in Credit Cards：Great News for Banks, Less So Consumers," *The New York Times*, October 19, 2017.

13 William Lazonick, Matt Hopkins, Ken Jacobson, Mustafa Erdem Sakinç and Öner Tulum, " US Pharma's Financialized Business Model," Institute for New Economic Thinking, Working Paper No. 60, July 13, 2017.

14 Tracy Staton, "The Top 20 Highest-Paid Biopharma CEOs," FiercePharma. www.fiercepharma.com/special-report/top-20-highest-paid-biopharma-ceos. Matt Krantz, "Drug prices Are High. So Are the CEOs' Pay," *USA Today*, August 26, 2016.

15 2007 年推出的 iPod touch 是初代产品的延续，2017 年 8 月在 eBay 上以 325 美元~550 美元的价格销售。换言之，在过去的 16 年里，iPod touch 的价格没有明显变化。

16 David Kocieniewski, "As Oil Industry Fights a Tax, It Reaps Subsidies," *The New York Times*, July 3, 2010.

17 Wikipedia Contributors, "List of Largest Corporate Profits and Losses."

18 Wikipedia Contributors, "G. Kennedy Thompson"; Ed Vulliamy, "How a Big US Bank Laundered Billions from Mexico's Murderous Drug Gangs," *The Observer*, April 2, 2011.

19 David Brooks, "Why Our Elites Stink," *The New York Times*, July 12, 2012.

20 Celebrity Net Worth, "Angelo Mozilo," "Richard Fuld," "John Thain," and "James Cayne." Dennis Hevesi, "Roland Arnall, Mortgage Innovator, Dies at 68," *The New York Times*, March 18, 2008.

21 2009 年有 140 家银行倒闭，2010 年又有 157 家银行倒闭。Wikipedia contributors, "List of Bank Failures in the United States (2008-Present)."

22 Edward Chamberlin, *The Theory of Monopolistic Competition：A Re-Orientation of the Theory of Value* (Cambridge, MA：Harvard University Press, 1933). Joan Robinson, *The Economics of Imperfect Competition* (London：Macmillan, 1933).

23 Wikipedia Contributors, "iPod Classic," "List of iPod Models."

24 Fortune "Global 500." http：//fortune.com/global500/microsoft/.

25 Spencer Tierney, "Overdraft Fees: What Banks Charge," *nerdwallet*.
26 Smriti Chand, "Pricing Determination under Oligopoly Market." www. yourarticlelibrary. com/economics/pricing-determination-under-oligopoly-market-economics/28916/.
27 Nadifa Mohamed, "A Fierce Famine Stalks Africa," *The New York Times*, June 12, 2017.
28 伊万杰里斯塔的净资产为1,800万美元。www. therichest. com/celebnetworth/celeb/model/lindaevangelista-net-worth/. Robert Frank, "How Does a Four-Year-Old Spend $46,000 a Month?" *The Wall Street Journal*, August 3, 2011. Kathleen Elkins, "21 Outrageous Ways the Super Rich Spend their Money," *Business Insider*, July 27, 2015.
29 http://us. louisvuitton. com/eng-us/women/shoes/_/N-12x7xd9? campaign = sem_GG-US-ENG-ECBRAN-SHOE&gclid=CjwKCAjwos7NBRAWEiwAypNCe1_mFx_3AGhCJ-5xRgDlgyVBtXT8Cj0dWI2GXL98BlQeIJ6BsQ7dShoCbQEQAvD_BwE. Stephanie Clifford, "Even Marked Up, Luxury Goods Fly Off Shelves," *The New York Times*, August 3, 2011.
30 一个经济拮据的失业妇女由于无法照顾她的两个孩子，只能将他们杀害，为此被判35年有期徒刑。Robbie Brown, "Mother in South Carolina Killed 2 Children, Police Say," *The New York Times*, August 17, 2010.
31 F. H. Hahn, "Auctioneer," in *The New Palgrave Dictionary of Economics*, 2nd ed., ed. Steven N. Durlauf and Lawrence E. Blume (Basingstoke, UK: Palgrave Macmillan, 2008).
32 基于计算机的IP地址不同，价格差别最大达10%。"A Tale of Two Prices," *The Wall Street Journal*, December 24, 2012.
33 CBS, "Store Worker Trampled, Dies," November 28, 2008, www. youtube. com/watch? v=7aUwmsi6Wc0. 沃尔玛被美国职业安全与健康管理局罚款7,000美元，数额低得离谱。Dave Jamleson, "Walmart Has Finally Stopped Fighting The $7,000 Fine for a Worker's Death on Black Friday in 2008," *Huffington Post*, March 19, 2015. 搜索"黑色星期五混乱"，会出现许多暴力场面，这是关于西方文明的可怕陈述。
34 George Akerlof, "The Market for 'Lemons': Quality Uncertainty and the Market Mechanism," *Quarterly Journal of Economics* 84 (1970): 488-500.

第七章

1 B. Ravikumar and Lin Shao, "Labor Compensation and Labor Productivity: Recent Recoveries and the Long-Term Trend," *Economic Synopses*, Federal Reserve Bank of St. Louis, 16 (2016).
2 有些行业的差距更大：在制造业，生产率增长速度是工资增长速度的4倍；在IT行业是3.6倍；在零售业是14倍。Michael Brill, et al., "Understanding the Labor

Productivity and Compensation Gap," Bureau of Labor Statistics, *Productivity*, 6 (2017), 6.

3 Economic Policy Institute, "Worker Rights Preemption in the US."

4 Rachel Abrams, "Why Aren't Paychecks Growing? A Burger-Joint Clause Offers a Clue," *The New York Times*, September 27, 2017.

5 Federal Reserve Bank of St. Louis, "Total Current Account Balance for the United States." https://fred.stlouisfed.org/series/BPBLTT01USA637S.

6 Wikipedia contributors, "History of Apple Inc.," *Wikipedia*; IBM archives, "1981." www-03.ibm.com/ibm/history/history/year_1981.html.

7 "PATCO 罢工标志着20世纪末美国有组织的劳工力量的严重削弱。" Joseph McCartin, "Professional Air Traffic Controllers Strike (1981)," in Eric Arnesen, *Encyclopedia of U.S. Labor and Working-class History*, Volume 1 (New York: Taylor and Francis, 2007), p. 1126.

8 Ibid.

9 Bureau of Labor Statistics, "Table 1. Union Affiliation of Employed Wage and Salary Workers." www.bls.gov/webapps/legacy/cpslutab1.htm.

10 Lawrence Mishel, "Unions, Inequality, and Faltering Middle-Class Wages," Economic Policy Institute Report, August 29, 2012.

11 Louis Uchitelle, "How the Loss of Union Power Has Hurt American Manufacturing," *The New York Times*, April 20, 2018.

12 Wikipedia contributors, "Raymond J. Donovan."

13 Josh Bivens, et al., "Raising America's Pay. Why It's Our Central Economic Policy Challenge," Economic Policy Institute, June 4, 2014.

14 官方的经济统计数据往往会误导民众，因为官方总试图为经济体描绘一幅更美好的图景，以增强民众的信心。

15 William Lazonick, "Profits Without Prosperity: How Stock Buybacks Manipulate the Market, and Leaves Most Americans Worse off," *Harvard Business Review*, September 2014.

16 Lawrence Mishel and Jessica Schieder, "CEO Pay Remains High Relative to the Pay of Typical Workers and High-Wage Earners," Economic Policy Institute Report, July 20, 2017.

17 Julian Bebchuk and Jesse Fried, *Pay Without Performance. The Unfulfilled Promise of Executive Compensation* (Cambridge, MA: Harvard University Press, 2004).

18 Nikolaos Balafas and Chris Florackis, "CEO Compensation and Future Shareholder Returns: Evidence for the London Stock Exchange," *Journal of Empirical Finance* 27 (2014): 97-115.

19 U. S. Census, Historical Income Table P36. Full-Time, Year-Round Workers by Median Income and Sex.

20 每周收入也显示出相同的模式。Federal Reserve Bank of St. Louis. "Employed Full Time: Median Usual Weekly Real Earnings." U. S. Department of Labor, Bureau of Labor Statistics, Weekly and Hourly Data from the Current Population Survey, Series ID LEU0252881900. The difference between the two data sets is that for weekly wages the worker may work part of the year.

21 原因是即使高收入者增加，中位数也可以保持不变。中位数代表典型的一般雇员，他们一半在中位数以下，一半在中位数以上。

22 Federal Reserve Bank of St. Louis. "Activity Rate: Aged 25-54: Males for the United States."

23 Francine Blau and Lawrence Kahn, "The US Gender Pay Gap in the 1990s: Slowing Convergence," *Industrial & Labor Relations Review* 60（2006）: 45-66.

24 Bureau of Labor Statistics, "Weekly Earnings by Educational Attainment in First Quarter 2016." www. bls. gov/opub/ted/2016/weekly-earnings-by-educational-attainment-in-first-quarter-2016. htm.

25 Daron Acemoglu, David Autor and David Lyle, "Women, War, and Wages: The Effect of Female Labor Supply on the Wage Structure at Midcentury," *Journal of Political Economy* 112（2004）3: 497-551, here p. 544.

26 按 2015 年美元计算。Economic Policy Institute, "Data Library. Wages by Education." www. epi. org/data/#? subject=wage-education.

27 Lawrence Mishel, et al., "Wage Stagnation in Nine Charts," Economic Policy Institute Report January 6, 2015.

28 Daniel Hamermesh, *Beauty Pays: Why Attractive People are More Successful* (Princeton, NJ: Princeton University Press, 2011).

29 Efraim Benmelech, Nittai Bergman, and Hyunseob Kim, "Strong Employers and Weak Employees: How Does Employer Concentration Affect Wages?" National Bureau of Economic Research Paper No. 24307, February 2018.

30 Richard B. Freeman, "Labour Economics," in *The New Palgrave Dictionary of Economics*, 2nd ed., ed. Steven N. Durlauf and Lawrence E. Blume (Basingstoke, UK: Palgrave Macmillan, 2008).

31 Thomas Philippon and Ariell Reshef, "Wages and Human Capital in the U. S. Financial Industry: 1909-2006," *Quarterly Journal of Economics* 127（2012）: 1551-1609.

32 Philippon and Reshef, "Wages and Human Capital."

33 就男性来看，在考虑到如教育等工资的通常决定因素后，同一职业中，非裔比白人工资低约 16%，而女性之间的差距较小，且在统计上不那么显著。William M.

Rodgers and John Holmes, "New Estimates of Within Occupation African American-White Wage Gaps," *The Review of Black Political Economy* 31（2004）4：69-88.

34 Michael K. Lettau, "Compensation in Part-Time Jobs Versus Full-Time Jobs：What If the Job Is the Same?" Bureau of Labor Statistics（BLS）Working Paper 260, December 1994.

35 Federal Reserve Bank of St. Louis, "Employment Level：Part-Time for Economic Reasons, All Industries."．

36 John Rawls, *A Theory of Justice*（Cambridge, MA：Harvard University Press, 1971）.

37 Malcolm Gladwell, *Outliers*：*The Story of Success*（New York：Little, Brown, 2008）.

38 Wikipedia contributors, "Bill Gates." *Wikipedia*：*The Free Encyclopedia*.

39 马克·扎克伯格的发家史是相似的，Facebook的创意基本上是从同学们那里搞到手的。

40 John Siegfried and Wendy Stock, "The Labor Market for New Ph. D. Economists in 2002," *American Economic Review* 94（May 2004）94：272-285.

41 Wikipedia contributors, "Highest-paid NBA Players by Season," *Wikipedia*. 有9名棒球运动员的收入超过2,500万美元。Wikipedia contributors, "List of Highest-Paid Major League Baseball Players," *Wikipedia*. 在NFL中，有39名球员的人均收入超过1,000万美元。"NFL 2017 Player Salaries," *Pro Football Reference*.

42 CEOs of Goldman Sachs, JPMorgan Chase, and ex-CEO of Yahoo, respectively. Jon Huang and Karl Russell, "The Highest-Paid C. E. O. s in 2016," *The New York Times*, May 26, 2017. Marissa Mayer is said to have received a golden parachute of ＄186 million. Berkeley Lovelace Jr. , "Ex-Yahoo President Sue Decker Rips Marissa Mayer's ＄186 Million Exit Package," *CNBC*, May 5, 2017.

43 Stephanie Saul, "Big Jump in Million-Dollar Pay Packages for Private College Leaders," *The New York Times*, December 10, 2017. 但不仅是私立大学，公立大学的8名高管也赚了100多万美元。Dane Bauman, Tyler Davis, Ben Myers, and Brian O'Leary, "Executive Compensation at Private and Public Colleges," *The Chronicle of Higher Education*, December 10, 2017.

44 "25 Highest-Paid Men, 8. John Thain," *Fortune*, 2008.

45 Andrew Clark, "Merrill Lynch, the Firm Lost ＄8bn and the Chief Executive Had to Go—With ＄159m," *The Guardian* October 30, 2007.

46 6年的年化总回报率为16%。Forbes Staff, "By the Numbers：Overpaid Bosses," *Forbes*, April 22, 2009.

47 银行的首席运营官薪酬为1,500万美元，首席财务官薪酬为1,000万美元，副董事长薪酬为960万美元，首席风险官薪酬为950万美元。www1. salary. com/Brian-T-Moynihan-Salary-Bonus-Stock-Options-for-Bank-Of-America-Corp. html.

48 Forbes Staff, "By the Numbers: Bailout Bosses," *Forbes*, April 22, 2009. www.forbes.com/2009/04/22/tarp-bailout-companies-leadership-compensation-best-boss-09-tarp_slide_2.html.

49 Dan Ariely, "Mo' Money, Mo' Problems," *Forbes*, February 20, 2009.

50 Gretchen Morgenson, "Lending Magnate Settles Fraud Case," *The New York Times*, October 15, 2010.

51 Avi Cohen and G. C. Harcourt, "Whatever Happened to the Cambridge Capital Theory Controversies?" *Journal of Economic Perspectives* 17 (2003) 1: 199-214.

52 Piero Sraffa, *Production of Commodities by Means of Commodities: Prelude to a Critique of Economic Theory* (Cambridge, UK: Cambridge University Press).

53 Wikipedia contributors, "List of Largest Corporate Profits and Losses."

54 这意味着每1美元的销售额扣除所有费用后的利润是20美分。YCharts, "Apple Profit Margin," https://ycharts.com/companies/AAPL/profit_margin.

55 *Fortune* "Global 500," http://fortune.com/global500/list/.

56 Katie Sola, "Ranking the Top 20 Global 2000 Companies by Profitability," *Forbes*, June 9, 2016.

57 税后利润为1.8万亿美元。这意味着他们支付了大约5,000亿美元的税款，实际税率为20%。Federal Reserve Bank of St. Louis, "National Income Corporate Profits before Tax," https://fred.stlouisfed.org/series/A053RC1Q027SBEA.

58 这不包括国外利润，只包括国内利润。U.S. Departmentof Commerce, Bureau of Economic Analysis, "Table 6.16D Corporate Profits by Industry," https://bea.gov/iTable/iTable.cfm?ReqID=9#reqid=9&step=1&isuri=1.

59 Morten L. Bech and Tara Rice, "Profits and Balance Sheet Developments at U.S. Commercial Banks in 2008," Federal Reserve Bulletin, June 2009.

60 U.S. Department of Commerce, Bureau of Economic Analysis, *Fixed Assets Accounts Tables: Table* 12. *Chain-Type Quantity Indexes for Net Stock of Government Fixed Assets*, last revised August 15, 2012. In 2007 it had $323 billion profit.

61 哈佛大学达隆·阿塞莫格鲁认为，"精心设计的机构和监管对于市场的正常运作是必要的"。Daron Acemoglu, "Structural Lessons for and from Economics," January 12, 2009.

62 这一概括性描述可能不适用于职业运动员，因为他们可能会受伤，能力会随着年龄的增长而下降。

63 Robert Putnam, *Making Democracy Work* (Princeton, NJ: Princeton University Press, 1993); Francis Fukuyama, *Trust: The Social Virtues and the Creation of Prosperity* (New York: Free Press, 1995).

64 其中，贫困以下的比例为14%，接近贫困的比例为5%。有25%的贫困收入（即

2.5 万美元~3.1 万美元）以内的人被认为是近乎贫困的人。U. S. Census Bureau, "Poverty Thresholds;" U. S. Census Bureau, "Income, Poverty, and Health Insurance Coverage in the United States: 2016," September 12, 2017; Charles Hokayem and Misty Heeness, "Living in Near Poverty in the United States: 1966–2012," Current Population Reports, May 2014.

65 Ganesh Sitaraman, *The Crisis of the Middle-Class Constitution: Why Economic Inequality Threatens Our Republic* (New York: Knopf, 2017); Ronald Formisano, *Plutocracy in America: How Increasing Inequality Destroys the Middle Classand Exploits the Poor* (Baltimore, MD: Johns Hopkins University Press, 2015).

66 2016 年，在亚特兰大、华盛顿特区、普罗维登斯、新奥尔良、迈阿密、旧金山、波士顿和纽约，前 5% 高收入人口的收入比底层 20% 的收入高出 14 倍以上。Alan Berube, "City and Metropolitan Income Inequality Data Reveal Ups and Downs through 2016," Brookings Reports, February 5, 2013.

67 William Darity Jr., and Patrick Mason, "Evidence on Discrimination in Employment: Codes of Color, Codes of Gender," *Journal of Economic Perspectives* 12 (1998) 2: 63-90.

68 这些数据与图表 7.4 中的数据来源相同，但未在图表中显示。

69 2014 年共有 1.49 亿份纳税申报表，因为每个家庭通常有一份以上的纳税申报表。

70 价格指数从 1914 年至 2017 年间增长了 24.6 倍。2017 年的每小时 5 美元相当于 1914 年的 0.625 美元。所以 1914 年的时薪相当于 2017 年的 15.4 美元（24.6×0.625 美元/小时 = 15.4 美元/小时）。

71 若工资为 15 美元/小时，那累计到一年约为 3 万美元，这意味着将普通薪资工人算在内，全部劳动力挣得比 1914 年的福特工人多。"United States Income Brackets and Percentiles in 2017," *DQYDJ*, January 15, 2018.

72 Bureau of Labor Statistics, "Occupational Employment Statistics," Table National_M2016dl. www. bls. gov/oes/2016/may/oes_nat. htm#00-0000.

73 Barbara Ehrenreich, *Bait and Switch: The (Futile) Pursuit of the American Dream* (New York: Metropolitan Books, 2005).

74 Elizabeth Warren, "The Coming Collapse of the Middle Class: Higher Risks, Lower Rewards, and a Shrinking Safety Net," YouTube video, posted by "UCtelevision," January 31, 2008. Elizabeth Warren, "The Vanishing Middle Class," in*Ending Poverty in America: How to Restore the American Dream*, ed. John Edwards, Marion Crain, and Arne L. Kalleberg (New York: New Press, 2007).

75 Desilver, Drew. 2015. "America's Middle Class is Shrinking. So Who's Leaving It," Pew ResearchCenter, December 14.

76 2016 年个人总收入为 10.5 万亿美元。

77 这是通过将 13,864 美元乘以 1,890 万个富裕家庭和将 89,840 美元乘以 630 万个超富裕家庭,并将这两个乘积结果相加得到的。

78 John Komlos, "Growth of Income and Welfare in the U. S., 1979-2011," NBER Working Paper no. 22211, 2016.

79 Joseph Stiglitz, "Of the 1%, by the 1%, for the 1%," *Vanity Fair*, May 2011; Pew Research Center, "America's Shrinking Middle Class: A Close Look at Changes Within Metropolitan Areas," May 11, 2016. www. pewsocialtrends. org/files/2016/05/Middle-Class-Metro-Areas-FINAL. pdf.

80 Thomas Piketty, *Capital in the Twenty-First Century* (Cambridge, MA: Harvard University Press, 2015); Peter Temin, *The Vanishing Middle Class: Prejudice and Power in a Dual Economy* (Cambridge, MA: MIT Press, 2017).

81 Tax Policy Center, "Distributional Analysis of the Conference Agreement for the Tax Cuts and Jobs Act," December 18, 2017, www. taxpolicycenter. org/publications/distributional-analysis-conferenceagreement-tax-cuts-and-jobs-act/full.

82 William Lazonick, "Labor in the Twenty-First Century: The Top 0. 1% and the Disappearing Middle Class," Institute of New Economic Thinking, Working Paper No. 4, February 2015.

83 John Komlos, "Growth of Income and Welfare in the U. S., 1979-2011," NBER Working Paper no. 22211, 2016.

84 Richard Easterlin, "Does Economic Growth Improve the Human Lot?" in *Nations and Households in Economic Growth: Essays in Honor of MosesAbramovitz*, ed. Paul David and Melvin Reder (New York: Academic Press, 1974); Bruno S. Frey and Alois Stutzer, "What Can Economists Learn from Happiness Research?" *Journal of Economic Literature*, 40 (2002) 2: 402-435. Robert H. Frank, "How Not to Buy Happiness," *Dædalus* 133 (2004) 2: 69-79.

85 "社会机遇"指的是一个人出生的家庭;"天赋异禀"指的是一个人与生俱来的天赋。John Rawls, "Some Reasons for the Maximin Criterion," *American Economic Review* 64 (1974) 2: 141-146.

86 John Rawls, *A Theory of Justice* (Cambridge, MA: Harvard University Press, 1971).

87 Edward N. Wolff, "Recent Trends in Household Wealth in the United States: Rising Debt and the Middle-Class Squeeze—an Updateto 2007," Levy Economics Institute of Bard College Working Paper No. 589, March 2010.

88 Joseph Stiglitz, *The Price of Inequality: How Today's Divided Society Endangers Our Future* (New York: W. W. Norton, 2012).

89 "Alan Greenspan on Income Inequality," YouTube video, posted by "johnklin," September 28, 2007, @ 2: 36. www. youtube. com/watch? v=oqx88MyUSck.

90 Joan Robinson, *An Essay on Marxian Economics* (London: Macmillan, 1960), p. 67.
91 Wikipedia contributors, "Warren Buffett," *Wikipedia: The Free Encyclopedia*.
92 "Berkshire's Corporate Performance vs. the S&P 500," Berkshire Hathaway, Inc., February 21, 2003.
93 Sarah Anderson, John Cavanagh, Chuck Collins, Sam Pizzigati, and Mike Lapham, *Executive Excess* 2008 (Washington, DC: Institute for Policy Studies and United for a Fair Economy, 2008); G. William Domhoff, "Wealth, Income, and Power," Who Rules America? www2.ucsc.edu/whorulesamerica/power/wealth.html.
94 Randall S. Thomas and Jennifer G. Hill (eds.), *Research Handbook on Executive Pay* (Cheltenham, UK: Edward Elgar, 2012).
95 Franz Christian Ebert, Raymond Torres, and Konstantinos Papadakis, "Executive Compensation: Trends and Policy Issues," *International Institute for Labour Studies*, Geneva, Discussion Paper No. 190, 2008, p. 6.
96 一个明目张胆滥用权力的荒诞例子是,当通用电气的首席执行官杰夫·伊梅尔特(Jeff Immelt)旅行时,竟有人驾驶备用飞机紧随其后,以防他乘坐的飞机发生故障。James Stewart, "Metaphor for G. E.'s Ills: A Corporate Jet with No Passengers," *The New York Times*, November 2, 2017.
97 关于瑞典的案例,见 Peter S. Goodman, "The Robots are Coming, and Sweden is Fine," *The New York Times*, December 27, 2017.
98 Raghavendra Rau, "Transparency and Executive Compensation," in Jens Forssbaeck and Lars Oxelheim (eds.), *The Oxford Handbook of Economic and Institutional Transparency* (New York: Oxford University Press, 2015), pp. 413-433, here p. 419.
99 C-Span, "A Conversation on the State of the Economy with Paul Krugman and Joseph E. Stiglitz," October 23, 2012. www.c-span.org/video/? 309551-1/conversation-state-economy.
100 "这笔钱是直接从公司股东那里拿走的。但从更大的范围来看,这是信奉资本主义自由市场体系的人们的损失。因为事实上,这种规模的敲诈告诉我们,市场体系在高管薪酬方面没有发挥作用。现在发生的一切是不正当的、卑鄙的、伤天害理的。" William F. Buckley, Jr. "Capitalism's Boil," *National Review Online*, April 20, 2005, as cited in John Alexander Burton and Christian E. Weller, "Supersize This: How CEO Pay Took Off While America's Middle Class Struggled," Center for American Progress, May 2005.
101 Ebert, Torres, and Papadakis, "Executive Compensation," 13-14.
102 John Roemer, *Equality of Opportunity* (Cambridge, MA: Harvard University Press, 2000).

第八章

1 Steven F. Hipple and Laurer A. Hammond,"Self-Employment in the United States,"U. S. Bureau of Labor Statistics, March 2016.

2 Mary Williams Walsh,"Insurance Giant A. I. G. Takes Ex-Chief to Court," *The New York Times*, June 14, 2009.

3 很明显,2007 年,当斯坦利·奥尼尔离开美林时,这家公司正处于崩溃的边缘。

4 "Portfolio's Worst American CEOs of All Time," *CNBC*.

5 "The 15 Worst CEOs in American History," *Business Insider*, May 4, 2010.

6 William D. Cohan,"Lehman E-Mails Show Arrogance Led to the Fall," *Bloomberg View*, May 6, 2012. www. bloomberg. com/view/articles/2012-05-06/lehman-e-mails-show-wall-street-arrogance-led-to-the-fall.

7 Adam Smith,"Of the Expenses of the Sovereign or Commonwealth," Book V, Chapter I, Section 107 in *An Inquiry into the Nature and Causes of the Wealth of Nations*, ed. Edwin Cannan (London: Methuen & Co. , 1904).

8 Richard J. Arnott and Joseph E. Stiglitz,"Labor Turnover, Wage Structures, and Moral Hazard: The Inefficiency of Competitive Markets," *Journal of Labor Economics* 3 (1985): 434-462.

9 尽管他还了数百万美元的办公室装修费用(但很快又不得不腾出办公室),但目前的年薪仍在 600 万美元左右。

10 Wayne Carnall and Veronica Uwumarogie,"Dodd-Frank Clawback Rule: Recovery of Erroneously Awarded Compensation," PwC, July 8, 2015.

11 Jürg Niehans,"Transaction Costs," in *The New Palgrave Dictionary of Economics*, 1st ed. , ed. John Eatwell, Murray Milgate, and Peter Newman (Basingstoke, UK: Palgrave Macmillan, 1987).

12 Joseph Stiglitz,"Information and the Change in the Paradigm in Economics," *American Economic Review* 92 (2002) 3: 460-501, here p. 477.

13 Sharon Begley,"Looking for a Good Doctor? Good Luck," *Reuters*, September 27, 2012.

14 Oliver Williamson, *Markets and Hierarchies: Analysis and Antitrust Implications* (New York: The Free Press, 1975).

15 Wikipedia contributors,"Opportunism," *Wikipedia: The Free Encyclopedia.*

16 Oliver Hart, *Firms Contracts, and Financial Structure* (Oxford, UK: Oxford University Press, 1995).

17 还有4,800 万人食物中毒,12. 8 万人住院。Center for Disease Control and Prevention,"Estimates of Foodborne Illness in the United States. "

18 Paul Krugman,"Wall Street Whitewash," *The New York Times*, December 16, 2010.

19 该公司发现其糖尿病药物文迪雅（Avandia）对心脏构成风险。"但是，公司没有公布这一结果，而是花了11年时间试图掩盖真相。"Gardiner Harris, "Diabetes Drug Maker Hid Test Data, Files Indicate," *The New York Times*, July 13, 2010; Peter Landers and Jeanne Whalen, "Glaxo to Plead Guilty, Pay $3 Billion to U. S. to Resolve Fraud Allegations," *The Wall Street Journal*, July 2, 2012.

20 "Gary Foster, Ex-Citigroup Exec, Headed to the Slammer," *Huffington Post*, June 29, 2012.

21 Kara Scannell and Richard Milne, "Who Was Convicted Because of the Global Financial Crisis?" *Financial Times*, August 9, 2017.

22 Michael Rothfeld, "In Gupta Sentencing, a Judgment Call," *The Wall Street Journal*, October 10, 2012.

23 Bill Vlasic, "Volkswagen Official Gets 7-Year Term in Diesel Emissions Cheating," *The New York Times*, December 6, 2017.

24 U. S. Department of Commerce, U. S. Census Bureau, *The* 2012 *Statistical Abstract*. 337: *Fraud and Identity Theft—Consumer Complaints by State*: 2010.

25 Sammy Almashat, Sidney Wolfe, and Michael Carome, "Twenty-Five Years of Pharmaceutical Industry Criminal and Civil Penalties: 1991 Through 2015," *Public Citizen*, March 31, 2016.

26 Wikipedia contributors, "List of Corporate Collapses and Scandals," *Wikipedia*: *The Free Encyclopedia*.

27 Alexander Dyck, Adair Morse, and Luigi Zingales, "How Pervasive Is Corporate Fraud?" www. haas. berkeley. edu/groups/finance/DyckMorseZingales20130306. pdf.

28 Daron Acemoglu, "The Crisis of 2008: Structural Lessons for and from Economics," January 11, 2009. https://economics. mit. edu/files/ 3722.

29 Justin McCarthy, "About Half of Americans Say U. S. Moral Values Are 'Poor,'" *Gallup News*, June 1, 2018.

30 Richard Thaler and Cass Sunstein, *Nudge*: *Improving Decisions About Health, Wealth, and Happiness* (New Haven, CT: Yale University Press, 2008).

31 Cass Sunstein, *The Ethics of Influence*: *Government in the Age of Behavioral Science* (Cambridge, UK: Cambridge University Press, 2016).

32 Alvin Roth, "Repugnance as a Constraint on Markets," *Journal of Economic Perspectives*, 21 (2007) 3: 37-58.

33 Hyman Minsky, *Stabilizing an Unstable Economy* (New York: McGraw-Hill, 1986).

34 Editorial, "Let the Students Profit," *The New York Times*, September 11, 2010.

35 Laura Stampler, "France Just Banned Ultra-Thin Models," *Time*, April 3, 2015. Other countries that have similar regulations include Israel, Italy, and Spain. Five models died

注　释（第八章）

after dieting excessively. Eric Wilson, "Health Guidelines Suggested forModels," *The New York Times*, January 6, 2007.

Wikipedia contributors, "List of Deaths from Anorexia Nervosa," *Wikipedia*.

36 Tibor Scitovsky, "On the Principle of Consumers' Sovereignty," *American Economic Review* 52（1962）2：262-268.

37 Mancur Olson, *The Rise and Decline of Nations：Economic Growth, Stagflation, and Social Rigidities*（New Haven, CT：Yale University Press, 1982）.

38 Mancur Olson, *The Logic of Collective Action：Public Goods and the Theory of Groups*（Cambridge, MA：Harvard University Press, 1971）.

39 温迪·L. 格莱姆就是成千上万名"下海者"之一，她在担任商品期货交易委员会主席时，让安然公司在能源衍生品交易中免于监管。离开商品期货交易委员会后，被任命为安然公司董事会成员，并在公司破产前获得100多万美元的赔偿金。她的丈夫菲尔·格莱姆也受到了安然公司的优待。这些对他们来说顶多算是小贪污。Wikipedia contributors, "Wendy Lee Gramm," *Wikipedia：The Free Encylopedia*；Bob Herbert, "Enron and the Gramms," *The New York Times*, January 17, 2002.

40 Neil Barofsky, *Bailout：An Inside Account of How Washington Abandoned Main Street While Rescuing Wall Street*（New York：Free Press, 2012）.

41 John Komlos, "The Banality of a Bureaucrat, Timothy Geithner and the Sinking of the U. S. Economy," *Challenge：The Magazine of Economic Affairs*, 57（2014）5：87-99.

42 Lucinda Shea, "Timothy Geithner Got a J. P. Morgan Credit Line for His Investments," *Fortune*, February 8, 2016.

43 Editorial, "Verizon Wireless Says Oops," *The New York Times*, October 5, 2010.

44 David Streitfeld and Gretchen Morgenson, "Foreclosure Furor Rises；Many Call for a Freeze," *The New York Times*, October 5, 2010.

45 Simon Johnson, "The Market Has Spoken：And It Is Rigged," *Baseline Scenario*, July 12, 2012.

46 Jessica Silver-Greenberg, "British Bank in ＄340 Million Settlement for Laundering," *The New York Times*, August 14, 2012.

47 Ibid.

48 最近越来越多检举者在诉讼中说，制药商交了数百万美元罚款来了结此风波。Gardiner Harris and Duff Wilson, "Glaxo to Pay ＄750 Million for Sale of Bad Products," *The New York Times*, October 26, 2010.

49 Gretchen Morgenson, "How Countrywide Covered the Cracks," *The New York Times*, October 16, 2010.

50 "Celebrity Net Worth." Wikipedia contributors, "Angelo Mozilo," *Wikipedia：The Free Encyclopedia*. Condé Nast Portfolio ranked Mozilo second on their list of "Worst

American CEOs of All Time."

51 Gillian B. White, "One Year After Its Fake-Accounts Scandal, Wells Fargo Isn't a Better Bank," *The Atlantic*, October 3, 2017; The bank was punished by not allowing it to grow beyond its size at the end of 2017. Emily Flitter, Binyamin Appelbaum, and Stacy Cowley, "Federal Reserve Shackles Wells Fargo After Fraud Scandal," *The New York Times*, February 2, 2018.

52 Gretchen Morgenson, "Wells Fargo, Awash in Scandal, Faces Violations Over Car Insurance Refunds," *The New York Times*, August 7, 2017; David Z. Morris, "Wells Fargo Scandals Expand with Firing of Foreign Exchange Bankers," *Fortune*, October 21, 2017.

53 Emily Glazer, "Wells Fargo's Sales-Scandal Tally Grows to Around 3.5 Million Accounts, *Wall Street Journal*, August 31, 2017.

54 "即使是为了开心和消遣，同一行业的人也很少见面。如果见面，他们的谈话通常以密谋反对公众的计划或商量某种提高价格的手段收尾。" Adam Smith, "Of Wages and Profit in the Different Employments of Labour and Stock," Book I, Chapter X, Section 82 in *An Inquiry into the Nature and Causes of the Wealth of Nations* (London: W. Strahan and T. Cadell, 1776).

55 The Editorial Board, "Predatory Colleges, Freed to Fleece Students," *The New York Times*, May 28, 2018.

56 "今天我们了解到市场充满了包括信息不对称和竞争方面的缺陷，这些缺陷为歧视和剥削提供了充分的机会。" Joseph Stiglitz, "When Shall We Overcome," *Project Syndicate*, March 12, 2018.

57 FDIC, Office of Inspector General, "Challenges and FDIC Efforts Related to Predatory Lending," Report No. 06-11, June 2006.

58 Mike Hudson and E. Scott Reckard, "Workers Say Lender Ran 'Boiler Rooms,'" *Los Angeles Times*, February 4, 2005.

59 Anthony J. Venables, "New Economic Geography," in *The New Palgrave Dictionary of Economics*, 2nd ed., ed. Steven N. Durlauf and Lawrence E. Blume (Basingstoke, UK: Palgrave Macmillan, 2008).

60 Brian Arthur, "Competing Technologies, Increasing Returns, and Lock-In by Historical Events," *Economic Journal* 99 (1989): 116-131; Paul A. David, "Clio and the Economics of QWERTY," *American Economic Review* 75 (1985) 2: 332-337.

61 Barry Schwartz, *The Paradox of Choice: Why More Is Less* (New York: Ecco, 2003). "Barry Schwartz: The Paradox of Choice," YouTube video, 20: 23, posted by "TEDtalksDirector," January 16, 2007; "The Paradox of Choice: Why More Is Less," YouTube video, 1: 04: 08, posted by "GoogleTalksArchive," April 27, 2006.

第九章

1 David Card and Alan Krueger, "Minimum Wages and Employment: A Case Study of the Fast-Food Industry in New Jersey and Pennsylvania," *American Economic Review* 84 (1994) 4: 772-793.

2 John Schmitt, "Why Does the Minimum Wage Have No Discernible Effect on Employment?" Center for Economic and Policy Research, February 2013.

3 西雅图的最低工资标准提高到了 15 美元/小时, 其生效日期取决于公司的规模。到 2021 年, 这一标准适用于所有公司。旧金山的最低工资在 2017 年达到 14 美元/小时。

4 Bureau of Labor Statistics, "Characteristics of Minimum Wage Workers, 2016," *BLS Reports*, no. 1067, April 2017.

5 Adam Smith, "Of the Wages of Labour," Book I, Chapter VIII, Section 24 in *An Inquiry into the Nature and Causes of the Wealth of Nations*, ed. Edwin Cannan (London: Methuen, 1904), available online at Library of Economics and Liberty.

6 Samantha Bomkamp, "McDonald's CEO Easterbook Sees Pay Package Nearly Double to $15.4 Million," *Chicago Tribune*, April 13, 2017.

7 用富兰克林·罗斯福的话来说, "自由需要时机, 以使人们按当时的标准, 过上体面的生活, 这样的生活不仅让人衣食无忧, 而且让人活得精彩"。Franklin D. Roosevelt, "Speech Before the 1936 Democratic National Convention" (Philadelphia, PA, June 27, 1936).

8 U.S. Department of Commerce, United States Census Bureau, "Poverty Thresholds, 2016."

9 Bureau of Labor Statistics, "Characteristics of Minimum Wage Workers, 2016," *BLS Reports*, no. 1067, April 2017.

10 Efraim Benmelech, Nittai Bergman, Hyunseob Kim, "Strong Employers and Weak Employees: How Does Employer Concentration Affect Wages?" National Bureau of Economic Research, Working Paper No. 24307, February 2018.

11 José Azar, Iona Marinescu, Marshall Steinbaum, "Labor Market Concentration," National Bureau of Economic Research, Working Paper no. 24147, December 2017; José Azar, Iona Marinescu, Marshall Steinbaum, Bledi Taska, "Concentration in US Labor Markets: Evidence From Online Vacancy Data," National Bureau of Economic Research, Working Paper no. 24395, March 2018; Simcha Barkai, "Declining Labor and Capital Shares," London Business School Working Paper, 2016; Noam Scheiber and Ben Casselman, "Why is Pay Lagging? Maybe Too Many Mergers in the Heartland," *The New York Times*, January 25, 2018.

12 可以肯定的是, 超级富豪仍然可以派他们的仆人去排队, 但就对石油的需求而言,他们仍然无法超过穷人。

13 一家垄断制药商的一瓶药物要价 2.8 万美元，而该药物在 2007 年价格仅为 1,650 美元，且其生产成本仅为 300 美元。Andrew Pollock, "Questcor Finds Profits, at ＄28,000 a Vial," *The New York Times*, December 29, 2012.

14 Ben Popken, "Martin Shkreli Weighs in on EpiPen Scandal, Calls Drug Makers 'Vultures,'" *NBC News*, August 19, 2016.

15 Jill Disis, "Lawmakers Say EpiPen Hikes Made Mylan Executives 'Filthy Rich,'" *CNN*, September 22, 2016.

16 Paul Samuelson and William Nordhaus, *Economics*, 19th ed. (New York：McGraw-Hill, 2009), p. 260.

17 Simon Gerard, "Apple CEO Tim Cook Made ＄378 Million in 2011," Celebrity Networth, January 14, 2012.

18 David Segal, "Apple's Retail Army, Long on Loyalty But Short on Pay," *The New York Times*, June 23, 2012.

19 Nasdaq, "AAPL Company Financials," www.nasdaq.com/symbol/aapl/financials?query=incomestatement.

20 Scott Higham and Lenny Bernstein, "The Drug Industry's Triumph over the DEA," *The Washington Post*, October 15, 2017.

21 Martin Gilens, *Affluence and Influence：Economic Inequality and Political Power in America* (Princeton, NJ：Princeton University Press, 2012).

22 Demos, "Stacked Deck：How the Dominance of Politics by the Affluent ＆ Business Undermines Economic Mobility in America." www.demos.org/stacked-deck-how-dominance-politics-affluentbusiness- undermines-economic-mobility-america.

23 米尔顿·弗里德曼称美国汽车协会为美国最强大的工会。AMA 对医生的作用就像石油输出国组织对汽油市场的作用一样。Mark J. Perry, "The Medical Cartel：Why Are MD Salaries So High?" *Wall Street Pit*, June 24, 2009.

24 美国医学协会反对外国医生来实习。Anemona Hartocollis, "Medical Schools in Region Fight Caribbean Flow," *The New York Times*, December 22, 2010.

25 World Health Organization, *World Health Statistics* 2010 (Geneva：WHO Press, 2010); Organization for Economic Cooperation and Development (OECD), *OECD Health Data* 2012—*Frequently Requested Data*.

26 本书第 1 版写到，美国的医生人数落后挪威 48 万人，即 60%。因此，美国在这方面远远落后于挪威。

27 Mark Perry, "The Medical Cartel：Why are MD Salaries So High?" *Wall Street Pit*, June 24, 2009. www1.salary.com/Professor-Medicine-salary.html and www1.salary.com/Medicine-salary.html. James Hamblin, "What Doctors Make," *The Atlantic*, January

27, 2015.

28 www1. salary. com/Dean-of-Medicine-salaries. html. 有时有人会说，医生工资这么高的原因是医学院太贵。我想事实并非如此，医学院希望从医生赚取的租金中分一杯羹，从而相应提高学费。

29 Joanna Broder, "Record Number of Med Students, but More Needed to Help Physician Shortage," *Medscape*, October 29, 2013. 医学院的名单和招生人数可在美国医学院协会的网站上找到：见表 B–1《美国医学院的总招生人数》。

30 American Bar Association, ABA-Approved Law Schools.

31 其他国家之所以能够通过采用更为有效的制度来限制成本，是因为它们的行政成本要低得多，而且成本可由政府的议价能力控制，这样医药就不会成为一项业务，也就不会产生过多的利润。因此，组建一个非营利性的医疗保健系统实体，比让医疗保健机构在一个混乱的以营利为目的的自由市场系统中运行更为有效。

32 Samuelson and Nordhaus, *Economics*, p. 262.

33 Mary Daly, Bart Hobijn, and Joseph Pedtke, "Disappointing Facts about the Black-White Wage Gap," Federal Reserve Bank of San Francisco *Economic Letters*, September 5, 2017; Mary Waters and Karl Eschbach "Immigration and Ethnic and Racial Inequality in the United States," *Annual Review of Sociology* 21（1995）：419-446.

34 Raj Chetty, Nathaniel Hendren, Maggie R. Jones, Sonya R. Porter, "Race and Economic Opportunity in the United States：An Intergenerational Perspective," National Bureau of Economic Research Working Paper No. 24441, March 2018.

35 William Darity and Patrick Mason, "Evidence on Discrimination in Employment：Codes of Color, Codes of Gender," *Journal of Economic Perspectives*, 12（1998）2：63-90.

36 Wikipedia contributors, "Greensboro Sit-Ins," *Wikipedia*：*The Free Encyclopedia*.

37 George De Martino, *The Economist's Oath. On the Need for and Content of Professional Economic Ethics*（Oxford, UK：Oxford University Press, 2011）.

38 阿马蒂亚·森的经典著作《贫困与饥荒》中，将饥荒作为特殊情况进行了详细分析。*Poverty and Famines*：*An Essay on Entitlement and Deprivation*（Oxford, UK：Oxford University Press, 1981）.

39 Karen Christopher, "Welfare State Regimes and Mothers' Poverty," *Social Politics* 9（2002）：60-86.

40 Jenny Anderson, "Wall Street Winners Get Billion-Dollar Paydays," *The New York Times*, April 16, 2008.

第十章

1 John Maynard Keynes, *A Tract on Monetary Reform*（London：Macmillan, 1923）, p. 80.

2 凯恩斯是这样表述的:"除了投机能造成不稳定,还有一种不稳定是由人类本性特点决定的,我们大部分人……的活动依赖于自发的乐观……很可能……我们做某事的决定……是动物精神的结果,即一种自发的行为的冲动,而非自发的不作为的冲动。" John Maynard Keynes, *The General Theory of Employment, Interest and Money* (London: Macmillan, 1936), pp. 161-162.

3 美国每天都有两起发生在工作场所的谋杀案。丹·法森伯格(Dan Fastenberg)说:"当今工人的暴力是由失业引发的。" "Workplace Violence: Is the Recession Inspiring Worker Rage?" *AOL Jobs*, August 3, 2012. Reuters, "Workplace Shooting Leaves 5 Dead in Minnesota," *AOL Jobs*, September 28, 2012.

4 2008年7月24日,在美国众议院小企业委员会的听证会上,马克·赞迪(Mark Zandi)指出,政府的第二次快速刺激可能会促进经济复苏。克里斯蒂娜·罗默(Christina Romer)和杰瑞德·伯恩斯坦(Jared Bernstein)也在2009年1月8日的报告《美国复苏和再投资计划对就业的影响》(*The Job Impact of the American Recovery and Reinvestment Plan*)中也提出了类似规模的乘数。www.economy.com/mark-zandi/documents/The_Job_Impact_of_the_American_Recovery_and_Reinvestment_Plan.pdf. Paul Krugman accepts 1.5 as the fiscal multiplier in "Multipliers and Reality," *The New York Times*, June 3, 2015.

5 M1是货币+活期存款,M2是另一个衡量货币供应量的指标,其中包括储蓄存款和货币市场存款。

6 Bruce C. Greenwald and Joseph Stiglitz, "Externalities in Economies withImperfect Information and Incomplete Markets," *Quarterly Journal of Economics* 101 (1986): 229-264.

7 Irving Fisher, "A Statistical Relation Between Unemployment and Price Changes," *International Labour Review* 13 (1926) 6: 785-792; reprinted in the *Journal of Political Economy* 81 (1973) 2: 496-502.

8 2011年12月8日,克里斯托弗·西姆斯在他的诺贝尔奖获奖演讲《货币政策及其影响的统计模型》(*A Statistical Modeling of Monetary Policy and its effects*)中承认:"DSGE模型没有预测到最近的金融危机和衰退。" DSGE models are real business cycle model. www.nobelprize.org/nobel_prizes/economic-sciences/laureates/2011/sims_lecture.pdf.

9 在一些"新凯恩斯主义"的实际经济周期模型中,价格的调整较慢。

10 George Akerlof, "Behavioral Macroeconomics and Macroeconomic Behavior," *American Economic Review* 92 (2002) 3: 411-433.

11 克里斯托弗·卡罗尔(Christopher Carroll)写道:"拉里·萨默斯[罗伯特·瓦尔德曼(Robert Waldmann)引述]曾说,经济学家最初认为的资产价格应该由代表性代理人效用函数的特征来解释的那一天,对经济科学来说不是特别好的一天"。

Christopher D. Carroll, "Punter of Last Resort," VoxEu, March 13, 2009.

12 George A. Akerlof and Robert J. Shiller, *Animal Spirits: How Human Psychology Drives the Economy, and Why It Matters for Global Capitalism* (Princeton, NJ: Princeton University Press, 2009).

13 Lawrence Summers, "Some Skeptical Observations on Real Business Cycle Theory," Federal Reserve Bank of Minneapolis, *Quarterly Review* 10 (1986) 4: 23-27.

14 "Economists Still Lack a Proper Understanding of Business Cycles," *The Economist*, April 19, 2018.

15 Princeton University, "Princeton News Conference with Nobel Prize in Economics Winners Sims, Sargent," YouTube @ 14: 11 minutes. www.youtube.com/watch?v=bVIOClT4Rws.

16 他还补充了一个简单的评论:"我个人的观点是,我们应该做的事是本·伯南克主席敦促美国政府做的事,那就是制订良好的长期计划,在短期内解决我们的预算困难,而不是实施严厉的财政紧缩政策和宽松的货币政策,看起来是一个好主意。但这些都不是很有创意的想法。"显而易见……

17 Paul Romer, "Mathiness in the Theory of Economic Growth," *American Economic Review: Papers & Proceedings* 105 (2015) 5: 89-93.

18 Joseph Stiglitz, "Where Modern Macroeconomics Went Wrong," National Bureau of Economic Research, Working Paper No. 23795, September 2017; published in *Oxford Review of Economic Policy* 34 (2018) 1-2: 70-106.

19 Willem Buiter, "The Unfortunate Uselessness of Most 'State of the Art' Academic Monetary Economics," Vox, CEPR's Policy Portal, March 6, 2009; David Hendry and John Muellbauer, "The Future of Macroeconomics: Macro Theory and Models at the Bank of England," *Oxford Review of Economic Policy* 34 (2018) 1-2: 287-328.

20 John Muellbauer, "Household Decisions, Credit Markets and the Macroeconomy: Implications for the Design of Central Bank Models," Bank for International Settlements Discussion Paper 306, March 2010.

21 Patricia Cohen, "Who Gains from the Tax Plan? Economists Face Off," *The New York Times*, December 1, 2017; "An open letter to Congress signed by 137 economists supporting GOP tax reform bill," *CNBC*, November 29, 2017. James Galbraith, "What Trump's Tax Cut Really Means for the US Economy," *Project Syndicate*, January 19, 2018; Robert Barro, "How US Corporate Tax Reform Will Boost Growth," *Project Syndicate*, December 13, 2017; Jason Furman and Lawrence Summers, "Robert Barro's Tax Reform Advocacy: A Response," *Project Syndicate*, December 15, 2017; Simon Johnson, "America's Tax-Cut Peronists," *Project Syndicate*, October 31, 2017. Martin Feldstein, "Cutting US Corporate Tax Is Worth the Cost," *Project Syndicate*, November

27, 2017; Joseph Stiglitz, "The US Donor Relief Act of 2017," *Project Syndicate*, January 2, 2018.

22 在德国，只有7.4%的交易是用信用卡支付的，2/3的德国人甚至没有信用卡。Tom Fairless, "Germans Warm to Credit Cards—Slowly," *The Wall Street Journal*, October 17, 2012.

23 *The Allocation of Economic Resources* (Stanford, CA: Stanford University Press, 1959).

24 Christopher P. Howson, Mary V. Kinney, and Joy E. Lawn, eds., *Born Too Soon: The Global Action Report on Preterm Birth* (Geneva: World Health Organization, 2012).

25 2004年的就业人数比1979年要多，即使在这种情况下，依然有部分人未从经济增长中受益。1979年，64%的人口有工作，而在2004年，这一比例仅为66%。U.S. Department of Labor, Bureau of Labor Statistics, "Labor Force Statistics from the Current Population Survey," Series ID: LNS11300000.

26 Gallup, "What Happiness Today Tells Us About the World Tomorrow," 2017.

27 Federal Reserve Bank of St. Louis, series U6RATE and TCU. 纺织厂产能利用率为58%。Board of Governors of the Federal Reserve System, Federal Reserve Statistical Release, G.17 (419) Supplemental Tables, August 15, 2012.

第十一章

1 这段话借用自保罗·萨缪尔森，是凯恩斯在回应人们批评他改变了货币政策立场时说的。"The Keynes Centenary," *The Economist* 287 (1983): 19.

2 由于学校或家庭责任，剩下2,230万的兼职人员不愿做全职工作。

3 或者实际上在过去的12个月内工作过。U.S. Department of Labor, Bureau of Labor Statistics, "Glossary." www.bls.gov/bls/glossary.htm#M.

4 其中包括那些有工作意向但在过去一年没去应聘的人。这些意向应聘者确实在找工作，但是是在过去的一年里，不是上个月。Bureau of Labor Statistics, Table 35. Persons Not in the Labor Force by Desire and Availability for Work, Age, and Sex. The monthly data not seasonally adjusted are at www.bls.gov/web/empsit/cpseea38.pdf. See also Federal Reserve Bank of St. Louis, series NILFWJN. This series includes those in Rows 8 and 9.

5 Federal Reserve Bank of St. Louis, "Civilian Labor Force Participation Rate: 25 to 54 years," https://fred.stlouisfed.org/series/LNS11300060.

6 Rows 8-15 use the augmented labor force to calculate the percentages. It subtracts half of the 5 million part-time workers who would like to work full-time (Row 7) and adds those in rows 8 and 9 because the official labor force does not include them. So the size of the augmented labor force becomes 161.1−2.5+1.6+3.3=163.5.

7 "The U.S. Economy is in Good Shape," *Wall Street Journal*, February 21, 2016.

8 Economic Policy Institute, "Underemployment by Race." www. epi. org/data/#? subject=underemp&r=*；劳工统计局《2017 年 5 月就业情况》。该局的统计数据中没有按种族发布 U6 失业率，我猜测是因为它不便发布。然而经济政策研究所却发表了数据，其中的原因不得而知。

9 本次计算包含了增编劳动力，新增的人中，有 230 万来自监狱，130 万来自军队，163.5+2.3+1.3=167.10（百万人）。

10 U. S. Department of Labor, Bureau of Labor Statistics, "Table A-12. Unemployed Persons by Duration of Unemployment," February 2, 2018.

11 Jena McGregor, "The Average Work Week is Now 47 Hours," *The Washington Post*, September 2, 2014. Lydia Saad, "The 40-Hour Workweek is Actually Longer—by Seven Hours," *Gallup*, August 29, 2014. Managers and professionals worked an average 45 hours per week in the 1990s, and the share working more than 49 hours was 38%. U. S. Department of Labor, Bureau of Labor Statistics, "Are Managers and Professionals Really Working More?" *Issues in Labor Statistics*, May 12, 2000.

12 其中 450 万人除有一份全职工作外，还有一份兼职工作；200 万人有两份兼职工作；30 万人有两份全职工作；100 万人有两份可变工时的工作。U. S. Department of Labor, Bureau of Labor Statistics, "36. Multiple Jobholders by Selected Characteristics." www. bls. gov/cps/cpsaat36. pdf.

13 Organization for Economic Cooperation and Development (OECD), "OECD Statistical Extracts." 20 世纪末，已婚夫妇的工作时间从每周 56 个小时增加到每周 67 个小时，在一代人的时间内，工作时长增加了 11 个小时。Bureau of Labor Statistics, "Working in the 21st Century." www. bls. gov/opub/working/page17b. htm.

14 Juliet Schor, *The Overworked American: The Unexpected Decline of Leisure* (New York: Basic Books, 1993). "Average Usual Hours Worked on the Main Job." https：// stats. oecd. org/Index. aspx? DataSetCode = ANHRS#. In 1961 they worked 40.5 hours per week. Federal Reserve Bank of St. Louis, Data series M08354USM310NNBR; U. S. Department of Labor, Bureau of Labor Statistics, "Current Employment Statistics-CES (National): Technical Notes to Establishment Survey Data," May 8, 2012.

15 Keynes, *Economic Possibilities for our Grandchildren* (Seattle, WA: Entropy, 1930).

16 Juliet B. Schor, *The Overworked American: The Unexpected Decline of Leisure* (New York: Basic Books, 1993).

17 Robert H. Frank, *Luxury Fever: Why Money Fails to Satisfy in an Era of Excess* (New York: Free Press, 1999). 当人们把钱花在体验上而不是物质上，在购买之前就喜欢他们计划购买的东西，并且不再试图与邻居攀比时，他们会更快乐。Stephanie Rosenbloom, "But Will It Make You Happy?" *The New York Times*, August 7, 2010.

18 John Maynard Keynes, *The General Theory of Employment, Interest and Money*

(London: Macmillan, 1936), chapter 24, p. 372.

19 Dean Baker, *Work Sharing: The Quick Route Back to Full Employment* (Washington, DC: Center for Economic and Policy Research, June 2011).

20 2012年的《创造就业法》(Job Creation Act) 采取了一些试探性的措施。在德国，这类计划是有效的，在经济危机期间，德国的总就业率没有下降。Paul Krugman, "Kurzarbeit," *The New York Times*, September 2, 2010.

21 据估计，到2002年，法国大型企业每周工作时间从39个小时减少到了35个小时，失业率下降了1.6%。Zaichao Du, Hua Yin, and Lin Zhang, "The Macroeconomic Effects of the 35-Hr Workweek Regulation in France," B. E. Journal of Macroeconomics 13 (2013) 1: 881-901.

22 Martin Weitzman, *The Share Economy* (Cambridge, MA: Harvard University Press, 1984).

23 John Pencavel, *Worker Participation. Lessons from the Worker Co-ops of the Pacific Northwest* (New York: Russell Sage Foundation, 2002).

24 Pavlina Tcherneva, "Beyond Full Employment: The Employer of Last Resort as an Institution for Change," Levy Economics Institute, Working Paper No. 732, September 2012. Sakia Klosse and Joan Muysken, "Curbing the Labour Market Divide by Fostering Inclusive Labour Markets Through a Job Guarantee Scheme," *Psychosociological Issues in Human Resource Management* 4 (2016) 2: 185-219.

25 Colander, David, "A Guaranteed Jobs Proposal," in David Colander (ed.), *Solutions to Unemployment* (New York: Harcourt Brace Jovanovich, Inc., 1981), pp. 204-208; Dean Baker, "Work Sharing: The Quick Route Back to Full Employment," Center for Economic and Policy Research, June 2011.

26 Peter Goodman, "Finland Has Second Thoughts About Giving Free Money to Jobless People," *The New York Times*, April 24, 2018.

27 Jenny Marlar, "The Emotional Cost of Underemployment," *Gallup*, March 9, 2010; Anna Manchin, "Depression Hits Jobless in UK, U. S. More than in Germany," *Gallup*, November 21, 2012.

28 Martin Feldstein, "Dealing with Long-Term Deficits," *American Economic Review: Papers & Proceedings* 106 (2016) 5: 35-38; Martin Feldstein, "What is Full Employment?" *Project Syndicate*, June 29, 2015.

29 Roger Farmer, "The Natural Rate Hypothesis: An Idea Past Its Sell-By-Date," *Bank of England Quarterly Bulletin* 3 (2013): 244-256.

30 William Mitchelland Joan Muysken, *Full Employment Abandoned: Shifting Sands and Policy Failures* (Cheltenham, UK: Edward Elgar, 2008).

31 The average in 2017 was 2.1%, the Federal Reserve's target rate. The Federal Reserve

Bank of St. Louis, Economic Data series CPIAUCSL.

32 United Nations, "The Universal Declaration of Human Rights," adopted in 1948.

33 Yuval Rosenberg, "Forget GDP: The Radical Plans to Go Beyond Growth," *Fiscal Times*, April 5, 2012.
   This is also the message of the steady-state-economy movement. Center for the Advancement of the Steady State Economy. Research & Degrowth. Nicholas Georgescu-Roegen, *The Entropy Law and the Economic Process* (Cambridge, MA: Harvard University Press, 1971). Barry Commoner, *Making Peace with the Planet* (New York: Pantheon, 1990).

34 Joseph Stiglitz, "GDP Fetishism," *Project Syndicate*, September 7, 2009. 拜物教是一种非理性的崇敬或强迫性奉献——一种固执己见、近乎迷信的价值观，像是一根图腾柱，也可以说这就是自由市场。

35 Dan Witters, "Americans' Life Evaluations Improve During Obama Era," Gallup-Healthways Well-Being Index, August 30, 2016.

36 Alyssa Davis, "U.S. Daily Worry Easing, but Still Up Since Trump Election," Gallup-Sharecare Well Being Index, August 4, 2017.

37 John Helliwell, Richard Layard, and Jeffrey Sachs, "World Happiness Report, 2012," p. 3.

38 Peter C. Whybrow, "Dangerously Addictive: Why We Are Biologically Ill-Suited to the Riches of Modern America," *The Chronicle of Higher Education*, March 13, 2009.

39 Betsey Stevenson and Justin Wolfers, "The Paradox of Declining Female Happiness," *American Economic Journal: Economic Policy* 1 (2009) 2: 190-225.

40 Rosenbloom, "But Will It Make You Happy."

41 "Mike Wallace interviews Aldous Huxley," May 18, 1958, YouTube video. www.youtube.com/watch?v=HSx91KiNyFU.

42 Schumpeter, Joseph, *Capitalism, Socialism and Democracy* (New York: Harper, 1942).

43 John Komlos, "Has Creative Destruction Become More Destructive?" *B.E. Journal of Economic Analysis and Policy* 16 (2016), no. 4.

44 一些人认为假设的报酬应该足以提高效率。按照这一理论，报酬仅仅作为可能性就足够提高效率了，而不必实际发生。因此，只要盈利者赚的大于失败者损失的，一项政策就是有效的。当然，理论上的可能性对失败者的生活没有帮助，因此也不是一种很人道的经济政策，因为失败者无法受到来自胜利者的补偿。

45 例如，新的金融工具要经过几年才显现出毒害，所以直到一些劣质特征（和负外部性）显露出来前，它们都是非常有利的工具。

46 Teather, David, "Kodak Pulls Shutter Down on Its Past," *The Guardian*, January 22,

2014; Pearlstein, Steven "Review: 'The Second Machine Age,' by Erik Brynjolfsson and Anderew McAfee," *The Washington Post*, January 17, 2014.

47 Natalie Walters, "How Much Uber is Worth after its Rough Year," *Business Insider*, December 13, 2017. www.businessinsider.com/how-much-uber-is-worth-after-its-rough-year-2017-12.

48 Lawrence Mishel, "Uber and the Labor Market," Economic Policy Institute, May 15, 2018.

49 Himanshu Gupta, Suresh Kumar, Saroj Kumar Roy, and R. S. Gaud, "Patent protection strategies," *Journal of Pharmacy and Bioallied Sciences* 2 (2010) 1: 2-7.

50 George Akerlof and Robert Shiller, *Phishing for Phools: The Economics of Manipulation and Deception* (Princeton, NJ: Princeton University Press, 2015); Paul Heidhues, Botond K szegi, and Takeshi Murooka, "Exploitative Innovation," *American Economic Journal: Microeconomics* 8 (2016) 1: 1-25.

51 "Paul Volcker: Think More Boldly," *The Wall Street Journal*, December 14, 2009.

52 Thomas Philippon, "Has the US Finance Industry Become Less Efficient? On the Theory and Measurement of Financial Intermediation," *American Economic Review* 105 (2015) 4: 1408-1438.

53 此外，金融业的崛起可能会阻碍其他行业生产率的增长，因为它会以在实体经济中研发密集型行业为代价吸引高技能员工。Stephen Cecchetti and Enisse Kharroubi, "Why Does Financial Sector Growth Crowd Out Real Economic Growth?" Bank of International Settlement, Working Papers no. 490, February 2015.

54 Erik Brynjolfsson and Andrew McAfee, *Race Against the Machine: How the Digital Revolution is Accelerating Innovation, Driving Productivity, and Irreversibly Transforming Employment and the Economy* (Cambridge, UK: Digital Frontier Press, 2012); Robert Skidelsky, "Racing the Machine," *Project Syndicate*, December 22, 2017; "Jobless Future." www.amazon.com/Rise-Robots-Technology Threat-Jobless/dp/0465097537.

55 Carl Benedikt Frey and Michael A. Osborne, "The Future of Employment: How Susceptible are Jobs to Computerisation?" *Technological Forecasting and Social Change* 114 (2017): 254-280.

56 Erik Brynjolfsson, and Andrew McAfee, *The Second Machine Age: Work, Progress, and Prosperity in a Time of Brilliant Technologies* (New York: Norton, 2014).

57 The Statistics Portal. www.statista.com/.

58 Christopher Singleton, "Auto Industry Jobs in the 1980s: A Decade of Transition." www.bls.gov/opub/mlr/1992/02/art2full.pdf.

59 Glassdoor. www.glassdoor.com/Hourly-Pay/Amazon-Hourly-Pay-E6036.htm.

60 Sean Patrick Farrell, "The Robot Factory Future," *The New York Times*, video, 3：58, August 18, 2012.

61 Joel Mokyr, "Riding the Technology Dragon," *Milken Institute Review* 2 (2014)：87-94.

62 Ibid.

63 Ibid.

64 Matthew Rosenberg, Nicholas Confessore and Carole Cadwalladr, "How Trump Consultants Exploited the Facebook Data of Millions," *The New York Times*, March 17, 2018.

65 Natalia Osipova and Aaron Byrd, "Inside Russia's Network of Bots and Trolls," *The New York Times*, November 1, 2017.

66 Herman Daly, "Economics in a Full World," *Scientific American* 293 (2005) 3：100-107. Wikipedia contributors, "Global Warming," *Wikipedia：The Free Encyclopedia*.

67 Intergovernmental Panel on Climate Change, "IPCC Fourth Assessment Report：Climate Change 2007."

68 Benjamin Strauss, Scott Kulp, and Peter Clark, "Can You Guess What America Will Look Like in 10,000 Years? A Quiz," *The New York Times*, April 20, 2018.

69 为保护一小段海岸线边的社区，该市目前已花费125万美元。Leslie Kaufman, "Front-Line City in Virginia Tackles Rise in Sea," *The New York Times*, November 25, 2010.

70 Natural Resources Defense Council, "The Cost of Climate Change," last revised May 21, 2008.

71 Laurence J. Kotlikoff, *Generational Accounting：Knowing Who Pays, and When, for What We Spend* (New York：Free Press, 1992).

72 Ibid.

73 Paul Krugman, "Greed is Bad," *The New York Times*, June 4, 2002.

74 Emilio F. Moran, *People and Nature. An Introduction to Human Ecological Relations* (Oxford, UK：Blackwell, 2006); Herman Daly, *Steady-State Economics：The Economics of Biophysical Equilibrium and Moral Growth* (New York：W. H. Freeman, 1978).

75 Diane Coyle, *The Economics of Enough：How to Run the Economy as if the Future Matters* (Princeton, NJ：Princeton University Press, 2011).

76 Martin Weitzman, "On Modeling and Interpreting the Economics of Catastrophic Climate Change," *Review of Economics and Statistics* 91 (2009) 1：1-19.

77 Joseph E. Stiglitz, *Making Globalization Work* (New York：W. W. Norton, 2006).

78 Herman E. Daly and Joshua Farley, *Ecological Economics：Principles and Applications*

(Washington, DC: Island Press, 2004). Herman E. Daly, *Ecological Economics and Sustainable Development* (Northampton, MA: Edward Elgar, 2007).

79 据估计,每年高达50万亿美元,这大概是21世纪初世界国内生产总值的规模。Paul C. Sutton, Sharolyn J. Anderson, Benjamin T. Tuttle, and Lauren Morse, "The Real Wealth of Nations: Mapping and Monetizing the Human Ecological Footprint," *Ecological Indicators* 16 (2012): 11-22.

80 Brad Plumer and Nadja Popovich, "How Global Warming Fueled Five Extreme Weather Events," *The New York Times*, December 14, 2017.

81 Kendra Pierre-Louis, "These Billion-Dollar Natural Disasters Set a U.S. Record in 2017," *The New York Times*, January 8, 2018. Search the website of the National Oceanic and Atmospheric Administration of the U.S. Department of Commerce for "disasters."在美国商务部国家海洋和大气管理局的网站上搜索"灾难"。在谈及飓风"哈维"对休斯顿的毁灭时,约瑟夫·斯蒂格利茨写道:"当然,具有讽刺意味的是,一个与气候变化密切相关的事件将发生在一个拥有如此多气候变化否认者的国家——在这个国家,经济严重依赖推动全球变暖的化石燃料。"Joseph Stiglitz, "Learning from Harvey," *Project Syndicate*, September 8, 2017.

82 "桑迪"直径1,100英里,它摧毁了美国大西洋中部地区。Wikipedia Contributors, "List of Natural Disasters in the United States."

83 Jennifer Medina, Thomas Fuller, and Tim Arango, "Mudslides Strike Southern California, Leaving at Least 13 Dead," *The New York Times*, January 9, 2018.

84 仅2011年的龙卷风就夺去了500人的生命。1995年的芝加哥热浪导致739人死亡。Wikipedia Contributors, "List of Natural Disasters in the United States," "2018 Southern California mudflows."

85 Wikipedia contributors, "Deepwater Horizon Oil Spill," "List of Oil Spills."

86 Dan Witters, "Gulf Coast Residents Remain Worse Off Emotionally Post-Spill," *Gallup*, May 7, 2012.

第十二章

1 *The Wealth of Nations*, Book 1, chapter 8.

2 Bureau of Economic Analysis, Table 1.1.5 Gross Domestic Product. https://fred.stlouisfed.org/release/tables?rid=53&eid=41047; Table 3.1 Government Current Receipts and Expenditures, www.bea.gov/iTable/iTable.cfm?reqid=19&step=2#reqid=19&step=3&isuri=1&1921=survey&1903=86.

3 Federal Reserve Bank of St. Louis, series A822RE1A156NBEA and Table 1.1.5 Gross Domestic Product.

4 预算不必每年都保持平衡,而是应该在整个经济周期中保持平衡。Wikipedia

contributors, "Balanced Budget Amendment," *Wikipedia: The Free Encyclopedia*.

5 该公路系统长7.6万千米，造价约4,250亿美元（以2006年美元计算）。Wikipedia contributors, "Interstate Highway System," *Wikipedia: The Free Encyclopedia*.

6 Laurie Meisler, "The 50 Largest Stashes of Cash Companies Keep Overseas," *Bloomberg*, June 13, 2017.

7 Federal Reserve Bank of St. Louis, series FDHBFIN and GFDEBTN.

8 Drew Desilver, "5 Facts About the National Debt," Pew Research Center, August 17, 2017.

9 Congressional Budget Office, "Federal Debt and the Risk of Fiscal Crisis," July 27, 2010.

10 Wikipedia contributors, "Australian Government Debt," Organization for Economic Cooperation and Development (OECD), "OECD Statistical Extracts."

11 Congressional Budget Office, "The 2017 Long-Term Budget Outlook," March 2017. www.cbo.gov/system/files/115th-congress-2017-2018/reports/52480-ltbo.pdf.

12 Paul Samuelson and William Nordhaus, *Economics*, 19th ed. (New York: McGraw-Hill/Irwin, 2009), p. 376.

13 United Nations, *World Happiness Report*, 2017; Tax Policy Center Briefing Book, www.taxpolicycenter.org/briefing-book/how-do-us-taxes-compare-internationally.

14 Greg Sargent, "There's Been Class Warfare for the Last 20 years, and My Class Has Won," *The Washington Post*, September 30, 2011.

15 "Internet Usage Statistics." www.internetworldstats.com/stats.htm.

16 ASCE, "Infrastructure Report Card," 2017.

17 Alan Blinder, Christina Caron, and John Jeter, "Fatal Amtrak Crash in South Carolina Is New Challenge for Rail Service," *The New York Times*, February 4, 2018; Mike Hale, "Review: Tainted Water, Bad Science and 8,000 Children Exposed to Lead," *The New York Times*, May 30, 2017; Kristine Phillips, "The Stunning Destruction at Oroville Dam and the Work Ahead," *The Washington Post*, February 14, 2017.

18 Brad Plumer and Nadja Popovich, "Here Are the Places That Struggle to Meet the Rules on Safe Drinking Water," *The New York Times*, February 12, 2018.

19 Don Fullerton, "Laffer Curve," in *The New Palgrave Dictionary of Economics*, 2nd ed., ed. Steven N. Durlauf and Lawrence E. Blume (Basingstoke, UK: Palgrave Macmillan, 2008), p. 839.

20 Mathias Trabandt and Harald Uhlig, "The Laffer Curve Revisited," *Journal of Monetary Economics* 58 (2011) 4: 305-327, p. 314.

21 Thomas L. Hungerford, "Taxes and the Economy: An Economic Analysis of the Top Tax RatesSince 1945," Congressional Research Service, CRS Report for Congress, 7-5700,

September 14, 2012.

22 "A Conversation on the State of the Economy with Paul Krugman and Joseph E. Stiglitz," Institute for New Economic Thinking (INET), October 23, 2012.

23 Lawrence Summers, "The Trump Administration's Tax Plan is an Atrocity," *The Washington Post*, October 8, 2017.

24 Laura Saunders and Siobhan Hughes, "Buffett Builds His Tax-the-Rich Case," *The Wall Street Journal*, October 13, 2011.

25 Paul Krugman, "The New Voodoo," *The New York Times*, December 30, 2010. Luke Brinker, "Paul Krugman Has Bad News: Voodoo Economics is Poised for a Comeback," *Salon*, October 16, 2014.

26 其中包括著名经济学家努里尔·鲁比尼（Nouriel Roubini）。"Patriotic Millionaires for Fiscal Strength." https://patrioticmillionaires.org/.

27 Joshua Miller, "Warren Buffett: Read My Lips, Raise My Taxes," ABCNews, *This Week*, November 21, 2010; 为什么美国第二富有的人沃伦·巴菲特的边际税率低于他的秘书？"巴菲特不是唯一一主张提高税率的亿万富翁。微软联合创始人比尔·盖茨和他的父亲最近都支持华盛顿州的一项措施——对年收入超过20万美元的个人和40万美元的夫妇以及年收入超过50万美元的个人和100万美元的夫妇这两类人群的税率分别增加5%和9%。" Amanda Terkel, "Warren Buffett: I 'Should Be Paying A Lot More in Taxes,' " *Huffington Post*, November 21, 2010. "Executives Who Support Tax Increases to Fix the Deficit," *The Wall Street Journal*, October 25, 2012. Ryan Grim and Sabrina Siddiqui, "Top Two Percent to GOP: Tax Us," *Huffington Post*, December 5, 2012.

28 Paul Krugman, "Things to Tax," *The New York Times*, November 27, 2011.

29 IRS SOI Tax Stats—Individual Statistical Tables by Size of Adjusted Gross Income. www.irs.gov/statistics/soi-tax-stats-individual-statistical- tables-by-size-of-adjusted-gross-income.

30 Federal Reserve Bank of St. Louis, series CP.

31 1981年最高税率降至50%，1986年降至38.5%。

32 这不包括受害者被罪犯掠夺的6亿美元，David A. Anderson, "The Aggregate Burden of Crime," *Journal of Law and Economics* 42 (1999) 2: 611-642; Neil Schoenherr, "Cost of Incarceration in the U.S. More Than $1 Trillion," *the Source*, September 7, 2016.

33 Federal Reserve Bank of St. Louis, series SLOAS. 圣路易斯联邦储备银行，SLOAS系列数据：约14.4%的借款人逾期未付余额。Meta Brown, Andrew Haughwout, Donghoon Lee, Maricar Mabutas, and Wilbert van der Klaauw, "Grading Student Loans," Federal Reserve Bank of New York, March 5, 2012.

34 Congressional Budget Office, "The 2017 Long-Term Budget Outlook," March 2017. www. cbo. gov/system/files/115th-congress-2017-2018/reports/52480-ltbo. pdf.
35 Nick Timiraos and Youjin Shin, "How Tax Cuts Affect Revenue," *The Wall Street Journal*, December 21, 2017.
36 经验证据……表明征税对人们敬业度的影响是有限的……许多研究发现,税收对中等和高收入人群敬业度的影响很小。Samuelson and Nordhaus, *Economics*, 19th ed. , p. 333.
37 他们的财富加起来高达1.3万亿美元。"In Pictures: Richest 25 American Billionaires," *Forbes*, October 3, 2010.
38 Peter Lindert, *Growing Public*, vol. 1, *Social Spending and Economic Growth Since the Eighteenth Century* (Cambridge, UK: Cambridge University Press, 2004).
39 Wikipedia contributors, "Stanford Marshmallow Experiment."
40 Board of Governors of the Federal Reserve System, "Report on the Economic Well-Being of U. S.
Households in 2017," May 2018. Jessica Dickler, "Most American Live Paycheck to Paycheck," *CNBC*, August 24, 2017; Jim Forsyth, "More than Two-Thirds in U. S. Live Paycheck to Paycheck: Survey," *Reuters*, September 19, 2012.
41 U. S. Department of Commerce, U. S. Census Bureau, *The* 2012 *Statistical Abstract. Income, Expenditures, Poverty, & Wealth*.
42 Board of Governors of the Federal Reserve System, "Why does the Federal Reserve Aim for 2 Percent Inflation Over Time?"
43 Federal Reserve Bank of St. Louis, series, CPALTT01USM659N.
44 Federal Reserve Bank of St. Louis, series, BOGMBASE and M1SL.
45 Federal Reserve Bank of St. Louis, series, WRESBAL and IOER.
46 Joshua Sherman, "Spendy But Indispensable: Braking Down the Full $650 Cost of the iPhone 5," *Digital Trends*, July 26, 2013. See also Alicia Adamczyk, "The iPhone 7 Costs you 3x More Than It Costs Apple to Make," *Time*, September 26, 2016.
47 Federal Reserve Bank of St. Louis, series, CLF16OV and UNRATE.
48 Paul Krugman, "The Stimulus Tragedy," *The New York Times*, February 20, 2014.
49 Congressional Budget Office, "Estimated Macroeconomic Impacts of HR 1 as Passed by the House and by the Senate."
50 David Leonhardt, "Economic Scene: Judging Stimulus by Job Data Reveals Success," *The New York Times*, February 16, 2010.
51 Federal Reserve Bank of St. Louis, "Civilian Unemployment Rate." https://fred. stlouisfed. org/series/UNRATE.

第十三章

1 萨缪尔森和诺德豪斯提出:"纵然比较优势理论有局限性,但它仍是所有经济理论中最富有见地的。就生活水平和经济增长而言,忽视比较优势的国家会付出高昂的代价。" Paul Samuelson and William Nordhaus, *Economics*, 19th ed. (New York: McGraw-Hill/Irwin, 2009), P. 349. 或许他们也曾认为是上帝给出了第 11 诫。

2 Wolfgang F. Stolper and Paul A. Samuelson, "Protection and Real Wages," *The Review of Economic Studies* 9 (1941) 1: 58-73.

3 Samuelson and Nordhaus, *Economics*, 353.

4 Samuelson and Nordhaus, *Economics*, 353.

5 处理这一问题的另一种方法:用厂家、工人和政府的总收益(250 美元+200 美元+250 美元=700 美元)减去消费者损失的 550 美元(700 美元−550 美元=150 美元)。

6 少数观察者曾警告自由贸易带来的多样化后果。John M. Culbertson, "The Folly of Free Trade," *Harvard Business Review* 64 (1986) 5: 122-128.

7 PaulSamuelson, "International Trade and the Equalisation of Factor Prices," *Economic Journal* June (1948): 163-184.

8 Efraim Benmelech, Nittai Bergman, Hyunseob Kim, "Strong Employers and Weak Employees: How Does Employer Concentration Affect Wages?" National Bureau of Economic Research, Working Paper No. 24307, February 2018.

9 19 世纪 50 年代的工作时长只有此时的一半。Federal Reserve Bank of St. Louis, series UEMPMEAN.

10 Ha-Joon Chang, *Kicking Away the Ladder: Development Strategy in Historical Perspective* (London: Anthem Press, 2002); Ha-Joon Chang, *Bad Samaritans: The Myth of Free Trade and the Secret History of Capitalism* (New York: Bloomsbury Press, 2008).

11 B. Douglas Bernheim, "Budget Deficits and the Balance of Trade," in: Lawrence Summers (ed.) *Tax Policy and the Economy*, Vol. 2 (Cambridge, MA: MIT Press, 1988), pp. 1-32.

12 NAFTA introduced free trade among Mexico, Canada, and the U. S.

13 特朗普总统曾说错过一句话:美国贸易逆差有 8,000 亿美元。他只算了商品贸易中的逆差而忽视了服务贸易。2016 年,美国有 2,570 亿美元的贸易入超发生在服务贸易中。Bureau of Economic Analysis, "2017 NIPA Annual Update Results Table." www. bea. gov/national/pdf/NIPA-Revision-Table-9-11-17. pdf.

14 Senator Byron L. Dorgan, *How Corporate Greed and Brain-Dead Politics Are Selling Out America* (New York: Thomas Dunne Books/St. Martin's Press, 2006).

15 Board of Governors of the Federal Reserve System, "Industrial Production and Capacity Utilization—G. 17," last updated January 16, 2013.

16 U. S. Department of Commerce, Bureau of Economic Analysis, "U. S. International Transactions Accounts Data, Table 1, 2012."

17 Warren Buffett, "America's Growing Trade Deficit Is Selling the Nation Out from Under Us. Here's a Way to Fix the Problem—and We Need to Do It Now," *Fortune*, November 10, 2003. He reaffirmed his earlier stance in Warren Buffett, "Here's How I would Solve the Trade Problem," *Fortune*, April 29, 2016.

18 Robert E. Scott, "Re-balancing U. S. Trade and Capital Accounts: An Analysis of Warren Buffett's Import Certificate Plan," EPI Working Paper No. 286, December 2009.

19 战略性商品可能会被免税，比如石油。我们还可以设置"阈值"，这样小型进口商可以获得免税。

20 Bureau of Economic Analysis, "2017 NIPA Annual Update Results Table." www. bea. gov/national/pdf/NIPA-Revision-Table-9-11-17. pdf.

21 设想出口保持在2.2万亿美元。进口证书上15%的外溢意味着，2.53万亿美元（2.2×1.15）的进口将被允许进入该国。这也就意味着逆差将被减少到2.53万亿美元－2.2万亿美元＝3,300亿美元，或者说少了1,700亿美元。设想对本国市场的需求每增长20万美元就会创造一个工作机会，那也意味着会创造85万个新的岗位。

22 不包括美国表现均匀的直接投资。Bureau of Economic Analysis, "U. S. Net International Investment Position, Third Quarter 2017." www. bea. gov/newsreleases/international/intinv/intinvnewsrelease. htm.

23 U. S. Treasury, "Major Foreign Holders of Treasury Securities," http://ticdata. treasury. gov/Publish/mfh. txt.

24 Paul Krugman, "Scale Economies, Product Differentiation and the Pattern of Trade," *American Economic Review* 70 (1980) 5: 950-959. Elhanan Helpman and Paul Krugman, *Market Structure and Foreign Trade* (Cambridge, MA: MIT Press, 1989).

第十四章

1 Thomas Paine, "The Crisis," December 23, 1776.

2 John Maynard Keynes, *The Great Slump of* 1930 (London: The Nation & Athenaeum, 1930).

3 Robert E. Lucas, Jr. "Macroeconomic Priorities," *American Economic Review* 93 (2003) 1: 1-14.

4 Ben Bernanke, "The Great Moderation," speech at the meeting of the Eastern Economic Association (Washington, DC), February 20, 2004.

5 美国实际GDP增长的标准差从2.7%（1960—1983）下降到了此后的1.6%。James Stock and Mark Watson, "Has the Business Cycle Changed and Why?" in *NBER Macroeconomic Annual* 2002, vol. 17, ed. Mark Gertler and Kenneth Rogoff

(Cambridge, MA: MIT Press, 2003), pp. 159-230.

6 Anya Schiffrin, *Bad News: How America's Business Press Missed the Story of the Century* (New York: The New Press, 2011).

7 *Proverbs*, 16: 18.

8 2001年，74%的美国人相信格林斯潘为经济做了无人可及的正确的事。而在金融危机前，民众给伯南克的最高评级只有50%，2012年后更是下调至39%。Lydia Saad, "Americans Lack Confidence in Key Economic Leaders," *Gallup Politics*, April 20, 2018.

9 Joshua Cooper Ramo, "The Three Marketeers," *Time*, February 15, 1999；作者写了此文章后，事业可谓蒸蒸日上。

10 例如，可口可乐公司的股价从1994年年底的每股7.2美元上涨到2000年的26美元，而股息没有实质性变化。因此，其市盈率从9%升至37%，而A股回报率从11%降至2.7%。

11 然而，自1995年以来，股票价格一直保持在138年来的平均水平之上。很可能的原因是伯南克向金融体系注入了足够的资金（3.6万亿美元），导致了资产价值的膨胀。他没有让股票价格回到历史平均水平。2018年3月的市盈率为32.8%，意味着股票的回报率为3.05%，非常接近10年期政府债券（无风险）2.85%的收益率。这意味着股票价值再次被高估，因为持有风险资产的0.2%的风险佣金几乎可以忽略不计。

12 那些在泡沫中幸存下来的标志性公司包括亚马逊（1994）、雅虎（1994）、易趣网（1995）、贝宝（1998）和谷歌（1998）。

13 Andrew Haldane "The Doom Loop," *London Review of Books*, February 23, 2012; Andrew Haldane and Piergiorgio Alessandri, "Banking on the State," presentation delivered at the Federal Reserve Bank of Chicago, September 25, 2009; Simon Johnson, "Is the Global Financial System in a 'Doom Loop'?" *MIT Sloan Management Review*, November 18, 2009; Simon Johnson, "America's Economic 'Doom Loop,'" *The New Republic*, November 17, 2009.

14 Robert. J Shiller, *Irrational Exuberance and the New Financial Order* (Princeton, NJ: Princeton University Press, 2000).

15 它们的全名是联邦国家抵押贷款协会和联邦住房贷款抵押公司。

16 The Secondary Mortgage Market Enhancement Act of 1984.

17 这些是被称为"私人标签"的抵押贷款支持证券，而不是由房利美和房地美提供的"代理"抵押担保证券。

18 The Financial Crisis Inquiry Commission, *The Financial Crisis Inquiry Report* (Washington, DC: Government Printing Office, 2011), p. 116.

19 Ibid, p. xxiv.

20 Edmund Andrews, "Greenspan Is Concerned About 'Froth' in Housing," *The New York Times*, May 21, 2005.
21 Among his earliest contributions is Robert Shiller, "Do Stock Prices Move Too Much to be Justified by Subsequent Changes in Dividends?" *American Economic Review* 71 (1981) 3: 421-436. For an extensive (but not up-to-date) list of his publications, see www. econ. yale. edu/~shiller/publications. htm#1978.
22 YouTube, "Robert Shiller on How Human Psychology Drives the Economy, the New School," July 16, 2009; @ 11. 20 minutes.
23 "市场可以保持非理性的时间比你我保持偿付能力的时间更长。" John M. Keynes, as quoted in Roger Lowenstein, *When Genius Failed. The Rise and Fall of Long-Term Capital Management* (New York: Random House, 2000), p. 123.
24 "在美联储前主席格林斯潘和其他人的支持下,在历届政府和国会的支持下,在强大的金融行业的每一个环节的积极推动下,30多年来的放松管制和自我监管依赖已经使得那些或许有助于金融避险的关键保障措施成为过去时。" The Financial Crisis Inquiry Commission, *The Financial Crisis Inquiry Report* (Washington, DC: Government Printing Office, 2011), p. xviii.
25 Must watch: PBS, *Frontline*, "The Warning," October 20, 2009.
26 PBS, *Frontline*, "The Warning," Trailer. YouTube. www. youtube. com/watch? v = ACkiKVtF3nU.
27 据证券交易委员会主席亚瑟·莱维特(Arthur Levitt Jr.)在《警告》("The Warning")中的采访称。
28 Joshua Cooper Ramo, "The Three Marketeers," *Time*, February 15, 1999.
29 John F. Kennedy, Presidential Library and Museum, Profile in Courage Award, Award Announcement, Brooksley Born.
30 Warren Buffett, *Berkshire Hathaway Inc.* 2002 *Annual Report*.
31 Dean Baker, "The Run-up in Home Prices: A Bubble," *Challenge* 45 (2002) 6: 93-119. Steve Keen warned earlier about the dangers of the skyrocketing debt to GNP ratio. Steve Keen, *Debunking Economics: The Naked Emperor of the Social Sciences* (London: Zed Books, 2001).
32 John Cassidy, "Blowing Bubbles," *The New Yorker*, July 14, 2004. Micheline Maynard, "Being Right Is Bittersweet for a Critic of Lenders," *The New York Times*, August 18, 2007.
33 Raghuram Rajan, "Has Financial Development Made the World Riskier?" NBER Working Paper No. 11728, November 2005; published as "Has Finance Made the World Riskier?" *European Financial Management* 12 (2006) 4: 499-533.
34 Federal Reserve Bank of Kansas City, "The Participants, 2005." www. kansascityfed.

org/publicat/symops/2005/pdf/participants2005.pdf.

35 Nouriel Roubini, "How Much Will Home Prices Fall During This Housing Bust? At Least 20% to 30%!" *EconoMonitor*, September 10, 2006.

36 当年11月,他带着3,800万美元的遣散费离开。一个不负责任的首席执行官因为做出轻率的决策反而有意外收获。这是众多此类例子中的一个。

37 YouTube Video, "Ben Bernanke was Wrong." www.youtube.com/watch? v=INmqvibv4UU&t=2s.

38 本·伯南克错了。

39 有500万人有意向找一份全职工作,但由于失败而不再投简历;有400万人做着兼职工作,尽管他们想要全职工作。Bureau of Labor Statistics, *Labor Force Statistics from the Current Population Survey. Characteristics of the Unemployed*, Tables 1, 20, and 35; www.bls.gov/cps/cps_aa2005.htm.

40 Steve Keen, "Finance and Economic Breakdown: Modeling Minsky's Financial Instability Hypothesis," *Journal of Post Keynesian Economics* 17 (1995) 4: 607-635.

41 Hyman Minsky, "The Financial Instability Hypothesis: Capitalistic Processes and the Behavior of the Economy," in *Financial Crises: Theory, History, and Policy*, ed. Charles P. Kindleberger and Jean-Paul Laffargue (Cambridge, UK: Cambridge University Press, 1982), pp. 12-29; Charles P. Kindleberger, *Manias, Panics, and Crashes: A History of Financial Crisis*, 1st ed. (New York: Basic Books, 1978).

42 Hyman Minsky, "The Financial Instability Hypothesis," The Jerome Levy Economics Institute of Bard College, Working Paper No. 74, May 1992.

43 Paul Krugman, "Making Banking Boring," *The New York Times*, April 9, 2009.

44 Hyman Minsky, "Financial Instability Revisited: The Economics of Disaster," unpublished manuscript (1966).

45 本·伯南克确实点到了明斯基,但却是以一种轻蔑的方式:"海曼·明斯基(1977年)和查尔斯·金德尔伯格(Charles Kindleberger, 1978年)曾……为金融体系存在天生的不稳定性辩护,但这样做必须背离理性经济行为的假设。" "Nonmonetary Effects of the Financial Crisis in the Propagation of the Great Depression," *American Economic Review* (1983) 3: 257-276, at p.258. 伯南克在上述声明的脚注中补充道:"我不否认不完全理性判断在经济生活中的可能的重要性。但是,最好的研究策略似乎是尽可能推进完全理性的假设。"我不知道伯南克在什么基础上决定了什么是最好的假设。他只不过"觉得"最好的策略是无视明斯基。

46 George Akerlof and Robert Shiller, *Phishing for Phools. The Economics of Manipulation and Deception* (Princeton, NJ: Princeton University Press, 2015).

47 Ruth Simon, "Teaser Rates on Mortgages Approach 0%," *The Wall Street Journal*, February 15, 2005.

48 PBS, *Frontline*, "The Warning."
49 The Financial Crisis Inquiry Commission, *The Financial Crisis Inquiry Report* (Washington, DC: Government Printing Office, 2011), p. 32.
50 The Financial Crisis Inquiry Commission, *The Financial Crisis Inquiry Report* (Washington, DC: Government Printing Office, 2011), p. xx.
51 溢出效应是一种外部性。Ben Bernanke, "The Subprime Mortgage Market," Board of Governors of the Federal Reserve System, May 17, 2007.
52 William Greider, "The AIG Bailout Scandal," *The Nation*, August 6, 2010.
53 Michael Burry, "I Saw the Crisis Coming. Why Didn't the Fed?" *The New York Times*, April 3, 2010.
54 "The Bubble's New Home," *Barron's*, June 20, 2005; David Leonhardt, "Be Warned: Mr. Bubble's Worried Again," *The New York Times*, August 21, 2005; Paul Krugman, "That Hissing Sound," *The New York Times*, August 8, 2015; "Peter Schiff on Kudlow & Co: Predicts the US Economic Collapse," August 28, 2006. www.youtube.com/watch?v=LfascZSTU4o.
55 Federal Reserve Bank of St. Louis, "Effective Federal Funds Rate," series FEDFUNDS.
56 鲍勃·卢卡斯（Bob Lucas）当时发表演说，称经济萧条已经成为过去。
57 "The \$1.7 Trillion Dot.Com Lesson," *CNNMoney*, November 9, 2000.
58 Federal Reserve Bank of St. Louis, "Real Gross Domestic Product, Percent Change from Quarter One Year Ago, Quarterly, Seasonally Adjusted," series A191RO1Q156NBEA.
59 John Taylor, "The Financial Crisis and the Policy Responses: An Empirical Analysis of What Went Wrong," *Critical Review. A Journal of Politics and Society* 21 (2009) 2-3: 341-364; NBER Working paper no. 14631 (January 2009).
60 Reuters Staff, "Moody's, Fitch Slash Lehman Ratings on Bankruptcy," *Reuters*, September 15, 2008; Roman Frydman and Michael D. Goldberg, "Lehman Brothers Collapse: Was Capitalism to Blame?" *The Guardian*, September 13, 2013.
61 The Financial Crisis Inquiry Commission, *The Financial Crisis Inquiry Report* (Washington, DC: Government Printing Office, 2011), p. xxv.
62 The Financial Crisis Inquiry Commission, *The Financial Crisis Inquiry Report* (Washington, DC: Government Printing Office, 2011), p. 70.
63 Jessica Sberlati, "Countrywide Commercial 3," YouTube, October 26, 2007.
64 McCannSeattle, "WAMU—'Roy'" YouTube, December 14, 2009.
65 McCannSeattle, "WAMU—'Paul'" YouTube, December 14, 2009.
66 In a speech to the Credit Union National Association. Sue Kirchhoff and Barbara Hagenbaugh, "Greenspan Says ARMS Might Be Better Deal," *USA TODAY*, February 23, 2004.

67 补充:"这些模型的广泛采用降低了评估借款人信誉的成本,在竞争激烈的市场中,成本的降低往往传递给借款人。一旦有容易被拒绝借贷的更为边缘化的申请人,放款人便可以有效判断单一申请人所带来的风险并对该风险进行适当的定价。这些功能改善导致了次级抵押贷款的快速增长。事实上,如今次级抵押贷款占所有未偿抵押贷款的约10%,高于20世纪90年代初的1%或2%。" The Federal Reserve Board, "Remarks by Chairman Alan Greenspan At the Federal Reserve System's Fourth Annual Community Affairs Research Conference, Washington, DC. April 8, 2005,

68 Federal Reserve Bank of St. Louis, FRED, S&P/Case-Shiller U. S. National Home Price Index, series CSUSHPISA; "Real Median Household Income in the United States," series MEHOINUSA672N. Figure 14.2 based on OECD data must not be using the median household income figures, which would be more relevant to gauge the size of the housing bubble.

69 "S&P/Case-Shiller Home Price Indices," MacroMarkets.

70 "What Went Wrong," *The Economist*, March 6, 2009.

71 Nassim Taleb, "Ten Principles for a Black Swan-Proof World," *Financial Times*, April 7, 2009.

72 The Financial Crisis Inquiry Commission, *The Financial Crisis Inquiry Report* (Washington, DC: Government Printing Office, 2011), p. xx.

73 在里根执政时期,这一比例达到了50%,而老布什时期则又增加了10%。Federal Reserve Bank of St. Louis, "Total Public Debt as a Percent of Gross Domestic Product," series GFDEGDQ188S.

74 在明斯基看来,这是一种新的资本主义形式,即"货币管理资本主义",在这种资本主义中,金融杠杆成为首要因素。另外,投资人不是利用自己的资本,而是利用大量借款并以更高的回报率进行投资。

75 The Financial Crisis Inquiry Commission, *The Financial Crisis Inquiry Report* (Washington, DC: Government Printing Office, 2011), p. xvii. Thomas Philippon, "Has the US Finance Industry Become Less Efficient? On the Theory and Measurement of Financial Intermediation," *American Economic Review* 105 (2015) 4: 1408-1438. 金融业的份额在2002年达到顶峰的37%。这些数据没有考虑到海外产生的利润,因为这些利润没有按行业报告。Bureau of Economic Analysis, Interactive Data, GDP & Personal Income, Section 6-Income and Employment by Industry, "Table 6.16D. CorporateProfits by Industry."

76 Bureau of Labor Statistics, Table 2.1 "Employment by Major Industry Sector." www. bls. gov/emp/ep_table_201. htm.

77 Rana Foroohar, "How Big Banks Became Our Masters," *The New York Times*, September 27, 2017.

78 Nouriel Roubini, "March 2001: 95% of Forecasters Predicted No Recession... Too Bad the Recession Had Already Started Then," *EconoMonitor*, September 8, 2006.

79 这与人寿保险定价不同,因为每周有约100万人死亡,而雷曼兄弟这类大型公司的破产却极为罕见。

80 Chenyu Zhang, "Empirical Essays on Inferring Information from Options and Other Financial Derivatives," Unpublished PhD Dissertation, Lancaster University, UK, April 2017, pp. 23, 42; 在贝尔斯登和美林破产的前一个月,根据期权价格计算,它们的破产概率分别只有3.1%和2.3%。Stephen J. Taylor, Chi-Feng Tzeng, and Martin Widdicks, "Bankruptcy Probabilities Inferred from Option Prices," *Journal of Derivatives* 22 (2014) 2: 8-31, here pp. 13, 25.

81 会议于2004年4月28日举行,会议记录来自录音。"The Day the S. E. C. Changed the Game," *The New York Times*, September 27, 2009. http://archive.nytimes.com/www.nytimes.com/interactive/2008/09/28/business/20080928-SEC-multimedia/index.html. The agenda and synopsis of the meeting is at www.sec.gov/news/openmeetings/agenda042804.htm.

82 Stephen Labaton, "Agency's '04 Rule Let Banks Pile Up New Debt," *The New York Times*, October 2, 2008.

83 将有关条件翻译成挪威语也暴露出了问题。这一难以置信的案件中的诸多细节值得细读。Wikipedia contributors, "Terra Securities Scandal," *Wikipedia: The Free Encyclopedia*.

84 John Cassidy, "Blowing Bubbles," *The New Yorker*, July 12, 2004.

85 演讲中他脸上的扭曲表情显示了他的反社会本性。他的绰号为"大猩猩"是有原因的。Nathaniel Sullivan, "Dick Fuld Rip Out Your Heart," YouTube video, October 28, 2011. The video is a clip from the movie "Inside Job."

86 富尔德的国会证词是,"我相信这些决定和行动既谨慎又适当",他从未承认犯过任何错误。"Lehman Brothers CEO Testifies on Capitol Hill," posted by "AssociatedPress," www.youtube.com/watch?v=ZkEkxGsXmPI.

87 "……是高管们在做决定,这些高管的利益与我们称之为公司的抽象概念的利益显然不一致。如果我们想了解为什么公司会自我消亡,部分原因是公司的职业经理人……一般不会做出有损自己利益的行为。因此,公司与代表他们行事的行动者之间存在不匹配。" FORA.tv, "Nassim Taleb and Daniel Kahneman: Reflections on a Crisis," January 27, 2009 @ 19:28 minutes; http://library.fora.tv/2009/01/27/Nassim_Taleb_and_Daniel_Kahneman_Reflection_on_a_Crisis.

88 根据网络上的名人净资产信息。

89 Joe Nocera, "The Big Lie," *The New York Times*, December 23, 2011; Paul Krugman, "Joe Nocera Gets Mad," *The New York Times*, December 24, 2011.

90 David Goldstein and Kevin G. Hall, "Private Sector Loans, Not Fannie or Freddie, Triggered Crisis," *McClatchy Newspapers*, October 12, 2008.

91 Political Correction, "Private Wall Street Companies Caused the Financial Crisis—Not Fannie Mae, Freddie Mac Or The Community Reinvestment Act," October 14, 2011.

92 The Financial Crisis Inquiry Commission, *The Financial Crisis Inquiry Report* (Washington, DC: Government Printing Office, 2011), p. 72.

93 Jill Littrell and Fred Brooks, "In Defense of the Community Reinvestment Act," *Journal of Community Practice* 18 (2010) 4: 417-439.

94 Ibid.

95 The Financial Crisis Inquiry Commission, *The Financial Crisis Inquiry Report* (Washington, DC: Government Printing Office, 2011), p. xvii.

96 Board of Governors of the Federal Reserve System, "Flow of Funds Accounts of the United States. Flows and Outstandings Fourth Quarter 2010."

97 Anne Flaherty, "Lawmakers: Bank of America, Merill (sic) Lynch Deal Was 'Shotgun Wedding'," *The Seattle Times*, June 12, 2009; "Moynihands Full," *The Economist*, April 15, 2010;

98 关于这场危机的文献非常多，比如: Simon Johnson and James Kwak, 13 *Bankers: The Wall Street Takeover and the Next Financial Meltdown* (New York: Pantheon, 2010); Robert Shiller, *The Subprime Solution: How Today's Global Financial Crisis Happened, and What to Do About It* (Princeton, NJ: Princeton University Press, 2008); Paul Krugman, *The Return of Depression Economics and the Crisis of* 2008 (New York: W. W. Norton, 2009).

99 Paul Krugman, in an interview with Bill Maher on HBO's "Real Time," broadcast September 19, 2009.

100 Peter Boone and Simon Johnson, "The Doomsday Cycle," *CentrPiece* (Winter 2009/10): 2-6.

101 2009年12月，1.4亿劳动力中约有2,300万人未充分就业。Economic Policy Institute, *State of Working America Data Library*, "Underemployment."

102 Paul Starr, "A Wasted Crisis?" *The New Republic*, July 12, 2013.

103 Jeffrey Sachs, "Rethinking Macroeconomics," *Capitalism and Society* 4 (2009) 3: 1-9. Bill McGuire, "Fed Loaned Banks Trillions in Bailout, Bloomberg Reports," *ABC News*, November 28, 2011.

104 Federal Reserve Bank of St. Louis, "Real Gross Domestic Product Per Capita," series A939RX0Q048SBEA.

105 Wikipedia contributors, "Household Income in the United States," *Wikipedia: The Free Encyclopedia*; James Galbraith, *Created Unequal: The Crisis in American Pay*

(Chicago, IL: University of Chicago Press, 2000).

106 Paul Krugman, *End This Depression Now*! (New York: W. W. Norton, 2012).

107 Lawrence Summers, U. S. Economic Prospects: Secular Stagnation, Hysteresis, and the Zero Lower Bound, *Business Economics* 49 (2014): 65-73; Lawrence Summers, "Demand Side Secular Stagnation," *American Economic Review: Papers &Proceedings* 2015: 60-65.

108 Chris Foote, Jeff Fuhrer, Eileen Mauskopf, und Paul Willen, "A Proposal to Help Distressed Homeowners: A Government Payment-Sharing Plan," Federal Reserve Bank of Boston, *Public Policy Brief* No. 2009-1.

109 彭博新闻曾要求美联储根据《信息自由法》公布相关信息，却遭到拒绝。之后，彭博新闻将美联储告上法庭。在随后的一年半时间里，美联储不断上诉，为自己拒绝公布信息辩护，一直上诉到最高法院，但最终以败诉告终。此起案件使得该事件被曝光。Richard Blackden, "Lehman Brothers secretly borrowed from the Fed before collapse," *The Telegraph*, July 8, 2011. Wikipedia contributors, "Bloomberg L. P. v. Board of Governors of the Federal Reserve System."

110 "Federal Reserve Emergency Loans: Liquidity for Banks," *Bloomberg*, www. bloomberg. com/datavisualization/federal-reserve-emergency-lending/#/overview/? sort = nomPeakValue&group = none&view = peak&position = 0&comparelist = &search = .

111 Paul Krugman, "Cash for Trash," *The New York Times*, September 21, 2008.

111 Board of Governors of the Federal Reserve System, "Federal Reserve Act," www. federalreserve. gov/aboutthefed/section13. htm.

113 Tunku Varadaraja, "'Nationalize' the Banks: Dr. Doom Says a Takeover and Resale Is the Market Friendly Solution," *The Wall Street Journal*, February 21, 2009.

114 "Stiglitz: Temporary Nationalization Necessary to Save Troubled Banks," YouTube video, posted by ColumbiaBusiness, February 19, 2009.

115 Paul Krugman, "Banking on the Brink," *The New York Times*, February 22, 2009.

116 Varadaraja, "'Nationalize' the Banks."

117 "Stiglitz Says U. S. Is Paying for Failure to Nationalize Banks," *Bloomberg News*, November 1, 2009.

118 艾伦·H. 巴顿（Allen H. Barton）也主张通过对房主的补贴来自下而上地救助金融体系。"Letter: Another Take on 'Why Paulson is Wrong,'" *The Economists' Voice* 5 (2008) 5: Article 9.

119 Chris Foote, Jeff Fuhrer, Eileen Mauskopf, and Paul Willen, "A Proposal to Help Distressed Homeowners: A Government Payment-Sharing Plan," Federal Reserve Bank of Boston, *Public Policy Brief* No. 2009-1.

第十五章

1 出自欧文·迪拉德（Irving Dillard）编辑的《大法官布兰代斯先生：伟大的美国人》（*Mr. Justice Brandeis, Great American*）（St. Louis at Missouri：Modern View Press, 1941），第42页。

2 "Economists focus too little on what people really care about," *The Economist*, May 3, 2018.

3 Richard Feynman, "Cargo Cult Science," *Engineering and Science* 37（1974）7：10-13.

4 Bureau of Labor Statistics, Labor Force Statistics from the Current Population Survey, Series LNU05026639; this is the sum of rows 8 and 9 in Table 11.2 in Chapter 11.

5 Federal Reserve Bank of St. Louis, Private Sector Productivity Growth.

6 Bureau of Labor Statistics, Labor Force Statistics from the Current Population Survey, Series LNU05026639；这是表11.1中第8行和第9行的合计。

7 Paul Krugman, "Secular Stagnation, Coalmines, Bubbles, and Larry Summers," *The New York Times*, November 16, 2013.

8 Lawrence Summers, "U.S. Economic Prospects：Secular Stagnation, Hysteresis, and the Zero Lower Bound," *Business Economics* 49（2014）：65-73; Lawrence Summers, "Demand Side Secular Stagnation," *American Economic Review* 105（2015）5：60-65.

9 James Galbraith, *The End of Normal. The Great Crisis and the Future of Growth*（New York：Simon & Schuster, 2015）.

10 "Alan Greenspan on Income Inequality," YouTube video, posted by "johnklin," September 28, 2007, at 2：36. www.youtube.com/watch?v=oqx88MyUSck.

11 Drew DeSilver, "5 Facts About the National Debt," PewResearch Center, August 17, 2017.

12 U.S. Department of the Treasury, Total U.S. Banking and Securities Liabilities to Foreign Residents by Type of Liability and Holder, http：//ticdata.treasury.gov/Publish/totalticliabs.txt.

13 在一些机敏的观察家看来，这种下降在20世纪70年代已经很明显了。Christopher Lasch, *The Culture of Narcissism：American Life in an Age of Diminishing Expectations*（New York：W.W. Norton, 1979）; Daniel Bell, *The Cultural Contradictions of Capitalism*（New York：Basic Books, 1976）.

14 Oxfam International, *An Economy for the* 99%（Oxford, UK：Oxfam, 2017）.

15 Edward N. Wolff, "Recent Trends in Household Wealth in the United States：Rising Debt and the Middle-Class Squeeze—An Update to 2007," Levy Economics Institute of Bard College Working Paper No. 589, March 2010; Edward N. Wolff, *A Century of Wealth in America*（Cambridge, MA：Harvard University Press, 2017）.

16 John Komlos, "GOP Tax Cuts Would Make the Rich even Richer," PBS, Making Sen$e, October 18, 2017.